Ingrid Miethe
Silke Roth (Hrsg.)

Europas Töchter

Traditionen, Erwartungen und Strategien von Frauenbewegungen in Europa

Leske + Budrich, Opladen 2003

Gedruckt auf säurefreiem und alterungsbeständigem Papier.
Die Deutsche Bibliothek – CIP-Einheitsaufnahme
Ein Titeldatensatz für diese Publikation ist bei
Der Deutschen Bibliothek erhältlich

ISBN 3-8100-3840-7

Druck: Druck Partner Rübelmann, Hemsbach
Printed in Germany

Inhaltsverzeichnis

Länderbeiträge

Danksagung

Der hier vorliegende Sammelband geht auf eine Auswahl von Beiträgen einer gleichnamigen Tagung zurück, die vom 14. bis 16. Juni 2002 an der Evangelischen Akademie zu Berlin stattfand. Ein besonderer Dank für die (Mit-)organisation der Tagung geht an Ulrike Poppe (Evangelische Akademie zu Berlin), Dorothea Höck (Evangelische Akademie Thüringen), Marina Beyer-Grasse (Ost-West-Europäisches Frauennetzwerk) und Cäcilia Rentmeister (FH Erfurt).

Um die Vielfalt und Spezifik der Länder – zumindest exemplarisch – darstellen zu können, wurden zusätzliche Beiträge aufgenommen. Zwecks besserer Vergleichbarkeit wurden die Autorinnen der Länderbeiträge gebeten, ein einheitliches Schema zugrunde zu legen. Wir möchten an dieser Stelle noch einmal allen Autorinnen für ihre Mitarbeit an diesem Buch danken sowie Till Heidtmann, der Texte redigiert und uns beim Layout unterstützt hat. Besonderer Dank geht auch an die Hans-Böckler-Stiftung, die durch die Bereitstellung eines Druckkostenzuschusses diese Publikation ermöglicht hat.

Die EU als Chance und Herausforderung für Frauenbewegungen

Silke Roth / Ingrid Miethe

Im Dezember 2002 wurden die Beitrittsverhandlungen der Europäischen Union in Kopenhagen abgeschlossen und die Grundsatzerklärung zur Erweiterung des Bündnisses unterzeichnet: Estland, Lettland, Litauen, Malta, Polen, die Slowakei, Slowenien, die Tschechische Republik, Ungarn und Zypern können ab Mai 2004 Mitglieder der EU werden. Die ersten Abstimmungen haben schon stattgefunden: Die Bevölkerungen Maltas, Sloweniens, der Slowakei, Ungarns, Litauens, Polens und Tschechiens haben dem Beitritt zugestimmt.[1] Sollten alle Länder der EU beitreten, würde sich das EU-Gebiet um ca. 20% vergrößern, die Zahl der EU-Bürger auf 450 Millionen steigen.

Bei der EU-Erweiterung handelt es sich um einen Beschluss von historischer Tragweite. Sie unterscheidet sich in zweifacher Hinsicht von den vorhergegangenen Erweiterungen: Einerseits handelt es sich um wesentlich mehr Länder, andererseits um vergleichsweise ärmere Länder. Daher wurden einige strukturelle Veränderungen der EU vorgenommen. Diese Veränderungen betreffen den Wahlmodus im EU-Ministerrat und der EU-Kommission, die Reform der Agrarpolitik und der Strukturfonds sowie den Umgang mit Flüchtlingen und Asylsuchenden. Diese Veränderungen sollen noch vor der Erweiterung, d.h. ohne die Beteiligung der Beitrittsländer (die aber konsultiert werden) durchgeführt werden (Kaldor 2000: 146f.).

Der EU-Erweiterungsprozess ist wie jeder andere soziale und politische Prozess geschlechtsspezifisch geprägt, d.h. die Geschlechterbeziehungen im öffentlichen und privaten Bereich werden von der EU-Erweiterung beeinflusst und wirken sich ihrerseits auf sie aus (Gal/ Kligman 2000; Roth 2003a/b). Dies betrifft die Erwerbs- und politische Beteiligung von Frauen in der öffentlichen Sphäre, die gesetzliche Regelung bei Abtreibung und Gewalt gegen Frauen, die geschlechtsspezifische Arbeitsteilung sowie die Familien- und Paarbeziehungen im privaten Bereich. Aufgrund der Beteiligung in supranationalen Zusammenhängen (EU, UN-Konferenzen) ist eine Angleichung von Frauenrechten zu beobachten (Berkovitch 1999). Darüber hinaus werden

1 Obwohl sich diejenigen, die sich an den Wahlen beteiligen, mehrheitlich für den Beitritt aussprechen, handelt es sich nur um knapp die Hälfte der Bevölkerung. Zum Beispiel beteiligten sich in Polen 59% der knapp 30 Millionen Wahlberechtigten, 77% davon sprachen sich für den EU-Beitritt aus. In Tschechien beteiligten sich 55% der 8,3 Millionen Wahlberechtigten, 77% davon sprachen sich für den EU-Beitritt aus. D.h. die jeweils andere Hälfte hat entweder keine Meinung oder ist gegen den EU-Beitritt. Informationen hinsichtlich geschlechtsspezifischen Abstimmungsverhaltens waren nicht erhältlich.

Frauenbewegungen von der „Rekonfiguration des Staates“ (Banaszak/ Beckwith/ Rucht 2003) geprägt und prägen diese.

Wie die vergangenen Jahre gezeigt haben, unterscheiden sich die Erfahrungen von Frauen in „West“ und „Ost“,[2] was zu Konflikten, Missverständnissen und Enttäuschungen führte.[3] Dessen ungeachtet haben sich in den letzten Jahren Austausch und Kooperationen innerhalb Europas entwickelt. Durch die EU wird sich das Verhältnis zwischen den Frauen in West-, Mittel- und Osteuropa voraussichtlich weiter verändern, wenn sie dem gleichen Staatenbund angehören werden. Die Einschätzung der Auswirkungen der EU auf die Frauenpolitik war in der ersten Hälfte der 1990er noch von Skepsis geprägt (vgl. Biester u.a. 1994). Seit der Einführung von Gender-Mainstreaming im Vertrag von Amsterdam im Jahr 1997 gibt es zwar mehr Optimismus, allerdings wird nach wie vor vor der Vernachlässigung von Fraueninteressen gewarnt (vgl. Femina Politica 2/1998; Allroggen/ Berger/ Erbe 2002). Die EU greift zunehmend in die Gesetzgebung und Politik der Mitgliedsländer ein (siehe dazu Gerhard in diesem Band; Wobbe 2002) und hat somit einen „Bumerang“-Effekt (Keck/ Sikkink 1998).

Während von Frauen aus Ländern mit einem hohen frauenpolitischen Standard diese Entwicklung eher skeptisch betrachtet wird (vgl. für die skandinavischen Länder Bergman in diesem Band), blicken Frauen aus EU-Mitgliedsländern mit einer niedrigeren Frauenerwerbsquote und politischen Beteiligung wie beispielsweise Deutschland eher hoffnungsvoll auf die EU. Frauen aus den MOE-Ländern, die in den vergangenen Jahren Verschlechterungen/Rückschritte in Hinblick auf frauenpolitische Errungenschaften (z.B. Berufstätigkeit, Kinderbetreuung) erlebt haben, erwarten positive Auswirkungen des europäischen Einigungsprozesses auf die jeweiligen Länder. Allerdings sind diese Hoffnungen durchaus mit Skepsis und Kritik angereichert (vgl. Pető in diesem Band), bzw. wurden in Hinblick auf die Einflussmöglichkeiten der EU auf die jeweiligen Länder bereits enttäuscht (vgl. Chołuj in diesem Band). Ob und inwieweit die Hoffnungen wie auch die Befürchtungen berechtigt sind, werden die Entwicklungen der nächsten Jahre zeigen.

---

2 Im Folgenden werden wir bei der Verwendung der Begriffe „Ost“ und „West“ auf die Anführungszeichen verzichten, um eine bessere Lesbarkeit zu erreichen. Dass – auch ohne Anführungszeichen – bei der Verwendung dieser Begriffe immer soziale Konstruktionen und keine simplen Zuschreibungen gemeint sind, wird in den folgenden Ausführungen deutlich.

3 Selbstverständlich unterscheiden sich auch die Erfahrungen von Frauen im Norden (Skandinavien) und Süden (Mittelmeerländer) Europas, die Nord-/Süd-Unterschiede innerhalb Europas waren aber nie im gleichen Maße ideologisch aufgeladen. Andererseits gab es auf den UN-Frauenkonferenzen Konflikte zwischen Frauen des Südens (den so genannten Entwicklungsländern) und des Nordens (den Industrienationen und ehemaligen Kolonialmächten).

In jedem Fall wird die europäische Ebene inzwischen sowohl von der Frauenbewegung als auch von anderen sozialen Bewegungen zur Durchsetzung nationaler Interessen genutzt. So wenden sich beispielsweise soziale Bewegungen, wenn sie auf nationaler Ebene nicht erfolgreich sind, an eine transnationale Behörde, die dann wiederum auf die Gesetzgebung ihres Landes Einfluss nimmt. Dies betrifft Mitgliedsstaaten wie auch Beitrittsstaaten (vgl. Keck/ Sikkink 1998). Am Beispiel von Gender-Mainstreaming lässt sich aufzeigen, wie frauenpolitische Forderungen in den Katalog der EU-Gesetzgebung, an die sich die Beitrittsländer anpassen mussten, aufgenommen wurden (Helfferich 1998; Helfferich/ Kolb 2001; Roth in diesem Band). Gender-Mainstreaming betrifft sowohl die Mitgliedsländer als auch die Beitrittsländer. Wie Risse, Cowles und Caproaso (2001: 1) feststellen, hat die Europäisierung zu deutlichen Veränderungen in den Mitgliedsländern geführt, die sich allerdings in einer „domestic adaptation with national colors" niederschlug.[4]

Wirft man einen genauen Blick auf die Länderebene, so wird rasch deutlich, dass eine vereinfachende Kategorisierung in Ost und West wenig fruchtbar ist. Dies ist nicht erstaunlich, denn der künstlichen Teilung, die während des Kalten Krieges zwischen Ost und West entstand, gingen Jahrhunderte älterer kultureller Traditionen voraus, die Zuschreibungen von Ost und West keinesfalls in den territorialen Grenzen vornahm, wie diese in der Folge des Zweiten Weltkrieges entstanden (vgl. Breckner/ Kalekin-Fishman/ Miethe 2000: 8; Stölting 2000). Ostdeutschland, das vor 1945 kaum zum Osten gerechnet worden wäre, ist – genauso wie Ungarn – ein gutes Beispiel für diese künstlich konstruierten und politisch-ideologisch begründeten Zuschreibungen. Die Tatsache, dass die jeweiligen Länder nach dem Fall des Eisernen Vorhanges auch wieder stärker an ältere kulturelle und religiöse Traditionen anschlossen, die quer zur Ost-West-Teilung des Kalten Krieges liegen, ist von daher nicht erstaunlich (vgl. z.B. für die russische Perspektive auf diese neue Entwicklung der ehemaligen staatssozialistischen Länder Lissjutkina in diesem Band). Die Relativität der Ost-West-Kategorie wird beispielsweise in der Frage der Bedeutung der Religion deutlich, denn die katholische Kirche ist in Spanien, Italien oder Irland, die dem Westen zugerechnet werden, genauso wie in Polen – das während des Kalten Krieges dem Osten zugerechnet wurde – stark prägend für die Gesellschaft und auch die Frauenbewegungen dieser Länder.

Andererseits wird trotz aller Relativität der Kategorien Ost und West aber auch deutlich, dass die Lebenserfahrungen von Frauen in den ehemals staatssozialistischen Gesellschaften deutliche Gemeinsamkeiten aufweisen. Zu den realsozialistischen Selbstverständlichkeiten, die trotz aller in den letzten Jahren stattgefundenen Transformationen die Einstellung von Frauen,

---

4 Hinsichtlich der Institutionalisierung von Gleichberechtigungsnormen in der EU siehe Wobbe (2002).

gerade auch in Hinblick auf die Geschlechterfrage, geprägt haben, gehören beispielsweise die Erfahrungen lebenslanger Berufstätigkeit, der selbstverständliche Zugang zu Kinderbetreuungseinrichtungen und die Erwartung, dass der Staat eine Verantwortung auch zur Lösung von Frauenfragen hat. Genau hier wird aber auch wieder deutlich, dass sich zu fast jeder dieser – tendenziell sicherlich in den ehemals staatssozialistischen Gesellschaften häufiger anzutreffenden – Erfahrungen und Positionen auch ein westliches Gegenbeispiel finden lässt. Denn: Wie der hier vorliegende Band eindrücklich zeigt, teilen die osteuropäischen Frauen beispielsweise die Erfahrung der Vereinbarkeit von Mutterschaft und Beruf mit Frauen in Frankreich oder den skandinavischen Ländern, die dem Westen zugerechnet werden. Weiterhin waren Frauen in den ehemaligen sozialistischen Ländern zwar in weit höherem Maße als in westlichen in den Parlamenten vertreten (die allerdings wenig Einfluss hatten), eine hohe politische Beteiligung findet sich aber auch in den skandinavischen Ländern (vgl. Bergman in diesem Band).

Ein weiteres oft im Zusammenhang mit östlicher Spezifik zu hörendes Argument ist das der Diktatur- bzw. politischen Repressionserfahrung auf Seiten der Frauen aus den ehemaligen staatssozialistischen Gesellschaften und die damit verbundene größere Bereitwilligkeit zur Kooperation mit Männern. Auch dieses lässt sich vor dem Hintergrund der in diesem Band vorliegenden Beiträge nicht (mehr) als eine östliche Spezifik sehen, sondern die in diesem Band enthaltenen Beiträge aus der Türkei und Spanien zeigen eindrücklich auf, dass weder diese Erfahrung noch die damit verbundene Einstellung von Frauen, gemeinsam gegen eine Diktatur kämpfen zu wollen und die Diktaturerfahrung über die Geschlechterfrage zu stellen, eine östliche Spezifik sein muss.

Sowohl die in Ost und West verschiedenen ökonomischen und sozialpolitischen Rahmenbedingungen als aber auch ältere politische und kulturelle Traditionen haben die Entwicklungen von Frauenbewegungen beeinflusst bzw. wurden von ihnen geprägt und haben zu einer großen Vielfalt der jeweiligen nationalen Frauenbewegungen geführt. Die Unterscheidung in Ost und West kann damit analytisch Sinn machen, denn mit Hilfe dieser Kategorien können durchaus tendenzielle Positionen beschrieben werden. Allerdings sollte dabei immer noch explizit gemacht werden, was genau unter Ost und West verstanden wird: ob beispielsweise die Teilung durch den Kalten Krieg oder ältere kulturelle Zuschreibungen. Wie Myra Marx Ferree (2004) schreibt, ist in jüngster Zeit der Konflikt zwischen Ost und West in neuer Form zurückgekehrt, indem sich heute ein Diskurs zu entwickeln beginnt, in dem die islamischen Staaten des ehemaligen historischen Gebildes „Orient" die Zuschreibung Ost erhalten und eine neue politische Polarisierung aufgebaut wird. Gerade auch der Beitritt nichtchristlicher Länder oder Regionen zur EU wirft die Frage nach diesen älteren kulturellen und religiösen Wurzeln neu auf, die mitunter nicht weniger stereotyp sind als dies in den politisch-ideologischen Zuschreibungen des Kalten Krieges der Fall war.

Andererseits wird in den Beiträgen immer wieder auch die Relativität der Kategorie Ost und West deutlich, denn mitunter sind die Unterschiede innerhalb „des Westens" und „des Ostens" größer als zwischen Ost und West. Mit der Kategorie Ost und West ist es letztendlich wie mit den meisten anderen Kategorien auch: Einerseits macht es Sinn, auf diese zurückzugreifen, da sie es ermöglichen, Spezifiken zu erfassen, zu beschreiben und begrifflich zu fassen, und andererseits müssen diese Kategorien immer wieder daraufhin hinterfragt werden, inwieweit sie nicht selbst zu einer künstlichen Trennung und Unterscheidung beitragen und auch wieder aufgelöst werden müssen. Um sie als analytisches Raster aber auch nutzen zu können, soll im Folgenden auf die unterschiedliche Entwicklung von Frauenbewegungen in Ost- und Westeuropa eingegangen werden.[5]

Frauen und Frauenbewegungen in Westeuropa

Die zweite Hälfte des 20. Jahrhunderts war in den Ländern Westeuropas von steigender Frauenerwerbstätigkeit und der zunehmenden Beteiligung von Frauen in der Politik geprägt. Die neue Frauenbewegung[6] entstand in vielen Ländern Westeuropas und Nordamerikas in Zusammenhang mit den Protestbewegungen der 1960er und 1970er Jahre – der Bürgerrechtsbewegung in den USA sowie der Anti-Vietnam- und Studentenbewegung. Frauen beteiligten sich in all diesen Bewegungen, fanden sich aber zumeist in untergeordneten Positionen wieder. Diese Bewegungen waren nicht für alle westeuropäischen Länder gleichermaßen von Bedeutung. Wie beispielsweise der Beitrag von Natàlia Cantó Milà zu Spanien aufzeigt, gab es auch westeuropäische Länder, die von diesen Frauenbewegungen kaum beeinflusst wurden. In den Ländern, wo sie von Bedeutung waren, kam es zur Entwicklung liberaler, sozialistischer und radikaler Flügel.

Während in den USA der liberale Flügel am stärksten war, waren es in Westeuropa die radikalen und sozialistischen Frauenbewegungen (Mueller/

5 Die Unterteilung in Ost- und Westeuropa bezieht sich hier auf die politische Teilung infolge des Kalten Krieges. Dies deshalb, da die politischen und ökonomischen Folgen dieser Teilung bis heute die Stellung der jeweiligen Länder zur EU sehr stark prägen. Bei dieser Einteilung in Ost und West gehört beispielsweise ein Großteil Nordeuropas (beispielsweise die skandinavischen Länder) zum Westen, genauso wie große Teile Südeuropas. Das Weiterwirken der Ost-West-Teilung der Zeit des Kalten Krieges wird auch gerade daran sichtbar, dass Länder wie beispielsweise Ungarn oder Polen, die über eine große kulturelle Nähe zum „historischen Westen" verfügen, heute „Beitrittskandidaten" sind, d.h. ihr relativ später Beitritt zu „Europa" als Verzögerung infolge der Entwicklungen nach 1945 gesehen werden kann.

6 Oft wird diese neue Frauenbewegung als „zweite Welle" (*second wave*) bezeichnet.

McCarthy 2003). Zwischen diesen Flügeln gab es Konflikte, aber auch Kooperationen. Die 1970er Jahre waren in vielen Ländern von der Forderung nach Legalisierung von Abtreibung und der Bildung von Selbsterfahrungsgruppen geprägt, während die 1980er Jahre durch die Entstehung von Frauenprojekten sowie dem feministischen Marsch durch die Institutionen charakterisiert sind. Frauenprojekte widmeten sich u.a. der beruflichen Qualifizierung und Themen wie Gewalt gegen Frauen, Kultur und Gesundheit. Weiterhin bildeten sich Frauenforschung und -studiengänge heraus. Parallel dazu entwickelten sich staatliche Behörden, die sich der Frauenförderung und Gleichstellung widmeten (Stetson/ Mazur 1995).

Gerade an diesem Grad der Institutionalisierung von Frauenbewegung und der jeweiligen Nähe zum Staat werden auch erhebliche Unterschiede innerhalb der Länder Westeuropas deutlich. So sind die skandinavischen Länder durch einen sehr frühen und sehr hohen Institutionalisierungsgrad von Frauenbewegung und frauenpolitischen Rechten gekennzeichnet, denen gegenüber beispielsweise Länder wie Westdeutschland erst einen umfangreichen Nachholprozess zu vollziehen haben. Auch in Hinblick auf die Einstellung zur Vereinbarkeit von Familie und Beruf gibt es deutliche Unterschiede zwischen westdeutschen und französischen oder skandinavischen Frauen. Die Beachtung dieser Differenzen innerhalb der westeuropäischen Länder ist sehr wichtig, um die nach 1989 in Deutschland heftig entflammte Ost-West-Debatte teilweise auch als ein deutsch-deutsches Problem und nicht allein als eines zwischen Ost und West zu identifizieren. Gerade in Hinblick auf die Einstellung der Vereinbarkeit von Familie und Beruf oder die Inanspruchnahme des Staates zur Lösung von Frauenfragen bestehen oft mehr Ähnlichkeiten zwischen Frankreich, den skandinavischen Ländern und den ehemals staatssozialistischen Gesellschaften als zu Westdeutschland. Diese Differenziertheit, Ungleichzeitigkeit und teilweise auch gegensätzliche Orientierung wird in den in diesem Band vorliegenden westlichen Länderbeiträgen, die für jeweils sehr verschiedene Positionen innerhalb Westeuropas stehen, sehr deutlich.

Frauen und Frauenbewegungen in Osteuropa

Aus einer westeuropäischen – insbesondere westdeutschen – Perspektive, hatten Frauen in den sozialistischen Gesellschaften in Mittel- und Osteuropa in mehrfacher Hinsicht Gleichberechtigung erreicht. In einigen Ländern (DDR, Sowjetunion) war die Frauenerwerbstätigkeit (vergleichbar mit Schweden) fast so hoch wie die Männererwerbstätigkeit. In anderen Ländern (Polen, Ungarn, Rumänien) war der Unterschied zwischen Frauen- und Männererwerbstätigkeit zwar größer, aber geringer als in den USA, Frankreich oder der Bundesrepublik. Im Gegensatz zum Westen waren Frauen überwiegend über ihr ganzes Arbeitsleben hinweg vollzeit erwerbstätig (Einhorn 1993; Jezerska 2001). In vielerlei Hinsicht schienen die Frauen in den staatssozialistischen Ländern erreicht zu haben, wofür Frauen im Westen kämpften: Zusätzlich zu Vollzeitbeschäftigung waren sie gut in den Parlamenten vertreten, Abtreibung war in den meisten staatssozialistischen Gesellschaften legalisiert und die Mütter wurden im Reproduktionsbereich durch öffentliche Kinderbetreuung und Kantinen unterstützt. Allerdings war die hohe Integration von Frauen in den Arbeitsmarkt von ungleicher Entlohnung, Jobsegregation und einer starken häuslichen Arbeitsteilung begleitet, die in einer exzessiven Arbeitsbelastung und damit der Erschöpfung von Frauen resultierte (Einhorn 1993). Weiterhin entsprach die öffentliche Kinderbetreuung nicht unbedingt den Bedürfnissen von Eltern und Kindern. Schließlich hatten die Parlamente, in denen Frauen gut repräsentiert waren, wenig Entscheidungsmacht, während Politbüros und die Zentralkomitees fast ausschließlich männlich besetzt waren (Watson 2000).

In der ersten Hälfte der 1990er Jahre sanken in fast allen Transformationsgesellschaften die Erwerbsquoten, die Steuereinnahmen sowie das Bruttosozialprodukt. In der Regel betraf Arbeitslosigkeit Frauen stärker als Männer, weil sie stärker in den schrumpfenden Arbeitsmarktsektoren vertreten waren (Gesundheit, Erziehung, Sozialwesen, öffentliche Verwaltung). Viele Frauen verlagerten daraufhin ihre Tätigkeit in den informellen Sektor (Einhorn 1993; Bretherton 2001; Moghadam 1993). Allerdings gibt es signifikante Unterschiede in den Arbeitslosenraten und der Unterschied zwischen den Geschlechtern variiert ebenfalls (Watson 2000).

Frauenbewegungen im westlichen Sinne entwickelten sich in den staatssozialistischen Staaten nur ansatzweise in der DDR der 1980er Jahre in Form kleiner informeller Frauengruppen unter dem Dach der evangelischen Kirche. In den anderen osteuropäischen Ländern spielte diese Thematik – ganz im Gegensatz zur Dissidenz, die in einigen osteuropäischen Ländern von großer Bedeutung war (z.B. Polen, Tschechoslowakei, Sowjetunion) – keine nennenswerte Rolle. Frauenpolitik war ausschließlich eine direkt mit dem Staat verbundene und von diesem administrativ angegangene Thematik.

Mit dem Fall des Eisernen Vorhanges nach 1989 wurde ein direkter Kontakt zwischen Frauen in Ost und West möglich. Dieses Aufeinandertreffen zeigte sehr schnell, dass es keine gemeinsamen Vorstellungen über Inhalte und Formen von Feminismus und Frauenbewegungen gab. Ein Anschluss an ältere kulturelle Traditionen war offensichtlich nicht ohne weiteres möglich, sondern die in der jüngsten Vergangenheit gemachten sozialisatorischen Erfahrungen erwiesen sich zunächst als ungleich dominanter (vgl. Miethe/ Kajatin/ Pohl 2004).

Frauenbewegungen in der Transformation

Im Transformationsprozess veränderte sich in den ehemaligen staatssozialistischen Gesellschaften die politische Sphäre dramatisch. Bezüglich der Frage von Sexualität und Reproduktion nimmt Abtreibung heute eine zentrale Stellung ein (Gal/ Kligman 2000). Gal und Kligman (2000) zeigen auf, dass die politische Autorität in den MOE-Ländern in den Debatten um Reproduktion neu konstituiert wird. Als die Parlamente während der Demokratisierung Osteuropas an Macht gewannen, sank der Frauenanteil deutlich, auch wenn dieser Anteil in einigen Ländern später langsam wieder anstieg (vgl. Watson 2000).

Die Entwicklung in den heutigen Transformationsgesellschaften bringt neue Probleme mit sich, die denen in den westlichen Gesellschaften sehr ähnlich sind (Arbeitslosigkeit, Prostitution) und bringt gleichzeitig auch Erscheinungen hervor, die in diesem Ausmaß für westeuropäische Frauen nicht existierten, sondern eher Parallelen zu Ländern der Dritten Welt aufzeigen (z.B. Frauenhandel). Frauenbewusstsein ist damit auf der östlichen Seite – wenn auch in den jeweiligen Ländern unterschiedlich stark ausgeprägt – in einem Wandel begriffen. Ob es dem westlichen feministischen Bewusstsein ähneln wird oder nicht, wird sich zeigen. Angesichts der Vielfältigkeit und Verschiedenheit der westlichen Frauenbewegungen stellt sich aber auch die Frage, *welchem* westlichen Geschlechterbewusstsein es ähneln könnte.

Darüber hinaus führt der europäische Vereinigungsprozess auch zu deutlichen Veränderungen in Westeuropa, d.h. auch westliche Selbstverständlichkeiten werden zunehmend infrage gestellt. Das Beispiel Gender-Mainstreaming (vgl. Roth in diesem Band) wirft die Frage auf, ob osteuropäische Erfahrungen unter Umständen kompatibler mit neuen gesamteuropäischen Entwicklungen sind als westeuropäische.

Mittlerweile haben sich westliche und osteuropäische Frauenbewegungen angenähert. In den vergangenen Jahren entstanden mehrere Frauennetzwerke, wie beispielsweise die Osteuropäische Frauenkoalition Karat (NEWW) oder das Ost-West Frauennetzwerk (OWEN). Diese Netzwerke werden von der EU sowie von westeuropäischen Organisationen finanziell unterstützt (Ferree/ Subramaniam 2001). Sie stellen Informationen und gegenseitige Unterstützung bereit und versuchen, die europäische Agenda zu beeinflussen. Auch wenn zwischen ost- und westeuropäischen Frauen immer noch Differenzen und Distanzen überwunden werden müssen, gibt es schon viele Anzeichen für „Schwesternschaft" (Renne 1997). Der Prozess der europäischen Vereinigung bietet zumindest die Chance, verschiedene Positionen infrage zu stellen, zu prüfen und neu zu verhandeln. Ob die Verschiedenheit von Frauenbewegungen zu einer produktiven Vielfalt oder zu neuen Dominanzen führt, wie beispielsweise im Prozess der deutschen Vereinigung geschehen (vgl. Miethe 2002), ist eine offene Frage und große Herausforderung. Da gerade Frauenbewegung eines der frühen Beispiele für internationale Bewegungen und Netzwerke darstellt (Rupp/ Taylor 2001; Ferree 2004; Gerhard in diesem Band), verfügt sie an dieser Stelle über ein wichtiges kulturelles Kapital, an das auch angeknüpft werden kann.

Überblick über die Beiträge

Der erste Teil des Bandes widmet sich einigen generellen Fragen, die die Bedeutung der EU für Frauenbewegungen betreffen. *Andrea Pető* zeigt die Probleme auf, die sich bei der Geschichtsschreibung von und über Frauen ergeben. Aufgrund der Unsichtbarkeit der Frauen in der Geschichte bzw. einer sehr spezifischen Rezeption als „Damen" bzw. „Frauen der Männer", ist es, so *Pető*, nicht einfach, weibliche europäische Wurzeln zu finden und sich damit zu identifizieren. Gleichwohl wurden im vergangenen Jahrhundert aber auch weibliche Vorbilder historisch festgehalten, auf die Frauen in Europa auf ihrem weiteren Weg zurückblicken können. Mit der europäischen Vereinigung steht auch die Frage an, *wie* Frauen in Europa zusammen finden können. *Barbara Einhorn* geht dieser Frage in Hinblick auf unterschiedliche Traditionen in Ost- und Westeuropa nach.

Der Überblick über die rechtliche Entwicklung (*Ute Gerhard*) sowie die Verankerung von Gender-Mainstreaming in der EU (*Silke Roth*) verweisen darauf, inwiefern die nationale, die europäische und die globale Ebene miteinander verzahnt sind und sich gegenseitig beeinflussen. Wie der Beitrag von Ute Gerhard zeigt, wird der Alltag der EU-BürgerInnen zunehmend von Brüssel bestimmt, die Partizipationsmöglichkeiten haben jedoch noch nicht in gleichem Maße zugenommen. Inwiefern die Einführung geschlechterpolitischer Maßnahmen in den Mitglieds- und Beitrittsländern begrüßt wird, hängt von den schon erzielten Erfolgen der Frauenbewegung im jeweiligen Land ab. Im Beitrag von Silke Roth wird deutlich, dass die Einführung von Gender-Mainstreaming nicht nur als Erfolg, sondern auch als eine Gefährdung der bisher erstrittenen Frauenförderung wahrgenommen wird.

Der *zweite Teil* des Bandes umfasst Beiträge zu ausgewählten Ländern. Diese Beiträge stehen exemplarisch für verschiedene Entwicklungsphasen der EU. In der Auswahl der Beiträge wurde darauf geachtet, möglichst unterschiedliche Positionen und Traditionen gegenüber zu stellen. Dass diese Perspektiven nicht vollständig sind, sondern lediglich allgemeine Tendenzen und spezifische nationale Positionen aufzuzeigen vermögen, ist uns bewusst, ist aber angesichts der Zahl der EU-Länder nicht zu vermeiden.

Am Beispiel Frankreichs (*Béatrice Durand*) und Deutschlands (*Ute Gerhard*) werden zunächst zwei Länder vorgestellt, die zu den Gründungsmitgliedern der EG gehören und jeweils sehr unterschiedliche Positionen von Feminismus repräsentieren. Bei Spanien (*Natàlia Cantó Milà*) und Finnland

(*Solveig Bergman*) handelt es sich um westeuropäische Länder, die der EU später beigetreten sind. Während Spanien exemplarisch für eines der südlichen Länder steht, die sich durch eine geringe Erwerbs- und politische Beteiligung auszeichnen, wird am Beispiel Finnlands die Position nordischer Länder deutlich bzw. auch die Unterschiede zwischen Finnland und anderen skandinavischen Ländern. Es folgen Beiträge über Länder, die zu den so genannten „Beitrittskandidaten" zählen und höchstwahrscheinlich in den nächsten Jahren der EU beitreten werden (Polen, Ungarn). In Hinblick auf Polen arbeitet *Bożena Chołuj* heraus, wie die Glorifizierung der Frau als „Mutter Polin" die Herausbildung der Frauenbewegung verzögert. *Andrea Pető* verweist in ihrem Beitrag auf das enge Verhältnis der ungarischen Frauenbewegung zu nationalen und nationalistischen Bewegungen. Da es sich bei diesen Ländern um ehemals staatssozialistische Gesellschaften handelt, werden hier auch exemplarisch die – sich von westeuropäischen Erfahrungen unterscheidenden – Positionen deutlich. Am Beispiel Polens zeigt sich – genau wie im spanischen Beitrag – auch der Einfluss des Katholizismus für Frauenbewegungen. Die Bedeutung der Religion wird auch am Beispiel der Türkei, einem muslimisch geprägten Land, aufgezeigt. Bei der Türkei (*Gül Aldıkaçtı Marshall*) und Russland (*Larissa Lissjutkina*) handelt es sich um zwei Länder, bei denen noch nicht klar ist, ob und wann sie Mitglieder der EU werden. Während die Türkei starkes Interesse an einer EU-Mitgliedschaft hat, ist dies bei Russland nicht unbedingt der Fall, wenn auch hier über Kooperationsformen nachgedacht wird. Alle Länderbeiträge gehen zunächst auf die Entstehung von Frauenbewegungen im 19. Jahrhundert und deren Entwicklung im 20. Jahrhundert ein. Ausgehend von diesen sehr unterschiedlichen historischen Traditionen wird die gegenwärtige Situation der Frau sowie die Erfahrungen mit bzw. die Erwartungen an die EU-Mitgliedschaft beschrieben. Im abschließenden Beitrag von *Silke Roth* werden Ähnlichkeiten und Unterschiede der hier dargestellten Länderbeiträge zusammengefasst und miteinander verglichen.

Die in diesem Band vorgestellten Beiträge zeigen eindrücklich auf, dass es einerseits durchaus Positionen gibt, die in einer in Ost und West verschiedenen Sozialisation begründet sind, genauso aber auch Unterschiede zwischen den jeweiligen Ländern in Ost und West. Die Erweiterung der Frauenperspektive um die europäische Dimension ermöglicht darüber hinaus den Frauen in Deutschland, die jeweils eigene Perspektive auch als eine begrenzte ost- und west*deutsche* wahrzunehmen und damit zu relativieren. Die Verschiedenheit der jeweiligen nationalen Traditionen zeigt die Notwendigkeit einer sehr differenzierten Betrachtung von Erfahrungen anderer Frauen. Für Frauenbewegungen in Europa wird es von daher erforderlich sein, einerseits europäisch und auch global zu denken und zu handeln, sich aber gleichzeitig immer der Gefahr hegemonialen Denkens, d.h. der Verallgemeinerung der jeweils eigenen Erfahrung für alle Frauen in Europa, gewahr zu sein und dieses zu vermeiden. Um dieses zu vermeiden, müssen wir voneinander lernen, unsere jeweils verschiedenen Traditionen, Wurzeln und Positionen kennen. Dieser Sammelband versteht sich als ein Anfang für diesen Prozess, der uns über die nächsten Jahre begleiten wird und (europäische) Frauenbewegungen vor neue Herausforderungen stellt und Chancen eröffnet.

Literatur

Allroggen, Ulrike/ Berger, Tanja/ Erbe, Birgit (Hg.) (2002): Was bringt Europa den Frauen? Feministische Beiträge zu Chancen und Defiziten der Europäischen Union. Hamburg.

Banaszak, Lee Ann/ Beckwith, Karen/ Rucht, Dieter (2003): When Power Relocates: Inteactive Changes in Women's Movements and States. In: Banaszak, Lee Ann/ Beckwith, Karen/ Rucht, Dieter (Hg.): Women's Movements Facing the Reconfigured State. New York, S. 1-29.

Berkovitch, Nitza (1999): From Motherhood to Citizenship. Women's Rights and International Organizations. Baltimore.

Biester, Elke/ Holland-Cunz, Barbara/ Jansen, Mechthild M./ Maleck-Lewy, Eva/ Ruf, Anja/ Sauer, Birgit (Hg.) (1994): Das unsichtbare Geschlecht der Europa. Der europäische Einigungsprozess aus feministischer Sicht. Frankfurt a. M..

Breckner, Roswitha/ Kalekin-Fishman, Devorah/ Miethe, Ingrid (Hg.) (2000): Biographies and the Division of Europe. Reconstructing Eastern European Biographies. Opladen.

Bretherton, Charlotte (2001): Gender-Mainstreaming and EU Enlargement: Swimming Against the Tide? In: Journal of European Public Policy (8)1, S. 60-81.

Einhorn, Barbara (1993): Cinderella Goes to Market. Citizenship, Gender, and Women's Movements in East Central Europe. London [Neuaufl. 2003].

Femina Politica (1998): Europäische Integration aus feministischer Perspektive. 7(2).

Ferree, Myra Marx/ Subramaniam, Mangala (2001): The International Women's Movement at Centuries End. In: Vannoy, Dana (Hg.): Gender Mosaics. Los Angeles, S. 496-506.

Ferree, Myra Marx (2004): „Global denken, lokal handeln!“: Deutscher und amerikanischer Feminismus im Weltmaßstab. In: Miethe, Ingrid/ Kajatin, Claudia/ Pohl, Jana (Hg.): Geschlechterkonstruktionen in Ost und West. Münster u.a. (in Vorbereitung).

Gal, Susan/ Kligman, Gail (2000): The Politics of Gender after Socialism. Princeton.

Helfferich, Barbara (1998): Frauenpolitische Arbeit im Integrationsprozeß: Die Aktivitäten der Europäischen Frauenlobby im Kontext der Regierungskonferenz. In: Femina Politica 7(2), S. 35-44.

Helfferich, Barbara/ Kolb, Felix (2001): Multilevel Action Coordination in European Contentious Politics: The Case of the European Women's Lobby. In: Imig, Doug/Tarrow, Sidney (Hg.): Contentious Europeans. Protest and Politics in an Emerging Polity. Lanhan, S. 143-161.

Jezerska, Zuzana (2001): Gondwana Foundation/ Karat Coalition. Speak at the World Social Forum at Porto Alegre, January 2001. http://www.eurosur.org/wide/EU-Enlargement/Women%20in%20Transition.htm.

Kaldor, Mary (2000): Eastern Enlargement and Democracy. In: Hoskyns, Catherine/ Newman, Michael (Hg.): Democratizing the European Union. Issues for the twenty-first century. Manchester, S. 139-155.

Keck, Margaret E./ Sikkink, Kathryn (1998): Activists beyond Borders: Advocacy Networks in International Politics. Ithaca.

Miethe, Ingrid (2002): Women's Movements in Unified Germany: Experiences and Expectations of East German Women. In: Roth, Silke/ Lennox, Sara (Hg.): Feminist Movements in a Globalizing World: German and American Perspectives. Washington DC, S. 43-59.

Miethe, Ingrid/ Kajatin, Claudia/ Pohl, Jana (Hg.) (2004): Geschlechterkonstruktionen in Ost und West. Biografische Perspektiven. Münster u.a. (in Vorbereitung).

Moghadam, Valentine (1993): Bringing the Third World in: A comparative Perspective on of Gender and Restructuring. In: Moghadam, Valentine (Hg.): Democratic Reform and the Position of Women in Transitional Economies. Oxford, S. 327-352.

Mueller, Carol McClurg/ McCarthy, John (2003): Cultural Continuity and Structural Change: The Logic of Adaptation by Radical, Liberal, and Socialist Feminists to State Reconfiguration. In: Banaszak, Lee Ann/ Beckwith, Karen/ Rucht, Dieter (Hg.): Women's Movements Facing the Reconfigured State. New York, S. 219-241.

Renne, Ana (Hg.) (1997): Ana's Land. Sisterhood in Eastern Europe. Boulder.

Risse, Thomas/ Cowles, Maria Green/ Caporaso, James (2001): Europeanization and Domestic Change: Introduction. In: Cowles, Maria Green/ Caporaso, James/ Risse, Thomas (Hg.): Transforming Europe. Europeanization and Domestic Change. Ithaca, S. 1-20.

Roth, Silke (2003a): Opportunities and Obstacles – Screening the EU Enlargement Process from a Gender Perspective In: Loyola University Chicago International Law Journal (im Erscheinen).

Roth, Silke (2003b): One Step Forwards, One Step Backwards, One Step Forwards – Gender-Mainstreaming and EU-Enlargement. Vortrag auf der Konferenz. Gender Politics in the European Union: Forging Transnational Feminism in the New Europe. Madison, Wisconsin, März 2003.

Rupp, Leila J./ Taylor, Verta (2001): 'Liebende Gemeinschaft'. Die Gefühlskultur der internationalen Frauenbewegung, 1888-1945. Forschungsjournal Neue Soziale Bewegungen. (14)2, S. 54-64.

Stetson, Dorothy McBride/ Mazur, Amy G. (Hg.) (1995): Comparative State Feminism. Thousand Oaks.

Stölting, Erhard (2000): The East of Europe: A Historical Construction. In: Breckner, Roswitha/ Kalekin-Fishman, Devorah/ Miethe, Ingrid (Hg.): Biographies and the Division of Europe. Reconstructing Eastern European Biographies. Opladen, S. 23-38.

Watson, Peggy (2000): Politics, Policy, and Identity: EU Eastern Enlargement and East-West Differences. In: Journal of European Public Policy (7)3, S. 369-84.

Wobbe, Theresa (2002): Institutionalisierung von Gleichberechtigungsnormen im Supranationalen Kontext: Die EU-Geschlechterpolitik. In: Bettina Heintz (Hg) Geschlechtersoziologie. Sonderheft der Kölner Zeitschrift für Soziologie und Sozialpsychologie, S. 332-355.

Images und Fantasien. Europas Töchter und „Damen" in der Vergangenheit

Andrea Pető

Einleitung

Wenn wir, wie Pierre Nora,[1] Geschichte als Ort der Erinnerung definieren, dann ist die Frage, wer sich woran und wie erinnert, wer Vergangenheit und Erinnerung beherrscht, nicht nur eine wichtige, sondern eine Machtfrage (Pető 1994). Geschichte im Allgemeinen, wie auch politische Geschichte, ist keine Geschichte der Frauen. In meinem Beitrag gehe ich auf die politische Geschichte ein und möchte anhand von Beispielen aus Ungarn zeigen, wie man das symbolische Defizit, also die mangelnde politische Anwesenheit von Frauen, überwinden könnte. Dies ist eine umso wichtigere politische Aufgabe, als wir wissen, dass die Geschichtsschreibung, d.h. die historische Erzählung durch Vorstellungen (*images*) vor sich geht und uns in der Gegenwart Sicherheit gibt. In der Gegenwart stellen wir in unseren Zukunftsvorstellungen auch Verbindungen von Fragmenten der Vorstellung der Vergangenheit her. Die Geschichtsschreibung, d.h. die historische Erzählung, stellt eine emotionale Basis für kollektive, z.B. nationale Identitätsbildung bereit. Im Folgenden argumentiere ich, dass wenn Frauen in der Geschichte überhaupt sichtbar werden, dann an der Seite der Männer. Ich bezeichne die so in der Geschichtsschreibung dargestellten Frauen als „Damen". Für die Darstellung der „Damen" gibt es zwei Erklärungsmodelle, die in meinem Beitrag beschreiben werden: das essentialistische und das frauenzentrierte Modell. Des Weiteren geht es mir auch darum aufzuzeigen, welche Möglichkeiten es gibt, aus einem für Osteuropa charakteristischen Paradox auszubrechen, nämlich dass die wenigen führenden Politikerinnen der osteuropäischen Demokratien Konservative oder sogar Rechtsextremistinnen sind.

Einer amerikanischen Untersuchung zufolge behandelten in den 1970er Jahren lediglich 1% der amerikanischen Geschichtsbücher Frauen. In der amerikanischen Literaturgeschichte wurde ihnen auch nur 8% gewidmet (Association of American Colleges 1998). In der jetzt erschienenen repräsentativen Ausgabe der großen Gestalten der ungarischen Geschichte wird im 20. Jahrhundert nur eine einzige wichtige Politikerin genannt: Anna Kéthly (Kadar 1999), die sozialdemokratische Abgeordnete, die es immer zurück-

---

1 Der französische Historiker Pierre Nora prägte den Begriff *lieux des memoire*. Zwischen 1981 und 1992 publizierte er in Zusammenarbeit mit anderen Historikern eine siebenbändige Ausgabe, die Erinnerungsorte beschreibt. Der Begriff hat großen Einfluss auf die Geschichtswissenschaft, insbesondere für die Gedächtnisgeschichte. Im Deutschen werden die Begriffe „Gedächtnisorte" und „Erinnerungsorte" synonym verwendet.

wies, für Frauen einzutreten. Sie betonte, dass sie nicht für alle Frauen, sondern nur für Arbeiterinnen kämpfte. Dabei ist die Geschichte der politischen Partizipation ungarischer Frauen im 20. Jahrhundert eine Erfolgsgeschichte, aus der wir Erfahrung und Inspiration schöpfen können (vgl. Pető in diesem Band; Pető 1997, 1999).

Der Kampf um die Geschichtsschreibung, um die Repräsentation der Vergangenheit, spielte in den Kämpfen der Frauen für Gleichberechtigung schon immer eine wichtige Rolle. Zum Beispiel erließ die Bildungsabteilung Kaliforniens 1986 folgende Richtlinie:

> Wenn der Unterrichtsstoff die Entwicklung der Geschichte oder der Gegenwart vorstellt, oder die Ergebnisse der Kunst, der Wissenschaft oder eines anderen Gebietes analysiert, dann muss man den Beitrag von Männern und Frauen ungefähr in gleichem Maße darstellen. (California State Department of Education 1986)

Aber wie kann man etwas in gleichem Maße darstellen, das in der Vergangenheit überhaupt nicht gleich war? Die feministischen HistorikerInnen gerieten in eine Zwickmühle, denn sie wollten die Frauen sichtbar machen, was man aber nur dort kann, wo sie auch tatsächlich anwesend waren, als Hebammen, Prostituierte, Ehefrauen und Königinnen. Dadurch wurden Frauen jedoch aus der „wirklichen großen Geschichte" ausgeschlossen, wo die wichtigen, die Nationalgeschichte bestimmenden Entscheidungen getroffen wurden.

Für die Rekonstruktion der Lebensgeschichte von Politikerinnen stehen HistorikerInnen zwei Erkenntnismodelle für die Analyse des Schicksals der sichtbaren Frauen („Damen") zur Verfügung: die essentialistische und die so genannte frauenzentrierte Annäherung.

Die essentialistische Annäherung

Da das auch heute noch florierende, essentialistische „Damen-Modell" für den aktuellen Kampf um den symbolischen Raum durchaus nützlich sein kann, sollen im Folgenden drei Ursachen für dessen Herausbildung analysiert werden. Dabei gehe ich auf folgende Faktoren ein:

a) Methodik der Geschichtsschreibung
b) Relativität des Wertes des Wahlrechts von Frauen
c) die Wirkung der kommunistischen Gleichwertigkeitspolitik

Der erste Grund für die Herausbildung des essentialistischen „Damen"-Modells knüpft an die schon in der Einleitung erwähnten methodischen Probleme der Geschichtsschreibung an. In der von Männern dominierten Welt sind Biografien berühmter Frauen der Vergangenheit die einfachste Methode, die unsichtbare Geschichte der Frauen sichtbar zu machen. Dies trägt gleichzeitig zur Quasi-Anwesenheit der Frauen bei und verstärkt die historische Unterordnung von Frauen, da Frauen in ihrer Bindung und Abhängigkeit von Männern repräsentiert werden. In den von Männern entwickelten Rollenmodellen ideologisiert die Rolle der „Damen" die die Männer unterstützende heterosexuelle Frauenidentität. Wie ein zu den Klassikern zählender männlicher Autor im 19. Jahrhundert über die ungarischen „Damen" schrieb:

> Die Männer bewegen sich in der Armee und auf Versammlungen, dann haben sie in Wien und in Prag zu tun, ihre Frauen dagegen leben immer zu Hause im Ungarntum und in den Sitten ihrer Nation, und führen die Höfe, denen die Hoffnungen und Stützen unserer Zukunft entstammen.(Takats 1982)

So lange also die Männer Kämpfe führen und wichtige politische Entscheidungen außerhalb ihres Heimes treffen, beschäftigen sich die „Damen" mit den Problemen des Haushalts und der Kindererziehung. Sie können nur zu Hause und nur in der temporären Abwesenheit der Männer strategische Entscheidungen treffen, was sonst ein Privileg der Männer ist. Die vereinfachende Dichotomie der traditionell stereotypischen Rollenverteilung führt zur Essentialisierung von „Mann" und „Frau". Die ungarische Geschichtsschreibung „erfand" (Anderson 1983) in jeder Epoche eine „Matrone ohnegleichen", die alibiartig als Erkenntnismodell für die jeweilige Epoche diente. Die ungleiche Aufmerksamkeit, die sich mit dem Schlagwort „Wichtigkeit" richtigerweise auf „Damen" wie Róza Schwimmer oder Anna Kéthly richtet, nimmt anderen Frauen den Raum als Gegenstände der historischen Untersuchung und beruhigt das Gewissen der Gesellschaft. Denn die Beschreibung des Lebens einzelner Gestalten ist einfacher als die Prosopographie,[2] die arbeitsaufwändig und deren Ergebnis nicht so lesbar ist, dafür aber breitere Schichten des weiblichen Bewusstseins erklären könnte.

Der zweite Faktor, deren zur Weiterexistenz des essentialistischen „Damen" -Modells beitrug, war das Frauenwahlrecht und in weiterem Sinne die Grenzen der Staatsbürgerrechte von Frauen. Vor der Einführung des Frauenwahlrechts konnten Frauen nur über ihren Ehemann oder einen männlichen Verwandten Einfluss auf das öffentliche Leben nehmen. Die Manipulierung des Ehemannes in verschiedenem Grade war eine gesellschaftlich anerkannte Norm, und die aufgeklärteren Männer kämpften für die Rechte der Frauen, so z.B. die Liga der Männer für das Frauenwahlrecht. Dabei gab das Frauenwahlrecht dieser Frage eine völlig neue Dimension. Allerdings möchte ich betonen, dass das Wahlrecht – vielleicht bis zu den Wahlen im Jahr 2002 – in den Augen der ungarischen Frauen aus zwei Gründen einen geringen Wert hatte: Erstens gab es zwischen den zwei Weltkriegen nur ein eingeschränktes Wahlrecht. Nur wenige Frauen (und natürlich auch Männer) hat-

---

2 Bei Prosopographie handelt es sich um Institutionengeschichte, die einfach zu erforschen ist, da Institutionen Dokumente produzieren.

ten ein Wahlrecht und die Verschärfung oder die Modifizierung des Wahlrechtes lag immer in den Händen des von Männern beherrschten Parlamentes (Pető 2001).

Zweitens bestimmten nach der Einführung des allgemeinen Wahlrechtes 1945 die Regeln des Einparteiensystems das politische Leben, der Wert des Wahlrechtes wurde also allgemein abgewertet (Pető 1998).[3]

Dies führt uns zur dritten Ursache, die zum Weiterleben des essentialistischen „Damen" -Modells beitrug: zu den bis heute gültigen Folgen der kommunistischen Gleichstellungspolitik. Dies ist eine sowohl im Rahmen der Macht als auch des Widerstandes spannende Frage, denn die stereotypen weiblichen Eigenschaften wie Intimität, Sensibilität, Familienzentriertheit und Konfliktvermeidung bedeuteten einheitlich die oppositionelle Frauenpolitik gegenüber dem „staatlichen Feminismus". Die staatliche Gleichheitspolitik, d.h. der „staatliche Feminismus", relativierte diese so genannten weiblichen Werte (Pető 1994b). Eine der wichtigsten Bestrebungen der Opposition gegen den Kommunismus war die essentialistische Bewahrung der so genannten weiblichen Werte, die auf den Marienkult zurückgehen. Das Ziel war, diese so genannten weiblichen Werte in der Familie gegenüber der kommunistischen unechten Gleichberechtigung, die auf männlichen Werten beruhte, im Privatleben zu bewahren. 1948 schlug der Versuch der Sozialdemokraten, das Modell der autonomen, politisch aktiven und in der Öffentlichkeit auftretenden Frau zu unterstützten, fehl (Pető 1998, 2003a/b). Die Ehefrauen der kommunistischen Funktionäre waren unbekannt. Falls sie bekannt waren, lösten sie sich in der historisierenden, den Ehemann unterstützende Rolle der „Damen" auf, boten also kein neues Rollenmodell (Pető 2000). Nach 1989 kam es wieder zur Essentialisierung von Frau und Mann, und die Rolle der „Damen" wurde reproduziert, da jede sich dem existierenden Sozialismus widersetzende politische Partei auf die Tradition der essentialisierten Matrone zurückgriff. Die konservativen Parteien benutzen diese Vorstellungen zur Mobilisierung der Frauen.

Die Analyse der Lebensgeschichten der „Damen", der ambitionierten Ehefrauen berühmter Männer, trägt nur in geringem Maße zur Entwicklung eines neuen Wissens über die Frauen bei. Bei der Verfassung der Biografie von Júlia Rajk stellte ich fest, dass von dem Moment an, in dem sie in László Rajks Leben getreten ist, bis zu dem Zeitpunkt, wo sie Júlia Rajk wurde, zum Leben Júlia Földis reichlich Quellen zur Verfügung stehen. Júlia Rajk wurde als Júlia Földi geboren und besetzte zwischen 1945 und 1949 unter dem Namen Frau László Rajk mehrere, auch von der traditionellen Politikgeschichte geführte politische Positionen. Unter dem Namen Frau László Rajk

3 Eine Ausnahme bildete die kurze, aber euphorische Periode der „gewählten" politischen Vertretung 1945-1947.

wurde sie zu fünf Jahren Gefängnis verurteilt. Nach dem Absitzen ihrer Gefängnisstrafe wurde ihr Name ohne ihre Einwilligung in Frau László Györk geändert (Törteneti 1955). Frau Rajk spielte mit ihrem unbezweifelbaren moralischen Gewicht eine entscheidende Rolle darin, dass der politische Rehabilitationsprozess zwar mit Stockungen, aber doch voran ging und sie schließlich ihr Ziel erreichte: die öffentliche Beerdigung ihres Mannes am 6. Oktober 1956, die zur Revolution beitrug. Das Bild der neben der Bahre ihres Mannes stehenden Mutter und Ehefrau ging in der Weltpresse herum. Nach der Wiederbeerdigung wurde sie von den in der Partei Gebliebenen Frau László Rajk genannt, während die Parteiopposition sie ab dem 4. November 1956 Júlia Rajk nannte. Am 4. November 1956 floh sie mit Imre Nagy[4] in die jugoslawische Botschaft, von wo sie nach Rumänien gebracht wurde. Nach ihrer Rückkehr aus Rumänien 1958 wird sie „die Júlia“, die Institution, die immer bereit war, für andere einzutreten, das Unmögliche möglich zu machen. Sie gründete die erste NGO, ein Hundeasyl, und protestierte gegen die Verschärfung der rechtlichen Regelung die Abtreibung betreffend. Nachdem sie die „große Politik“ verließ, finden wir in den Archiven keine Quellen mehr. Es ist von daher erforderlich, auf die Quelle der *Oral History* zurückzugreifen, natürlich mit der entsprechenden methodischen Gründlichkeit und feministischer Sensibilität.

Um mit Virginia Woolfs zu sprechen, bei der von im Sonnenlicht der Männer glänzenden Frauen die Rede ist, ist das in der Welt der Männer von Männern kreierte weibliche Dasein außerordentlich schädlich, da es den weiblichen Mitgliedern späterer Generationen kein anderes Rollenmuster oder Vorbild bietet, als das der Rolle der Ehefrau. Die „Damen“ bewegen sich im luftleeren Raum, sie haben Diener und Sekretärinnen, aber keine Nachfolgerinnen. Weder Margit Slachta, noch Anna Kéthly erzogen während ihrer mehrere Jahrzehnte dauernden politischen Laufbahn eine neue Genera-

---

4 Imre Nagy wurde 1953 im Zuge des „Neuen Kurses“ der ungarischen KP zum Ministerpräsidenten gewählt und stand für die Möglichkeit des „nationalen und menschlichen Sozialismus“. 1955 enthob die ungarische Parteileitung Nagy wegen „Rechtsabweichung“ seiner Ämter und schloss ihn aus der Partei aus. Im Oktober 1956 wurde Nagy politisch rehabilitiert und in der Folge der revolutionären Ereignisse in Ungarn erneut zum Ministerpräsidenten berufen. Nagys wollte das reformsozialistische Ungarn nach dem Abzug der Sowjetarmee in eine parlamentarische Demokratie und in die Neutralität führen. Die Sowjetunion reagierte darauf mit der Entsendung von Panzerverbänden nach Ungarn. Nagy wandte sich vergeblich an die UNO, kündigte die Mitgliedschaft Ungarns im Warschauer Pakt auf und proklamierte die Neutralität Ungarns. Am 10./11. November fiel das von Aufständischen und Teilen der Armee verteidigte Budapest nach blutigen Straßenkämpfen. Der Aufstand in Ungarn brach zusammen, entgegen vorheriger Zusagen wurde Nagy, der in der jugoslawischen Botschaft Asyl gesucht hatte, nach Verlassen der Botschaft verhaftet und in Rumänien inhaftiert. 1958 wurde Nagy wegen „konterrevolutionärem Verhalten“ zum Tode verurteilt und im Hof des Zentralgefängnisses von Budapest erhängt. 1989 wurde Nagy rehabilitiert. Am Jahrestag der Hinrichtung fand unter starker Anteilnahme der Bevölkerung die neuerliche Beisetzung Nagys statt.

tion von Politikerinnen, die ihnen auf ihrem Weg gefolgt wären. Da die aus Rumänien zurückgekehrte Júlia Rajk sich gegen das System wendende Gruppen mit ihrem Namen und ihrer Präsenz unterstützte, wurde sie zu einer Institution und ist deshalb anders zu bewerten als die zuvor beschriebenen „Damen". „Die Júlia ist eine Institution", sagte man ihr nach, denn sie baute und formte eine Gemeinschaft. Diese Entwicklung kann neue Gesichtspunkte zur Analyse der Formen des weiblichen Politisierens geben.

Die sich auf herausragende weibliche Persönlichkeiten richtende Forschung bzw. die Erschaffung herausragender Persönlichkeiten kann dadurch, dass man sie zum Gegenstand der Forschung macht, die Unterordnung reproduzieren. Darunter haben sie vielleicht selbst am meisten gelitten. Aus Mangel an Quellen werden wir dieses aber nie erfahren. Die einseitige, ereignisorientierte Geschichtsschreibung eignet sich nicht dafür, aus den essentialistischen Stereotypen herauszubrechen. Aber die Kenntnis der Lebensgeschichten von Politikerfrauen kann zum Verständnis der gesellschaftlichen und kulturellen Mechanismen beitragen, die die Unterordnung schufen und aufrechterhielten.

Die frauenzentrierte Annäherung

Der zweite Versuch ist die feministische Bestrebung, das verlorene, vergessene und gelöschte weibliche Vorbild zu finden. Vorstellungen sind nicht nur die Grundlage für Geschichtsschreibung, sondern auch eine Voraussetzung für Gefühlsgrundlagen, auf die sich die Identität gründen kann.

Erfolgreiche Frauen, die zu den hervorragenden Persönlichkeiten gezählt werden und als weibliche Vorbilder fungieren könnten, treten in der Geschichte jedoch nur phasenweise auf. Wegen der Einsamkeit der „Damen" war es nicht einfach, diesen Weg zu gehen, auf dem sie die ersten waren. Das Durchkommen in der Männerwelt als Politikerin bedeutet eben doch eine doppelte Last, ob dies eingestanden wird oder nicht. Die Teilnahme der Frauen an der Politik entwickelt sich diskontinuierlich und bedeutet immer einen Neubeginn. Der Euphorie der Aufbruchsphase der Pionierinnen folgten nicht immer kontinuierliche Aufbauarbeiten der folgenden Generation. Das Vorbild oder Rollenmodell (Gilbert/ Gubar 1984: 59) von Ruhe, Tradition und Kontinuität fehlt, obwohl es zum Erreichen von Tiefe nötig wäre. Virginia Woolf meint, die Frauen dächten und empfänden durch ihre Mütter und würden auf diese Weise die Sicherheit der Kontinuität fühlen. Diese emotionale Kontinuität schafft auch die Möglichkeit der Auflehnung, aber niemals gegen das Vorbild der Mutter oder Mütterlichkeit, niemals ohne Verständnis und Einfühlung, und niemals ohne Liebe für die Mutter. In einer meiner früheren Arbeiten habe ich die Erinnerungen von mehr als dreißig Politikerinnen analysiert, die nach 1945 eine wichtige Rolle im ungarischen politischen Leben spielten (Pető 1998, 2003a/b). Als sie in ihren Geschichten für sich und für die Nachwelt eine Antwort darauf suchten, warum sie anders waren, warum sie Politikerinnen, in vielen Fällen Kommunisten, geworden sind, erwähnen sie immer das Beispiel und die entscheidende Wirkung eines männlichen Familienangehörigen. In den Geschichten fehlen signifikanterweise die Mütter.

Die Hauptfrage bei der Schaffung des neuen Wissenssystems ist das Problem, wie man in der von Männern für Männer über Männer geschriebenen Geschichte ein weibliches Vorbild finden kann. Das Verhältnis zum weiblichen Vorbild ist jedoch ambivalent. Das von den Männern vorgefertigte Vorbild der Matrone ist, wie wir es auch bei dem schon zitierten Autor aus dem 19. Jahrhundert gesehen haben, ein Mittel zur Aufrechterhaltung der Männerherrschaft: Sie ist einsam und trotz der auf Konsens aufgebauten moralischen Höhe kein nachahmenswertes Beispiel. Wer von uns würde Ilona Zrínyi oder Anna Kéthly aus dem Stegreif als ihr Vorbild nennen? Ebenso wenig Chancen, zum Vorbild zu avancieren, haben alle zeitgenössischen Politikerinnen.

Es gibt drei Gründe für die Verhinderung der Herausbildung von authentischen weiblichen historischen Vorbildern. Erstens verlor die politische Karriere in den letzten fünfzig Jahren immer mehr an Popularität. Im Sozialismus war die Mitarbeit in der Partei weitgehend bedeutungslos, die Beteiligung in der Opposition hingegen lebensbedrohlich. Heute ist die politische Laufbahn zwar nicht mehr lebensgefährlich wie im Osteuropa der 1940er und 1950er Jahre, geht jedoch mit viel Arbeit, wenig Gehalt und noch weniger Prestige einher. Die Regeln der politischen Laufbahn kollidieren mit den Vorstellungen der traditionellen Frauen. Dies ergibt das Hauptparadox der konservativen weiblichen politischen Partizipation: Ohne die Teilnahme der Frauen, ohne ihre Mobilisierung, ohne ihre Unterstützung bei den Wahlen kann man heute weder regieren, noch ein modernes Land bauen. Das ist das Paradox der konservativen Frauenbewegungen: Wie kann man politisch aktive Frauen „herstellen“, so dass sie in Wirklichkeit passiv bleiben, also die autoritäre, hierarchische und auf den männlichen Vorrang aufgebaute Gesellschaftsordnung nicht infrage stellen? Dieses Paradoxon macht die Untersuchung der Geschichte der konservativen weiblichen politischen Partizipation so interessant, denn sie betrifft die Sachfragen der symbolischen Macht: Welche Vorstellungen und Fantasien bestimmen die konservative politische Aktivität von Frauen im heutigen Europa?

Zweitens werden Frauen in der offiziellen Geschichtsschreibung stereotypisiert. Die Geschichtsschreibung wurde mit dem Positivismus am Anfang des 19. Jahrhunderts und mit der Entstehung der Nationalstaaten zu einer Wissenschaft. Gleichzeitig entwickelte sich (nicht ohne gesellschaftliche Kämpfe) eine zunehmend durchlässigere Bildungsstruktur, so dass breite

Kreise der Bevölkerung einen Zugang zu Bildung erhielten. Da die Frauen bei den Kämpfen für die Entstehung und Erhaltung des Nationalstaates keine gestaltende Rolle hatten, waren sie auch in der Politikgeschichte, die in den Schulbüchern transportiert wurde, nicht präsent (Pomata 1993). Der sicherlich positiv zu bewertende Zugang zu Bildung beförderte damit auch die Selektivität der Wahrnehmung von Geschichte. Bis heute fehlt in den Geschichtsbüchern bei der Beschreibung der Taten der früher lebenden Frauen das Alltagsleben der Frauen, also die Aspekte, die ein großer Teil der Schülerinnen in Hinblick auf ihre Lebensgestaltung wichtig und interessant finden könnte. Deshalb wäre beispielsweise ein Hilfsbuch zur Geschichte, das die Geschichte der osteuropäischen Frauen und Männer vorstellt, in den Oberschulen wichtig.

Drittens, und dieser Grund ist noch wichtiger: Fast keine der „Damen" ist ein Sinnbild von Glück und Vollkommenheit. Sie erreichten die Achtung der Männerwelt durch ihre Leiden und ihr Selbstopfer. Das animiert die Töchter späterer Zeiten nicht dazu, in ihnen ein weibliches Vorbild zu erkennen. Diese Vorstellungen des Leidens und des Selbstopfers sind auch im Privatleben auslebbar, und sogar gestaltbar.

Die Existenz eines Vorbildes ist eine Frage der persönlichen Entscheidung. Die Genealogie unserer Vorbilder ist unsere Quasifamilie, die wir bewusst wählen und die uns intellektuelle und sogar gefühlsmäßige Sicherheit gibt. Deshalb können wir an eine Wahl glauben, anstelle lediglich die von Männern bestimmten Normen zu akzeptieren oder sich bequem in die essentialistische Mann/Frau Dichotomie hineinzuschmiegen. Dabei kann das Finden des weiblichen Vorbildes auch erschreckend und nicht nur anziehend sein. Der Respekt vor dem Vorbild und das Finden der nötigen Distanz geht nicht ohne Konflikte, im Interesse dessen, dass eine Frau mit Hilfe des Vorbildes die Macht ergreift und sich aneignet, die in ihren Augen das Vorbild so anziehend und autonom macht. Die Gestaltung der Geschichte und auch der eigenen Geschichte ist also nicht unbedingt so eindeutig erfolgreich, wie das viele feministische Historikerinnen glauben. Das Vorbild enthält die Utopie und die Gegenutopie in einem, weshalb dieses intellektuell und gefühlsmäßig erschreckend sein kann. Die Nachahmung des weiblichen Vorbildes wird gerade in dem Moment kompliziert, in dem die Unterordnung der Töchter ihr ursprüngliches Ziel erreicht hat: Sie trug zum Verständnis der eigenen, aus dem Inneren kommenden Macht bei.

Victoria de Grazia formulierte bei der Untersuchung des italienischen Faschismus den Begriff „der postpolitischen Staatsbürgerschaft". Nach de Grazia wirkt die Identitätspolitik als Strategie des Kreises für Widerstand und Interessendurchsetzung (*agency*), das heißt, die Elemente der Identitätsbestimmung und der Ort, wo dies formuliert wird, können zum Schauplatz des Widerstandes werden (de Grazia 2000). Bei der Formulierung der sich heute umgestaltenden weiblichen Identität ist es eine Schlüsselfrage, welche Inhalte darin Platz bekommen, in welchen Räumen sie sich bildet und von welchen Vorstellungen sie geprägt wird. In der Geschichtsschreibung die Erfolge weiblicher politischer Partizipation hervorzuheben, könnte einer dieser Schauplätze sein. Das ist außerordentlich wichtig im heutigen Europa, denn die Zugehörigkeit basiert auch auf Sehnsüchten und Fantasien. Damit sich Frauen also mit Europa identifizieren können, muss die Rolle von Frauen in der europäischen Geschichte deutlich werden. Das neue Europäertum geht im komplizierten öffentlichen metaphorischen Raum von Zugehörigkeit und Nicht-Zugehörigkeit vonstatten.

Virgina Woolf verachtete die Frauen, die nur im Sonnenlicht der Männer glänzten. Eine Möglichkeit, das eigene, authentische innere Strahlen zu finden, ist die Suche nach einem Vorbild, das auch einen kritischen Umgang mit dem Erbe und nicht nureine kritiklose Identifikation beinhaltet. Die Auseinandersetzung mit der eigenen Geschichte und Rolle gibt Handlungsmächtigkeit. Dabei tauchen die Schlüsselfragen zum Finden von Vorbildern auf. Es sind dies Fragen nach der Erstrangigkeit und der Einstellung, nach Unterordnung und Hierarchie, nach dem zeitlosen, aber nicht geschichtslosen weiblichen Subjekt, nach der Herausbildung der autonomen Frau und dem Erreichen moderner Formen der Macht. Die Töchter Europas müssen nicht alles neu beginnen, viele gehen uns voran. Lass uns sie kennenlernen.

Literatur

Anderson, Benedict R. (1983): Imagined Communities. Reflections on the Origin and Spread of Nationalism. London.

Association of American Colleges (1998): Evaluating Courses for Inclusion of New Scholarship on Women. Washington D.C.

California State Department of Education (1986): Standards of Evaluation of Instruction Materials with Respect to Social Content.

Gilbert, Sandra M./ Gubar, Susan (1984): The Madwoman in the Attic: The Woman Writer and the 19th century Literary Imagination. New Haven.

de Grazia, Victoria (2000): Nationalising Women: The Competition between Fascist and Commercial Cultural Models in Mussolini's Italy. In: Furlough, De Grazia (Hg.): The Sex of Things. Gender and Consumption in Historical Perspective, Berkeley.

Kádár Zsuzsa (1999): Kéthly Anna. In: Árpád, Rácz (Hg.): Nagy képes milleneumi arcképcsarnok. Budapest.

Nora, Pierre (1984-1993) (Hg.): Les Lieux de mémoire, 7 Bde. Paris.

Nora, Pierre (1996-1998). (Hg.): Realms of Memory. Rethinking the French Past, 3 Bde. New York.

Pető Andrea (1994a): Writing Women`s History. In: Open Society News, Fall 1994, S. 10-11.

Pető Andrea (1994b): „As He Saw Her": Gender Politics in Secret Party Reports in Hungary During 1950s. In: CEU History Department Working Paper Series No.1. S. 107-121.

Pető Andrea (1997): Hungarian Women in Politics. In: Scott, Joan/ Kaplan, Cora/ Keats, Debra (Hg.): Transitions, Environments, Translations: The Meanings of Feminism in Contemporary Politics. New York, 153-161.

Pető Andrea (1999: Introduction: Women in Politics. In: Pető, Andrea/ Rásky, Béla (Hg.): Construction. Reconstruction. Women, Family and Politics in Central Europe 1945-1998. Budapest, S. 7-19.

Pető Andrea (1998): Nõhistóriák. A politizáló magyar nõk története (1945-1951) Budapest.

Pető, Andrea (2000): Nők és politika. Politikusnők és nagyasszonyok. In: Balogh Margit/ S. Nagy Katalin (Hg.): Asszonysorsok a 20. században. Budapest, S. 211-219.

Pető Andrea (2001): Kontinuität und Wandel in der ungarischen Frauenbewegung der Zwischenkriegperiode: In: Gerhard, U. (Hg.): Feminismus und Demokratie. Europeaische Frauenbewegung der 1920er Jahre. Königstein, S. 138-159.

Pető Andrea (2003a): Hungarian Women in Politics 1945-1951. New York.

Pető Andrea (2003b): A Missing Piece? How Women in the Communist Nomeclature are not Remembering. In: East European Politics and Society 16, S. 948-958.

Pomata, Gianna (1993): History, Particular and Universal: Some Recent Women's History Textbooks. In Feminist Studies 19, S. 7-50.

Takáts, Sándor (1982): Régi magyar nagyasszonyok. Budapest.

Rajk, László (1955): Aussage vom 26. Juli 1955 In: Történeti Hivatal I. 13. (V-142753)

Feminismus, Ausgrenzung und die Politik der Verständigung

Barbara Einhorn

Einführung

Es ist wichtig zu beachten, wie sehr wir trotz aller Bemühungen doch noch mit Stereotypen arbeiten, uns gegenseitig als Feministinnen diskreditieren und einander angreifen. Dieser Beitrag wird sich drei Fragen widmen: Als Erstes möchte ich am Beispiel der Unterschiede zwischen dem britischen Feminismus und dem US-amerikanischen Feminismus auf die unterschiedlichen Schwerpunkte von Frauenbewegungen verweisen. Zweitens gehe ich auf die Frauenfriedensbewegung unter besonderer Berücksichtigung der Frage ein, wie frau mit Unterschieden und Differenzen umgeht ohne andere Frauen auszugrenzen. Zum Schluss gebe ich einige aktuellere Beispiele sowohl von Differenzen als auch von Zusammenarbeit in Frauenbewegungen. Diese Beispiele zitiere ich als Plädoyer für eine Kultur der Verständigung.

Der Feminismus britischer Prägung – hatte er etwas Eigenes?

Wie war die britische Variante des Feminismus der zweiten Welle geprägt? Gab es sie überhaupt? In der *Guardian* vom 6. Juni 2002 behauptet die bekannte linke Journalistin Polly Toynbee, es habe keine Frauenbewegung gegeben, sondern lediglich einzelne ‚stars', herausragende Frauen wie Germaine Greer etwa, die zur Entwicklung der feministischen Theorie beigetragen haben. Interessanterweise erwähnt sie im britischen Kontext außer Greer, die zudem keine Engländerin ist sondern Australierin, nur noch zwei Journalistinnen, Jill Tweedie und Rosie Boycott. So wird Geschichte umgeschrieben und abgetan, sogar in der eigentlich frauenfreundlichsten Zeitung Großbritanniens und von einer sympathisch eingestellten Journalistin. So schnell geht die eigene Geschichte verloren. Ausgeblendet sind in dieser Darstellung nicht nur die bekanntesten britischen Feministinnen der 1970er und 1980er Jahre wie etwa Michelle Barrett, Sheila Rowbotham, Lynne Segal, Sylvia Walby und Elisabeth Wilson, sondern auch die tatsächlich sehr aktive feministische Bewegung dieser Zeit. Es nahmen Tausende an der ersten Großdemonstration in London zum Internationalen Frauentag im März 1971 teil. Allerdings nahmen gegen Ende der 1970er Jahre auch in Großbritannien die Differenzen und Querelen zwischen den verschiedenen Tendenzen und Strömungen innerhalb der Bewegung überhand.

Lynne Segal (1999: 5) behauptet, die drei Jahrzehnte des Feminismus waren von drei voneinander abweichenden Standpunkten und Stilen charakterisiert:

In the 1970s, there was an emphasis on women's shared needs, and struggles to end gender inequalities and cultural subordination. This turned into a dual and contradictory prioritizing of women's distinct 'difference' alongside recognition of multiple differences between women in the 1980s [...]. Subsequently, there has been a shift towards discursive analyses of the instability of *all* identities and differences, as feminist theory found a home in the post-structuralist academy of the 1990s.

Bei den Anfängen in den 1970er Jahren sehen Lynne Segal (1999) wie auch Sheila Rowbotham (1999) einen großen Optimismus als Hauptmerkmal des *Women's Liberation Movement* in Hinblick auf die Erreichbarkeit von sozialem und politischem Wandel. Der Optimismus ging aus der Erkenntnis hervor, dass verschiedenartigste Formen der Unterdrückung die geschlechtsspezifische Dimension gemeinsam hatten und daher nicht auf individuelle Mängel oder Niederlagen zurückzuführen seien. Auf dieser Grundlage entstand dann auch die im Nachhinein als über-optimistisch erkannte Vorstellung einer alle Frauen vereinenden Schwesterschaft, die als politische Macht an der Basis eingesetzt werden könne und dazu fähig wäre, Frauen hemmende Gesellschaftsstrukturen von Grund auf zu verwandeln. Daraus entstanden Kampagnen, die laut Rowbotham (1999: 407) soziale und ökonomische Rechte mit dem Anrecht auf individuelle Selbstbestimmung vereinbaren wollten.

Der Aspekt, den ich hier hervorheben will, ist der Unterschied zwischen der Theorie und der Praxis des britischen im Vergleich zum US-amerikanischen Feminismus, besonders in den 70er und 80er Jahren des 20. Jahrhunderts.[1] Die Unterschiede zeigten sich schon bei der ersten Tagung des britischen *Women's Liberation Movement* im Dezember 1970, das sich von Anfang an sehr stark auf sozialpolitische Forderungen konzentrierte, wie etwa auf die nach Kindertagesstätten, nach dem Recht auf legalen und kostenlosen Schwangerschaftsabbruch oder nach Lohnausgleich. Auffällig ist auch, dass in der britischen Landschaft die sozialistischen Feministinnen hervor ragten.

Schon gegen Ende der 1970er Jahre schwand jedoch dieser Optimismus angesichts der immer häufiger auftretenden Unterschiede und Differenzen zwischen Frauen. Kritik an der Vorstellung einer einheitlichen Verschwesterung aller unterdrückten Frauen kam aus verschiedenen Ecken. Sowohl in ihrer Analyse der Ursachen der Frauenunterdrückung als auch dann in der bevorzugten Strategie für die Behebung des Unrechts unterschieden sich

---

1 Den westdeutschen Feminismus klammere ich aus, vgl. dazu Gerhard in diesem Band.

grundsätzlich die liberalen von den sozialistischen Feministinnen und die sozialistischen wiederum von den radikalen Feministinnen.[2]

Auf der einen Seite standen sowohl schwarze Frauen in Großbritannien, die ihre Unterdrückung dem Rassismus und nicht ihren Männern zuschrieben, als auch Frauen aus dem Süden, die Imperialismus, Kolonialherrschaft und Neokolonialismus als Ursachen ihrer untergeordneten Rolle auffassten. Am anderen Ende des Spektrums der Debatten um die Anerkennung von Differenzen befanden sich bestimmte Gruppen von radikalen Feministinnen, die der Meinung waren, nicht sozialpolitische Strukturen, sondern Männer als solche seien an dem Leiden von Frauen schuld. Im Jahre 1979 schrieb etwa Sheila Shulman in einem Aufsatz mit dem Titel „Harte Worte, oder warum Lesben zu Philosophinnen werden müssen": „Frauen, die mit Männern zusammenleben, haben nicht erkannt, dass das Versicherungsgewerbe ein Schwindelgeschäft ist" (zitiert in: Rowbotham 1999: 399). Im selben Jahr wurden heterosexuelle Frauen von einer Gruppe, die sich „Leeds Revolutionary Feminists" nannte, dessen bezichtigt, sie ließen sich mit dem Feind ein. Die Gruppe sah „politisches Lesbentum" als die einzige echte Alternative an (Rowbotham 1999: 431).

Solche Differenzen spielten in den 1980er Jahren eine Rolle. In den 1990er Jahren beeinflussten sie dann die Diskussion um „gender" als theoretische und analytische Kategorie und die Auseinandersetzung zwischen feministischer und postmoderner Theorie.[3] Bei den radikalen Feministinnen bestand und besteht die Gefahr, dass das Hauptgewicht auf kulturellen und sexuellen Bereichen lastet wie etwa den negativen Auswirkungen von Pornographie oder sexueller Gewalt.[4] Diese Aspekte der Ausbeutung und Misshandlung von Frauen sind zwar überaus wichtig, doch darf frau darüber die ökonomischen und politischen Strukturen nicht aus dem Blick verlieren, die entscheidend dazu beitragen, dass gleichberechtigte Chancen für Frauen nirgends auf der Welt bestehen. In dem internationalen Gewerbe des *sex trade* kommen vielleicht Kultur und ökonomische Aspekte zusammen. Zu den gesellschaftspolitischen Strukturen, die dem Ziel einer geschlechtergerechten Welt entgegen stehen, gehören in vielen europäischen Ländern vorerst die Sozialpolitik und die fortwährende Schwierigkeit, Familie und Arbeitswelt zu harmonisieren, eine Schwierigkeit, die bei dem jetzigen Stand der Dinge vor allem Frauen betrifft.

---

2 Für sehr klare Darstellungen der Unterschiede zwischen den verschiedenen Strömungen innerhalb der britischen Bewegung siehe Segal (1989) und Bryson (1999).

3 Allerdings bin ich eher der Meinung, dass es eigentlich die Feministinnen und nicht die postmodernen Theoretiker waren, die als Erste die zentrale Bedeutung von unterschiedlichen Identitäten und Standpunkten erarbeitet und gewürdigt haben.

4 Vgl. dazu zwei der drei aktuellen Artikel in der *Guardian*, 5. und 6. Juni 2002, von Katharine Viner und Libby Brooks.

Aus dem *Guardian*-Artikel von Polly Toynbee (6. Juni 2002: 4) geht diesbezüglich hervor, dass der liberal-feministische Ansatz, der in den meisten westlichen Ländern vorherrschte, daran gescheitert ist, dass er weder an den sozialpolitischen Strukturen noch am Gedankengut rüttelt, sondern Verbesserungen innerhalb der existierenden männerdominierten Strukturen anstrebt. Weder die Gehaltsstrukturen auf dem Arbeitsmarkt noch die Art, wie wir bestimmte Arbeiten in der Familie wie auf dem Arbeitsmarkt geschlechtsspezifisch konzeptualisieren, haben sich grundlegend geändert. Toynbee schließt ihren Artikel mit der Erkenntnis ab:

> One enormous thing still matters more than everything else and it is this simple truth: whatever women do is undervalued, [...] just because it is what women do. [...] Only when women earn as much as men for the work they do will we begin to see a real shift in values. Money talks because money is how society measures worth. If women are worth the same as men, then the work they do must be equally rewarded. That requires a revolution – and feminism always was revolutionary, demanding the world be turned upside down. (Toynbee 2002: 4)

Frauen und Frieden

Die Frauenfriedensbewegung ist ein Aspekt der Frauenbewegung in Großbritannien (und überall in Europa), deren Geschichte bislang ungenügend gewürdigt worden ist. Auch hier zeigte sich das Spannungsfeld zwischen dem Austragen von Differenzen einerseits und andererseits dem Versuch, grenzübergreifende Gespräche herzustellen. Dieser Dialog zwischen Frauen an der Basis fand auf der Grundlage des Widerstands gegen Atomwaffen und gegen das als patriarchal und unsinnig verworfene Vorhaben, Konflikte im nuklearen Zeitalter militärisch schlichten zu wollen, statt. Mit anderen Worten fand er auf der Grundlage dessen statt, was frau auf beiden Seiten des Kalten Krieges gemeinsam hatte.

Zwangsläufig erhob sich dabei die Frage, was das sei, als ‚Frau' handeln zu wollen, und ob dieser Ansatz innerhalb einer ‚reinen Frauen'-Friedensbewegung zu rechtfertigen sei. Bei den Greenham-Frauen, die zum weltweiten Symbol des weiblichen, manchmal des feministischen Widerstands gegen die als männlich oder patriarchalisch verstandene Macht des Militärs wurden, gab es erst recht Auseinandersetzungen zu diesen Themen. Die ersten Frauen, die am US-Militärstützpunkt in Greenham ihre Zelte aufschlugen, waren diejenigen, die im Sommer 1981 als „Frauen für das Leben auf Erden" neun Tage lang von Cardiff nach Greenham marschierten.

Die Politik dieser ersten Initiative war bei vielen maternalistisch und nicht feministisch, d.h. sie sahen sich vorerst in ihrer Rolle als Mütter dazu verpflichtet – und besonders dazu geeignet – gegen die nukleare Gefahr zu handeln. Dieser Ansatz wurde von Anfang an von vielen Frauen als gefährlicher Essentialismus angeprangert: Sie stellten infrage, ob Frauen als Frauen wirklich vom Wesen her dazu neigten, das Leben beschützen und bewahren zu wollen. Trotzdem dachten einige, dass eine solche Aktion eher von den Medien beachtet würde, wenn nur Frauen daran teilnehmen. Hinzu kam die Erfahrung von Frauen, die später aus der feministischen Bewegung nach Greenham kamen, dass ein männerfreier Raum dem Prozess der Befreiung und der Selbstbehauptung sehr dienlich sei. Dazu kam das feministisch geprägte Argument, dass ‚reine Frauen'-Aktionen am ehesten in der Lage seien, Aufmerksamkeit auf die geschlechterbedingte Natur des Militarismus wie auch auf die Ausgrenzung von Frauen aus der Politik des Staates zu lenken. Im Februar 1982 folgte nach langer Diskussion der Beschluss, dass in Zukunft nur Frauen in Greenham zelten und an den Aktionen gegen den Stützpunkt teilnehmen dürften. Dieser Beschluss erwies sich von Anfang an als problematisch und wurde von vielen Frauen schwer oder nicht akzeptiert.

Die Spannung zwischen den Frauen, die den Beschluss für richtig hielten, und denen, die dagegen waren, erweiterte sich im Laufe des langen Lebens der Zeltlager um Greenham.[5] Sie war – wenn auch nicht ganz deckungsgleich – auch Bestandteil der Auseinandersetzungen zwischen heterosexuellen und lesbischen Frauen. Diese Spannung drückte sich z.B. darin aus, dass bei der „Umarmung des Stützpunktes" (*Embrace the Base*) im Dezember 1982 sowohl Windeln und Kinderfotos als auch benutzte Tampons und lesbische Symbole an den Stacheldraht geheftet wurden. Sie drückte sich weiterhin in einer zweifachen Reportage über Greenham aus: Zum einen eine sympathisierende Berichterstattung, die sich auf „Frauen als Mütter", Frauen aus dem Mittelstand und auch ältere und berufstätige Frauen konzentrierte. Die feindselige Berichterstattung dagegen stellte die Greenham-Frauen in Fotos und Reportagen als anarchistisch, asozial und anormal dar.

Was unumstößlich als Fazit des Greenham-Erlebnisses bleibt, ist die unwahrscheinlich starke Ausstrahlung und die symbolische Wirkungskraft, die diese Frauen für andere friedens- und frauenbewegten Frauen weltweit hatten. Die Grundprinzipien von Greenham waren die Ablehnung jeder Hierarchie und der Versuch, Gleichberechtigung und Mitwirkung Aller zu leben und zu verwirklichen. Das Prinzip der Kommunalität stand bei manchen Auseinandersetzungen – z.B. um Klassen- und Rassenfragen, um Geldfragen oder um Fragen der Sexualität und des Umgangs mit Männern – in Konflikt mit dem Prinzip der Anerkennung von Unterschieden und Differenzen. Trotzdem zieht Sasha Roseneil (2000: 183) in ihrer wichtigen Studie über Greenham den Schluss, dass gerade die nicht-hierarchische und etwas chaotisch erscheinende Lebensweise von Greenham nicht nur Konflikte provoziert, sondern auch das Leben mit Meinungsverschiedenheiten ermöglicht habe.

5 Die letzten drei Frauen verließen erst im Jahr 1999 das Lager, nachdem das Ziel – nämlich die Auflösung des Militärstützpunktes – schon längst erreicht worden war.

Die Politik der Verständigung

Greenham stellt ein relativ frühes Beispiel dafür dar, wie bei aller Schwierigkeit, Unterschiede und Differenzen auszuleben und zu verarbeiten, ein gemeinsames politisches Ziel Frauen einen kann. Der schwierige Ost-West-Dialog unter Feministinnen liefert ein weiteres und aktuelles Beispiel dafür, dass wir uns manchmal mit Stereotypen gegenseitig angreifen.[6] Deshalb habe ich oben darauf hingewiesen, dass es ,den westlichen Feminismus' als solchen, wie das manchmal behauptet wird, wenn westliche Feministinnen – nicht immer zu unrecht – als kolonialistisch dargestellt werden, eigentlich nicht gibt. Tatsächlich gab es im Feminismus britischer, US-amerikanischer, skandinavischer, westdeutscher oder neuseeländischer Prägung andere theoretische Schwerpunkte, andere Zielrichtungen beim Aktivismus. Diese Beispiele weisen also im Allgemeinen darauf hin, dass wir auch innerhalb der Frauenbewegung Gefahr laufen uns gegenseitig auszugrenzen – auch bei aller Anerkennung von Unterschieden und Differenzen.

Ich möchte zum Schluss auf einige exemplarische Beispiele hinweisen. Dies sind beispielsweise die „Frauen für den Frieden" in der DDR der 1980er Jahre, die unter schwierigsten Bedingungen nach Wegen suchten, über Konfliktgrenzen hinweg gemeinsame Initiativen aufzubauen und zusammenzuarbeiten und die auch daran arbeiteten, sich gegenseitig bei Anerkennung ihrer Unterschiede verstehen und verständigen zu können. Cynthia Cockburn hat an der Etablierung solcher Initiativen in Bosnien, in Irland und in Israel darüber berichtet (Cockburn 1998, 2001). Diese Gruppen arbeiten heute daran – genauso wie die Friedensfrauen im Kontext des Kalten Krieges – über scheinbar unüberwindliche Grenzen des ethnisch oder religiös definierten Nationalismus hinweg gemeinsam eine menschlichere, freundlichere Welt zu errichten.

Die Strategie, die diese Gruppen ausgearbeitet haben, ist: Unterschiede und Differenzen werden nicht ignoriert, sondern diese werden in einem oft sehr schmerzvollen Prozess erörtert, um darüber hinaus das Gemeinsame zu erforschen und zielgerichtete politische Koalitionen zu bilden. Darin handeln sie nach der ursprünglich von Friedensfrauen in Italien entwickelten und von Nira Yuval-Davis ausgearbeiteten Vorstellung der „transversal politics" (Cockburn 1998: 8f.; Yuval-Davis 1997: 130f.). Bei dieser Politik wird nicht nur eingestanden wie schwer es ist, über den eigenen Schatten zu springen, sondern als positiver Gegenpol auch wie sehr die Verwurzelung, also die Frage der Identität und der Zugehörigkeit – „the politics of location" (Ali 2000: 3) – Voraussetzung für eine grenzübergreifende Politik sein kann. Besonders in der aktuellen Weltkrise (11. September 2001, Afghanistan-

6 vgl. dazu Acsády (1999); Einhorn (1994, 1996); Einhorn/ Sever (2003); Lennox (1995); Rosenberg (1996); Smejkalova (2001).

Krieg 2001, Golfkrieg 2003) ist ersichtlich, wie notwendig grenzübergreifende Netzwerke und Beziehungen, Dialoge und Erfahrungsaustausche sind, ob innerhalb einzelner Länder oder im trans- und internationalen Kontext, damit die Erfahrungen aus dem eigenen Leben und dem Lokalbereich in neue globale Netzwerke übertragen werden können.[7] Nur eine solche Politik der Koalitionen und der Verständigung ist in der Lage, Ausgrenzung und Feindschaft zu überwinden.

Schluss

Wichtig ist, dass wir – wie dazumal die Greenham-Frauen, die Frauen in der „Campaign for Nuclear Disarmament" (CND), der „Campaign for European Nuclear Disarmament" (END) und die „Frauen für den Frieden", und wie heute die neuen Fraueninitiativen – über nationalistische oder religiöse Grenzen hinweg daran arbeiten, Brücken zu bauen und die ‚Mauer im Kopf', die es ja auch nach 12 Jahren noch gibt, zu überwinden. Dies erscheint mir sinnvoller, als neue Mauern, neue Vorurteile, neue Pauschalurteile zu fällen, d.h. Urteile, die auf Ost-West-Basis entstehen, als wäre tatsächlich der Kalte Krieg noch im Gange. Brauchen wir wirklich und unbedingt unsere Feindbilder? Sind sie uns unentbehrlich geworden? Diese Frage müssen wir uns zwangsläufig stellen zu einem Zeitpunkt, wo das Außenseitertum *das* prägende Erlebnis ist, wo so viele von uns und von unseren Mitmenschen nicht nur über die Grenzen hinweg, sondern auch innerhalb unserer Länder und Gesellschaften ausgegrenzt werden.

Literatur

Acsády, Judit (1999): Urges and Obstacles: Chances for Feminism in Eastern Europe. In: Women's Studies International Forum (22)4, S. 405-409.

Ali, Suki (2000): Introduction: Trying to Connect You. In: Suki Ali/ Coate, Kelly/ Goro, Wangui Wa (Hg.): Global Feminist Politics: Identities in a Changing World. London, S. 1-4.

Brooks, Libby (2002): The Trouble with Sex. In: The Guardian. 7.Juni, S. 6-7.

Bryson, Valerie (1999): Feminist Debates: Issues of Theory and Political Practice. Basingstoke.

Choluj, Bozena (2001): Anti-Feminist Attitudes, Animosities between Women, and Public Life. In: Jaehnert, Gabriele/ Gohrisch, Jana/ Hahn, Daphne/ Nickel, Hildegard Maria/ Peinl, Iris/ Schaefgen, Katrin (Hg.): Gender in Transition in Eastern and Central Europe. Berlin, S. 148-152.

Cockburn, Cynthia (1998): The Space between Us: Negotiating Gender and National Identities in Conflict. London.

7 Zur Gefahr der NGOisierung siehe Khan (2001) und Lang (1997).

Cockburn, Cynthia (2001): Women Organizing for Change: A Study of Women's Local Integrative Organizations and the Pursuit of Democracy in Bosnia-Herzegovina. Zenica.
Dölling, Irene (1991): Between Hope and Helplessness: Women in the GDR after the Turning Point. In: Feminist Review 39, S. 3-15.
Drakulic, Slavenka (1996): Café Europa: Life after Communism. London.
Duhaček, Daša (1998): Belgrade Women's Studies Centre. In: The European Journal of Women's Studies 5(3-4), S.489-497.
Einhorn, Barbara (1994): Democratization and Women's Movement in Central and Eastern Europe. Concepts of Women's Rights. In: Moghadam, Valentine M. (Hg.): Democratic Reform and the Position of Women in Transitional Economies. Oxford, S. 48-74.
Einhorn, Barbara (1996): Gender and Citizenship in East Central Europe after the End of State Socialist Policies for Women's 'Emancipation'. In: Einhorn, Barbara/ Kaldor, Mary/ Kavan, Zdenek (Hg.): Citizenship and Democratic Control in Contemporary Europe. Aldershot, UK and Brookfield, US, S. 69-86.
Einhorn, Barbara (2001): Gender and Citizenship in the Context of Democratization and Economic Transformation in East Central Europe. In: Jaehnert, Gabriele/ Gohrisch, Jana/ Hahn, Daphne/ Nickel, Hildegard Maria/ Peinl, Iris/ Schaefgen, Katrin (Hg.): Gender in Transition in Eastern and Central Europe. Berlin, S. 97-116.
Einhorn, Barbara/ Sever, Charlotte (2003): Gender and Civil Slociety in Central and Eastern Europe. In: The International Feminist Journal of Politics 5(2), S. 163-190.
Gheaus, Anca (2001): Feminism and the Public-Private Distinction in Romanian Society. In: Jaehnert, Gabriele/ Gohrisch, Jana/ Hahn, Daphne/ Nickel, Hildegard Maria/ Peinl, Iris/ Schaefgen, Katrin (Hg.): Gender in Transition in Eastern and Central Europe. Berlin, S. 182-189.
Jalusić, Vlasta (2002): Between the Social and the Political: Feminism, Citizenship and the Possibilities of an Arendtian Perspective in Eastern Europe. In: The European Journal of Women's Studies 9(2), S. 103-122.
Khan, Nighat Said (2000): The Women's Movement Revisited: Areas of Concern for the Future. In:Ali, Suki/ Coate, Kelly/ Goro, Wangui wa Goro (Hg.): Global Feminist Politics: Identities in a Changing World. London, S. 5-10.
Lang, Sabine (1997): The NGOization of Feminism. In: Scott, Joan/ Kaplan, Cora/ Keates, Debra (Hg.): Transitions, Environments, Translations: Feminisms in International Politics. London, S. 101-120.
Lennox, Sara (1995): Divided Feminism: Women, Racism, and German National Identity. In: German Studies Review 18, S. 481-502.
Mladjenović, Lepa/ Matijasević, Divna (1996): SOS Belgrade July 1993-1995: Dirty Streets. In: Corrin, Chris (Hg.): Women in a Violent World: Feminist Analyses and Resistance across Europe. Edinburgh, S. 119-132.
Molyneux, Maxine (1998): Analysing Women's Movements. In: Jackson, Cecile/ Pearson, Ruth (Hg.): Feminist Visions of Development: Gender, Analysis and Policy. London/ New York, S. 65-88.
Mrsević, Zorića (2000): Belgrade's SOS Hotline for Women and Children Victims of Violence. A Report. In: Gal, Susan/ Kligman, Gail (Hg.): Reproducing Gender: Politics, Publics, and Everyday Life after Socialism. Princeton, S. 370-392.

Pető, Andrea (1997): Hungarian Women in Politics. In: Scott, Joan W./ Kaplan, Cora/ Keates, Debra (Hg.): Transitions, Environments, Translations: Feminisms in International Politics. London/ New York, S.153-161.
Roman, Denise (2001): Gendering Eastern Europe: Pre-Feminism, Prejudice, and East-West Dialogues in Post-Communist Romania'. In: Women's Studies International Forum 24(1), S. 53-66.
Rosenberg, Dorothy J. (1996): Distant Relations: Class, "Race", and National Origin in the German Women's Movement. In: Women's Studies International Forum 19(1-2), S. 145-154.
Roseneil, Sasha (2000): Common Women, Uncommon Practices: The Queer Feminisms of Greenham. London.
Rowbotham, Sheila (1999): A Century of Women: The History of Women in Britain and the United States. London [1997].
Segal, Lynne (1989): Ist die Zukunft weiblich? Frankfurt a.M.
Segal, Lynne (1999): Why Feminism? Oxford.
Šmejkalová, Jiřina (2001): Gender as an Analytical Category of Post-Communist Studies. In: Jaehnert, Gabriele/ Gohrisch, Jana/ Hahn, Daphne/ Nickel, Hildegard Maria/ Peinl, Iris/ Schaefgen, Katrin (Hg.): Gender in Transition in Eastern and Central Europe. Berlin, S. 49-56.
Sperling, Valerie (1999): Organizing Women in Contemporary Russia: Engendering Transition. Cambridge.
Toynbee, Polly (2002): The myth of women's lib. In: The Guardian, 6. Juni, S.4.
Ugresić, Dubravka (1995): Die Kultur der Lüge. Frankfurt a. M. [1994].
Ugresić, Dubravka (1998): Das Museum der bedingungslosen Kapitulation, Frankfurt a. M. [1996].
Viner, Katharine (2002): While we were shopping. In: The Guardian, 5. Juni, S. 2-4.
Yuval-Davis, Nira (1997): Gender and Nation. London.

Die Europäische Union als Rechtsgemeinschaft und politische Gelegenheitsstruktur – Feministische Anfragen und Visionen[1]

Ute Gerhard

In einer aktuellen Umfrage des „Eurobarometers" erfahren wir, dass in den 15 Mitgliedstaaten der Europäischen Union (EU) fast zwei Drittel (63%) aller Einwohner eine europäische Verfassung befürworten. Die höchste Zustimmung findet das Vorhaben in Italien, Griechenland (77%, 75%) und in den Niederlanden mit 71%. Deutsche äußerten sich zu 62% positiv, während die Dänen und die Finnen mit nur 37% bzw. 39%iger Zustimmung an der Spitze der Skeptiker stehen. Dagegen nähern sich die Briten, bei denen in früheren Umfragen mehr als die Hälfte der europäischen Integration ablehnend gegenüber standen, zunehmend dem Mittelfeld mit 52% positiven Stimmen. (Eurobarometer 2003)

Diese zweimal jährlich im Auftrag der Europäischen Kommission durchgeführten standardisierten Umfragen sollen Auskunft darüber geben, in wieweit die Bürger der EU über Europa informiert sind, welche Politiken und konkrete Maßnahmen bei den EU-Bürgern Unterstützung finden oder wie viel Vertrauen sie den Institutionen und Organen der Union entgegenbringen. Angesichts der verschiedenen nationalen Öffentlichkeiten und vielfältigen Ebenen europäischer Politik werden diese Daten auch als ‚öffentliche Meinung' gehandelt und gewinnen seit dem im Amsterdamer Vertrag von 1997 ausgehandelten Versprechen zu mehr Transparenz und Bürgernähe zunehmend an Bedeutung. Gleichzeitig setzte mit den Verträgen von Maastricht (1992) und Amsterdam, in denen die verstärkte Zusammenarbeit, insbesondere aber eine gemeinsame Währungsunion und die Erweiterung der EU (25 Staaten bis 2004) vereinbart wurde, auf verschiedenen Schauplätzen die Mobilisierung einer politischen Öffentlichkeit ein, in der nicht zuletzt der „Euroskeptizismus" der Frauen die politische Agenda beeinflusste (vgl. Liebert 1998, 1999). Denn spätestens seit 1992, als die Mehrheit der Frauen in Dänemark in einem Referendum gegen den Beitritt zur EU votierte, weshalb nachverhandelt werden musste, aber auch nachdem frauenpolitische Erwägungen in Norwegen 1994 den Beitritt zur EU verhinderten, ist nicht mehr zu leugnen, dass Geschlechterverhältnisse eine Rolle spielen. Die EU-Organe reagierten unmittelbar: Der Europäische Rat äußerte sich 1995 zum Thema demokratische Partizipation und empfahl den Mitgliedsstaaten, für eine „ausgewogene Mitwirkung von Frauen und Männern im Entscheidungsprozess zu

---

1 Der folgende Beitrag ist eine aktualisierte und überarbeitete Fassung eines Aufsatzes in: *L'Homme*. Zeitschrift für Feministische Geschichtswissenschaft, 11.Jg., 2, 2000: 234- 250.

sorgen (Erbe 2002: 15). Im Amsterdamer Vertrag wird „die Gleichstellung von Männern und Frauen“ in Art. 2 neben der Errichtung eines gemeinsamen Marktes und einer Wirtschafts- und Währungsunion zu einer grundlegenden „Aufgabe der Gemeinschaft“ erklärt, und Art. 3 legt zum ersten Mal das Prinzip des Gender Mainstreaming auf EU-Ebene fest.

Was bedeutet Europa also für Frauen? Was haben Frauen von der europäischen Einigung zu erwarten – oder anders gesagt, was erwarten sie und welche Möglichkeiten der Gestaltung und Partizipation könnte das zukünftige Europa speziell für Frauen bieten? Diese Fragen so allgemein zu stellen, ist angesichts der Breite der Meinungen und der Literatur zu diesem Thema kühn, gerade weil das „Geschlecht der Europa“ (vgl. *L'Homme* 2000) im *mainstream* der Überlegungen und Studien so lange „unsichtbar“ geblieben war (Biester u.a. 1994). Doch wer sich auf die Thematik einlässt, muss auch überrascht feststellen, wie viel europäische Wirklichkeit sich quasi hinter unserem Rücken bereits formiert hat. Mein Versuch, die oben gestellten Fragen zu beantworten, konzentriert sich zunächst auf die neuen europäischen Rechtsverhältnisse, dann auf die politischen Partizipationschancen bzw. den Raum des Politischen, um schließlich das Konzept der Bürgerrechte oder aktiver Staatsbürgerschaft auf europäischer Ebene aus feministischer Perspektive zu diskutieren. Was mich an diesen Fragestellungen interessiert und fasziniert, ist die Tatsache, dass diese Fragen gerade auch vor dem Hintergrund einer schon längeren europäischen Rechtsgeschichte zum Weiterdenken anregen.

1. Europa als Rechtsgemeinschaft

Die Europäische Gemeinschaft (EG), mit ihren drei Säulen – EG, Europäische Außen- und Sicherheitspolitik, Justizielle Zusammenarbeit –, seit 1992 Europäische Union (EU) genannt, ist nicht lediglich ein völkerrechtlicher Vertrag oder ein Staatenverbund, in dem sich die Mitgliedstaaten auf bestimmte überstaatliche oder zwischenstaatliche Ziele verständigt haben. Sie hat sich vielmehr seit nun 50 Jahren zunehmend auch zu einer durch verschiedene Institutionen abgesicherten Rechtsgemeinschaft entwickelt. Vorweg aber ist deutlich zu unterscheiden: Neben der EU gibt es eine Reihe anderer zwischenstaatlicher Vereinbarungen und Organisationen in Europa, z.B. den am 5. Mai 1949 gegründeten Europarat, ein für alle offenes Organ internationaler Zusammenarbeit, das sich auf eine Reihe wichtiger Konventionen verständigte, wie die Europäische Konvention zum Schutz der Menschenrechte und Grundfreiheiten und den Europäischen Gerichtshof für Menschenrechte mit Sitz in Straßburg; oder die Organisation für Sicherheit und Zusammenarbeit in Europa (OSZE), die auf der Basis der Beschlüsse von Helsinki (1975) und der Pariser Charta (1994) die Beilegung von Konflikten mit friedlichen Mitteln versucht. Die Europäische Union besteht seit 1995 nach dem Beitritt Österreichs, Finnlands und Schweden aus 15 Mitgliedstaaten und wird am 1. Mai 2004 auf 25 Staaten erweitert.[2] Gegenüber anderen völkerrechtlichen Verträgen ist die EU lange Zeit als ein Gebilde eigner Art, „ein ‚neuer Herrschaftstypus' jenseits von nationaler Staatlichkeit und internationaler Organisation" (Preuß 1999: 163) verstanden worden. Inzwischen mehren sich in der demokratietheoretischen Europaforschung jedoch die Stimmen, die nicht mehr bereit sind, das Demokratiedefizit, d.h. die unzureichende Beteiligung und Einflussnahme der Bürger der EU und die Frage der Legitimität politischer Entscheidungen mit dem Hinweis auf die „Einzigartigkeit" dieses politischen Gemeinwesens zu begründen (vgl. Lemke 2001). Das Besondere an der institutionellen Architektur der EU ist, dass die Mitgliedsstaaten ihre Staatlichkeit bewahren, jedoch auf Teile ihrer Souveränität verzichtet bzw. auf Gemeinschaftsinstitutionen übertragen haben. Deshalb setzt sich zunehmend die Rede von einem „Regieren im Mehrebenensystem" durch (Kohler-Koch/ Jachtenfuchs 1996).

Die Grundlage der gegenwärtigen Verfassung der EU bilden Verträge. Die wichtigsten sind der Pariser Vertrag von 1951 über die Europäische Gemeinschaft für Kohle und Stahl (Montanunion); die Römischen Verträge von 1957, durch die die Europäische Wirtschaftsgemeinschaft (EWG) sowie die Europäische Atomgemeinschaft zunächst durch sechs Staaten gegründet wurde; dann der Vertrag von Maastricht (1992) und der Vertrag von Amsterdam, 1997 unterzeichnet und 1999 in Kraft getreten (vgl. Vertrag über die Europäische Union 1998; Borchardt 1999). Gewiss war die Initiative für die Einigung Europas nach zwei zerstörerischen Weltkriegen getragen von der Idee, Frieden zu stiften. Doch der sogenannte Schumannplan, benannt nach dem französischen Außenminister Robert Schumann, ging sehr realistisch und sich selbst beschränkend davon aus, dass der Friede der Welt von Westeuropa aus zunächst nur durch eine Wirtschaftsgemeinschaft in den Schlüsselindustrien bewahrt werden kann. Das waren damals Kohle und Stahl. Ebenso notwendig war eine Einigung über die Atomenergie. Diese ökonomische Ausrichtung zur Beschränkung des gegenseitigen Wettbewerbs und zur Stärkung der einzelstaatlichen Interessen bildete den kleinsten gemeinsamen Nenner des Zusammenschlusses und ist bis heute seine *raison d'être*. Im Zentrum steht die Herstellung eines gemeinsamen Marktes mit vier als wesentlich erachteten Grundfreiheiten: der Freizügigkeit der Arbeitnehmer, der Waren und des Kapitals sowie der Freiheit des Dienstleistungsverkehrs. Und doch sind spätestens seit Maastricht und Amsterdam auch die gemeinsamen politischen Interessen, die sozialen und demokratischen Grundlagen der EU Gegenstand ausdrücklicher Vereinbarungen geworden, sind nun neben der Wirtschafts- und Währungsunion eine europäische Verfassung und die Rech-

2 Vorausgesetzt die Beitrittsverträge werden vorher ratizifiert, so die Vereinbarung auf dem Gipfeltreffen der Staats- und Regierungschefs in Kopenhagen im Dezember 2002.

te der Unionsbürger auf der politischen Tagesordnung. Offensichtlich ist diese EU ein dynamisches Gebilde und ein noch nicht abgeschlossener Prozess, was ihre Kennzeichnung nicht gerade erleichtert, aber sie ist auch eine politische Gelegenheitsstruktur.

Wie sich über die Zeit aus der Marktorientierung mit Hilfe wichtiger Institutionen, der Richtlinien und Verordnungen der Europäischen Kommission sowie der Judikatur durch den Europäischen Gerichtshof, ein Mehr an Rechten ergeben kann, dafür sind die Rechte von Frauen ein überzeugendes Beispiel. Und doch ist auch hier vorweg einzuräumen, dass sich dieses Mehr an Gleichstellung zunächst und vorwiegend nur auf Frauen als Arbeitnehmerinnen, der Logik der Marktgesetze folgend, also auf ihre Arbeitsbedingungen, auf Mobilität, Flexibilität, Mindeststandards auf dem Gebiet der betrieblichen Sicherheit und des Gesundheitsschutzes bezieht. Nicht gelungen oder auch nicht intendiert ist hingegen die Angleichung im Sozialversicherungsrecht allgemein, etwa auch im Hinblick auf die Angehörigen der Arbeiter. Dennoch ist diese von den Betroffenen nachgerade unbemerkte, jenseits der einzelstaatlichen Rechtsordnung durchgesetzte Veränderung und Verbesserung der Rechtspositionen ein theoretisch und politisch interessantes neues Kapitel der Rechtsgeschichte, das das Eigenleben des Rechts, den sogenannten *spill-over Effekt*, aber auch die Bedeutung des Rechts für sozialen Wandel eindrücklich hervorhebt.

Die Geschichte beginnt mit dem recht harmlos wirkenden Art. 119 des EWG-Vertrages von 1957, der den Grundsatz „gleicher Lohn für gleiche Arbeit" explizit in den Gründungsvertrag als Grundlage europäischen Gemeinschaftsrechts einschreibt. Den Hintergrund dieser Bestimmung, die auf Drängen Frankreichs in den Gründungsvertrag aufgenommen wurde und – wie wir aus der bundesdeutschen Geschichte des Art. 3 Grundgesetz wissen – faktisch noch immer nicht verwirklicht ist, bildete keineswegs ein besonderes frauenpolitisches Interesse. Den Anstoß gab vielmehr die Befürchtung, französische Unternehmen könnten einen Wettbewerbsnachteil erleiden. Tatsächlich spielte dieser Artikel dann beinahe 20 Jahre keine besondere Rolle. Erst als sich streikende Arbeiterinnen in Belgien auf diese Bestimmung beriefen und eine belgische Stewardess gegen Sabena auf Gleichbehandlung klagte, kamen nicht zuletzt dank der Frauenbewegung und eines neuen Frauenbewusstseins die ungleichen Rechtsverhältnisse auf die Agenda. Die Stewardess Gabrielle Defrenne gewann ihren Rechtsstreit nicht in allen Punkten, doch 1975, im Internationalen Jahr der Frau, wurden politisch auch in der Europäischen Kommission die Weichen gestellt, gesetzgeberisch aktiv zu werden. Die erste Gleichstellungsrichtlinie „zur Anwendung des Grundsatzes des gleichen Entgelts für Männer und Frauen" wird verabschiedet und tritt 1976 in Kraft. Seitdem sind die Gerichte auch der einzelnen Mitgliedsstaaten gehalten, den Bestimmungen des Gemeinschaftsrechts den Vorrang vor dem Recht der Einzelstaaten einzuräumen, nun erst können die Staaten unter

Druck gesetzt werden, ihre Rechtslage den Erfordernissen der Richtlinie anzupassen. Von nun an kann sich jeder und jede Einzelne vor den Gerichten des eigenen Landes auf dieses Gemeinschaftsrecht berufen, denn der Europäische Gerichtshof stellt zum ersten Mal fest, dass Art. 119 EWG-Vertrag unmittelbar geltendes Recht sei.[3] Im Laufe der folgenden Jahre werden weitere Richtlinien speziell zur Ausgestaltung der Gleichbehandlung von Frauen und Männern am Arbeitsplatz erlassen, z.B. zur Gleichbehandlung hinsichtlich des Zugangs zur Beschäftigung, des beruflichen Aufstiegs und in Bezug auf die Arbeitsbedingungen (Richtlinie 76/207), zur Gleichstellung bei den betrieblichen Sozialversicherungssystemen (Richtlinie 86/378) oder die Gleichstellung bei selbständiger Erwerbstätigkeit – auch in der Landwirtschaft (Richtlinie 86/613) – sowie neuere Richtlinien zur Vereinheitlichung des Minimums für bezahlten Mutterschutz (Richtlinie 92/85) und zum Elternurlaub (Richtlinie 96/ 34). Immer wieder müssen einzelne Staaten gerügt werden, weil sie die Fristen zur Angleichung ihres Rechts versäumen oder nur unzureichende Gesetze erlassen. So veranlasste erst die Einleitung eines Vertragsverletzungsverfahrens vor dem Europäischen Gerichtshof gegen die Bundesrepublik Deutschland den westdeutschen Gesetzgeber dazu, die arbeitsrechtlichen Bestimmungen des Bürgerlichen Gesetzbuches (BGB) durch entsprechende Bestimmungen (§ 611a, Abs. 1-3 und § 612 Abs. 3 BGB) zu erweitern. Doch auch der damit eingeführte ‚Portoparagraph', d.h. die Regelung, dass bei Diskriminierung im Bewerbungsverfahren der Schadenersatz im schlechtesten Fall nur die Portokosten umfasse, ist vom Europäischen Gerichtshof als nicht hinreichend gerügt worden,[4] weshalb die deutschen Arbeitsgerichte diskriminierten Arbeitnehmerinnen inzwischen weit höhere Ersatzansprüche zubilligen.

Der Europäische Gerichtshof (EuGH) mit Sitz in Luxemburg – nicht zu verwechseln mit dem Europäischen Gerichtshof für Menschenrechte in Straßburg – hat bei der Durchsetzung dieser auf Gleichstellung von Frauen im Beruf ausgerichteten Gleichbehandlungspolitik eine herausragende Rolle gespielt. Er hat nicht nur zunehmend eine Kontrollfunktion und Rechtsweggarantie übernommen, sondern auch weitgehende Standards für die Auslegung und Anwendung dieser arbeitsrechtlichen Gleichbehandlung gesetzt, etwa im Hinblick auf die Anerkennung auch mittelbarer Diskriminierung – die auch dann vorliegt, wenn die Maßnahme zwar neutral formuliert ist, jedoch auf der Basis frauenspezifischer Lebensumstände und Sachverhalte vorwiegend Frauen betrifft. So entschied er, dass der Ausschluss von Teilzeitkräften bei Betriebsrenten eine Lohndiskriminierung darstellt[5] oder das tarifvertragliche Eingruppierungssystem nicht nur auf körperliche Kraft ab-

---

3 Vgl. Urteil vom 8.April 1976. RS 43/75 Defrenne II. Slg. 1976, 455, (zit. nach Langer 1999: 183).

4 Vgl. Urteil vom 10.April 1984, (zit. nach Langer 1999: 183).

5 Urteil des EuGH vom 13. Mai 1986

stellen darf.[6] Diese Urteile haben vor allem auch die Bedeutung, dass sie für einen Gleichberechtigungsstandard in allen EU-Ländern sorgen und deshalb nicht nur an den Rechtserrungenschaften der ‚frauenfreundlicheren' Ländern gemessen werden sollten, auch wenn gerade diese auch die Maßstäbe für mehr Geschlechtergerechtigkeit setzen. Allerdings hat sich der Europäische Gerichtshof nicht grundsätzlich zum Vorreiter der Gleichberechtigung und Frauenförderung gemacht, vielmehr durchaus widersprüchliche Signale gegeben. Besondere Aufmerksamkeit und Kritik haben seine Entscheidungen zur Quotenregelung hervorgerufen. Hatte das Gericht im Fall Kalanke die Bremische Regelung zur Frauenförderung, die nach seiner Interpretation eine unbedingte und automatische Bevorzugung der gleichqualifizierten Frau enthielt, abgelehnt,[7] so erklärte er im Fall Marschall gegen das Land Nordrhein-Westfalen positive Maßnahmen für Frauen für zulässig, falls sie eine sogenannte Härteklausel enthalten, d.h. wenn die Beförderung des männlichen Mitbewerbers nicht grundsätzlich ausgeschlossen ist.[8] Nicht weniger Aufsehen erregend, aber aus feministischer Sicht zweischneidig war die Entscheidung, dass Frauen aus Gründen der Gleichberechtigung auch der Dienst an der Waffe erlaubt sein müsse.[9] Die Frage, ob mit dieser Form der Angleichung an Männerrechte der Feminismus gesiegt oder der Pazifismus eine Niederlage erlitten habe, beantwortet Sybille Raasch mit dem Hinweis, dass nun zumindest der Kriegsdienst, aber auch die Entscheidung, sich nicht am Waffendienst zu beteiligen – bezeichnenderweise ging es im vorliegenden Fall nicht um die Wehrpflicht, sondern den freiwilligen Eintritt in die Bundeswehr als Berufsfeld und Karrierechance – dem „politisch-ethischen Beurteilungsvermögen jeder einzelnen Frau überlassen ist", weshalb „dieser Schritt zu mehr staatsbürgerlicher Autonomie und Verantwortung der Frauen [..] begrüßenswert" (Raasch 2000) sei.

Zusammenfassend ist dennoch festzustellen: Wenn man berücksichtigt, welche frauenpolitisch zentralen Tatbestände bisher weder zum Gegenstand von Richtlinien noch für den EuGH entscheidungsrelevant geworden sind, so ist die Rechtspolitik zur Gleichstellung der Frauen einseitig marktorientiert, formal, auf männliche Erwerbsmuster zugeschnitten und bisher unzureichend geblieben. Die arbeitsmarktpolitische Verengung dieses Gleichstellungskonzepts geht mit der Aussparung des ganzen frauenspezifischen Bereichs der sogenannten *sexual politics* einher. Dazu gehört insbesondere der Schutz vor Gewalt gegen Frauen, der seit den 1970er Jahren von der Frauenbewegung als zentraler Streitpunkt ungleicher Geschlechterverhältnisse auf die politische Agenda gesetzt wurde. So hat sexuelle Belästigung am Arbeitsplatz gerade noch Berücksichtigung gefunden – erst im April 2002 wurde Eini-

6 Urteil des EuGH vom 1. Juli 1986 u.v.a., vgl. auch zum Folgenden Langer 1999: S. 183.
7 Urteil des EuGH vom 17. Oktober 1995.
8 Urteil des EuGH vom 11. November 1997; vgl. Kodré 1998.
9 Urteil des EuGH vom 11. Januar 2000.

gung darüber erzielt, dass die Richtlinie zur Gleichbehandlung im Bereich der Beschäftigung (76/207/EWG) zu verändern und in Form verbindlicher Rechtsvorschriften der Begriff „sexuelle Belästigung“ als Diskriminierung aufgrund von Geschlecht zu definieren sei (Europäische Kommission 2002: 8). Sexuelle Belästigung auf der Straße oder Gewalt in der Privatsphäre bleiben jedoch außer Betracht. Und obwohl das Europaparlament in Straßburg durch öffentliche Anhörungen z.B. auf die Probleme des Sextourismus, der Kinderprostitution und des Frauenhandels insbesondere seit der Wende in Osteuropa aufmerksam gemacht hat und mit seiner Initiative Daphne, einer EU-Kampagne, zur Sensibilisierung für die Problematik beigetragen hat, haben sich die europäischen Justiz- und Innenminister bisher auf Vorschlag der Kommission zwar auf „Leitlinien“ und ein Aktionsprogramm zur Bekämpfung des Frauenhandels verständigt (Presse- und Informationsamt der Bundesregierung, 1999: 34), damit aber keine gemeinsame Rechtsbasis für ein wirksames Einschreiten geschaffen.

Aber auch der Bereich der „gender inequalities outside employment“ (Lewis/ Ostner 1995: 177), der ja erst die Bedingungen herstellt, unter denen Frauen erwerbstätig sein können, wie etwa die Möglichkeit zur Vereinbarung von Familie und Beruf durch die Versorgung mit Kinderbetreuungseinrichtungen etc., sind bisher als „nonmarket appendage of a labour-market participant“ nicht berücksichtigt worden (Lewis/ Ostner 1995: 178). Obwohl auch in diesen Fällen der Europäische Gerichtshof das Rechtsproblem als Beispiel mittelbarer Diskriminierung hätte behandeln können und die EG-Richtlinien auch den Zugang zum Arbeitsmarkt betreffen, hat er einer Arbeitnehmerin, die wegen der Betreuung eines Kindes den Arbeitsmarkt verlassen hatte, dann aber erwerbsunfähig wurde, eine Erwerbsunfähigkeitsrente versagt (Scheiwe 1994: 257f.). „Europas Frauen fordern mehr“, lautete daher bereits 1990 der Titel einer die Rechtssituation von Frauen in Europa resümierenden Übersicht von Hortense Hörburger, in der „die soziale Dimension des EG-Binnenmarktes am Beispiel der spezifischen Auswirkungen auf Frauen“ (Hörburger 1990) dargestellt und eindringlich erläutert wird. In der neuesten Rahmenstrategie der Gemeinschaft für die Gleichstellung von Frauen und Männern, die von der Kommission als politische Leitlinie für die Jahre 2001 bis 2005 aufgelegt wurde, soll wieder einmal das Thema „Vereinbarkeit von Familie und Beruf“ im Mittelpunkt stehen und im Sinne des vertraglich verankerten Prinzips des Gender Mainstreaming versucht werden, „die verschiedenen Gleichstellungsinitiativen und -programme sämtlicher Kommissionsdienststellen zu einem kohärenten Ganzen zusammenzufügen“ (Europäische Kommission 2002: 8). Ob deshalb bei aller berechtigten Ungeduld die europäische Rechtspolitik in Hinblick auf Frauen als „bürokratisch und gouvernemental verformter Staatsfeminismus“ (Schunter-Kleemann1994: 21) zu klassifizieren ist, der sich nicht nur einem „EuroPatriarchat“, sondern auch „kameralistischer Geheimdiplomatie“ (Schunter-Kleemann1994: 27) verdanke, bleibt zu diskutieren. Die kritischen Untersuchungen von Susanne Schunter-Kleeman zu den Geschlechterverhältnissen im „Herrenhaus Europa" (Schunter-Kleemann1992) haben für den deutschsprachigen Raum die Probleme pointiert zur Sprache gebracht und eine notwendige feministische Kritik formuliert. Trotzdem zeigt sich in Anbetracht neuer frauenpolitischer Rahmenbedingungen und Öffentlichkeiten, dass eine Fundamentalopposition aus der Geschlechterperspektive kontrapunktiv wäre. Zu kritisieren bleibt und zu befürchten ist, dass sich in der Frauenpolitik der EU wie bisher eine markt- oder neoliberale Politik durchsetzt, die die Egalisierung der Geschlechter dem freien Spiel der Märkte nun gar in globaler Perspektive überantwortet. Dabei hat historische und politische Erfahrung gelehrt, dass – solange Frauen in den demokratischen Vertretungsorganen unterrepräsentiert sind – Fortschritte im Bereich von Frauenrechten, insbesondere konkrete Verbesserungen der sozialen und rechtlichen Situation von Frauen sich bisher in der Regel nicht als automatische Folge erweiterter Demokratisierung einstellten, sondern einer wohlfahrtsstaatlichen Politik verdanken, die den nicht über den Markt verwertbaren Tätigkeiten der Sorge und Fürsorge für andere Rechnung trägt und sozial hergestellte Differenz im Verhältnis der Geschlechter berücksichtigt (vgl. Lewis 2000; Gerhard u.a. 2003).

Auch hierbei geht es also um ein ausgewogeneres und neu zu verhandelndes Verhältnis von Gleichheit und Differenz, um ein dynamisches und radikalisiertes Gleichheitsverständnis, das nicht Angleichung an die Mannesstellung, sondern die Anerkennung und Berücksichtigung von Differenzen in den für Frauen relevanten Hinsichten ermöglicht und also Gleichheit gerade angesichts von Ungleichheiten praktiziert (Gerhard 1990). Das heißt, die Argumente feministischer Rechtskritik an der systematischen Ausblendung der Rechte im privaten Bereich treffen gerade auch auf das neue EU-Recht zu. Zugleich ist zu berücksichtigen, dass die makro-ökonomischen Vorgaben und Haushaltskonsolidierungen, die zur Anpassung an die Bedingungen des gemeinsamen Marktes in der Mehrheit der Mitglieds- wie der Beitrittsländer notwendig sind, gerade in den Bereichen, die vor allem Frauen beschäftigen, nämlich im Bereich der Sozial- und Bildungspolitik und im gesamten öffentlichen Sektor, zu erheblichen Einschnitten führen. Aus diesem Grund sind die Entwicklungen auf dem europäischen Binnenmarkt aus der Geschlechterperspektive als höchst widersprüchlich zu beurteilen. Während auf der einen Seite in allen Ländern der EU eine stetige Zunahme der Erwerbsbeteiligung von Frauen festzustellen ist, die auf einem Strukturwandel der Wirtschaftssektoren insbesondere zu einem wachsenden Bedarf an personenbezogenen Dienstleistungen als Frauenbeschäftigung beruht, ist diese positive Entwicklung andererseits begleitet von mehr Teilzeitarbeit, einer Entstandardisierung der Arbeitsverhältnisse hin zu flexibleren, aber auch geringer entlohnten und sozial nicht abgesicherten Arbeitsformen, von denen insbesondere Frauen betroffen sind (Fiedler/ Maier 1997). Andere Autorinnen kommen dennoch, offensichtlich vor dem Hintergrund des bereits sehr viel radikaler liberalisierten britischen Wohlfahrtsstaates, zu durchaus positiven Einschätzungen der Optionen. Für Sylvia Walby z.B. ist die zunehmende Individualisierung von Frauen als Arbeitnehmerinnen – „the individualist solution" – eine Chance für Frauen, auch dem Ernährermodell zu entkommen, das bisher wohlfahrtsstaatliche Politik trägt. Ihrer Meinung nach entkräftet gerade die Tatsache, dass Frauen zunehmend erwerbstätig sind, das Argument, wonach die marktförmige Gleichstellungspolitik der EU nur einen begrenzten Effekt für Frauen habe (Walby 1999: 76).

Catherine Hoskyns, die die Entwicklung der Frauenpolitik der EU seit den fünfziger Jahren untersucht hat, betont, dass die frauenpolitischen Errungenschaften die am weitesten entwickelte Form europäischer Sozialpolitik darstelle (Hoskyns 1996; ebenso Meehan 1993: 59). Auch Hoskyns kritisiert die arbeitsmarktpolitische Verengung des Gleichheitskonzepts, das den Zusammenhang zwischen öffentlicher und privater Sphäre vernachlässige und Frauen als homogene Gruppe betrachte, nämlich als weiße berufstätige Frauen, und damit andere Frauen, vor allem Migrantinnen aus anderen als EU-Ländern, ausschließe. Gleichzeitig hebt Hoskyns aber die Bedeutung und den Einfluss der Frauenbewegungen in den Mitgliedsstaaten auf die europäische Richtlinien- und Geschlechterpolitik hervor und geht davon aus, dass es seit Mitte der 80er Jahre dank einer zunehmenden Lobbypolitik und Netzwerkbildung auch unter Frauen Veränderungen gegenüber dem „inhärenten Elitismus" der Frauenpolitik in der EU gebe (Hoskyns 1996: 205).

Diese veränderten Rahmenbedingungen für eine andere Frauenpolitik kommen schließlich in den neuen Rechtsgrundlagen zum Ausdruck, und zwar, wie eingangs erwähnt, im Maastrichter Vertrag von 1992 und in weiteren Klarstellungen des Amsterdamer Vertrages von 1997 zur Gleichstellung von Männern und Frauen und zur Verankerung einer Praxis des Gender Mainstreaming (Art. 3 Abs. 2 Amsterdamer Vertrag). Bereits in einem zusätzlichen Sozialprotokoll zum Vertrag von Maastricht, dem sich Großbritannien allerdings nicht angeschlossen hat, hatte man sich darüber verständigt, dass positive Diskriminierung, d.h. Frauenförderung, zum Ausgleich von Nachteilen durch die Mitgliedstaaten möglich sei. Der Amsterdamer Vertrag macht die „Chancengleichheit von Männern und Frauen auf dem Arbeitsmarkt und die Gleichbehandlung am Arbeitsplatz" nun sogar zum ausdrücklichen Bestandteil der „Zusammenarbeit in sozialen Fragen" (Art. 137) und erweitert den früheren Art. 119 zum gleichen Entgelt in seinem Art. 141 um konkrete Bestimmungen zur Umsetzung der Lohngleichheit.

Grundlegend sind außerdem die Vereinbarungen und Bestimmungen, die als „neue Stufe bei der Verwirklichung einer immer engeren Union der Völker Europas" (Art. 1 Vertrag über die EU von Maastricht 1992) ausdrücklich eine neue politische Plattform für die Mitwirkung dieser „Völker" als „Unionsbürger" versprechen (Art. 17 EG-Vertrag, Amsterdamer Fassung).

Zunächst wird da nicht viel mehr gesagt, als dass „Unionsbürger ist, wer die Staatsangehörigkeit eines Mitgliedsstaates besitzt". Als Rechte werden aufgezählt die Freizügigkeit, ein kommunales aktives und passives Wahlrecht sowie diplomatischer und konsularischer Schutz und ein Petitionsrecht beim Europäischen Parlament (Art. 18-21). Und das ist keineswegs wenig für alle die, die Bürger eines der EU-Staaten sind. Doch was ist mit den Nicht-EU-Bürgern? Was EU-Bürgerschaft im Einzelnen heißen kann auch für Frauen, hängt von ihrer Umsetzung und Inanspruchnahme ab. Sie ist aber nicht nur eine rechtliche Frage, sondern Aufgabe politischer Gestaltung.

2. Die politischen Partizipationschancen von Frauen

Mit der juristischen Definition der Unionsbürgerschaft, soviel steht fest, gibt es noch keine europäischen Staatsbürger oder -bürgerinnen im Sinne eines Staatsvolkes oder Souveräns, ist auch das Problem, inwieweit die Europäische Union eigentlich von der Bevölkerung getragen bzw. die Unionsbürger in den Institutionen der EU repräsentiert werden, nicht demokratisch gelöst. Interessant ist daher, welch breite wissenschaftliche und politische Diskussion dieser neue Terminus ausgelöst hat bzw. in welchem theoretischen Kontext der neue Begriff Bedeutung gewinnt. Die Diskussion um Bürgerrechte, Staatsbürgerrechte oder *citizenship* ist ebenso wie die ihr verwandte Debatte um Zivilgesellschaft mit dem ‚Fall der Mauer' zwischen Ost- und Westeuropa und dem Ende des die Welt teilenden Ost-West-Konflikts neu entfacht, da sie eine Plattform für politisch normative wie auch theoretische Überlegungen zu geben vermag – Überlegungen darüber, wie der Raum des Politischen in liberalen Gesellschaften jenseits und neben den bestehenden Institutionen durch die Beteiligung der Betroffenen als Bürger und Bürgerinnen zu gestalten ist. „Return of the Citizen" nennen Will Kymlicka und Wayne Norman ihren Überblick über rezente Arbeiten zu „Citizenship" (Kymlicka/ Norman 1994), die insbesondere auch das Problem multikultureller Staatsbürgerschaft in trans- oder postnationalen Zusammenhängen behandeln. Breit gefächert und überaus anregend ist daher inzwischen auch die Literatur zu europäischer Staatsbürgerschaft,[10] die danach fragt, inwieweit es gelingt, dem dominanten Wirtschaftsprojekt der Marktliberalisierung ein genuin demokratisches politisches Projekt an die Seite zu stellen. Christiane Lemke entwickelt anhand dieser Frage ihre These, wonach Europa als „‚political space', als politischer Gestaltungsraum" verstanden werden sollte, um „die konflikthaften, mit der Integration verbundenen Prozesse wirtschaftlicher und politisch-sozialer Umgestaltung demokratisch zu fundieren" (Lemke 1999: 3).

10 Aus der Fülle der Literatur sind hier nur beispielhaft zu nennen: Brubaker 1994; Böckenförder 1997; Grimm 1995; Meehan 1993; Soysal 1994; Wiener 1998. Vgl. auch: Appelt 1999; *L'Homme* 1999, 10. 1.

Das Konzept der Bürgerrechte/Citizenship eignet sich deshalb besonders dazu, politische Handlungsmöglichkeiten – *agency*, wie es in der angelsächsischen Literatur heißt – zu diskutieren, weil es, anders als der deutsche Terminus der Staatsangehörigkeit in der internationalen Diskussion, nicht nur als Rechtsposition der Zugehörigkeit oder Mitgliedschaft im Staate verstanden wird, sondern einen Status bezeichnet, der erst durch ein Ensemble von Rechten und Handlungsmöglichkeiten ausgefüllt ist. Dazu gehören im Anschluss an Thomas H. Marshall: Erstens die bürgerlichen oder zivilen Freiheitsrechte, zweitens politische Teilhaberechte und drittens soziale Bürgerrechte. Weil sich soziale Bürgerrechte aber nicht nur auf Sozialleistungen des Staates an seine Bürger, also „auf ein Mindestmaß an wirtschaftlicher Wohlfahrt und Sicherheit", sondern auf das ganze Spektrum zivilen und sozialen Lebens beziehen – z.B. auch auf „das Recht an einem vollen Anteil am gesellschaftlichen Erbe" (Marshall 1992: 40) –, hat dieses am Beispiel des britischen Wohlfahrtsstaates bereits Ende der 1940er Jahre entwickelte Konzept in der international vergleichenden Analyse moderner Wohlfahrtsstaaten wie auch in der Diskussion um *Citizenship* eine späte, aber erstaunliche Karriere erlebt. Schließlich haben auch feministische Theoretikerinnen in Anknüpfung an Thomas H. Marshall im Kontext ihrer Sozialpolitikanalysen und Demokratietheorien die verschiedenen Elemente der BürgerInnenrechte aufgenommen und zu theoretischen Ansätzen entwickelt, um aus der Verbindung von sozialen, politischen und bürgerlichen Rechten – nicht nur als Status oder Rechtsanspruch, sondern als soziale Praxis – die politische Handlungsfähigkeit von Frauen und Frauenbewegungen zu begründen (Lister 1997; Bussemaker/ Voet 1998; Siim 2000; Feministische Studien 2/1996; Gerhard 1996). Ruth Lister definiert „citizenship" daher folgendermaßen:

> A fruitful conceptualisation of citizenship, with the potential to enhance women's political agency as well as their structural position, has to embrace both individual rights (and, in particular, social rights) and political and other forms of participation as well as to analyse the relationship between the two. In this way citizenship emerges as a dynamic process in which the two dimensions of status and practice interact with each other, linked through human agency (Lister 1997: 9).

Um die Partizipationschancen und die Gestaltungsmöglichkeiten von Frauen in der Europäischen Union zu prüfen und zu diskutieren, sagt uns diese theoretische Vorverständigung über Bürgerrechte, dass es nicht genügt, die amtlichen Organe und Institutionen der Union daraufhin abzufragen, wie Frauen und Fraueninteressen in ihnen vertreten werden, auch wenn diese einen bestimmten Aktionsradius vorgeben. Die Feststellung, dass Frauen sowohl im Europäischen Parlament als auch in den politischen Gremien der Europäischen Kommission in hohem Maße unterrepräsentiert sind, wird daher nicht überraschen. Infolge der stärkeren Mobilisierung der Frauennetzwerke beträgt der Anteil von Frauen im Europäischen Parlament seit der letzten Europawahl 1999 31% (194 Abgeordnete von 626), das bedeutet gegenüber der vorigen Wahl von 1994 und unter Berücksichtigung der Erweiterung auf 15 Staaten einen leichten Anstieg um 2% und liegt damit über dem durchschnittlichen Frauenanteil in den meisten nationalen Parlamenten.[11] Das Europäische Parlament ist bisher aber noch nicht das entscheidende politische Organ, da Gesetzinitiative und Exekutive bei der Europäischen Kommission liegen. Immerhin ist die Stellung des Europäischen Parlaments durch neue Rechtssetzungsverfahren und Kontrollbefugnisse leicht gestärkt worden, ist hier der Raum, um durch Initiativanträge, Stellungnahmen, Anhörungen mehr Transparenz und Öffentlichkeit über die europäischen Angelegenheiten herzustellen. In der Europäischen Kommission ist auch unter dem Präsidenten Romano Prodi die Zahl der weiblichen Kommissionsmitglieder nicht über fünf von insgesamt 25 Mitgliedern gestiegen und beträgt damit 20%, von denen keine ein Frauenressort innehat. Die Kommission ist der „Motor der Gemeinschaftspolitik“ (Borchardt 1999: 45) mit weitgehenden Rechtssetzungs- und quasi Regierungsbefugnissen. Übergeordnet und politisches Machtzentrum ist der Europäische Rat, der aus 15 Regierungschefs und dem Kommissionspräsidenten besteht und je nach Sachthemen durch die Fachminister gebildet wird. In der Vergangenheit hat sich jedoch immer wieder gezeigt, dass Frauenanliegen bei den zuständigen Sozial- oder Arbeitsministern nicht angemessen vertreten wurden und dass neue frauenpolitische Initiativen insbesondere auch in der Kommission an der erforderlichen Einstimmigkeit scheiterten.

Frauenpolitik gilt in allen Gremien der EU als Querschnittsaufgabe und ist seit der von der Europäischen Kommission übernommenen Politik des sogenannten *gender mainstreaming* angeblich zur ‚Chefsache‘ avanciert. *Gender mainstreaming* als politisches Instrument, das zum ersten Mal auch in der Schlusserklärung der Weltfrauenkonferenz in Peking 1995 festgeschrieben wurde, besagt, dass Chancengleichheit von Frauen und Männern prinzipiell auf allen Feldern des politischen und gesellschaftlichen Lebens zu verwirklichen sei. Doch feministische Expertisen zeigen, dass Gender Mainstreaming nicht automatisch „das bessere Rezept für Chancengleichheit ist“ (vgl. auch Dunst 2002: 31), vielmehr ein Ressort Frauenpolitik auf allen Ebenen neben anderen Strategien unverzichtbar bleibt. Ein ‚kritisches Minimum‘ beteiligter Frauen von mehr als 30% in allen politischen Gremien und Institutionen sind deshalb ein *sine qua non*, um Parität – wie die politische Formel für eine bemerkenswert erfolgreiche Frauenpolitik in Frankreich und Belgien gegenwärtig heißt – und schließlich Geschlechtergerechtigkeit auch auf europäischer Ebene zu erreichen. Aus diesem Grund sind neben diesen offiziellen Organen und Institutionen auf den unterschiedlichsten Ebenen zusätzliche Gremien eingerichtet und Initiativen gestartet worden. Seit 1984

11 Der Frauenanteil in den nationalen Parlamenten ist sehr unterschiedlich, mit dem höchsten Anteil in Schweden von 43,6% , jedoch in Griechenland und Frankreich mit nur 10,3 bzw. 10,2%, in Deutschland entspricht er mit 31% fast punktgenau der Verteilung im Europaparlament. (für alle Angaben vgl. http://www.db-decision.de/deutsch/eu/EUInst.htm).

ist beim Europäischen Parlament (EP) ein „Ausschuss für die Rechte der Frau“ etabliert worden, dem es – wie es heißt – gelungen ist, „Chancengleichheit zu einem zentralen Anliegen des EP zu machen“ (Haller-Block 1996: 16). Auch in der Europäischen Kommission ist 1995 eine „Arbeitsgruppe Chancengleichheit“ in Leben gerufen worden. Zu erwähnen ist aber auch die „Europäische Frauenlobby“, die 1990 gegründet inzwischen über 3000 Organisationen in den 15 Mitgliedstaaten vertritt und vernetzt und sich in vielfältigen Initiativen für das ganze Spektrum von ideellen, kulturellen, sozialen und ökonomischen Interessen von Frauen auf allen Ebenen der EU-Politik stark gemacht hat. Sie hat nicht zuletzt mit Hilfe einer neuen europäischen Frauenöffentlichkeit bei den Verhandlungen um den Amsterdamer Vertrag ein „Reformfenster“ geöffnet (Helfferich/ Kolb 2000). Ein anderes Frauen-Netzwerk, das insbesondere ost- und mitteleuropäische Frauen aus den postsozialistischen Transformationsgesellschaften mit westeuropäischen Aktivistinnen verbinden will, um Selbsthilfe und existenzsichernde Ressourcen zu mobiliseren, ist OWEN (Ost-West-Europäisches Frauennetzwerk e.V.) (Berger/ Beyer-Grasse 2002). Und weil Richtlinien und richterliche Urteile nicht ausreichen, um die tatsächliche Lage von Frauen zu verbessern, wurden auf Entschließung des Rates seit 1982 sogenannte Aktionsprogramme mit einem besonderen Budget auf den Weg gebracht, um die Chancengleichheit durch besondere Strukturmaßnahmen und Informationskampagnen zu fördern und um Frauen-Netzwerke aufzubauen – z.B. die Gemeinschaftsinitiative „NOW – New Opportunities for Women“ im 3. Aktionsprogramm 1990-1995 oder die Initiative DAPHNE für Maßnahmen zur Bekämpfung von Gewalt gegen Kinder, Jugendliche und Frauen von 1997.

Wer im Dickicht dieser Programme und politischen Gelegenheiten den Überblick verliert, wer sich fragt, inwieweit solche Aktionen angesichts einer schwer zugänglichen Bürokratie und BürgerInnenferne nützlich oder politisch sinnvoll sind, muss gleichwohl zugeben, dass da offensichtlich inzwischen, abgesehen von dem viel gescholtenen bürokratischen Apparat, eine europäische Struktur von Netzwerken, Öffentlichkeiten und Kommunikationsströmen entstanden ist, die nicht mehr zu ignorieren sind und ein Eigenleben entfalten. Politikwissenschaftlerinnen, die die Dynamik der europäischen Integration seit längerer Zeit beobachten und analysieren, entdecken daher neben einer neuen Gemeinschaft durch Recht („integration through law“) einen parallelen Prozess der Integration durch eine formelle wie informelle Bürgerrechts-Praxis („integration through citizenship practice“) (Wiener 1999: 272; vgl. auch Meehan 1993; Hoskyns 1996). Antje Wiener (1998) hat in ihrer breit angelegten Studie „‚European‘ Citizenship Practice. Building Institutions of a non-State“ die historischen Phasen des europäischen Integrationsprozesses kritisch daraufhin untersucht, seit wann und in welchen Zusammenhängen die Idee eines „Europas der Bürger“ auftaucht und identifiziert die Konferenzen in Paris und Kopenhagen in den frühen 1970er Jahren als Orte, an denen der ausdrückliche Wille zu einer politischen Union neben die nur ökonomische Ausrichtung tritt. Ohne die Verhältnisse zu idealisieren, kennzeichnet die Autorin die politischen Diskurse und Praktiken im weiteren Verlauf durch Veränderungen im sogenannten *acquis communautaire*, ein Terminus technicus, der auch in den Vertragstexten auftaucht. Es ist der Besitzstand an Regeln, Gerichtsurteilen, Vereinbarungen und Formen der Zusammenarbeit, die sowohl formeller Art als auch informelle Usancen, Meinungen und Praktiken sein können.[12] Wichtig sind für Wiener vor allem auch die informellen Praktiken und Diskurse zu Bürgerrechten, die sozialen Bewegungen und verschiedenen Ausdrucksformen europäischer Identität:

> Crossing internal borders as economically active citizens, carrying burgundy coloured passports across external EU borders as travellers, exchanging knowledge as scholars and students, voting commonly for European Parliament and sharing municipal governance as Union citizens were aspects of this process. Emerging patterns of belongingness were generated step-by-step, area-by area, and group-by group. Union citizenship does not supersede national identities. Instead, it has evoked multiple identities [...]. (Wiener 1999: 286).

Inzwischen gibt eine Reihe empirischer Studien, die belegen, in welcher Weise soziale Bewegungen, insbesondere die europäischen Frauenbewegungen, als zivilgesellschaftliche Akteure auf der Ebene europäischer Politik Einfluss genommen haben und der unter Frauen stärker ausgeprägte Euroskeptizismus über die Grenzen nationaler Öffentlichkeiten hinweg europäische Debatten und neue politische Öffentlichkeiten hergestellt hat (Liebert 1998, 1999). Ein wichtiger Katalysator waren hier die Gleichberechtigungspolitiken, die von den europäischen Frauenbewegungen seit den 1970er Jahren neu definiert und eingeklagt wurden und für deren transnationale Bedeutung die europäischen Institutionen ein Forum und einen politischen Gestaltungsraum boten (Hoskyns 1996; Mazey 1998; Lemke 1999). Die Frauenbewegungen haben auch in vielen Fällen in den Mitgliedsstaaten selbst auf Implementierung der Richtlinien gedrängt, z.B. im Zusammenhang mit den Klagen zu Art. 119 des EG-Vertrages zur Lohngleichheit. Joyce M. Mushaben kommt zu dem Ergebnis, dass sich aufgrund formeller wie informeller Netzwerke bereits eine eigene, frauenorientierte Insider-Kultur entwickelt habe (Mushaben 1998: 70). Nicht zuletzt, weil die EU mit ihrer Rechtspolitik und der Eröffnung eines Rechtsweges zwischen nationaler Gerichtsbarkeit und europäischem Recht für jede EU-Bürgerin eine den nationalen Raum „übergreifende Rechtskultur (‚culture of rights')"(Lemke 2001:21) geschaffen hat, ist sie Teil einer neuen sozialen Wirklichkeit, die ein dynamischer unabgeschlossener Prozess bleibt und insbesondere im Prozess der EU-Erweiterung immer wieder neue Bewährungsproben zu bestehen hat.

---

12 Siehe Art. B. Maastricht-Vertrag; vgl. auch: Pechstein/ König 1998: 17.

3. Europäische Bürgerrechte – eine Option für Frauen?

Zu resümieren ist, dass die Europäische Union gegenwärtig bereits eine Rechtsgemeinschaft ist, deren Rechtsordnung bisher zwar äußerst komplex und unübersichtlich ist, die jedoch zunehmend unseren Alltag bestimmt. Juristisch sind die Verhältnisse insofern eindeutig, als dem Gemeinschaftsrecht inzwischen ein Vorrang vor nationalem Recht eingeräumt wird – dies ist bereits Anlass genug für viele Konservative, um ihre nationale Identität zu bangen. Wenn wir außerdem feststellen, dass der europäische Einigungsprozess, gerade weil sein Ende noch offen ist, weil viele verschiedene Akteure auf unterschiedlichen Ebenen der Beteiligung und des Regierens einen eigenständigen politischen Raum, eine politische Gelegenheitsstruktur geschaffen haben, so bleibt die Frage, wie die Diskrepanz zwischen Betroffensein und Möglichkeit zur Beteiligung aufzuheben ist. Mit der bisher sehr formalen Konstruktion der Unionsbürgerschaft ist nur eine Richtung angedeutet. Die Unionsbürgerschaft nach Art. 17 des Amsterdamer Vertrages wird von der Staatsangehörigkeit in den Mitgliedsstaaten abgeleitet, d.h. sie ist nicht originär sondern subsidiär. Sie ist jedoch bereits mit einigen zusätzlichen Rechten wie Freizügigkeit, konsularem Schutz auch durch andere europäische Staaten sowie mit kommunalen Wahlrechten ausgestattet. Bisher erscheint diese Bürgerschaft wie ‚von oben' verordnet, sie ist noch nicht Sache der Bürgerinnen und Bürger. Immerhin ist der Bürger-Status jetzt vertraglich vereinbart und rechtlich fixiert, und es geht ausdrücklich nicht nur um die ‚Völker Europas', sondern um individuelle Rechte und Pflichten. Damit sind die Anliegen der Bürger auf die politische Tagesordnung gesetzt. Bürgerrechte im Sinne aktiver Staatsbürgerschaft sind daher auch eine Option für Frauen.

Wenn von europäischen Bürgerrechten die Rede ist, wird immer wieder nach europäischer Identität gefragt, denn „citizenship is not just a certain status [...]. It is also an identity, an expression of one's membership in a political community" (Kymlicka/ Norman 1994: 369) Aber brauchen wir eine europäische Identität, um europäische Bürgerrechte zu begründen?

Ich meine nein, doch es schließt nicht aus, dass sich im Verlauf einer weiteren Verständigung über die Verfassung Europas, über Grundrechte, einen föderativen Aufbau und den Beitrag der neuen Mitglieder ein Gefühl der Zugehörigkeit und der Verantwortung – ‚Europeaness' – herstellt. Denn was wir „von Europa" und in Europa „lernen" können, ist der Umgang mit Vielfalt und Unterschieden, gerade auch in seiner Geschichte. Das gilt für seine Entwicklungsgeschichte in ökonomischer, rechtlicher wie kultureller Hinsicht. Auch die Modernisierungsgeschichte Europas war von zunehmenden Ungleichzeitigkeiten, Interdependenzen und Prozessen „nachholender Entwicklung" gekennzeichnet, die schließlich eine spezifische Entwicklungsdynamik erzeugten (Senghaas 1982: 25f.). Im Rückblick auf die europäische Rechtsgeschichte wird die heutige europäische Architektur häufig mit einem historischen Gebilde ‚eigener Art‘, mit dem Imperium Romanum oder ‚Heiligen Römischen Reich deutscher Nation‘ verglichen, das etwa seit der ersten Jahrtausendwende bis 1806 Bestand hatte. Wegen seiner vielschichtigen Herrschaftsformen, ständisch geteilten Gewalten und partikularen, ineinander geschichteten Rechtsinstanzen wurde es bereits von aufklärerischen Juristen als „einem Monstrum ähnlicher Staatskörper“ oder „Mittelding“ zwischen Monarchie und Föderation verspottet (Wesel 1997: 352f.), sicherte gleichwohl dem Reich, unabhängig vom Wechsel der Territorien, wegen seiner Rechtsinstitutionen und obersten Reichsbehörden „allen Mängeln zum Trotz über Jahrhunderte unangefochtene Legitimität“ (Evers 1994: 123; Fehrenbach 1984: 434ff.). Was diesen Vergleich für die Konstruktion einer postnationalen Staatlichkeit mit einer pränationalen Form der Staatlichkeit interessant macht, ist nicht restaurative Absicht, sondern der Hinweis auf eine vielschichtige Kompetenzstruktur und die Form vielfältiger oder doppelter Legitimitäten, die möglicherweise „eine wirklichkeitsnähere und in diesem Sinne ‚moderne‘ Repräsentanz der gesellschaftlichen Kräfte [ausdrückt]“ (Evers 1994) als eine exklusive, durch nationale Identifikation gestiftete staatliche Gewalt. Europäische Kultur aber ist – der kulturellen und politischen Katastrophen des Ethnozentrismus, Kolonialismus und des Holocaust eingedenk – am ehesten durch die permanente Auseinandersetzung mit einer Vielfalt von Kulturen, auch der außereuropäischen, zu charakterisieren. Als positive Beispiele oder auch als Vision resümiert, wären dies das intellektuelle Prinzip des Dialogs und der Diskurse, z.B. die *Querelles des femmes*, wie der genuin europäische Streit um die Geschlechter bezeichnet wird (Bock 2000), oder die Rezeption des Römischen Rechts (Koschaker 1947; Wesel 1997: 550), nicht zuletzt die Idee der Menschenrechte auch als Frauenrechte.

Nachdem auf der Basis der international geführten feministischen Debatten um Gleichheit und Differenz die Differenzen auch unter Frauen und damit auch andere als geschlechtshierarchische Formen der Ungleichheit und des Ausschlusses – der ethnischen Zugehörigkeit, der Klasse oder des Alters – wieder ins Blickfeld gerückt wurden, nach der gemeinsamen Anstrengung um die Dekonstruktion traditioneller weiblicher Identitäten und der Schwierigkeiten einer Identitätspolitik, bringt die feministische Theorie ein bereits sehr elaboriertes und differenziertes Verständnis von *citizenship* ein. Danach sind Bürgerinnenrechte als dynamisches Konzept zu verstehen. Sie sind wie andere Rechte kein Andere ausschließender Besitz oder ein Haben, sondern Ausdruck und Regel für soziale Beziehungen und für die Verbundenheit mit anderen Menschen (Young 1990; Mouffe 1992). Dem entspricht das Konzept aktiver Staatsbürgerschaft, das Elizabeth Meehans Vision von europäischen Bürgerrechten kennzeichnet. Es ist

> eine neue Form von Bürgerschaft, die weder national noch kosmopolitisch ist, sondern mehrfach (multiple) bestimmt ist, insofern Identitäten, Rechte und Verpflichtungen [...]

durch eine zunehmend komplexe Figuration von Gemeinschaftsinstitutionen, Staaten, nationalen und transnationalen Vereinigungen, Regionen und regionalen Zusammenschlüssen ausgedrückt werden. (Meehan 1993: 1)[13]

Diese Überlegungen sind interessant, weil sie sich von der Exklusivität des traditionellen Staatsbürgerbegriffs verabschieden, der an Nationalität und Territorialität anknüpfte, und weil sie stattdessen ein mehrstufiges System von Rechten, Pflichten und Loyalitäten als eine entscheidende Voraussetzung für die Demokratisierung Europas vorsehen. Deshalb ist die Rede von postnational (Habermas 1998), womit nicht die Aufhebung, sondern zunächst nur die Ergänzung oder Kompensation des Verlusts staatlicher Ausschließlichkeit intendiert ist. Oder wie Ulrich K. Preuß formuliert:

Der bürgerschaftliche Status (‚citizenship') beruht nicht nur auf der abstrakten Gleichheit, die aus der gleichen Zugehörigkeit zum Staatsverband resultiert, sondern gründet auf der Vielfalt der gesellschaftlichen Lebensbereiche, die nach diesem Demokratiekonzept in der Sphäre der Politikformulierung präsent sein müssen. (Preuß 1999: 167)

Die Frage stellt sich, inwieweit der Europäische Integrationsprozess als ein Projekt fortschreitender Demokratisierung und damit als ein Probelauf für zivilgesellschaftliche Aktivitäten weiterhin eine politische Gelegenheitsstruktur gerade auch für Frauen anbietet. Der Entwurf für eine Verfassung der EU, der nach streitbarer Diskussion vom EU-Konvent erarbeitet wurde und der neben einer emphatischen Definition der gemeinsamen Ziele und „Werte" der EU, der Regelung ihrer Zuständigkeit und ihrer Organe die Charta der Grundrechte als Teil ihrer Verfassung anerkennt, um „ihren Bürgern einen Raum der Freiheit, der Sicherheit und des Rechts" zu bieten (Teil I 3),[14] bleibt bisher in doppelter Weise exklusiv. Er ist von einer von den Regierungen dazu berufenen, nicht gewählten Elite ausformuliert worden, in der Frauen nicht angemessen repräsentiert waren, das Prinzip des Gender Main Streaming somit nicht zur Anwendung kam. Und er enthält außer einigen friedlichen und freundlichen Zusicherungen an die „Nachbarn" der Union (Teil VIII) bisher keine Vorschläge, welche Rechte die Union den Nicht-EU-Bürgern in ihrem Territorium gewähren will. Die Frauenbewegungen in Europa bringen eine politische Praxis und historische Erfahrungen ein, die für die Ausgestaltung von Bürgerrechten unverzichtbar sind, denn sie haben neue, notwendig auch die Privatsphäre betreffende Standards für Gerechtigkeit zur Sprache gebracht und damit – wie es in Art. I 3 des Verfassungsentwurfs u.a. heißt – „soziale Ausgrenzung und Diskriminierung bekämpft ... Gerechtigkeit und sozialen Schutz, die Gleichstellung von Mann und Frau, die Solidarität zwischen den Generationen und den Schutz der Rechte des Kindes" zu ihren Anliegen gemacht. Inwieweit es ihnen gelingen wird, als „Schlüsselfiguren einer lebendigen, modernen und zivilen Gesellschaft" zu

---

13 Für die Übersetzung siehe Lemke 1999: 11.

14 FR vom 14. Juni 2003, www.fr-aktuell.de/doku.

agieren (Cohen/ Arato 1992: 19), wird von neuen Formen der Einmischung, der Einflussnahme und der Koalitionenbildung abhängen, die die vielfältigen Ebenen europäischer Politik als politischen Gestaltungsraum zu nutzen wissen.

Literatur

Allroggen, Ulrike/ Berger, Tanja/ Erbe, Birgit (Hg.) (2002): Was bringt Europa den Frauen? Feministische Beiträge zu Chancen und Defiziten der Europäischen Union. Argument Sonderband Neue Folge AS289, Hamburg.

Appelt, Erna (1999): Geschlecht, Staatsbürgerschaft, Nation: Politische Konstruktionen des Geschlechterverhältnisses in Europa. Frankfurt a.M.

Berger, Tanja/ Beyer-Grasse, Marina (2002): Wie viele Spinnen braucht das Netz? Frauennetzwerke in Theorie und Praxis. In: Allroggen, Ulrike/ Berger, Tanja/ Erbe, Birgit (Hg.) (2002): Was bringt Europa den Frauen? Feministische Beiträge zu Chancen und Defiziten der Europäischen Union. Argument Sonderband Neue Folge AS289, Hamburg, S. 145-156.

Biester, Elke u.a. (Hg.) (1994): Das unsichtbare Geschlecht der Europa. Der europäische Einigungsprozeß aus feministischer Sicht. Frankfurt a.M.

Bock, Gisela (2000): Frauen in der europäischen Geschichte. Vom Mittelalter bis zur Gegenwart. München.

Böckenförder, Ernst-Wolfgang (1997): Welchen Weg geht Europa? München.

Borchardt, Klaus-Dieter (1999): Das ABC des Gemeinschaftsrechts, Europäischer Gemeinschaften, hg. von der Europäischen Kommission, Luxemburg.

Brubaker, Roger (1994): Staats-Bürger: Deutschland und Frankreich im historischen Vergleich. Hamburg.

Bussemaker, Jet/ Voet, Rian (1998) (Hg.): Vocabularies of Citizenship and Gender in Northern Europe, Critical Social Policy, Special Issue, (18)3.

Cohen, Jean L./ Arato, Andrew (1992): Civil Society and Political Theory, Cambridge.

Erbe, Birgit (2002): Auf dem Weg zu einem gerechten und demokratisch verfassten Europa? Die Europäische Verfassungsdebatte. In: Allroggen, Ulrike/ Berger, Tanja/ Erbe, Birgit (Hg.): Was bringt Europa den Frauen? Feministische Beiträge zu Chancen und Defiziten der Europäischen Union. Argument Sonderband Neue Folge AS289, Hamburg. S. 157-177.

Eurobarometer (2003): Eurobarometer 59. Die öffentliche Meinung in der Europäischen Union: http/www.europa.eu.int/comm/public_opinion/archives/eb59/-eb59_eu.htm.

Europäische Datenbank: Frauen in politischen Führungspositionen, Zahlen und Fakten 2000: http//www.db-decision.de/deutsch/eu/EUInst.htm

Europäische Kommission. Generaldirektion Beschäftigung und Soziales. Referat EMPL/G.4 (2001) (Hg.): Chancengleichheit für Frauen und Männer in der Europäischen Union, Jahresbericht 2000. Luxemburg.

Europäische Kommission Generaldirektion Beschäftigung und Soziales. Referat EMPL/G.1 (2002) (Hg.): Chancengleichheit für Frauen und Männer in der Europäischen Union, Jahresbericht 2001. Luxemburg.

Evers, Tilman (1994): Supranationale Staatlichkeit am Beispiel der Europäischen Union. In: Leviathan, 22, S. 115-134.
Fehrenbach, Elisabeth (1984): Artikel „Reich". In: Brunner, Otto u.a. (Hg.): Geschichtliche Grundbegriffe. Historisches Lexikon zur politisch-sozialen Sprache 5. Stuttgart, S. 423-508.
Fiedler, Angela/ Maier, Friederike (1997): Europäische Integration – eine Chance für Frauen. In: WSI Mitteilungen 9, S. 623-633.
Gerhard, Ute (1990): Gleichheit ohne Angleichung. Frauen im Recht. München.
Gerhard, Ute u.a. (1990) (Hg.): Differenz und Gleichheit. Menschenrechte haben (k)ein Geschlecht. Frankfurt a. M..
Gerhard, Ute (1996): Atempause: Die aktuelle Bedeutung der Frauenbewegung für eine zivile Gesellschaft. In: Aus Politik und Zeitgeschichte, Bd. 21-22, S. 3-45
Gerhard, Ute/ Knijn, Trudie/ Weckwert, Anja (2003) (Hg.): Erwerbstätige Mütter. Ein europäischer Vergleich, München.
Grimm, Dieter (1995): Braucht Europa eine Verfassung? München.
Haller-Block, Ute (1996): Gestalten statt verwalten: Die frauenpolitische Arbeit der Kommission. In: Piepenschneider, Melanie (Hg.): Frauenpolitik in der Europäischen Union. Baden-Baden. S. 11-18.
Helfferich, Barbara/ Kolb, Felix (2000): Multilevel Action Coordination in European Contentious Politics. The case of the European Women's Lobby. In: Soziale Bewegung und politischer Konflikt 4, S. 2-35
Hoecker, Beate (1997): Zwischen Macht und Ohnmacht: Politische Repräsentation von Frauen in den Staaten der Europäischen Union. In: Aus Politik und Zeitgeschichte, 52, S. 3-14.
Hörburger, Hortense (1990): Die soziale Dimension des EG-Binnenmarktes am Beispiel der spezifischen Auswirkungen auf Frauen. Marburg.
Hoskyns, Catherine (1996): Integrating Gender. Women, Law and Politics in the European Union. London/ New York.
Kodré, Petra (1998): Zum Verhältnis von europäischer und deutscher Gleichstellungspolitik am Beispiel der Urteile Kalanke und Marschall. In: Kritische Justiz, 31, S. 335-344.
Kohler-Koch, Beate/ Jachtenfuchs, Markus (1996): Europäische Integration. Opladen.
Kymlicka, Will/ Norman, Wayne (1994): Return of the Citizen. A Survey of Recent Work on Citizenship Theory. In: Ethics, January, S. 352-381.
Langer, Rose (1999): Kompetenzen in der Europäischen Union auf dem Gebiet der Gleichbehandlung. In: Zeitschrift für ausländisches und internationales Arbeits- und Sozialrecht, 13, S. 178-189.
Lemke, Christine (1999): Europa als politischer Raum. Konzeptionelle Überlegungen zur aktiven Bürgerschaft und zur Demokratie in der europäischen Union. In: Kritische Justiz, (32)1, S. 1-14.
Lemke, Christine (2001): Aktive Bürgerschaft und Demokratie in der Europäischen Union. In: Forschungsjournal Neue Soziale Bewegungen (14)4, S. 20-29.
Lewis, Jane/ Ostner, Ilona (1995): Gender and the Evolution of European Social Policies. In: Leibfried, Stephan/ Pierson, Paul (Hg.): European Social Policy. Between Fragmentation and Integration. Washington, S. 159-193.
Lewis, Jane (2000): Wohlfahrtsstaat und unbezahlte Betreuungsarbeit. In: L'Homme. Zeitschrift für Feministische Geschichtswissenschaft, (11)2, S. 251-268.

Liebert, Ulrike (1998): Das „Demokratiedefizit“ der EU im Spiegel weiblicher Öffentlichkeit. In: Femina Politica. Zeitschrift für feministische Politikwissenschaft 2, S. 19-35

Liebert, Ulrike (1999): Gender Politics in the European Union: The return of the public. In: European Societies, (1)2, S. 197-239.

Lister, Ruth (1997): Citizenship. Feminist Perspectives. London.

Marshall, Thomas H. (1950): Bürgerrechte und soziale Klassen: Zur Soziologie des Wohlfahrtsstaates. Frankfurt/ New York.

Meehan, Elizabeth (1993): Citizenship and European Community. London.

Mouffe, Chantal (1992): Feminism, Citizenship and Radical Democratic Politics: In: Butler, Judith/ Scott, Joan W. (Hg.): Feminist Theorize the Political. New York/ London, S. 369-384.

Mushaben, Joyce Marie (1998): The Politics of Critical Acts: Women, Leadership and Democratic Deficits in the European Union. In: The European Studies Journal, 2, S. 51-91.

Pechstein, Matthias/ König, Christian (1998): Die Europäische Union. Die Verträge von Maastricht und Amsterdam. Tübingen.

Presse- und Informationsamt der Bundesregierung (1999) (Hg.): Frauen in Europa, Bonn.

Preuß, Ulrich K. (1999): Auf der Suche nach Europas Verfassung: Europa hat noch keine Verfassung. In: Transit,17, S. 154-174.

Raasch, Sibylle (2000): Krieg auch mit den Waffen der Frau? In: Kritische Justiz 33, S. 248-261.

Scheiwe, Kirsten (1994): EC Law's Unequal Treatment of the Family. In: Social and Legal Studies (3)1, S. 243-265.

Schunter-Kleemann, Susanne (1992) (Hg.): Herrenhaus Europa – Geschlechterverhältnisse im Wohlfahrtsstaat. Berlin.

Schunter-Kleemann, Susanne (1994): Das Demokratiedefizit der Europäischen Union und die Frauenpolitik. In: Biester Biester, Elke u.a. (Hg.): Das unsichtbare Geschlecht der Europa. Der europäische Einigungsprozeß aus feministischer Sicht. Frankfurt a.M, S. 20-38.

Senghaas, Dieter (1982): Von Europa lernen. Entwicklungsgeschichtliche Betrachtungen: Frankfurt a. M.

Siim, Birte (2000): Gender and Citizenship. Politics and Agency in France, Britain and Denmark. Cambridge.

Soysal, Yasemin (1994): Limits of Citizenship. Migrants and Postnational Membership in Europe. Chicago.

Walby, Sylvia (1999): The European Union and Equal Opportunities Policies. In: European Societies (1)1, S. 59-80.

Wesel, Uwe (1997): Geschichte des Rechts. Von den Frühformen bis zum Vertrag von Maastricht. München.

Wiener, Antje (1998): "European" Citizenship Practice. Building Institutions of a non State. Boulder.

Wiener, Antje (1999): The Constructive Potential of Citizenship: Building European Union. In: Policy and Politics (27)3, S. 271-293.

Young, Iris (1990): Justice and the Politics of Difference. Princeton.

Feministische Studien (1996): Sozialpolitik in Europa (14)2.

L'Homme. Zeitschrift für Feministische Geschichtswissenschaft, Citizenship, (10)1 (1999).

Vertrag über die Europäische Union mit sämtlichen Protokollen und Erklärungen (1998), 4. Auflage, München.

Gender-Mainstreaming und EU-Erweiterung[1]

Silke Roth

Gender-Mainstreaming wurde 1997 im Vertrag von Amsterdam zu einem der Grundprinzipien der Europäischen Union erhoben. Damit wurde es Teil des gemeinsamen Besitzstandes (*acquis communautaire*) und muss nicht nur von den Mitglieds-, sondern auch von den Beitrittsländern in die Gesetzgebung aufgenommen werden. Gender-Mainstreaming beeinflusst damit den Erweiterungsprozess. Im Folgenden gehe ich zunächst auf die Einführung von Gender-Mainstreaming in der EU ein. Dabei zeigt sich, dass die politische Aktivität von Politikerinnen und Aktivistinnen auf mehreren internationalen Ebenen (UN, EU) wichtig war. Anschließend wende ich mich der Umsetzung von Gender-Mainstreaming im Erweiterungsprozess zu. Meine These ist, dass – trotz Kritik – Gender-Mainstreaming eher mit den Erfahrungen von Frauen in den Transformationsgesellschaften kompatibel sein könnte als andere Versionen „westlichen" Feminismus.

Von Gleichstellung und Frauenförderung zu Gender-Mainstreaming

Bei der Durchsetzung von Gender-Mainstreaming spielten mehrere sich überschneidende Dimensionen transnationaler sozialer Bewegungen eine Rolle: internationale und transnationale[2] Netzwerke, supranationale[3] Institutionen und Rahmungsprozesse[4] (Roth 2002a/b). Diese Aspekte stellen einerseits Voraussetzungen für die Herausbildung sozialer Bewegungen dar, andererseits verändern sie sich durch soziale Bewegungen. So bilden transnationale Institutionen wie die EU einerseits Adressaten für sich formierende

---

1 Für Anregungen und Kritik danke ich Ingrid Miethe.

2 Im Rahmen dieses Beitrags verwende ich sowohl den Begriff „international" als auch „transnational"; international werden Beziehungen genannt, wenn sie zwischen Staaten stattfinden, transnationale Organisationen reichen über die nationalen Grenzen hinaus bzw. sind jenseits von nationalen Grenzen tätig.

3 Gesetze oder Institutionen, die an die Stelle der Autorität des Staates treten, werden als supranational bezeichnet. Supranationale Organisationen werden von Staaten geformt, die sich darauf geeinigt haben, bestimmte regelgebende Prärogative an eine höhere, zentrale Autorität abzugeben. Die Europäische Union ist ein hervorragendes und viel zitiertes Beispiel für eine supranationale Organisation. Der Verlust der Souveränität der Mitgliedsstaaten wird von seinen Befürwortern durch die Vorteile aufgewogen, Teil einer machtvollen politischen und ökonomischen Einheit zu sein, die erfolgreich mit anderen konkurrieren kann.

4 Das Konzept des Rahmens (framing) wurde von Snow u.a. (1986) in die soziale Bewegungstheorie eingeführt. Es geht auf Goffmans Rahmenanalyse (1974) zurück. Für Überblicke und Kritik siehe Snow/ Benford (2000); Oliver/ Johnston (2000); Miethe (1999).

transnationale Bewegungen, werden andererseits aber auch von diesen beeinflusst. Rahmungsprozesse, die bislang hauptsächlich auf der nationalen Ebene geprägt wurden, enthalten verstärkt globale Elemente.

Keck und Sikkink (1998) fassen die Bedeutung internationaler und transnationaler Netzwerke für globale soziale Bewegungen folgendermaßen zusammen: Erstens rahmen sie Debatten und beeinflussen die Agenda, zweitens verlangen sie von Staaten und anderen politischen Akteuren diskursive Verpflichtungen, drittens initiieren sie prozeduralen Wandel auf der nationalen und internationalen Ebene, viertens beeinflussen sie Politikentwicklung und fünftens erzwingen sie Verhaltensänderungen bei den Zielgruppen (S. 201). Von zentraler Bedeutung ist dabei das „Bumerang"-Muster – wenn NGOs auf der nationalen Ebene nicht erfolgreich sind, üben sie mit Hilfe internationaler Organisationen (EU, UN) Druck auf den Staat aus (S. 12f.)

Im globalen Kontext werden lokale und globale Netzwerke durch Rahmungsprozesse verbunden. Nur wenn Organisationen ähnliche Sichtweisen auf die Ursachen von Konflikten, gemeinsame ideologische Rahmungen sowie gemeinsame Ziele haben, können sie einen signifikanten Einfluss auf die Durchsetzung internationaler Normen haben (Passy 1999). Das beinhaltet, dass Protest auf unterschiedlichen Ebenen unterschiedlich gerahmt wird (Schulz 1998). Rahmungsprozesse können Rahmenverschiebungen oder die Neurahmung von Problemen beinhalten. Wie Rothman und Oliver (2001) am Beispiel des brasilianischen Anti-Damm-Protests zeigen, erfordern Neurahmungen, dass die Aktivisten ihr Verständnis verändern, um neue Ideen in ihre zentralen Überzeugungen zu integrieren. Der Diskurs der internationalen Frauenbewegung verlagerte sich beispielsweise hin zu einer deutlichen Verbindung von Feminismus und Entwicklungspolitik und führte zur Formierung problemorientierter Netzwerke (Keck/ Sikkink 1998; Berkovitch 1999). Der Süden (d.h. die so genannten „Entwicklungsländer" in Afrika, Asien und Südamerika) prägt zunehmend die Agenda der internationalen feministischen Bewegung.[5]

Nicht zuletzt muss auch die zunehmende Bedeutung von supranationalen Institutionen in Betracht gezogen werden, um die Herausbildung und Veränderung transnationaler sozialer Bewegungen zu verstehen (Boli/ Thomas 1999; Berkovitch 1999). Die Existenz politischer Autoritäten auf internationaler Ebene, supranationale Machtzentren und politische Gelegenheitsstrukturen tragen zur Transnationalisierung und Globalisierung von Protesten bei (Beispiel Seattle). Während die Herausbildung des Nationalstaats eine Voraussetzung für die Transformation politischen Protestes von der lokalen zur nationalen Ebene war (Tilly 1986), tragen transnationale politische Strukturen zur Globalisierung sozialer Bewegungen bei (Passy 1999). Politische Entscheidungsprozesse, die zunehmend auf globaler Ebene stattfinden, stel-

5 Die UN-Frauenkonferenzen waren zu Beginn von Konflikten und Kritik der Frauen aus dem Süden, den so genannten Entwicklungsländern, am westlichen Feminismus geprägt.

len neue Adressaten für soziale Bewegungen dar. Weiterhin ist die Anerkennung sozialer Bewegungen durch supranationale Organisationen ein wichtiger Erfolg, der mit Zugangsmöglichkeiten, Legitimation und Ressourcen verbunden ist. So bietet die UN Nicht-Regierungsorganisationen die Möglichkeit, ihre Forderungen zu stellen, indem sie ihnen formalen Zugang durch die Gewährung eines Beratungsstatus gibt. Sie stellt sozialen Bewegungen einen Handlungsraum bereit und ist damit ein Beispiel für supranationale politische Gelegenheitsstrukturen (Berkovitch 1999). Die Unterstützung der Europäischen Women's Lobby durch die EU ist dafür ein gutes Beispiel (Helfferich 1998; Helfferich/ Kolb 2001).

Allerdings ist es wichtig, zwischen regionalen Allianzen wie der EU und weltweiten Organisationen wie der UN zu unterscheiden, von denen einige einen Verlust nationalstaatlicher Souveränität bedeuten, während andere die nationalen Prärogative der Staaten nicht verringern und deren Mitgliedsstaaten fast vollständige Autonomie behalten. Während die UN-Konferenzen wichtige Standards in Hinblick auf Menschenrechte, Geschlechtergerechtigkeit und Umweltschutz formulieren und verbreiten, ist die EU wichtig für die Umsetzung solcher Forderungen.

Weiterhin kann die gleiche supranationale Körperschaft manchen sozialen Bewegungen günstige politische Gelegenheitsstrukturen bieten, während sie für andere Verschlechterungen bedeuten kann. Zum Beispiel gibt es große Unterschiede, was die Erwartungen an die positiven und negativen Effekte der EU und ihrer Institutionen (z.B. des Europäischen Gerichtshofs) auf die Gleichstellungsmaßnahmen der Mitgliedsstaaten angeht. So befürchten die Skandinavierinnen das Ende der bisherigen Gleichstellungspolitik, die auf universelleren und großzügigeren sozialen Rechten als in anderen EU-Ländern beruht (Hobson 2000). Z.B. gab es bei der Abstimmung Dänemarks zum EU-Beitritt einen deutlichen Gender-Gap, die Mehrzahl der Frauen war gegen den Beitritt (Borchost 1995, siehe auch Bergman in diesem Band). Hingegen erhoffen Feministinnen in Ländern, in denen Frauen weniger soziale Rechte, eine vergleichsweise schwache Position im Arbeitsmarkt und eine minimale Repräsentation in politischen Gremien haben, vom Europäischen Gerichtshof die Beendigung diskriminierender Praktiken sowie einen stärkeren Einfluss von Frauen in der Politik. Ein gutes Beispiel hierfür ist der Fall Kreil. Der Europäische Gerichtshof gab Tanja Kreil im Jahr 2000 Recht, dass die Verfassungsbestimmung, die Frauen den Dienst an der Waffe verbietet, gegen den EU-Gleichbehandlungsgrundsatz verstößt und daher geändert werden muss (Wobbe 2002).[6] Ob eine supranationale Körperschaft also

---

6 Das Kalanke-Urteil von 1995 gilt allgemein als „Sündenfall" des Europäischen Gerichtshofs, da es die Bremer Quotenregelung im öffentlichen Dienst als Verstoß gegen europäisches Recht wertete. Zwei Jahre später entschied der Europäischen Gerichtshof im Fall Marschall, das Frauen bevorzugt gefördert werden dürfen, wenn die Beförderung von männlichen Mitbewerbern nicht grundsätzlich ausgeschlossen wird (Erbe 2002: 24).

eine günstige politische Gelegenheitsstruktur bereitstellt, hängt davon ab, was eine soziale Bewegung schon erreicht hat. Im Folgenden zeige ich am Beispiel der EU-Erweiterung die Chancen und Hindernisse von Gender-Mainstreaming auf. Dabei müssen internationale und transnationale Netzwerke, supranationale Strukturen und Rahmungsprozesse berücksichtigt werden.

Gender-Mainstreaming in der Europäischen Union

Gender-Mainstreaming stellt eine neue Rahmung und einen Paradigmenwechsel der Frauenpolitik dar (Roth 2001). Anstatt einen spezifischen Politikbereich, der Frauen und Fraueninteressen betrifft, zu definieren, erklärt Gender-Mainstreaming alle Politikbereiche als frauen- bzw. geschlechterrelevant. Beispiele für diese Erweiterung stellten zum Beispiel der Slogan „Frauenrechte sind Menschenrechte“oder die Berücksichtigung von Fraueninteressen in der Entwicklungspolitik dar. Supranationale Strukturen wie die EU sowie die UN und ihre Organisationen und Konferenzen wurden einerseits durch Gender-Mainstreaming frauenfreundlicher, andererseits tragen sie zur Durchsetzung von Gender-Mainstreaming bei.

Gleichberechtigung stand seit der Gründung der Europäischen Gemeinschaft in ihrem Programm (Mazey 2000). Damit stellte die EU von Anfang an eine günstige politische Gelegenheitsstruktur für die Durchsetzung von Fraueninteressen dar und war oft offener für feministische Forderungen als nationale Regierungen. Das lag daran, dass EU-Politiker im Vergleich zu anderen Politikbereichen weniger von vorher bestehenden Politiken und Interessen eingeengt waren und der EU-Entscheidungsprozess der Frauenlobby verschiedene Zugangspunkte zu Politikmachern bot. Weiterhin waren die EU-Politiker von internationalen Organisationen wie der International Labor Organization und der UN beeinflusst, die gleichen Lohn für gleiche Arbeit für Männer und Frauen forderten (Mazey 2000). Artikel 119[7] des Vertrags von Rom verlangt gleiche Entlohnung für Männer und Frauen, konnte für nationale Lohngleichheits-Kampagnen benutzt werden und stellte einen Ausgangspunkt für weitere Gleichberechtigungsgesetzgebung bereit. Dabei ging es aber weniger um Geschlechtergerechtigkeit, sondern darum, unter den EG-Gründungsstaaten eine Einigung zu erzielen. Frankreich, das seit den 1940er Jahren ein Gesetz zur gleichen Entlohnung für Frauen und Männer hatte, befürchtete Wettbewerbsnachteile, falls dieser Grundsatz nicht in allen EG-Mitgliedsstaaten gelten würde (Cichowski 2002). Als nicht beabsichtigte Nebenfolge war damit aber der Grundstein für die Gleichstellungsgesetzgebung in der EG und der späteren EU gelegt.

---

7 Im Vertrag von Amsterdam wurde der Artikel 119 in Artikel 141 umbenannt (Cichowski 2002).

In den 1970ern und 1980ern erweiterten sich die Bemühungen über das Problem der Gleichstellung am Arbeitsplatz hinaus und es wurden sechs Direktiven in den Bereichen Besteuerung, Sozialleistungen, Kinderbetreuung, Bildung und Berufsausbildung angenommen. Die Direktiven waren von positiven Aktionsprogrammen begleitet wie beispielsweise den Local Employment Initiatives for Women (LEIs), die Frauen bei der Finanzierung neuer Unternehmen halfen, oder der Initiative New Opportunities for Women (NOW),[8] die auf die Integration von Frauen in den Arbeitsmarkt abzielte. Diese Maßnahmen wurden von den weiblichen Parlamentsabgeordneten,[9] dem Komittee für Frauenrechte und Chancengleichheit[10] und 25 vollzeit Beschäftigten der Kommission, die in der Chancengleichheits-Einheit angestellt sind, unterstützt. Diese Einheit arbeitet eng mit dem Beratenden Komittee für Chancengleichheit (das 1981 eingerichtet wurde) zusammen, in dem die Europäische Women's Lobby (die von der EU finanziell unterstützt wird), Arbeitgeber und Gewerkschaften Beobachterstatus haben.

Allerdings können bei den Mitgliedsstaaten der Europäischen Union beträchtliche Variationen hinsichtlich des Einflusses der Europäischen Gleichstellungspolitik beobachtet werden. Der Europäische Gerichtshof, der in Hinblick auf die Gleichheitsdirektiven aktiv war, tat bisher weniger um die sozialen Bürgerinnenrechte von Frauen als Individuen zu schützen als die Gleichstellung zu sichern (Mazey 2000). In den 1980er und 1990er Jahren waren Frauen in der EU mit dem, was bisher hinsichtlich Frauenrechten erreicht war, unzufrieden. Zu diesem Zeitpunkt fanden günstige Gelegenheitsstrukturen für die Stärkung breitere Policy-Rahmen, die darauf beruhten, Frauenrechte mit den zunehmend populären Menschenrechtsrahmen zu verbinden. Europäische Frauengruppen engagierten sich stärker in internationalen Frauennetzwerken, die im Kontext der UN-Dekade für Frauen (1976-1985) entstanden. Die UN-Konferenzen trugen zur Herausbildung und Konsolidierung eines internationalen Netzwerks bei (Keck/ Sikkink 1998). Auf der UN-Frauenkonferenz, die 1985 in Nairobi stattfand, wurde Gender-Mainstreaming in der Entwicklungspolitik eingeführt. Dabei handelte es sich um die systematische Inkorporierung von Geschlecht in entwicklungspolitische Maßnahmen. Zehn Jahre später, 1995, wurde Gender-Mainstreaming

---

8 NOW wurde inzwischen durch das Programm EQUAL ersetzt, das neben Chancengleichheit von Frauen und Männern auch die Beschäftigungsfähigkeit, den Unternehmergeist, die Anpassungsfähigkeit und AsylbewerberInnen fördert. Erbe (2002: 18) weist daraufhin, dass in Deutschland nur 1,5% der Strukturmittel auf Maßnahmen zur Chancengleichheit entfielen.

9 Die Beteiligung von Frauen im Europa-Parlament war in der Regel höher als in den Parlamenten der Mitgliedsländer (für Deutschland siehe Hoecker 1998). Mit dem Bedeutungszuwachs des EU-Parlaments ist zu befürchten, dass mit zunehmender Konkurrenz der Frauenanteil sinken wird.

10 Das ständige Frauenrechts-Komittee wurde 1981 gegründet wurde und 1999 durch das Komittee für Frauenrechte und Chancengleichheit ersetzt.

auf der UN-Frauenkonferenz in Peking formell in das Abschlussdokument aufgenommen. Im gleichen Jahr waren Österreich, Finnland und Schweden der EU beigetreten. Insbesondere Finnland und Schweden kennzeichnet eine starke Verpflichtung gegenüber Gleichberechtigung und erhebliche Erfahrung in der Berücksichtigung von Geschlechterinteressen in allen Politikbereichen (Pollack/ Hafner-Burton 2000; zu Finnland vgl. Bergman in diesem Band). Durch die Norderweiterung stieg der Frauenanteil im europäischen Parlament. Weiterhin verfügten die Skandinavierinnen über erhebliche Erfahrungen in Hinblick auf Gleichstellungsmaßnahmen, die die Politikentwicklung der EU beeinflussten (Riedmüller 2002).

Diese Entwicklungen führten innerhalb der EU zu einem Paradigmenwechsel in Hinblick auf Gleichstellungspolitik. Zusätzlich zur bisherigen Frauenförderung, bei der es darum ging, Frauen zu helfen, sich an männliche Strukturen anzupassen, geht es nun um die Veränderung geschlechtsspezifisch geprägter Strukturen, die frauenfreundlicher werden sollen. Aufgrund der Bemühungen der EU-Frauenlobby wurde 1997 im Vertrag von Amsterdam Gender-Mainstreaming zu einem fundamentalen Prinzip der Aktivitäten der EU erhoben. Weiterhin wurden Frauenrechte und eine neue Antidiskriminierungsklausel in den Grundrechtskatalog aufgenommen. Die Implementierung von Gender-Mainstreaming-Regelungen wird von der EU überwacht. Sie muss jedoch von den Mitgliedsländern umgesetzt werden. Die EU-Strategie hat zwei Aspekte: Sie kombiniert Gender-spezifische Maßnahmen (Frauenförderung) mit Gender-Mainstreaming, einer Strategie, die sich um institutionelle Veränderungen bemüht. Anstatt „Frauenfragen" herauszugreifen, ist Gender-Mainstreaming daher weitreichender.

Dunst (2002: 41) fasst die Unterschiede zwischen Gender-Mainstreaming und Frauenförderung bzw. Gleichstellungspolitik folgendermaßen zusammen: Gender-Mainstreaming ist zukunftsorientiert, indem es versucht, bei Planungen und Entscheidungen schon zu berücksichtigen, welche geschlechtsspezifischen Auswirkungen sie haben könnten, und dies schon im Vorfeld zu vermeiden oder abzufedern. Frauenförderung bzw. Gleichstellungspolitik ist demgegenüber „rückwärts gewandt", da sie darauf abzielt, bereits gefällte Entscheidungen bzw. vorhandene gesellschaftliche Ungleichheiten auszugleichen. Gender-Mainstreaming richtet sich also auf die Rahmenbedingungen, während Gleichstellungspolitik auf bestehende Ungleichheiten abzielt. Beide Strategien ergänzen einander.

Innerhalb der EU gibt es nach wie vor eine große Heterogenität in Hinblick auf Chancengleichheit z.B. bei geschlechtsspezifischen Unterschieden auf dem Arbeitsmarkt. Hinsichtlich der Erwerbsbeteiligung sind die Unterschiede zwischen Männern und Frauen in Schweden, Finnland und Dänemark am niedrigsten, in Italien, Spanien und Griechenland am größten. Eine von der EU vorgegebene Beschäftigungsquote von 60% für Frauen wurde 1999 lediglich von Dänemark, den Niederlanden, Finnland, Schweden und

Großbritannien erreicht. Dabei muss jedoch die hohe Teilzeitquote in den Niederlanden und Großbritannien berücksichtigt werden. In Hinblick auf die beschäftigungspolitischen Leitlinien der EU fiel es den Mitgliedsländern in einigen Politikbereichen leichter, Gender-Mainstreaming-Ansätze zu integrieren, z.B. in arbeitsmarktpolitischen Programmen und im Bereich der Aus- und Weiterbildung. Dagegen scheint es in ganz Europa Probleme bei den Aktivitäten der Tarifparteien, Arbeitgeber und Gewerkschaften – die nachwievor Männerbünde sind – zu geben.[11] Während mit der Dokumentation der Umsetzung von Gender-Mainstreaming in den Mitgliedsländern begonnen wurde, geben bisher noch wenige Länder an, wieviel Geld sie zur Verbesserung der Chancengleichheit zur Verfügung stellen (Maier 2002).

Angesichts der Tatsache, dass Gender-Mainstreaming Teil des *acquis communitaire* ist, muss es von den EU-Beitrittsländern berücksichtigt werden, da sie ihre Gesetze mit der EU-Gesetzgebung in Einklang bringen müssen.

Gender-Mainstreaming der EU-Erweiterung

Bevor die EU-Erweiterung beschlossen wurde, mussten die Beitrittsländer die so genannten Kopenhagener Kriterien von 1993 erfüllen, die politische Reformen (Demokratisierung), ökonomische Transformation (eine funktionierende Marktwirtschaft und Wettbewerbsfähigkeit) sowie Veränderungen im Bereich der Gesetzgebung und Sozialpolitik vorschrieben. Gender-Mainstreaming ist integraler Bestandteil des *acquis communautaire*. Der Erweiterungsprozess stellt damit einige wichtige politische Instrumente für eine zunehmende Gleichstellung von Männern und Frauen[12] wie auch für den Kampf gegen Ausschluss aufgrund Ethnizität, geographischer oder sozialer Herkunft bereit.

Da Geschlechterverhältnisse (Machtverhältnisse zwischen Männern und Frauen) kontextspezifisch sind, stellt sich die Frage, ob es möglich oder effektiv ist, in liberalen Demokratien entwickelte politische Maßnahmen und politisches Denken auf Transformationsgesellschaften zu übertragen (Watson 2000). Im Gegensatz zum westlichen autonomen oder radikalen Feminismus, der u.a. durch „männerfreie“ Zonen gekennzeichnet war (und teilweise noch ist), richtet sich Gender-Mainstreaming nicht nur an Frauen, sondern auch an Männer. Die Thematisierung des Geschlechterverhältnisses als einen Bereich, der Männer und Frauen angeht, der von Frauen und Männern partner-

---

11 In Deutschland hat die Dienstleistungsgewerkschaft ver.di mittlerweile Geschlechterdemokratie als Leitbild adoptiert (Schulz-Müller 2002).

12 Dabei muss betont werden, dass die Erwerbs- und politische Beteiligung von Frauen in den Transformationen sank, d.h. eine Angleichung an die westlichen Verhältnisse bedeutete zunächst eine Verschlechterung für Frauen (siehe Einleitung bzw. Einhorn 1993).

schaftlich bearbeitet wird, scheint eher mit osteuropäischen Vorstellungen kompatibel.[13] Das Verhältnis von Öffentlichkeit und Privatheit (Miethe 2000; Voronkov 2000) sowie die Herausbildung von Geschlechter- und feministischem Bewusstsein unterschieden sich in Ost und West (vgl. z.B. Renne 1997). Die gesellschaftlichen, ökonomischen und politischen Veränderungen in den früheren sozialistischen Ländern betrafen Männer und Frauen. Frauen in mittel- und osteuropäischen Ländern empfanden teilweise mehr Gemeinsamkeiten mit (ihren) Männern als mit westlichen Frauen. Ein feministischer Ansatz, der Männer zu Partnern eines Projekts erklärt, von dem beide Geschlechter profitieren, verspricht daher mehr Chancen zu haben. Angesichts der zunehmenden Maskulinisierung (und damit Verwestlichung) bilden sich aber inzwischen auch in den ehemals staatssozialistischen Ländern feministische Stimmen heraus, die Frauenförderung fordern. Gleichzeitig gibt es – genau wie in westeuropäischen Ländern – auch Stimmen, die Gender-Mainstreaming eher kritisch sehen und als Bedrohung für Frauenförderung wahrnehmen (vgl. Pető in diesem Band).

Wie sieht es nun mit der Berücksichtigung von Gender-Mainstreaming im EU-Erweiterungsprozess aus? Die Europäische Frauenlobby kritisiert, dass die EU wie auch die Regierungen der Beitrittsländer nichts gegen die steigenden Arbeitslosenraten von Frauen und den zunehmenden Mangel an Kinderbetreuungstätten unternommen hat und argumentiert, dass die EU Geschlechtergerechtigkeit in die Verhandlungen und Evaluierungen einbeziehen und als integralen Bestandteil des Erweiterungsprozesses betrachten müsse, um Gleichstellung zu erreichen (http://www.womenlobby.org). EU-Kommissarin Anna Diamantopoulou wies darauf hin, dass die EU-Gleichstellungsgesetze kein optionaler Zusatz sind, sondern integraler Bestandteil der EU-Gesetzgebung und eine Voraussetzung für die EU-Mitgliedschaft, die sämtliche Politikbereiche betreffen (Diamantopoulou 2001).

Angesichts der partiellen Fortschritte kritisiert die Politologin Bretherton (2001) das Fehlen von Gender-Mainstreaming bei den politischen Maßnahmen gegenüber Mittel- und Osteuropa. Damit ist sowohl eine Vernachlässigung durch die EU, als auch durch die Beitrittsländer gemeint. Ihr zufolge illustriert der Erweiterungsprozess den Konflikt zwischen Ideen und Interessen hinsichtlich der Institutionalisierung von Gender-Mainstreaming-Prinzipien und -Praxis nicht nur in Hinblick auf die EU-Erweiterung, sondern in jedem Politikbereich (Bretherton 2001). Im strategischen EU-Papier *Agenda 2000* spielten Geschlechteraspekte eine minimale Rolle. Weiterhin wurden Chancen versäumt, Geschlecht systematisch in der Zeit vor dem Beitritt zu integrieren, z.B. indem darauf verzichtet wurde, Geschlecht in

13 Teilweise ist der Osten sogar Vorreiter für Gender-Mainstreaming. So sind zurzeit in der Bundesrepublik die neuen Bundesländer führend in der Umsetzung von Gender-Mainstreaming und die Bundesregierung orientiert sich am Vorgehen Sachsen-Anhalts (Augstein 2002).

irgendeine Phase des Hilfsprogramms *Phare*[14] zu integrieren, was eine Voraussetzung für die Projektbewilligung hätte sein können – eine Praxis, wie sie für Entwicklungshilfeprojekte schon lange üblich ist. Der Bericht über die Umsetzung von Gender-Mainstreaming identifiziert die EU-Erweiterung daher als einen Bereich, in dem größere Anstrengungen notwendig sind.

Diese Kritik ist inzwischen von der EU berücksichtigt worden. 2002 wurde ein Gleichstellungsprogramm eingeführt, das zur Erhöhung des Frauenanteils in den Beitrittsländern führen soll. Die Kommission plant, im Jahr 2003 ihre Aktivitäten auf die Förderung von Geschlechterbalance in Entscheidungsprozessen und eine Serie lokaler Seminare zu konzentrieren, um das Bewusstein für die politische Beteiligung von Frauen zu heben (Commission of the European Communities 2003: 6). Auf einer Konferenz zum Gender-Mainstreaming der strukturellen Mittel, die 2002 statt fand, wurde ein Mangel an klaren Zielen und an der Überwachung hinsichtlich Gleichstellung festgestellt. Die Konferenz empfahl spezifische Maßnahmen, die auf das unterrepräsentierte Geschlecht ausgerichtet sind, zusätzliche Mittel für spezifische Gleichstellungsmaßnahmen und Gender-Mainstreaming, Gender-Mainstreaming-Training sowie nach Geschlecht aufgespaltene Statistiken (Commission of the European Communities 2003: 11). Das Arbeitsprogramm für 2003 wird Gender Impact Assessment, geschlechtsdesegregierte Daten, die Entwicklung von Geschlechtergleichheits-Indikatoren und Gender-Mainstreaming-Module im Mitarbeitertraining aller EU-Bereiche enthalten (Commission of the European Communities 2003: 25).

Bislang ist die Literatur zu Gender-Mainstreaming im Erweiterungsprozess bemerkenswert dünn. Allerdings veröffentlicht die EU-Kommission der Europäischen Gemeinschaft jährlich Berichte zu Fortschritten der Beitrittsländer, in denen Maßnahmen zu Chancengleichheit von Männern und Frauen berücksichtigt werden.[15] Im Großen und Ganzen kommt die Kommission zu dem Ergebnis, dass das EU-Recht in Hinblick auf Geschlechtergleichheit weitgehend übernommen wurde und es nun darum geht, die beschlossenen Maßnahmen zu implementieren. Da die Beitrittsländer in starkem Maße als Ursprungs-, Transit- und Bestimmungsländer von Frauen- und Kinderhandel betroffen sind, haben sie nationale Aktionspläne und legislative Maßnahmen

---

14 Das *Phare* Programm ist eines der Beitrittsinstrumente, das von der EU finanziert wird, um die Beitrittsländer in ihren Vorbereitungen für den EU-Beitritt zu unterstützen. Es wurde ursprünglich eingeführt, um Polen und Ungarn 1989 zu helfen und umfasst mittlerweile 10 Beitrittsländer aus Mittel- und Osteuropa (Bulgarien, Tschechien, Estland, Ungarn, Lettland, Litauen, Polen, Slowakei, Slowenien und Rumänien). Zypern, Malta und die Türkei werden aus anderen Mitteln unterstützt. Nach der Einladung der EU-Kommission an die mittel- und osteuropäischen Länder, der EU beizutreten, wurde die Unterstützung von *Phare* neu konzipiert und enthält nun eine deutliche Expansion der Unterstützung für Investitionen in die Infrastruktur. http://europa.eu.int/comm/enlargement/-pas/phare/intro.htm#11, abgerufen am 15.6.2003.

15 Siehe die Beiträge zu Polen und Ungarn in diesem Band.

zu Frauen- und Kinderhandel beschlossen. Dabei werden sie von den Justiz- und Innenministern der EU unterstützt, die beschlossen haben, aktive Schritte gegen den Frauenhandel zu unternehmen. Alle Beitrittsländer haben die CEDAW[16] unterzeichnet, die Tschechische Republik, Ungarn und die Slowakei haben weiterhin das Fakultativprotokoll der CEDAW unterzeichnet.

Es sind aber auch Unterschiede zwischen den Ländern festzustellen. Im Folgenden beziehe ich mich auf die Berichte zu Bulgarien, Rumänien, der Slovakei und Litauen, die im Oktober 2002 veröffentlicht wurden. Hinsichtlich Bulgariens berichtete die Kommission, dass bei den Wahlen der Nationalversammlung im Juni 2001 der Frauenanteil um 11% auf 25% gestiegen ist und im Gesetz zur Beschäftigungsförderung Diskriminierungsverbote festgeschrieben wurden, dass es aber in Hinblick auf Gleichstellung von Männern und Frauen keine Fortschritte gäbe.

> Der Besitzstand auf dem Gebiet der Chancengleichheit von Frauen und Männern – einschließlich der Richtlinien über gleiches Arbeitsentgelt, die Gleichbehandlung in Beschäftigung und Beruf, zum Schutz von Schwangeren und über die Beweislast – wurde größtenteils noch nicht übernommen. Das für bestimmte Gruppen geltende Verbot, Nachtarbeit oder Überstunden zu leisten, muss gestrichen werden. (EU Kommission 2002a: 94)

NGOs in Bulgarien kritisieren, dass es sich bei dem Grundsatzpapier zur Chancengleichheit vom März 2001 um Augenwischerei handele und es durch eine mangelnde Finanzierung im Haushalt 2002 gekennzeichnet war (EU Kommission 2002a).

In Rumänien wurde im Mai 2002 ein Gesetz über die Chancengleichheit und Gleichbehandlung von Frauen und Männern beschlossen, das die Beseitigung indirekter und direkter Diskriminierung aus Gründen des Geschlechts für die Bereiche Beschäftigung, Bildung, Gesundheit, Kultur, Information und Besetzung von Führungspositionen betrifft. Weiterhin beinhaltet es ein Verfahren zur Beseitigung von Streitigkeiten. In das Strafgesetzbuch wurden Bestimmungen zur sexuellen Belästigung aufgenommen. Das Gesetz folgt einem nationalen Aktionsplan zur Förderung der Chancengleichheit. Die Kommission stellt jedoch fest, dass hinsichtlich der Bereitstellung von Mitteln für die Umsetzung des Aktionsplans keine Fortschritte festzustellen sind. Sie kommt daher zu dem Ergebnis, dass es auf dem Gebiet der Gleichbehandlung von Frauen und Männern noch erheblichen Handlungsbedarf gibt (EU Kommission 2002b).

---

16 Die CEDAW (Convention on the Elimination of all Forms of Discrimination Against Women) wurde 1979 von der UN Generalversammlung angenommen und trat 1981 in Kraft. Die Konvention hat 168 Unterzeichnete. Im Dezember 1999 unterschrieb Deutschland das Fakultativ-Protokoll, das im Januar 2002 in Kraft trat. Dieses Zusatzprotokoll hat bisher 75 Unterzeichnete und umfasst Klage- und Untersuchungsprozeduren. Die Unterzeichneten müssen regelmässig über ihre Fortschritte berichten (http://www.un.org/-womenwatch/daw/cedaw/).

Auch in der Slowakei wurden legislative Fortschritte im Bereich der Gleichbehandlung, z.B. im Arbeitsgesetzbuch und im Sozialversicherungsgesetzbuch, gemacht. Nun geht es darum, dass die rechtlichen Entwicklungen auch um- und durchgesetzt werden, zum Beispiel durch die Schaffung geeigneter und mit angemessenen Finanzmitteln ausgestatteter Einrichtungen (EU Kommission 2002c).

Besser sieht die Situation in Litauen aus. Hier wird festgestellt, dass die Gleichstellung von Frauen und Männern bei der Umsetzung, Anwendung und im Rechtsvollzug gut vorangekommen ist und sich die litauischen Rechtsvorschriften fast vollständig mit dem Besitzstand der EU decken. In Litauen wurde im Juni 2002 eine direkte und indirekte Diskriminierung betreffende Novelle des Chancengleichheitsgesetzes verabschiedet und das Büro für Gleichstellungsfragen erhielt zusätzliche Ressourcen. Da zurzeit lediglich 15 der 141 Seimas-Mitglieder Frauen sind, startete das Ministerium für soziale Sicherheit und Arbeit eine Initiative, Frauen dazu zu ermutigen und darauf vorzubereiten, sich an Kommunal- und Parlamentswahlen zu beteiligen. Weiterhin nimmt Litauen an der nordisch-baltischen Informationskampagne zur Bekämpfung des Frauenhandels teil. Die EU-Kommission kommt zu dem Ergebnis, dass Litauen die Angleichung im Bereich der Gleichbehandlung von Männern und Frauen fast vollendet hat (EU Kommission 2002d). Dies wirft einerseits die Frage auf, ob dabei die Nähe zu den skandinavischen Ländern eine Rolle spielt, andererseits ob Litauen im Vergleich zu einigen derzeitigen EU-Mitgliedsländern in Hinblick auf Herstellung von Chancengleichheit einen Vorsprung hat.

Schlussfolgerungen

Das Beispiel Gender-Mainstreaming zeigt, wie sich im Zusammenspiel verschiedener Institutionen und Netzwerke (der UN-Frauenkonferenzen, der EU und der Europäischen Frauenlobby, um nur wenige zu nennen) neue frauenpolitische Forderungen herausbilden und institutionalisiert werden.[17] Es zeigt allerdings auch, dass Gender-Mainstreaming nicht automatisch erfolgt, sondern dass die Berücksichtigung von geschlechtsspezifischen Auswirkungen kontrolliert werden muss. Die Tatsache, dass sich Gender-Mainstreaming an Frauen und Männer richtet, verspricht, dass dieser Ansatz eher als andere Formen westlichen Feminismus in Mittel- und Osteuropa Unterstützung finden könnte. Eine derartige Unterstützung von Gender-Mainstreaming durch die Frauen in den EU-Beitrittsländern ist auch für Frauen in den derzeitigen EU-Mitgliedsländern wichtig, denn sollte Gender-Mainstreaming im EU-Erweiterungsprozess nicht ernst genommen werden, könnte dies Rückschritte für Frauen in den Mitgliedsländern bedeuten.

---

17 Zur Institutionalisierung von Gleichberechtigungsnormen in der EU siehe Wobbe (2002).

Sowohl aus der Perspektive der Frauen in den Mitgliedsländern als auch aus der Perspektive der Frauen aus den Beitrittsländern ist zu hoffen, dass die EU-Erweiterung zu einer Verbesserung der Chancengleichheit von Männern und Frauen führt. Im vergangenen Jahrzehnt hat sich die Lage der Frauen in den Transformationsgesellschaften, die vorher von hoher Beteiligung im Arbeitsmarkt und in den Parlamenten geprägt war, an die Situation im Westen angeglichen, d.h. verschlechtert. Das Konzept des Gender-Mainstreaming könnte eine Brücke zwischen Frauen in Ost und West bilden, die eine Koalitionsbildung ermöglicht und Frauen in allen Ländern Europas zugute kommt.

Während politische und ökonomische Aspekte im Erweiterungsprozess von Entscheidungsträgern im Vergleich zu sozialen Aspekten oft als wichtiger angesehen werden, macht das Konzept des Gender-Mainstreaming deutlich, dass Demokratisierung und wirtschaftliche Restrukturierung genauso geschlechtsspezifisch strukturiert sind wie Reproduktion und Privatsphäre. Das bedeutet, dass ein Erweiterungsprozess, von dem Frauen und Männer gleichermaßen profitieren, Gender-Mainstreaming in Betracht ziehen muss.

Literatur

Augstein, Renate (BMFSFJ) (2002): Perspektiven für eine moderne Gleichstellungspolitik und Förderpraxis, Vortrag auf der Tagung ‚Gleichstellungspolitik in Wissenschaft und Praxis', 31.5. – 1.6.2002 Universität Greifswald/FH Stralsund.

Benford, Robert D./ Snow, David A. (2000): Framing Processes and Social Movements: An Overview and Assessment. In: Annual Review of Sociology, Jg. 26, S. 611-39.

Berkovitch, Nitza (1999): From Motherhood to Citizenship. Women's Rights and International Organizations. Baltimore.

Boli, John/ George M. Thomas (1999): INGOs and the Organization of World Culture. In: Boli, John/ Thomas, George M. (Hg.): Constructing World Culture. International Nongovernmental Organization since 1875. Stanford. S. 13-49.

Borchorst, Anette (1995): A Political Niche: Denmarks's Equal Status Council. In: Stetson, Dorothy McBride/ Mazur, Amy (Hg.): Comparative State Feminism. Thousand Oaks, S. 59-75.

Bretherton, Charlotte (2001): Gender-Mainstreaming and EU Enlargement: Swimming Against the Tide? In: Journal of European Public Policy 8(1), S. 60-81.

Buchowska, Stanislava (2000): Trafficking in Women: Breaking the Vicious Cycle. In: Lazreg, Marnia (Hg.): Making the Transtion Work for Women in Europe and Central Asia, Discussion Paper No. 411. Washington, DC, S. 75-101.

Cichowski, Rachel (2002): "No Discrimination Whatsoever". Women's Transnational Activism and the Evolution of EU Sex Equality Policy. In: Naples, Nancy A./ Desai, Manisha (Hg.): Women's Activism and Globalization. Linking Local Struggles and Transnational Politics. New York, S. 220-238.

Diamantoupoulo, Anna (2001): Equal Opportunities and EU Enlargement: Integrated Information Seminar on the (Implementation of Equal Opportunities. Brussels, 16 October 2001.

Dunst, Claudia (2002): "Gender-Mainstreaming" – das bessere Rezept für Chancengleichheit? In: Allroggen, Ulrike/ Berger, Tanja/ Erbe, Birgit (Hg.): Was bringt Europa den Frauen? Feministische Beiträge zu Chancen und Defiziten der Europäischen Union. Hamburg, S. 31-50.

Einhorn, Barbara (1993): Cinderella Goes to Market. Citizenship, Gender, and Women's Movements in East Central Europe. 2. Aufl. (2003), London.

Erbe, Birgit (2002): Anpassung oder Emanzipation der Frauen? Die Gleichstellungspolitik der Europäischen Union. In: Allroggen, Ulrike/ Berger, Tanja/ Erbe, Birgit (Hg.): Was bringt Europa den Frauen? Feministische Beiträge zu Chancen und Defiziten der Europäischen Union. Hamburg, S. 11-30.

EU Kommission (2000a): Für eine Rahmenstrategie der Gemeinschaft zur Förderung der Gleichstellung von Frauen und Männern (2001-2005), KOM (2000) 355 endgültig.

Europeans Women's Lobby (ohne Datum): Gender Equality and Enlargement of the European Union. http://www.womenlobby.org.

Goffman, Erving. Rahmenanalyse (1996): Rahmenanalyse – Ein Versuch über die Analyse von Alltagserfahrungen. Frankfurt (orig. 1974).

Helfferich, Barbara (1998): Frauenpolitische Arbeit im Integrationsprozess: Die Aktivitäten der Europäischen Frauenlobby im Kontext der Regierungskonferenz. In: Femina politica 7(2), 35-45.

Helfferich, Barbara/ Felix Kolb (2001): Multilevel Action Coordination in European Contentious Politics: The Case of the European Women's Lobby. In: Imig, Doug/ Tarrow, Sidney (Hg.) Contentious Europeans. Protest and Politics in an Emerging Polity. Lanhan, 143-161.

Hobson, Barbara (2000): Economic Citizenship: Reflections through the European Union Policy Mirror. In: Hobson, Barbara (Hg.): Gender and Citizenship in Transition. Routledge, S. 84-117.

Hoecker, Beate (1998): Frauen, Männer und die Politik. Bonn.

Keck, Margaret E./ Sikkink, Kathryn (1998): Activists beyond Borders: Advocacy Networks in International Politics. Ithaca.

Kommission der Europäischen Gemeinschaften (2002a): Regelmäßiger Bericht 2002 über die Fortschritte Bulgariens auf dem Weg zum Beitritt {KOMM(2002) 700 endgültig} Brüssel, 9.10. 2002 Zugriff am 15.6.2003. http://europa.eu.int/comm/enlargement/report2002/bu_de.pdf

Kommission der Europäischen Gemeinschaften (2002b). Regelmässiger Bericht 2002 über die Fortschritte Rumäniens auf dem Weg zum Beitritt {KOMM(2002) 700 endgültig}. Brüssel, den 9.10. 2002 SEK (2002) Zugriff am 15.6.20031409 http://europa.eu.int/comm/enlargement/report2002/ro_de.pdf.

Kommission der Europäischen Gemeinschaften (2002c). Regelmässiger Bericht 2002 über die Fortschritte der Slowakei auf dem Weg zum Beitritt {KOMM(2002) 700 endgültig}. Brüssel, den 9.10. 2002 SEK (2002) 1410. Zugriff am 15.6.2003. http://europa.eu.int/comm/enlargement/report2002/sk_de.pdf.

Kommission der Europäischen Gemeinschaften (2002d). Regelmäßiger Bericht 2002 über die Fortschritte Litauen auf dem Weg zum Beitritt {KOMM(2002) 700 endgültig}. Brüssel, den 9.10. 2002 SEK (2002) 1406} Zugriff am 15.6.2003. http://europa.eu.int/comm/enlargement/report2002/lt_de.pdf.

Maier, Friederike (2002): Gleichstellungspolitische Fortschritte durch Europäische Beschäftigungsstrateie und Gender-Mainstreaming. In: Maier, Friederike/ Fiedler, Angela (Hg.): Gender Matters. Feministische Analysen zur Wirtschafts- und Sozialpolitik. FHW Forschung 42/43. Berlin, S. 61-87.
Mazey, Sonia (2000): Gender-Mainstreaming in the EU. Principles and Practice. European Dossier Series. London.
Miethe, Ingrid (1999): Frauen in der DDR-Opposition. Lebens- und kollektivgeschichtliche Verläufe in einer Frauenfriedensgruppe. Opladen.
Miethe, Ingrid (2000): Biografie als Vermittlungsinstanz zwischen öffentlichen und privaten Handlungsräumen: Das Beispiel von Frauen der DDR-Opposition. In: Miethe, Ingrid/ Roth, Silke (Hg.): Politische Biografien und sozialer Wandel. Gießen, S. 163-188.
Oliver, Pamela E./ Johnston, Hank (2000): What a Good Idea! Ideologies and Frames in Social Movement Research. In: Mobilization, 4(1), S. 37-54.
Passy, Florence (1999): Supranational Political Opportunities as a Channel of Globalization of Political Conflicts. The Case of the Rights of Indigenous Peoples. In: della Porta, Donatella/ Kriesi, Hans Peter/ Rucht, Dieter (Hg.): Social Movements in a Globalizing World. London, S. 148-169.
Pollack, Mark A./ Hafner-Burton, Emilie (2000): Mainstreaming Gender in the European Union. In: Journal of European Public Policy 7, 432-456.
Renne, Ana (Hg.) (1997): Ana's Land. Sisterhood in Eastern Europe. Boulder, CO.
Riedmüller, Barbara (2002): Einleitung: Warum Geschlechterpolitik? In: Bothfeld, Silke/ Gronbach, Sigrid/ Riedmüller, Barbara (Hg.): Gender-Mainstreaming – eine Innovation in der Gleichstellungspolitik. Zwischenberichte aus der politischen Praxis. Frankfurt/M., 7-16.
Roth, Silke (2001): Gender Democracy as a Paradigm of the Women's Movement – Watering Down Feminism or Recruiting Third Wave Feminists? Vortrag auf dem Jahrestreffen der German Studies Association, Washington, DC. Oktober 2001.
Roth, Silke (2002a): Gender, Globalization, and Social Movements. In: Roth, Silke/ Lennox, Sara (Hg.): Feminist Movements in a Globalizing World: German and American Perspectives. Washington, DC, S. 4-13.
Roth, Silke (2002b): Geschlecht, Globalisierung und soziale Bewegungen am Beispiel der Institutionalisierung von Gender-Mainstreaming. Vortrag auf dem Kongress der Deutschen Gesellschaft für Soziologie, Leipzig, Oktober 2002.
Roth, Silke (2002c): Gender-Mainstreaming – Chance für Osteuropa. Zweiwochendienst Frauen und Politik. 2. Dezember 2002, S. 9-10.
Schulz, Markus S. (1998): Collective Action Across Borders: Opportunity Structures, Network Capacities, and Communicative Praxis in the Age of Advanced Globalization. Sociological Perspectives 41, S. 587-616.
Schulz-Müller, Ilona (2002): Gender im Mainstream von ver.di: Ein Weg in eine geschlechterdemokratische Zukunft? In: Bothfeld, Silke/ Gronbach, Sigrid/ Riedmüller, Barbara (Hg.): Gender-Mainstreaming – eine Innovation in der Gleichstellungspolitik. Zwischenberichte aus der politischen Praxis. Frankfurt/M., 185-198.
Tilly, Charles (1986): The Contentious French. Cambridge.

Voronkov, Victor (2000): Politische Biografien im privaten und öffentlichen Diskurs. In: Miethe, Ingrid/ Roth, Silke (Hg.): Politische Biografien und sozialer Wandel. Gießen, S. 163-188.

Watson, Peggy (2000): Politics, Policy, and Identity: EU Eastern Enlargement and East-West Differences. Journal of European Public Policy 7(3), S. 369-84.

Wobbe, Theresa (2002): Institutionalisierung von Gleichberechtigungsnormen im Supranationalen Kontext: Die EU-Geschlechterpolitik. In: Heintz, Bettina (Hg.) Geschlechtersoziologie. Sonderheft der Kölner Zeitschrift für Soziologie und Sozialpsychologie, S. 332-355.

Länderbeiträge

Frauenbewegung in Deutschland – Gemeinsame und geteilte Geschichte

Ute Gerhard

Soziale Bewegungen agieren immer in bestimmten politischen Kontexten, gesellschaftlichen Transformations- und Staatsbildungsprozessen, deshalb ist die Geschichte der Frauenbewegung in Deutschland ebenso komplex, vielschichtig und zerrissen wie seine politische und nationale Geschichte. Dies ist ein Grund, warum die Frauenbewegungen in Deutschland ihrem Selbstverständnis nach, aber auch in der Außenwahrnehmung anscheinend immer wieder ganz von vorne anfangen, permanent selbst an einem Geschichtsverlust und Traditionsbruch teilhaben oder seit 1945 tatsächlich eine getrennte Geschichte hatten. Zugleich ergibt sich aus dem internationalen Vergleich die verblüffende Erkenntnis, dass die Neuanfänge über alle Zeiten hinweg in der Regel nicht auf einen staatlichen oder nationalen Raum begrenzt waren, sondern von außen angestoßen oder mitgetragen wurden. Denn die individuellen wie kollektiven Emanzipationsbestrebungen der Frauen in der Moderne waren grenzüberschreitend und so allgemein bzw. verallgemeinerbar wie die Prinzipien der Freiheit und Gleichheit, die seit der Französischen Revolution als Maß und Richtschnur aller Demokratisierungsprozesse wie der Menschenrechte gelten. Interessant wäre es zu analysieren, wie und durch welche politischen Prozesse, nationalen Entwicklungen und insbesondere Kriege dieser internationale Austausch und Zusammenhang unterbrochen wurde und unter welchen Umständen die Frauenfrage als eigenständiges Bewegungsmotiv hinter anderen politischen Prioritäten oder Vereinnahmungen, sozialen Klassifizierungen und sog. ‚rassischen' bzw. ethnischen Zuordnungen verschwindet. Denn natürlich ist der soziale und politische Status der Frauen in der Gesellschaft nicht nur durch ihr Geschlecht bestimmt, andere gesellschaftliche Klassifizierungen – Klassenzugehörigkeit, Bildungsstand, Altern, nationale und ethnische Herkunft, Religion und Sexualität – spielen ebenso eine Rolle.

Auch für den nun folgenden Überblick möchte ich das Bild der ‚langen Wellen' verwenden (Gerhard 1995), da es m.E. das Auf und Ab, aber auch die Dynamik und den unabgeschlossenen Verlauf der Frauenbewegungen treffend beschreibt und das offenbar nicht nur die deutschen sondern auch die Erfahrungen der verschiedenen, am Ende des 19. Jahrhunderts aufkommenden Initiativen der Frauenbewegungen in Europa und in den USA kennzeichnet (Offen 2000: 153).

1. Die historische Frauenbewegung und zugleich die gemeinsame Vorgeschichte ost- und westdeutscher Frauen

Aufbruch um 1848 und erste organisatorische Schritte

Die Geschichte der Frauenbewegung in Deutschland beginnt um die 1848er Revolution. Mindestens drei Phasen charakterisieren ihren Verlauf bis zum Ende des Zweiten Weltkrieges: ein erstes Aufkommen um 1848, ihre Hochphase zwischen 1890 und 1914 und die Zwischenkriegszeit, die für die Frauenbewegung 1933 endet (ausführlicher Gerhard 1990, 1999). Schon in ihren Anfängen aber ist die soziale Bewegung der Frauen eingebunden in eine europäische Geschichte des „Aufbruchs zur Freiheit" (Titel der Ausstellung in der Paulskirche 1998, Gall 1998), der Teil der demokratischen und revolutionären Erhebung gegen die alten Regime und Fürstengewalten war, die seit dem Wiener Kongress 1815 im Deutschen Bund unter der Vorherrschaft Österreichs und Preußens noch einmal ihre Restauration betrieben hatten. Im Jahr 1848 brachen mit der Februarrevolution in Frankreich fast gleichzeitig in den Großstädten Europas von Budapest über Wien, Prag, Dresden, Berlin, Mainz und Frankfurt am Main bis nach Venedig und Barcelona (vgl. Offen 2000) Volksaufstände und Protestbewegungen auf, an denen Frauen sowohl als Kämpferinnen auf den ‚Barrikaden der Revolution' wie als Schreiberinnen in den der Zensur entronnenen neuen Medien aktiven Anteil hatten (vgl. Otto 1849, auch zum Folgenden).[1]

Zu einer Bewegung speziell der Frauen formierten sich die verschiedenen Initiativen und Einzelkämpferinnen in den deutschen Einzelstaaten erst, als mit der Verabschiedung der ‚Grundrechte der Deutschen' in der Frankfurter Paulskirche und dem versprochenen Wahlrecht nur der männlichen Deutschen über 25 Jahre klar und deutlich wurde, dass die Frauen wieder einmal „vergessen" wurden. Eine Redeweise Louise Ottos, denn sie war es, die sich bereits in Sachsen als „Lerche der Völkerfrühlings" und mit der „Adresse eines deutschen Mädchens" an die in den Märzunruhen eingerichtete Arbeiterkommission der sächsischen Regierung einen Namen gemacht hatte. Sie hatte vor allem anderen auch die Rechte der Arbeiterinnen eingeklagt und die „Arbeiterverbrüderung" aufgefordert, bei der „Organisation der Arbeit" die Frauen nicht zu „vergessen". Ihre von April 1849 bis Ende 1850 in Dresden herausgegebene „Frauen-Zeitung" mit dem emphatischen Motto „Dem Reich' der Freiheit werb' ich Bürgerinnen" gibt Zeugnis von dieser ersten politischen Bewegung der Frauen, nicht nur, weil Frauen hier und in anderen

---

1 Diese – im heutigen Sprachgebrauch – Bürgerrechtsbewegungen, die ihre Forderung auf Einlösung der Verfassungsversprechen gerade auch angesichts der deutschen Kleinstaaterei mit dem Streben nach nationaler Einigung verbanden, als nationalistisch zu brandmarken, aber geht an der Geschichte völlig vorbei (so neuerdings Holland-Cunz 2003 in Bezug auf Louise Otto).

Veröffentlichungen[2] mit ihren Anliegen zum erstenmal in einer eigenen Presse in die Öffentlichkeit traten, anfangs mit teilweise anonymen Zuschriften, zunehmend selbstbewusster mit Nachrichten, politischen und sozialkritischen Reportagen sowie ausführlichen Erörterungen über die Frauenfrage, die notwendige Reform der Familie und die Verbesserung der weiblichen Erziehung zur gleichberechtigten Bürgerin. Die Frauen-Zeitung bildete darüber hinaus ein mobilisierendes Netzwerk, zunächst mit vorwiegend ostdeutscher Geographie um Sachsen herum, bald aber auch im Austausch von Erfahrungen und Unternehmungen aus anderen Zentren frauenpolitischer Aktivitäten z.B. in Königsberg, Wien, Mainz oder Straßburg. Diese Mitteilungen, insbesondere der kleingedruckte ‚Blick in die Runde', informierten darüber, dass sich die Frauen nun auch in eigenen Frauenvereinen organisierten, die sich als ‚demokratisch' kennzeichneten oder hinter Wohltätigkeitszwecken, der Hilfe für die Familien der „Freiheitskämpfer" und politisch Verfolgten, versteckten. Es gab auch erste Arbeiterinnenvereine, die den Ruf der demokratischen Bewegung „Assoziation für alle" ernst nahmen. Doch offensichtlich ist das Assoziationswesen in der kurzen Zeit bis zur Niederschlagung der Revolution über Anfänge nicht hinausgekommen. Die Arbeiterinnenvereine ereilte das Schicksal aller politisch irgendwie verdächtigen Frauenvereine wie auch der Arbeitervereine. Sie wurden mit dem Erstarken der Reaktion verfolgt und seit 1850 durch Vereinsgesetze in fast allen deutschen Staaten verboten. Dieses Verbot speziell politischer Betätigung von Frauen, das in Preußen, Bayern wie vielen anderen Staaten bis 1908, in Österreich bis 1918 in Kraft war, hat die deutsche Frauenbewegung im Vergleich zu vielen anderen Bewegungen in Europa und in den USA nachhaltig behindert und geprägt.

Wenn in der Historiographie der ‚alten' Frauenbewegung die Gründung des Allgemeinen Deutschen Frauenvereins in Leipzig durch die alte Garde der 48erinnen im Jahr 1865 in der Regel als Beginn der organisierten Frauenbewegung in Deutschland markiert wird, so wird diese Datierung aus der Bewegungsperspektive der kurzen, aber nachhaltigen Phase der Mobilisierung von Fraueninteressen um 1848 nicht ganz gerecht. Da die Vereinsgesetze fortgalten, mussten von nun an die Zielsetzungen unpolitisch formuliert werden, ging es folglich insbesondere um soziale und pädagogische Forderungen wie das „Recht der Frauen auf Erwerb" (Otto 1866) und das Recht auf Bildung. Dies scheinen eindeutig nur die existentiellen Interessen der bürgerlichen Frauen gewesen zu sein. Denn das Recht auf Arbeit stand für Frauen der unteren Schichten gar nicht zur Debatte. „Unter den Proletarierinnen muss Jeder arbeiten, der nicht verhungern will." (Otto 1866) Das war auch Louise Otto klar, doch im engen Kontakt mit August Bebel ging auch sie noch davon aus, dass Arbeiterbildung ein geeignetes Mittel sei, die Klassenunterschiede zu überbrücken. Spätestens seit der Reichsgründung 1871

2 Vgl. darüber hinaus auch die Frauen-Zeitung, herausgegeben von Mathilde Franziska Anneke 1848 in Köln, sowie Louise Dittmars „Soziale Reform" von 1849.

und den Erfahrungen mit der Pariser Kommune trennten sich dann aber die Wege der bürgerlichen und proletarischen Frauen. Die Arbeiterinnen waren seit 1878 zudem unter den sog. Sozialistengesetzen, die sich gegen die angeblich „gemeingefährlichen Bestrebungen der Sozialdemokratie" richteten, einer doppelten Unterdrückung und Verfolgung durch die Staatsgewalt ausgesetzt.

Doch auch mit dem ADF ging es sehr mühsam voran, sehr viel erfolgreicher, zumindest was die Zahl der Anhängerinnen betrifft, agierten der gleichzeitig gegründete „Lette-Verein zur Förderung er Erwerbsfähigkeit des weiblichen Geschlechts", der unter männlicher Leitung ausdrücklich die Gleichberechtigung der Frauen ausschloss, sowie die seit dem deutsch-französischen Krieg unter kaiserlicher Protektion reüssierenden „Vaterländischen Frauenvereine". Um dies zu veranschaulichen, nur wenige Zahlen zum Vergleich: Während die „Vaterländischen Frauenvereine" in 1880er Jahren 150 000 beitragszahlende Mitglieder hatten, brachte die „emsige Insektenarbeit der Lokalvereine" (Bäumer 1901) des ADF, im ganzen Deutschen Reich zu dieser Zeit nur 12 000 Mitglieder auf die Beine (Otto-Peters 1890: 44). Immerhin hatte sich der ADF neben dem organisatorischen Netz von Frauenvereinen in allen größeren Städten des Deutschen Reiches, einer seit 1866 bis 1919 herausgegebenen Zeitschrift „Neue Bahnen", mit einer großen Zahl von Petitionen und Schriften zur Frauenfrage, zu Frauenrechten und Frauenbildung und mit ihren vielfältigen Formen praktischer Hilfe zur Selbsthilfe zu einer feministischen Bewegungsorganisation entwickelt, die eine wichtige Ressource und Vorbedingung für einen neue ‚Welle' der Bewegung ab 1890 darstellte.

Die Hochphase der Frauenbewegung zwischen 1890 und 1914

Der neue Mobilisierungsschub der deutschen Frauenbewegung um 1890 und ihre Blütezeit bis zum Ausbruch des Ersten Weltkrieges waren nach einer langen Inkubationszeit des „Virus der Frauenemanzipation" (Riehl 1855) somit organisatorisch gut vorbereitet und verdankt sich zugleich einer neuen politischen Gelegenheitsstruktur, die sich aus verschiedenen Komponenten zusammensetzte: der Entlassung Bismarcks und der Aufhebung der Sozialistengesetze, neue sozialen und sozialpolitischen Initiativen, die nicht nur in der Frauenbewegung zur Gründung einer Vielzahl von Vereinen führte, und schließlich auch der Wahrnehmung immer offensichtlicherer Widersprüche zwischen der industriekapitalistischen Entwicklung, der Verschärfung der Klassengegensätze und den Begrenzungen der traditionellen Frauenrolle. Fast gleichzeitig hatten die wichtigsten Akteurinnen der Frauenbewegung für diese Widersprüche und Unrechtserfahrungen einen Deutungsrahmen vorgegeben, der die Ziele beider nach Gesellschaftsklassen getrennten Richtungen, der bürgerlichen und der proletarischen Frauenbewegung, formulierte. Für die proletarische Frauenbewegung war klar, dass die Gleichberechtigung der Frau nur gemeinsam im Kampf mit dem Mann und durch Überwindung kapitalistischer Verhältnisse zu erreichen sei (Zetkin 1957).

Dagegen betonte Helene Lange für die bürgerliche Frauenbewegung die besondere ‚Kulturaufgabe der Frau' und ihre notwendige „ergänzende" Teilhabe und Mitwirkung auch im Bereich des Politischen und verband dies mit Forderungen für eine bessere Bildung und Ausbildung für Frauen (Lange 1928). Dieser – heute würden wir sagen – differenztheoretische Ansatz kennzeichnet im übrigen nicht nur die kontinentalen bürgerlichen Frauenbewegungen jener Zeit, vielmehr war die Politik „organisierter Mütterlichkeit" auch das Motto der internationalen Frauenbewegung, die sich seit 1888 unter amerikanischer Führung im Internationalen Frauenrat (International Council of Women/ICW) zusammengeschlossen hatte.

Auch für den Aufschwung der Frauenbewegung in Deutschland um 1890 waren wiederum die übernationalen Zusammenschlüsse und Anstöße von tragender Bedeutung. Hatten schon die Nachrichten über die Initiativen der Französinnen, die den Begriff „Feminismus" erfanden, der britischen Stimmrechtsinitiativen oder die öffentliche Wirkung, die die US-Amerikanerinnen z.B. auf der Weltausstellung in Chicago 1893 entfalteten, die Medien der Frauenbewegung kontinuierlich beschäftigt, so setzte mit der Gründung des ‚Bundes deutscher Frauenvereine' im Jahre 1894, in dem sich nach amerikanischem Muster alle gemeinnützigen Frauenvereine ein organisatorisches Dach gaben, auch eine verstärkte internationale Zusammenarbeit der deutschen Frauenrechtlerinnen ein. Große internationale Kongresse ließen die Frauenbewegung in Deutschland endlich auch zu einem „Faktor im öffentlichen Leben" werden.

Die Internationalisierung der Frauenfrage wurde insbesondere durch eine Reihe Aufsehen und Aufmerksamkeit erregender internationaler Kongresse vorangetrieben: 1878 hatten die Französinnen auf der Pariser Weltausstellung zu einem ersten internationalen Frauenrechtskongress eingeladen; 1888 folgte der amerikanische Frauenrechtskongress in Washington D.C., der zur Gründung des Internationalen Frauenrates (ICW) führte; in Berlin fanden 1896 der ‚Internationale Kongress für Frauenwerke und Frauenbestrebungen' und 1904 der Weltkongress des Internationalen Frauenrates statt, auf dem gleichzeitig der Weltbund für Frauenstimmrecht (IAW) gegründet wurde (Rupp/ Taylor 2001). Es bestand also schon zu Beginn des 20. Jahrhunderts ein weltweites Netzwerk von Frauenorganisationen, die sich für Frauenstimmrecht und Frieden engagierten.

Wirft man einen Blick auf die Frauenorganisationen in Deutschland um 1900, so fällt auf, dass das Spektrum so breit war wie die Lebensumstände der Frauen Probleme aufwarfen und auf Veränderung drängten: ihre unzeitgemäße Bestimmung als „Gattin, Hausfrau und Mutter", ihre Rechtlosigkeit in der Familie (1900 war das BGB in Kraft getreten, gegen dessen familienrechtliche Bestimmungen die Frauenbewegung in den 1890er Jahren ohne Erfolg Massenproteste und Eingaben organisiert hatte), die Zurücksetzung und Benachteiligung in Ausbildung und Beruf (allgemeine Zulassung zum Studium erst 1908), ihr Ausschluss von allen politischen Rechten und Ämtern, selbst im Bereich der Armenpflege und Wohltätigkeit, schließlich ihre Ausbeutung und die Unterdrückung der Frau als Geschlechtswesen im Bereich der Sexualität (das Elend der Prostitution und die „doppelte Moral" bei der strafrechtlichen Verfolgung nur der Frauen, die Verfemung und Rechtlosigkeit nichtehelicher Kinder und ihrer Mütter, die Gewalt in den Geschlechterbeziehungen) usf.. Entscheidend für die Mobilisierung war, dass sich die Frauen mit Hilfe der neuen Öffentlichkeit in ihren Vereinen und Veranstaltungen sowie in der Presse über diese Unrechtstatbestände und ihre Unrechtserfahrungen verständigen konnten, darüber hinaus aber auch gestärkt durch neue und eigene Formen der Geselligkeit und unterstützende Netzwerke, mit literarischen und künstlerischen Mitteln eine Bewegungskultur geschaffen hatten, die Privates und Politisches miteinander verband und ein neues Frauenbewusstsein schuf.

Die Bandbreite der Initiativen und Vereine kann hier nur stichwortartig angedeutet werden: Sie richtete sich auf Bildung und Beruf, Jugend- und Rechtsschutz, die Professionalisierung der Sozialarbeit, Frauenstimmrecht, Mutterschutz und Sexualreform. Natürlich gab es innerhalb der Frauenbewegung Meinungsunterschiede über die Bedeutung und Reichweite dieser Fragen. In der Hochphase frauenpolitischer Aktivitäten sind drei politische Richtungen auszumachen: die proletarische Frauenbewegung unter der Führung von Clara Zetkin, die mit strengem Reglement eine Massenbewegung unter den Arbeiterinnen anführte und seit 1896 ihre Politik der „reinlichen Scheidung" von der bürgerlichen Frauenbewegung mit allen Mitteln der Propaganda begründete (vgl. insbesondere die von ihr bis 1917 herausgegebene Zeitschrift „Die Gleichheit, daneben die beiden Richtungen der gemäßigten und radikalen Bürgerlichen, die durch die Zeitschrift „Die Frau", herausgegeben von Helene Lange und Gertrud Bäumer, bzw. durch „Die Frauenbewegung", getragen von Minna Cauer, repräsentiert wurden). Nicht zu vergessen sind auch die konfessionellen Frauenverbände, die die Beschäftigung mit der Frauenfrage in der Bewegung zunächst in entfernt stehende Bevölkerungsschichten trugen. Als erstes wurde der ‚Deutsch-Evangelische Frauenbund' (DEF)1899 gegründet, es folgten 1904 die Konstituierung des ‚Katholischen Frauenbunds Deutschlands' (KFD) sowie der ‚Jüdische Frauenbund'.

Etablierung und vorläufiges Ende

Der Erste Weltkrieg bedeutete für die Frauenbewegung einen bedeutenden Einschnitt, nicht nur weil nun alle internationalen Verbindungen und Aktivitäten untersagt und unmöglich wurden, sondern weil die Einbindung der

Frauenbewegung in die Kriegsziele, d.h. in die ,Verteidigung des Vaterlandes', andere Prioritäten schuf, gleichwohl den Handlungsspielraum der Aktivistinnen zunächst deutlich erweiterte. In Deutschland konnte nun die Mehrheit der Frauenvereine, einschließlich der sozialdemokratischen ihre staatsbürgerliche Bewährung im ,Nationalen Frauendienst' unter Beweis stellen. Unter der Leitung Gertrud Bäumers, der damaligen Vorsitzenden des BDF, wurde dabei in Zusammenarbeit mit den Kommunen und der Verwaltung das gesamte Fürsorgewesen sowie der Einsatz der Frauen an der ,Heimatfront' und damit ihr Eintreten in die frei werdenden Stellen auf dem Arbeitsmarkt und die Kriegswirtschaft organisiert. Verweigert haben sich die Minderheit der radikalen Feministinnen um Anita Augspurg und Lida G. Heymann, die wegen ihrer aktiven Rolle auf dem Frauenfriedenkongress 1915 in Den Haag als Vaterlandsverräterinnen verleumdet und verfolgt wurden, sowie die ,linken' Sozialistinnen um Clara Zetkin und Rosa Luxemburg. Und doch blieb diese Art der Bewährung im Krieg ein zweischneidiger Erfolg. Gewiss, nach der militärischen Niederlage und dem Ende der Monarchie, mit der Ausrufung einer Republik durch den ,Rat der Volksbeauftragten' wurde den Frauen in Deutschland im November 1918 das aktive und passive Wahlrecht zugesprochen, wurden sie auch in der Weimarer Verfassung (Art. 109) „grundsätzlich" als Bürgerinnen mit gleichen staatsbürgerlichen Rechten anerkannt. Doch ihre im Krieg errungenen Positionen auf dem Arbeitsmarkt, aber auch ihre führende Rolle in der Sozialarbeit und Sozialpolitik mussten sie bereits mit den ersten Demobilmachungsverordnungen und der Übereinkunft von Arbeitgeberorganisationen und Gewerkschaften im sog. Zentralarbeitsabkommen über die Anerkennung der Tarifpartnerschaft an die Männer abgeben (Rouette 1993; Gerhard u.a. 1988). Hinzukam, dass die staatsbürgerliche Gleichberechtigung im Familienrecht durch das nach wie vor geltende Entscheidungsrecht des Ehemannes untergraben wurde, da eine Ehefrau für all ihr Tun im Beruf wie im öffentlichen Leben seiner Zustimmung bedurfte.

Immerhin hatte die Frauenbewebung mit dem Beginn der Weimarer Republik ein wesentliches Ziel erreicht, das Stimmrecht, ,Krone' und Fundament aller Gleichberechtigungsbestrebungen. Zunächst sorgte eine lebhafte Agitation aller Frauenverbände dafür, dass der Anteil der 1919 in die Nationalversammlung gewählten Parlamentarierinnen mit 10% Prozent höher war als in allen Wahlen danach, auch noch in der Bundesrepublik bis 1983. Da sich die radikalen und sozialistischen Feministinnen vorwiegend in internationalen Organisationen engagierten, etablierte sich die konservative Mehrheit im Bund Deutscher Frauenvereine mit immerhin 1 Million Mitgliedern, doch der Verband wurde bis zum Ende der Weimarer Republik zunehmend unbeweglich. Es fehlte an Nachwuchs, da die Frauenbewegung für die erste Generation der Studentinnen sowie die in die neuen Frauenberufe strömenden weiblichen Angestellten überholt, ja, überflüssig geworden zu sein schien.

Die Führung im BDF erkannte erst verhältnismäßig spät, in der Wirtschaftskrise zunehmend frauenfeindlichen Parteienpolitik ausgesetzt, die politische Gefahr, die von der nationalsozialistischen Bewegung und ihrem expliziten Antifeminismus ausging. Immerhin ehrt es den letzten Vorstand des BDF, dass die in ihm vertretenen Frauen nicht bereit waren, die Jüdinnen bzw. die Mitglieder des Jüdischen Frauenbundes aus dem BDF auszuschließen, der Dachverband sich außerdem weigerte, dem politischen Druck zur Gleichschaltung nachzugeben und sich „bedingungslos“ den nationalsozialistischen Frauenorganisationen anzuschließen. (vgl. Greven-Aschoff 1981; Gerhard 1990: 373f.)

Auch die Frauenbewegungen in anderen Ländern haben in der Zwischenkriegszeit eine „Flaute“ (Rupp/ Taylor 1990) erlebt. Trotzdem war der Kontinuitätsbruch für die Frauenbewegung und -politik, den das nationalsozialistische Regime verursachte, weitreichender und gewaltsamer: Zum einen, weil ein großer Teil der radikalen Feministinnen, der Jüdinnen, Pazifistinnen, Sozialistinnen und Gewerkschafterinnen vertrieben wurden oder in den Konzentrationslagern oder Gestapo-Haft umkamen; zum anderen weil auch die, die verschont wurden, ihre Rechtserrungenschaften und Ämter verloren. (Zur widersprüchlichen Rolle Gertrud Bäumers vgl. Schaser 2000: 314ff.)

2. Gemeinsame und geteilte Geschichte:

Interzonale Frauentreffen nach 1945

Zum Bruch mit den demokratischen Traditionen der Frauenbewegung durch den Nationalsozialismus kam nach dem Zweiten Weltkrieg und der Niederlage und Zerstörung Deutschlands die Teilung hinzu, zunächst in die vier Besatzungszonen, sehr bald, mit der Zuspitzung des Ost-West-Gegensatzes, 1949 die Teilung in eine westdeutsche BRD und eine ostdeutsche DDR. Schon bald nach Kriegsende hatten sich in vielen Städten ‚Frauenausschüsse‘ gebildet, um den demokratischen Aufbau von unten zu organisieren und weil Frauen sich ohnehin für die Überlebensarbeit verantwortlich fühlten. Es war zum großen Teil eine neue Generation von Frauen, die politisch unbelastet Hand anlegte und in der „Frauennotgemeinschaft“ eine Chance für einen „frauenpolitischen Aufbruch“ sah (Strecker 1981; Wischermann u.a. 1993). Ganz bewusst vermied man die Verwendung des Begriffs Frauenbewegung, weil der Terminus Bewegung durch den Nationalsozialismus diskreditiert war, sowohl in der Selbstbeschreibung wie in den Angriffen auf die als ‚intellektuell‘, ‚jüdisch‘ und ‚feministisch‘ denunzierte Frauenbewegung der Weimarer Zeit. Daneben gelang es auch den in West und Ost verstreuten alten Garden, soweit sie überlebt hatten, sehr bald Kontakt aufzunehmen.

Alle diese Frauen trafen sich auf sog. interzonalen Frauentreffen, z.B. 1947 in Bad Boll, 1948 fand im Rahmen der Hundertjahrfeier ein Interzonaler Frauenkongress in der Frankfurter Paulskirche statt. Doch auf diesen Treffen zeigte sich, dass der ‚Kalte Krieg' mit gutem Willen allein nicht zu überwinden war, Kommunismusverdacht hier, der Faschismusvorwurf dort machten ein Zusammengehen zwischen den Vertreterinnen aus Ost und West zunehmend unmöglich. Else Lüders, vor 1914 Weggefährtin des ‚Linken Flügels' im bürgerlichen Lager, verdienstvolle Sozialpolitikerin der Weimarer Republik, war auf dem Gründungskongress des Demokratischen Frauenbunds Deutschlands (DFD) im März 1947 in Berlin zur Alterpräsidentin gekürt worden und versuchte zu vermitteln, indem sie beteuerte, dass es sich beim DFD um eine „unabhängige demokratische Frauenbewegung" handele (Gerhard 1993). Vermutlich aber war der Verdacht, dass die Sowjetische Militäradministration den DFD für ihre Politik und Propaganda benutzte und vereinnahmte ebenso begründet, wie die Tatsache, dass die britischen wie insbesondere die amerikanischen Besatzungsmächte den Aufbau der Frauenorganisationen als besondere Zielgruppe ihrer Demokratisierungspolitik ebenso förderten wie kontrollierten (vgl. Rupieper 1991). Deshalb wurde bereits 1946 in Wiesbaden ein ‚Büro für Frauenfragen' eingerichtet, das von den amerikanischen Besatzungsbehörden finanziert wurde. Dort wurden ab 1951 „Die Informationen für die Frau" herausgegeben, aus denen sich in vielen Zwischenschritten und mit redaktionellen Veränderungen das heute noch offizielle Mitteilungsblatt des Deutschen Frauenrates, ab 1969 Dachorganisation aller Frauenverbände in der BRD, entwickelte. Weiterhin gab es in den nach 1945 neu gegründeten Gewerkschaften Frauenabteilungen, die sich mit den Arbeitsbedingungen von Arbeitnehmerinnen sowie der Vereinbarkeit von Familie und Beruf beschäftigten (vgl. Pinl 1977).

2.1. Die westdeutsche Frauenbewegung

Die neue Frauenbewegung um 1968

Bewegung kam in die Frauenfrage und ausdrücklich nun auch in die Geschlechterbeziehungen erst zum Ende der 1960er Jahre mit der ‚neuen' Frauenbewegung. Als neu verstand sie sich vor allem deshalb, weil sie sich ganz bewusst von der etablierten, traditionellen und zahm gewordenen Politik der Frauenverbände absetzte, und weil sie wie die anderen ‚neuen sozialen Bewegungen' nicht nur auf Gleichberechtigung und Partizipation im bestehenden System, sondern auf eine andere Form der Politik, des Politischen zielte. Denn sie war Teil der Bürgerrechts- und Protestbewegungen, die seit dem Ende der 1950er Jahre gegen das restaurative politische Klima, gegen Wiederbewaffnung und Atomwaffen, gegen eine konservativ-autoritär geprägte Politik des Vergessens aufbegehrten und quasi in einer Nachholbewegung die westdeutsche, von den Siegermächten geschenkte Demokratie in eine erworbene, lebendige Demokratie verwandelten. Sie haben damit den Staat und seine Institutionen, insbesondere aber auch die zivilgesellschaftliche Sphäre grundlegend verändert. Die liberalisierende und zivilisierende Langzeitwirkung zeigt sich weniger im Durchsetzen bestimmter politischer Ziele als in den soziokulturellen Folgen. Hieran und zwar nicht nur in Bezug auf die Geschlechterbeziehungen hat die Frauenbewegung einen entscheidenden Anteil.

Dass sich trotz der politischen Gemeinsamkeiten mit der protestierenden ‚Linken', insbesondere mit der Studentenbewegung, eine eigene, separate Bewegung von Frauen auf den Weg machte, war Ergebnis der in der Moderne nun schon üblichen Erfahrung von Frauen, wonach ihre Anliegen trotz des gemeinsamen Kampfes um mehr Demokratie ‚vergessen' werden. Das Signal für diesen neuen Aufbruch und die Abspaltung von der Studentenbewegung war diesmal ein inzwischen legendärer Tomatenwurf. Als nämlich die Frauen auf der Delegierten-Konferenz des Sozialistischen deutschen Studentenbundes (SDS) 1968 in Frankfurt bei einer grundsätzlichen Rede von Helke Sander feststellen mussten, dass die Genossen überhaupt nicht zuhörten, gab es Tumult, in dem der nächste Redner mit Tomaten beworfen wurde. Offenbar, so Ulrike Meinhof in ihrer Kolumne in der Zeitschrift ‚Konkret', müssen „noch erst ganze Güterzüge von Tomaten verfeuert werden, bis da (bei den Genossen) etwas dämmert" (Meinhof 1968) . In der Folge wurden in Berlin und Frankfurt die ersten ‚Weiberräte' gegründet, in denen nicht nur Studentinnen, sondern auch Hausfrauen und Lehrerinnen mitwirkten. Über das studentische und universitäre Milieu hinausgewachsen ist die Frauenbewegung allerdings erst mit der Kampagne für die Streichung des Abtreibungsparagraphen, §218 StGB, in der sich 374 zum großen Teil prominente Frauen in dem Journal „Der Stern" bekannten, „Ich habe abgetrieben", und unversehens auf einer Welle der Solidarität eine breite Öffentlichkeit für alle weiteren, mit der Geschlechtsrolle der Frau zusammenhängenden Probleme herstellten. Auch hierbei hatte eine entsprechende französische Kampagne als Vorbild gedient und war von Alice Schwarzer, die als Journalistin in Paris arbeitete, in die BRD getragen worden. Gleichzeitig mit den ersten Frauengruppen unter dem Kennwort „Aktion 218" bildeten sich nun überall im Land sogenannte Selbsterfahrungsgruppen, die nach dem Muster amerikanischer „consciousness raising groups" (vgl. Frauenjahrbuch 1975) einen kollektiven Lernprozess darüber einleiteten, dass die Beschränkungen der Frauenrolle, soziale Benachteiligungen und strukturelle und individuelle Gewalt gegen Frauen nicht privates Unglück, sondern ein Politikum seien, das öffentlich zu debattieren und zu verändern wäre. In vielen Städten entstanden Frauenzentren, Frauengesundheitszentren und Beratungsstellen, die als Umschlagsplätze und Drehscheibe für weitere Mobilisierungen dienten. Zu der neuen Gegenkultur gehörten Frauenbuchläden, viele Frauenzeitschriften (die größte Verbreitung hatten ‚Emma' und ‚Courage') sowie Frauenverlage; Frauenseminare an Universitäten und Volkshochschulen, sowie nicht zuletzt – und dieser Austausch wäre noch im einzelnen als Teil einer gesamtdeutschen Frauengeschichte zu untersuchen – die Lektüre von Frauenliteratur aus der DDR, von Autorinnen wie Maxi Wander, Christa Wolf und Irmtraud Morgner, die später als literarischer Feminismus gekennzeichnet werden (Lemke 1991). Unter der Vielzahl mit Phantasie, aber wenig Geld organisierten Selbsthilfe-Projekten aber war die Einrichtung von Frauenhäusern, Zufluchtsstätten für geschlagene Frauen, das nachhaltigste Projekt, das – wie sich nach 1989 auch in der ehemaligen DDR zeigen sollte – vielen erst die Augen für das Ausmaß persönlicher Abhängigkeit und Unterdrückung von Frauen auch unter der Bedingung formaler Gleichberechtigung öffnete.

In mehrfacher Hinsicht unterschied sich dieser neue Frauenprotest von allen Frauenbewegungen vorher, es gab aber auch einige Gemeinsamkeiten. Wie schon die Frauenbewegung zu Beginn des 20. Jahrhunderts war die neue Frauenbewegung von Anbeginn international orientiert. Die Einflüsse und Aktionen im westlichen Ausland, deren radikale Aufmüpfigkeit (etwa die öffentliche Verbrennung von Büstenhaltern in New York 1968) über die Medien, persönliche Kontakte und die zu Bestsellern avancierende Literatur verbreitet wurde, waren wesentlich für den Aufbruch. Neu war auch die Offenheit, sexuelle Tabus zu durchbrechen, da die Geschlechterbeziehungen gerade unter dem Vorzeichen einer unter den Linken angeblich befreiten Sexualität als Machtbeziehung zu diagnostizieren waren (vgl. Millett 1974; Firestone 1975; Schwarzer 1977; Stefan 1975). Allerdings gab es, wie oben erwähnt, auch schon zu Beginn des Jahrhunderts Auseinandersetzungen um Sexualität und Sexualmoral.

Der wesentliche Unterschied lag in der Form der politischen Einmischung. Anders als die historische Frauenbewegung gründete die neue zunächst keine Vereine oder Organisationen, verstand sich ausdrücklich als Basisbewegung, die Stellvertreterpolitik, erst recht Führerinnen, strikt ablehnte. Sie bestand vielmehr aus einem losen Netzwerk von Gruppen und weiteren Netzwerken, Projekten und organisierten Treffen, die für bestimmte Themen und Anliegen eine Öffentlichkeit herstellten und damit zur Mobilisierung und Verbreiterung der Bewegung beitrugen. Diese lockere Form der Organisation war Stärke und Schwäche zugleich, Stärke, weil sie nicht berechenbar und zu vereinnahmen war. Zumindest zweischneidig aber war das Prinzip der Autonomie, das die westdeutsche Frauenbewegung im Vergleich zu anderen neuen Bewegungen charakterisiert und von ihr mit besonderer Rigidität verfochten wurde (Ferree 1990). Es ging um Autonomie in einer doppelten Hinsicht: Individuell bedeutete Autonomie Selbstbestimmung, vor allem auch über den eigenen Körper, sowie Befreiung aus männlicher Bevormundung und ökonomischer Unabhängigkeit. D.h. Befreiung war das vorrangige Motiv, nicht Gleichheit oder Gleichberechtigung. Politisch meinte

Autonomie die Separierung und Unabhängigkeit von der männerdominierten Linken und von Männern überhaupt, aber auch Unabhängigkeit der Bewegung von allen Institutionen des Staates, insbesondere von anderen Parteien (vgl. Knäpper 1984).

Die 1980er Jahre: Die Debatte um Autonomie oder Institution

Das Festhalten am Prinzip der Autonomie, die zur Meßlatte für Radikalität und richtigen Feminismus wurde, sowie die dogmatische Gegenüberstellung von „Autonomie oder Institution“ (so der Titel der Sommeruniversität der Frauen 1979), führte spätestens mit dem Beginn der 1980er Jahre zu Kontroversen und Frustrationen, die politische Gemeinsamkeiten und die Durchsetzungsfähigkeit schwächten. Denn im Grunde war der Erfolg der Frauenbewegung daran abzulesen, dass viele ihrer Streitpunkte und Forderungen nun auch von Frauen in den Parteien, Gewerkschaften und Kirchen vertreten wurden, sogar im Deutschen Frauenrat und in anderen etablierten Frauenverbänden genuin feministische Themen wie Gewalt in der Ehe Eingang fanden. Außerdem hatte sich die Basis durch Frauen in der Friedensbewegung, durch die ökologische Bewegung insbesondere seit Tschernobyl und eine explizit feministische Politik in der Partei der GRÜNEN verbreitert. Gleichzeitig aber wurde zu Beginn der 1980er Jahre durch die Regierung Kohl mit einer neuen Familienpolitik, die als „Mütterlichkeit in neuem Gewand“ verkauft wurde (vgl. CDA 1981), eine konservative Wende eingeleitet. Im Jargon feministischer Forderungen nach Anerkennung der Arbeit von Müttern wurde hier erneut die Erwerbstätigkeit von Frauen unter den Vorbehalt der Familienpflichten gestellt. Die Befürchtung, dass feministische Forderungen insbesondere unter der Voraussetzung langanhaltender Arbeitslosigkeit und Konkurrenz auf dem Arbeitsmarkt politisch vereinnahmt und kleingearbeitet werden, war somit nicht unbegründet.

Strittig blieb aber auch, ob die Institutionalisierung von Frauenförderung durch die Einrichtung von Gleichstellungsstellen und Frauenbüros überall im Land, zunächst auf Länderebene, dann in den Bundesbehörden und vor allem auch in den Kommunen, als frauenpolitische Erfolgsgeschichte ist oder als ‚Ende‘ der Bewegung zu bewerten war. Wie empirische Untersuchungen zeigen (Rudolph/ Schirmer 2002), sind Gleichstellungsstellen, von denen es allein auf kommunaler Ebene in Ost- und Westdeutschland 1900 gibt, mittlerweile als Schnittstellen zwischen Verwaltung und Politik, traditionellen Frauenverbänden und Frauenbewegung zu charakterisieren, die eine institutionelles Netzwerk auch für autonome Projekte darstellen und gleichzeitig zu ihrer politischen Durchsetzungsfähigkeit auf die Kooperation mit Frauengruppen angewiesen sind. Schließlich hat die aus der autonomen Bewegung entstandene Frauenforschung seit der zweiten Hälfte der 1980er Jahre einen bemerkenswerten Prozess der Institutionalisierung und Professionalisierung erlebt, der sie heute als kritische Instanz im Kanon der Wissenschaften ausweist, wenn es auch in vieler Hinsicht noch an Ressourcen und der gehörigen Anerkennung und Rezeption ihrer Erkenntnisse und Lehrinhalte mangelt. Frauen- und Geschlechterforschung kann und will nicht die Politik einer sozialen Bewegung bestimmen, doch sie ist ihr kulturelles Gedächtnis und bereitet mit ihrer Einübung in Kritik und ihrem Expertinnenwissen möglicherweise denn Boden für eine nächste Welle der Frauenbewegung.

2.2 Die ostdeutsche Frauenbewegung

Die ostdeutschen Frauen, die sich entscheidend am revolutionären Umbruch beteiligten und im Herbst 1989 den Unabhängigen Frauenverband (UFV) gründeten, hatten eine andere, ebenso bewegende und bewegte Vorgeschichte. Seit dem Beginn der 1980er Jahre gab es verstärkt informelle Frauengruppen, die sich als Teil einer „nichtstaatlichen Frauenbewegung in der DDR" verstanden und deren Existenz eine wichtige Ausgangsbasis für die 1989 mögliche Mobilisierung war (Miethe 2000). Zu ihnen gehörten drei Strömungen, die in der Grauzone zwischen Freundinnengruppe, Selbsthilfegruppe und Diskussionskreis entstanden waren (Kenawi 1995): Erstens, die Gruppen „Frauen für den Frieden". Auslöser für ihre Konstituierung war der Erlass eines Wehrdienstgesetzes im Jahr 1982, das im Falle der Mobilmachung auch Frauen zum Dienst mit der Waffe verpflichtete. Zweitens die kirchlichen Frauengruppen, die sich zum Teil aus der traditionellen Frauenarbeit in der Kirche rekrutierten, vor allem aber aus Arbeitsgruppen zu feministischer Theologie, die in Anlehnung an die Frauenbewegung in der Ökumene sowie die Frauenforen der Kirchentage eine der wenigen erlaubten Kommunikationsströme zwischen Ost und West nutzen konnten. Schließlich, drittens, die Lesbengruppen, die sich seit Mitte der 1980er Jahre teilweise aus den ‚Arbeitskreisen ‚Homosexualität' abgelöst hatten und ein lesbisches Selbstverständnis entwickelten. Alle diese Gruppen, die als Oppositionsbewegung Schutz im Raum der Evangelischen Kirche und Akademien fanden, veranstalteten seit 1984 jährliche Frauentreffen und bildeten im Laufe der Zeit verschiedene Netzwerke, die durch Rundbriefe wie das „Lila Band" und Arbeitsgruppen zu speziellen Themen wie Gewalt gegen Frauen, Gentechnologie oder Geschlechtersozialisation verbunden waren. Während die Friedensgruppen sich vor allem als Systemopposition verstanden, der es vorrangig um Diktaturkritik ging unter Einschluss von Männern, sind die anderen beiden Gruppierungen eher als feministisch zu kennzeichnen, da für sie, „mehrheitlich kritisch gegenüber dem DDR-Staat eingestellt" (Miethe 2000: 14), die Patriarchatskritik im Mittelpunkt stand. In der Wende formierten sich die Oppositionsgruppen neu, haben sich insbesondere die Frauen aus den Friedensgruppen (z.B. Bärbel Bohley, Ulrike Poppe oder Katja Havemann) in den gemischten Gruppen der Bürgerrechtsbewegung – wie Neues Forum,

Demokratie Jetzt oder Demokratischer Aufbruch – engagiert und wesentlich zu ihrem Erfolg beigetragen.

Dem „Aufruf an alle Frauen“ zur Gründung des Unabhängigen Frauenverbandes am 3. Dezember 1989 in der Berliner Volksbühne waren mehr als 1200 Frauen gefolgt. Sie kamen, wie die Mitgründerin Christina Schenk schreibt,

> aus ganz unterschiedlichen Zusammenhängen zueinander – aus den oppositionellen Gruppen unter dem Dach der evangelischen Kirche, aus privaten Diskussionskreisen [...] aus dem universitären bzw. wissenschaftlichen Bereich. Es waren SED-Frauen und auch Frauen, die sich bisher nicht politisch betätigt hatten und erst unter den Bedingungen der ‚Wende' einen Sinn darin sahen, sich zu engagieren. (Schenk 1994: 286)

In dem dort von Ina Merkel verfassten und per Akklamation angenommenen „Manifest für eine autonome Frauenbewegung“ unter dem Motto „Ohne Frauen ist kein Staat zu machen“ ging es um die „Interessenwahrnehmung und -vertretung von Frauen“ und eine „sozialistische Alternative“ zur Wiedervereinigungspolitik, denn dies „hieße in der Frauenfrage drei Schritte zurück“. Stattdessen forderten die Frauen „einen modernen Sozialismus auf deutschem Boden“, „eine ökologische Reorganisation der Gesellschaft“, Demokratie, Selbstverwaltung und Öffentlichkeit (insbesondere auch eine breite Frauenöffentlichkeit), „eine multikulturelle Gesellschaft“ und „ein solidarisches Miteinander aller sozialer Gruppen“. (Zit.n. Kahlau 1990: 28f.)

Sich nicht wie der westdeutsche Feminismus „in Theoriedebatten zu verlieren“, „gemeinsam zu handeln, sich einzubringen“ (Schwarz 1990: 21), außerdem „jung“ und „euphorisch“, so präsentierte sich die *Unabhängige Frauenbewegung* in der Phase ihrer Konstituierung (Schäfer 1990). In der Zeit des Umbruchs „schien sehr vieles möglich zu sein – auch die feministische Gestaltbarkeit der Gesellschaft“ (Schenk 1994: 288). Westdeutsche Feministinnen – nach wie vor auf kritischer Distanz zu institutionalisierter Politik, an Niederlagen und Marginalisierung gewöhnt – konnten nur staunen, wie schnell ihre ostdeutschen Kolleginnen bereit waren, die gewonnene „Freiheit vom Staat“ im zivilgesellschaftlichen Sinn zur direkten „Teilnahme am Staat“ als parteipolitisch organisierte Interessenvertretung zu nutzen (Hampele-Ulrich 2000: 20), und zwar nicht nur in der Forderung nach Beteiligung am Zentralen Runden Tisch, sondern auch als Partei in gemeinsamer Wahlplattform mit der Grünen Partei der DDR bei der ersten freien Wahlen zur Volkskammer im März 1990. Dass der UFV schließlich kein Mandat erzielte, hatte viele Gründe: Zum einen hatte der UFV mit seinen politischen Forderungen und seiner feministischen Kritik tatsächlich „keine Resonanz in den alltagsweltlichen Erfahrungen“, ihren Bedürfnissen und ihrem Selbstverständnis gefunden (Dölling 1990: 47). Dieses Selbstverständnisses gründete z.B. in der lebenslangen Erfahrung der Selbstverständlichkeit von Berufstätigkeit, dem gesetzlich verankertem Recht auf Abtreibung sowie den Zugang zu öffentlicher Kinderbetreuung – Selbstverständlichkeiten, die für die ostdeutschen Frauen erst mit der Vereinigung der beiden deutschen Staaten obsolet wurden.

3. 1989 und danach, oder wie es um eine ost- und westdeutsche Frauenbewegung steht

Spätestens seit der Vereinigung der beiden Deutschen Staaten stellt sich die Frage, ob es überhaupt noch eine nun gesamtdeutsche Frauenbewegung gibt, denn die westdeutsche Frauenbewegung ist im neuen politischen Kontext an einem Ende angekommen. Waren die westlichen Feministinnen zunächst allzu selbstverständlich davon ausgegangen, dass sie von den in Sachen Gleichberechtigung und Bürgerrechtsbewegung erprobten ostdeutschen Frauen Verstärkung erhalten würden, eine Erwartung – die möglicherweise der von westdeutscher Seite durchgesetzten Politik eines ‚Beitritts' entsprach – so taten sich sehr schnell Differenzen und unerwartete Missverständnisse auf (vgl. Helwerth/ Schwarz 1995). Sie waren in den unterschiedlichen politischen Biographien, Erfahrungen und Lebenslagen begründet, weshalb trotz gemeinsamer Sprache die politischen Konzepte ganz Unterschiedliches bedeuten konnten. Das galt für Begriffe wie Gleichberechtigung und Emanzipation, die in der DDR als staatlich verordnete Frauenpolitik in Misskredit geraten waren, aber auch für die Tatsache, dass Familie oder die Privatsphäre für Frauen unter sozialistischer Diktatur als „Raum der Freiheit", offen für die „Entwicklung individueller Initiative und Autonomie" (Einhorn 1993: 6) erlebt worden war, nicht aber als der Bereich, in dem primär Unrechtserfahrungen gemacht wurden. Die Differenzierung der Interessen und die Pluralisierung politischer Überzeugungen holte auch die Bürgerrechtsbewegung ein. Im Ergebnis zeigte sich, dass die nach Interessenlage und politischen Erfahrungen so unterschiedlicher Frauenbewegungen in Ost und West in der Hektik des Vereinigungsprozesses keine gemeinsame politische Kraft, keinen Machtfaktor, bilden konnten, zumal es auf westdeutscher Seite kaum bewährte politische Allianzen zwischen Frauenbewegung und Frauen in den Parteien und etablierten Frauenverbänden gab.

Schließlich – und dies wiegt schwerer als alle möglicherweise vertanen Chancen – war der Vereinigungsprozess eine beispiellose Inszenierung männlicher, patriarchaler und ökonomischer Interessenpolitik, in der die Vertreter des westdeutschen korporatistischen und konservativen Parteienstaates jede politische Gelegenheit für eine Intervention und Beteiligung insbesondere der Frauen-, aber auch der Bürgerrechtsbewegungen ausschlossen. Das ließe sich an verschiedenen Streitpunkten und Einmischungsversuchen belegen, etwa der Verhinderung einer Verfassungsdiskussion, für die sich die Bürgerrechtsbewegungen, aber auch Feministinnen in Ost und West mit Initiativen wie „Frauen für eine neue Verfassung" (Feministische Studien

Extra 1991) oder „Frauen in bester Verfassung“ stark gemacht hatten. Das gilt auch für die hinhaltende, nach wie vor nicht beendete Debatte um die Strafbarkeit der Abtreibung, eine symbolische Politik, in der sich quasi wie im Brennspiegel die Forderungen der Frauen nach Selbstbestimmung und Emanzipation bündeln.

Im Vereinigungsgeschäft verschwindet die Geschlechterfrage somit von der politischen Tagesordnung, gehen angesichts neu gesetzter Prioritäten nicht nur manche ökonomischen Ressourcen – etwa die Absicherung vieler Projekte der Frauenbewegung – verloren, sondern fühlen sich gerade auch die Frauen in Ostdeutschland angesichts hoher Arbeitslosigkeit entmutigt und als Verliererinnen der ‚stillen‘ Revolution. Gleichviel, ob sich damit eine für die Moderne typische Erfahrung von politisch aktiven Frauen wiederholt, um die ‚Früchte der Revolution‘ betrogen zu werden, die Analyse dieses Prozesses als „Triumph des Vaterlandes“ (Young 1999) trifft den Punkt, wonach Frauen, erst recht als Feministinnen, von politischen Entscheidungsprozessen nicht zufällig, sondern systematisch ausgeschlossen waren. „Wir Frauen haben kein Vaterland zu verlieren, weil wir nie eines hatten“, hatte Ina Merkel bei einer Kundgebung im Februar 1990 betont (zit.n. Kahlau 1990: 19) .

4. Im Fadenkreuz von Europäisierung und Internationalisierung der Frauenbewegungen

Die Entstehung und Identitätsbildung einer gesamtdeutschen Frauenbewegung schien mit dem Zusammenbruch der bipolaren Weltordnung nach 1989 nicht zuletzt deshalb überflüssig oder überholt zu sein, weil nach einer Reihe von Weltfrauenkonferenzen nun eine internationale Frauenbewegung sichtbar und aktiv wurde. Sie ist durch ein historisch neuartiges Zusammenspiel und Wechselverhältnis zwischen internationalen, nationalen und lokalen Frauenbewegungen, Nichtregierungsorganisationen und Netzwerken zu kennzeichnen (vgl. Dackweiler 2000: 169). Auslöser für das Entstehen dieser internationalen Frauenöffentlichkeit waren die UNO-Dekade der Frau zwischen 1975 und 1985, die, in den westlichen feministischen Bewegungen kaum beachtet, doch zu einer größeren Aufmerksamkeit für die Probleme von Frauen in der Entwicklungspolitik geführt hatte, sowie die seit 1975 alle fünf Jahre mit den Ressourcen der UNO veranstalteten Weltfrauenkonferenzen, bei denen mehr und mehr die inoffiziellen Foren der Nichtregierungsorganisationen eine neue Plattform für feministische Anliegen eröffneten (Wichterich 1995; vgl. auch Lenz u.a. 2000). Neue Akzente hat insbesondere die Weltfrauenkonferenz in Bejing 1995 gesetzt, die mit ihren Beschlüssen zu sexueller Gewalt, der Garantie reproduktiver Rechte und nicht zuletzt zum Gender Mainstreaming eine weltweit beachtete Agenda formuliert hat. Den Deutungsrahmen für eine transnationale Mobilisierung von Frauen bot darüber hinaus die internationale Kampagne „Frauenrechte sind Menschenrechte“ durch die systematische Dokumentation von Menschenrechtsverletzungen an Frauen und ein im Kontext der UNO-Menschenrechtskonferenz 1993 in Wien veranstaltetes Tribunal (Bunch 1995; Cook 1994).

In diesen veränderten internationalen Konstellationen, die insbesondere durch neue Medien und Informationstechnologien neue Formen des Austausches sowie eine Verflechtung und Verdichtung der Kommunikation und der Aktivitäten ermöglichen, sind die westlichen oder europäischen Frauenbewegungen – wie gerade auch die Menschenrechtskampagne zeigt – keineswegs führend, und das ist gut so. Und doch entsteht zumindest aus bundesdeutscher Perspektive der Eindruck, dass die internationale Szene und ihre Diskurse in der feministischen Öffentlichkeit hierzulande präsenter sind und mehr Beachtung finden als die europäischen Initiativen und Entwicklungen. Hier scheinen vorerst vorwiegend Expertinnen involviert zu sein, stellt sich erst seit Mitte der 1990er Jahre ein zunehmendes Interesse ein und wird Europa auch für Feministinnen zum Thema. Ausschlaggebend hierfür sind die neuen rechtlichen und politischen Rahmenbedingungen, die mit den Verhandlungen um den Beitritt der frauenfreundlichen skandinavischen Staaten und mit den Verträgen von Maastricht (1992) und Amsterdam (1997) eine politische Gelegenheitsstruktur und einen neuen Gestaltungsraum für zivilgesellschaftliche Aktivitäten geschaffen haben (vgl. hierzu meinen Beitrag in diesem Band). Feministinnen sind notwendigerweise skeptisch, wenn die regierungsamtliche Umbenennung der Frauenpolitik zur Gleichstellungspolitik sogleich als „Paradigmenwechsel“ gepriesen wird (vgl. BMFSFJ 2002: 200) und in Wirklichkeit Frauenprojekte und -politiken zunehmend für obsolet oder inopportun gehalten werden. Das europäisch verankerte Prinzip des Gender Mainstreaming kann daher m.E. nur als zusätzliche Strategie von Nutzen sein, aber niemals die Förderung und Ermöglichung aktiver Bürgerschaft und Teilhabe ‚von unten‘ ersetzen. Abgesehen davon, dass es – wie die Geschichte der Frauenbewegung lehrt – immer wieder derer bedarf, die gegen den ‚mainstream‘ schwimmen.

Literatur

Bäumer, Gertrud (1901): Die Geschichte der Frauenbewegung in Deutschland, in: Lange, Helene/ Bäumer, Gertrud (Hg.): Handbuch der Frauenbewegung. Berlin, 1-166.

Bunch, Charlotte (1995): Transforming Human Rights from a Feminist Perspective, in: Peters, Julie/ Wolper, Andrea (Hg.): Women's Rights - Human Rights. New York/London, 11-17.

BMFSFJ, Bundesministerium für Familie, Senioren, Frauen und Jugend (Hg.) (2002): Frauen in Deutschland, Berlin/Bonn.

CDA, Sozialausschüsse der Christlich-Demokratischen Arbeitnehmerschaft (Hg.) (1981): Die sanfte Macht der Familie. Leitsätze, Entschließungen, Mannheim.
Cook, Rebecca (1994): Human Rights of Women. National and International Perspectives, Philadelphia.
Dackweiler, Regina (2000): "Wir sind der Nukleus der globalen Zivilgesellschaft" - Zusammenspiel und Wechselverhältnis der internationalen und nationalen Frauenbewegungen am Beispiel des österreichischen Gewaltschutzgesetzes, in: Lenz, Ilse/ Mae, Michiko/ Klose, Karin (Hg.): Frauenbewegungen weltweit. Aufbrüche, Kontinuitäten, Veränderungen, Opladen, S. 167-198.
Dölling, Irene (1990): Frauenforschung mit Fragezeichen? Perspektiven einer feministischen Wissenschaft, in: Schwarz, Gislinde/ Zenner, Christine (Hg.): Wir wollen mehr als ein "Vaterland", Reinbek, S. 35-55.
Einhorn, Barbara (1993): Cinderella goes to Market: Citizenship, Gender and Women's Movements in East Central Europe, London/New York.
Feministische Studien Extra (1991): Frauen für eine neue Verfassung, Weinheim.
Ferree, Myra M. (1990): Gleichheit und Autonomie: Probleme feministischer Politik, in: Gerhard, Ute u.a. (Hg.): Differenz und Gleichheit. Menschenrechte haben (k)ein Geschlecht. Frankfurt/M., 283-303.
Firestone, Shulamith (1975): Frauenbefreiung und sexuelle Revolution, Frankfurt/M.
Frauenjahrbuch 1 (1975): Frankfurt/M.
Gall, Lothar (Hg.) (1998): 1848, Aufbruch zur Freiheit: eine Ausstellung des Deutschen Historischen Museums und der Schirn-Kunsthalle Frankfurt zum 150jährigen Jubiläum der Revolution von 1848/49, Berlin.
Gerhard, Ute/ Schwarzer, Alice/ Slupik, Vera (Hg.) (1988): Auf Kosten der Frauen: Frauenrechte im Sozialstaat, Weinheim.
Gerhard, Ute (1990): Unerhört. Die Geschichte der deutschen Frauenbewegung, Reinbek.
Gerhard, Ute (1993): 'Fern von jedem Suffragettentum' -Frauenpolitik nach 1945, eine Bewegung der Frauen?, in: Wischermann, Ulla/ Schüller, Elke/ Gerhard, Ute (Hg.): Staatsbürgerinnen zwischen Partei und Bewegung. Frauenpolitik in Hessen 1945 bis 1955. Frankfurt/M., 9-40.
Gerhard, Ute (1995): Die "langen Wellen" der Frauenbewegung - Traditionslinien und unerledigte Anliegen, in: Becker-Schmidt, Regina/ Knapp, Gudrun-Axeli (Hg.): Das Geschlechterverhältnis als Gegenstand der Sozialwissenschaften. Frankfurt/New York, 247-278.
Gerhard, Ute (1999): Atempause. Feminismus als demokratisches Projekt, Frankfurt/M.
Greven-Aschoff, Barbara (1981): Die bürgerliche Frauenbewegung in Deutschland: 1894-1933, Göttingen.
Hampele-Ulrich, Anne (2000): Der Unabhängige Frauenverband. Ein frauenpolitisches Experiment im deutschen Vereinigungsprozess, Berlin.
Helwerth, Ulrike/ Schwarz, Gislinde (1995): Von Muttis und Emanzen. Feministinnen in Ost- und Westdeutschland, Die Frau in der Gesellschaft: Frankfurt/M.
Holland-Cunz, Barbara (2003): Die alte neue Frauenfrage, Frankfurt.
Kahlau, Cordula (Hg.) (1990): Aufbruch! Frauenbewegung in der DDR. Dokumentation, München.
Kenawi, Samirah (1995): Frauengruppen in der DDR der 80er Jahre. Eine Dokumentation, Berlin.

Knäpper, Marie Therese (1984): Feminismus, Autonomie, Subjektivität. Tendenzen und Widersprüche in der neuen Frauenbewegung, Bochum.
Lange, Helene (1928): Kampfzeiten. Aufsätze und Reden aus vier Jahrzehnten, Berlin.
Lemke, Christiane (1991): Die Ursachen des Umbruchs 1989. Politische Sozialisation in der ehemaligen DDR, Opladen.
Lenz, Ilse/ Mae, Michiko/ Klose, Karin (Hg.) (2000): Frauenbewegungen weltweit. Aufbrüche, Kontinuitäten, Veränderungen, Opladen.
Meinhof, Ulrike (1968): Die Frauen im SDS oder In eigener Sache, in: Konkret (12)
Miethe, Ingrid (2000): Frauenbewegung in Ostdeutschland - angekommen in gesamtdeutschen Verhältnissen? in: Beiträge zur feministischen Theorie und Praxis, 23 (54): 9-22.
Millett, Kate (1974): Sexus und Herrschaft. Die Tyrannei des Mannes in unserer Gesellschaft, München.
Offen, Karen (2000): European Feminisms 1700-1950. A Politcal History, Stanford.
Otto, Louise (Hg.) (1849): Frauen-Zeitung.
Otto, Louise (1866): Das Recht der Frauen auf Erwerb, Hamburg.
Otto-Peters, Louise (1890): Das erste Vierteljahrhundert des Allgemeinen deutschen Frauenvereins, Leipzig.
Pinl, Claudia (1977): Das Arbeitnehmerpatriarchat. Die Frauenpolitik der Gewerkschaften, Köln.
Riehl, Wilhelm H. (1855): Die Familie, Stuttgart.
Rouette, Susanne (1993): Sozialpolitik als Geschlechterpolitik. Die Regulierung der Frauenarbeit nach dem Ersten Weltkrieg, Frankfurt/ New York.
Rudolph, Clarissa/ Schirmer, Uta (2002): Institutionalisierte Frauenpolitik zwischen Verrechtlichung, Modernisierung und Frauenbewegung. Eine Wirkungsanalyse. Unveröff. Manuskript, Frankfurt/M.
Rupieper, Hermann-Josef (1991): Bringing Democracy to the Frauleins. Frauen als Zielgruppe der amerikanischen Demokratisierungspolitik in Deutschland 1945-1952, in: Geschichte und Gesellschaft (17): 61-91
Rupp, Leila J./ Taylor, Verta (2001): `Liebende Gemeinschaft´. Die Gefühlskultur der internationalen Frauenbewegung, 1888-1945, in: Forschungsjournal Neue Soziale Bewegungen, 2: 54-64
Rupp, Leila/ Taylor, Verta (1990): Survival in the Doldrums. The American Women's Rights Movements 1945 to the 1960's, Columbus.
Schäfer, Eva (1990): Die fröhliche Revolution der Frauen. Frauenbewegung in Ost und West, in: Schwarz, Gislinde/ Zeuner, Christine (Hg.): Wir wollen mehr als ein `Vaterland´. Reinbek, 17-34.
Schaser, Angelika (2000): Helene Lange und Gertrud Bäumer. Eine politische Lebensgemeinschaft, Köln/Weimar/Wien.
Schenk, Christina (1994): Der Politikbegriff von ostdeutschen Frauen am Beispiel des unabhängigen Frauenverbands (UFV), in: Bütow, Birgit/ Strecker, Heidi (Hg.): EigenArtige Ostfrauen. Frauenemanzipation in der DDR und den neuen Bundesländern. Bielefeld, 285-299.
Schwarz, Gislind (1990): Aufbruch der Hexen, in: Kahlau, Cordula (Hg.): Aufbruch! Frauenbewegung in der DDR. Dokumentation. München, 8-24.
Schwarzer, Alice (1977): Der "kleine Unterschied" und seine grossen Folgen: Frauen über sich: Beginn einer Befreiung, Frankfurt/M.

Sommeruniversität der Frauen (Hg.) (1979): Autonomie oder Institution: über die Leidenschaft und Macht von Frauen, Berlin.

Stefan, Verena (1975): Häutungen, München.

Strecker, Gabriele (1981): Überleben ist nicht genug, Frauen 1945-1950, Freiburg/ Basel/ Wien.

Wichterich, Christa (1995): Frauen der Welt. Vom Fortschritt der Ungleichheit, Göttingen.

Wischermann, Ulla/ Schüller, Elke/ Gerhard, Ute (1993): Staatsbürgerinnen zwischen Partei und Bewegung: Frauenpolitik in Hessen, 1945-1955, Frankfurt/M.

Young, Brigitte (1999): Triumph of the Fatherland. German Unification and the Marginalization of Women, Ann Arbor.

Zetkin, Clara (1957): "Für die Befreiung der Frau!" Rede auf dem Internationalen Frauenkongreß zu Paris (19. Juli 1889): Ausgewählte Reden und Schriften. Berlin, 1-11

Geschlechterdenken und -politik im postfeministischen Frankreich

Béatrice Durand

Es ist immer wieder überraschend, dass sich außerhalb Frankreichs *French feminism* auf die Rezeption einiger Stars der 70er Jahre beschränkt, wie etwa Hélène Cixoux, Luce Irigaray oder Julia Kristeva, als wäre seitdem nichts passiert. Auf dem zweiten Blick ist es vielleicht doch nicht so überraschend. In der Tat ‚fehlen' in Frankreich die üblichen Erscheinungsformen feministischen Bewusstseins und Fortschritts, wie z.B. eine rege postmoderne Diskussion, Frauenbeauftragte oder Frauenstudien. Die politische Beteiligung von Frauen ist bekanntlich eine der niedrigsten in Europa. Manche Frauen waren sogar gegen das Paritätsgesetz, als es im Parlament diskutiert wurde. Selbst das Wort Feminismus scheint verpönt... Schreck! Was ist bei Euch los, bekomme ich oft zu hören. Warum ist Frankreich nicht mehr das feministische Land, das es einst war?

Die resolute Gleichgültigkeit der französischen Gesellschaft der ‚postmodernen' Diskussion gegenüber, die explizite, manchmal agressive Ablehnung von *political correctness* (als einem prinzipiell unehrlichen Begriff, der nur dem guten Gewissen schmeichelt) sind um so ironischer, als Schlüsselreferenzen des Postmodernismus französisch sind. In gewisser Hinsicht ist das Etikett *French feminism* eine amerikanische Erfindung. Es ist das Produkt eines Kulturtransfers: *French Feminism* verdankt seinen Erfolg der positiven Rezeption in den USA der 80er Jahre. Diese Rezeption ist aber über die eigentlichen Debatten innerhalb der französischen Gesellschaft überhaupt nicht aussagekräftig.[1] Gerade wegen dieser Verzerrung in der Rezeption möchte ich in diesem Beitrag das Augenmerk auf mentalitätsbezogene Tendenzen und tatsächliche Diskussionen in der Gesellschaft setzen, anstatt auf den schon gut bekannten, aber nicht sehr repräsentativen *French Feminism*.

Eine kurze Bemerkung zum sprachlichen Usus: der Ausdruck „mouvement des femmes" (obwohl er sprachlich durchaus möglich gewesen wäre) war in Frankreich nie üblich, auch nicht rückwirkend. Es fällt daher schwer von einer Frauenbewegung (selbst von Frauenbewegungen im Plural) zu sprechen. Der *féminisme* der 60er und 70er Jahre stellt etwas dar, das dem deutschen Begriff der Frauenbewegung vergleichbar wäre. Nur hat in der Tat das Wort an Mobilisierungskraft eingebüßt. Die jüngeren Generationen wür-

1 Es ist bezeichnend, dass eine Leitfigur der feministischen Szene der 70er Jahre wie Hélène Cixoux in den letzten Jahren ihr literarisches Werk verfolgt und sich von den politischeren Aspekten der Geschlechterdiskussionen eher fern hält. Es ist auch ironisch, dass Julia Kristeva, die damals ihre Distanz zum eigentlichen Feminismus kultiviert hat, dafür immer reklamiert wird.

den sich nicht mehr – zumindest nicht mehr systematisch – als *féministes* bezeichnen. Der *féminisme* hat aufgehört, der Sammelbegriff aller Frauenkämpfe zu sein. Er bezeichnet nicht mehr die Vielfalt aller gedanklichen und politischen Beschäftigungen mit dem Unterschied und der Ungleichheit der Geschlechter. Dies bedeutet jedoch nicht, dass diese Themen von der Tagesordnung der gesellschaftlichen Diskussion verschwunden sind. Es fällt aber schwer, die jetzigen französischen geschlechterpolitischen Debatten unter dem Begriff der Frauenbewegung oder des Feminismus zu fassen.

Aus der Perspektive eines impliziten – aber keineswegs wertend gemeinten – Vergleichs zwischen Deutschland und Frankreich fallen die gegenseitige Ignoranz sowie die Bedeutung nationaler Prägungen sehr deutlich auf: in der Wahrnehmung und Formulierung der Probleme, in den politischen Prioritäten und in den Organisationsformen. Darüber hinaus fällt auf, wie schwer es ist, die „Lage der Frauen" in einem bestimmten Land als Gesamtpaket zu bewerten, da die Facetten der „Frauenfrage" und die Parameter, die die Qualität von Frauenleben ausmachen, so vielfältig sind. Dieser Vielfalt werde ich versuchen gerecht zu werden.

In einem kurzen historischen Abriss werde ich Entwicklungen und Themen der französischen Frauenbewegung schildern. Dann möchte ich die heutige Lage von Frauen in Frankreich unter dem Gesichtspunkt der Bildungs- und Erwerbssituation, der Vereinbarkeit von Familien und Beruf, sowie der politische Partizipation schildern. Schließlich möchte ich auf einige Besonderheiten der französischen Situation hinweisen.

Kurzer historischer Abriss

Die ersten politischen Kämpfe der französischen Frauen gehen auf die Revolution zurück: Olympe de Gouges *Déclaration des droits de la femme et de la citoyenne* versteht sich als Pendant zu der universalistischen *Déclaration des droits de l'homme et du citoyen*.[2] Zu Beginn der Revolution beteiligen sich Frauen am politischen Geschehen und sind in den Clubs aktiv. Zunehmend werden sie aus der öffentlichen Diskussion verdrängt und gründen dann Frauenclubs. Sie werden – spätestens ab der Convention, der 1793 gewählten Vertreterversammlung – wegen Unsittlichkeit verfolgt. Bekanntlich endet Olympe de Gouges auf dem Schafott. In Anlehnung an Rousseau und an

2 Wenn frau weiter zurück in die Geschichte blickt, sind mit Sicherheit die *Précieuses* im 17. Jahrhundert einer Erwähnung würdig: Sie haben versucht, Männergewalt einen Halt zu bieten und haben im Namen der Liebe die Ehe als Institution abgelehnt. Sie lieferten damit ein Gedankengut, auf das aristokratische Frauen – aber auch Feministinnen des 20. Jahrhunderts – rekurieren konnten. Erwähnt sei auch noch die besondere Stellung aristokratischer Frauen in der Gesellschaft des *ancien régime*: Ihre Rolle in der Gesellschaftlichkeit verschaffte manchen von ihnen so etwas wie weibliche Kraft. Zur Ambivalenz der Rolle von Frauen in der Gesellschaft des Ancien Régime siehe u.a. Dulong 1991:403-425.

seine Auffassung einer ‚Natur' der Frauen, weisen die (männlichen) Revolutionäre die Frauen in die häusliche Sphäre zurück. Somit initieren sie ihren Ausschluss aus der politischen Sphäre. Der Trend bestätigt sich in der napoleonischen Ära: *der Code Napoléon* von 1804 (das damalige Gesetzbuch) spricht den Frauen jegliche zivile Autonomie ab, von politischen Rechten, wie etwa dem aktiven und passivem Wahlrecht, ganz zu schweigen. Ziel der Kämpfe im 19. und frühen 20. Jahrhundert sind in erster Linie das Wahlrecht – was die Französinnen jedoch erst sehr spät erlangen werden (1944!: ein Geschenk De Gaulles und der Libération)[3] – aber auch die Abschaffung des immer noch geltenden *Code Napoléon*. Frauen verlangen auch gleichen Lohn für gleiche Arbeit, Beteiligung in den Gewerkschaften und Zugang zur Geburtenkontrolle. Strategisch haben Frauenorganisationen versucht, sich dem Kampf für Demokratie und dem republikanischen Lager anzuschließen, ohne dass Frauenanliegen dabei wirklich Gehör fanden (Käppeli 1991:495-525). Außerdem sind zu dieser Zeit die Frauenkämpfe bereits zwischen einer egalitaristischen und einer dualistischen Argumentation gespalten: grundsätzlich ist die Bewegung für Frauenrechte von der Aufklärung inspiriert und als solche eher universalistisch-egalitaristisch. Jedoch stellt sich die Frage, ob manche Aspekte der Weiblichkeit im Kampf für Gleichheit und Freiheit geopfert werden müssen.

Die Nationsbildung im 19. Jahrhundert war in Frankreich für die Emanzipation der Frauen eher eine Katastrophe. Die Nation im modernen Sinne (als breite Gemeinschaft, die alle Bevölkerungsschichten in einer egalitären Bürgergemeinschaft ohne Rücksicht auf Herkunft oder Stand vereinigt) geht auf die Französischen Revolution zurück. Mit der Revolution und ihrer Fortsetzung im napoleonischen Reich aber werden die Frauen aus der politischen Sphäre ausgeschlossen. Die Frauen gehören zwar der Nation an, ihnen wird aber aufgrund ihrer ‚partikularen Natur' die Fähigkeit aberkannt, die Nation als Ganzes zu vertreten. Allein das männliche Geschlecht besäße die symbolischen Fähigkeiten, die Nation in ihrer Universalität zu vertreten.[4]

Egalitarismus avant tout

Sehr schematisch kann man die Geschichte des französischen Feminismus seit 1945 als eine Pendelbewegung zwischen Egalitarismus und Differentialismus beschreiben. In den 60er Jahren wird für Gleichheit und Autonomie gekämpft. Geschlecht ist gerade von Simone de Beauvoir in *Le deuxième sexe* (1949) als ein historisches Konstrukt denunziert worden und soll als

---

3 Zum Vergleich erhielten die Frauen das Wahlrecht 1914 in den USA, 1919 in Deutschland, 1928 in Großbritannien und 1931 in Spanien.

4 Geneviève Fraisse (1995) hat die philosophischen Gründe dieses Auschlusses in der Naturphilosophie der Aufklärung sowie seine Auswirkungen für das Selbstverständnis der Republik im 19. und 20. Jahrhundert erforscht.

solches überwunden werden. In dieser Zeit setzen die Kämpfe für die Legalisierung von Verhütung und Abtreibung ein. Die Verhütung wird 1967 mit dem Gesetz Neuwirth (benannt nach dem Arzt, der es erarbeitet hat) legalisiert. Der von der Rechtsanwältin Gisèle Halimi 1971 gegründete Verein *Choisir* setzt sich für sexuelle Aufklärung, für eine freie und kostenlose Verhütung und für die Legalisierung der Abtreibung ein. Im gleichen Jahr markiert der ‚Prozess von Bobigny' eine Wende im Abtreibungskampf: eine junge Frau wird wegen Abtreibung verklagt. *Choisir* veröffentlicht das *manifeste des 343 salopes* (Manifest der 343 Huren), in dem 343 Frauen (es wurden danach mehr) öffentlich zugeben, abgetrieben zu haben. Von Gisèle Halimi verteidigt wird die Angeklagte nur zu einer symbolischen Strafe verurteilt. 1974 wird mit dem Gesetz Veil die Abtreibung (mit einer Fristenregelung) legalisiert. Die Verabschiedung dieses Gesetzes geht auf den Kampf zahlreicher Frauenorganisationen, aber auch auf den Mut der damaligen Gesundheitsministerin Simone Veil zurück.

Die Differenz meldet sich wieder

Die Generation der 70er Jahre setzt einerseits diese Kämpfe fort, andererseits kritisiert sie aber auch die latente Frauenfeindlichkeit und Anpassung an Männerwerte eines Egalitarismus beauvoirscher Prägung. Dieser Feminismus – der als *French feminism* in die ganze Welt exportiert wurde – will Weiblichkeit neu erforschen. Er will grundsätzliche weibliche Erfahrungen (z.B. Sexualität, Homosexualität, Mutterschaft) ihrer Definition durch das Patriarchat entreißen, neu besetzen und zelebrieren. In diesen Kontext fällt 1968 die Gründung des MLF (*Mouvement de libération des femmes*) als Dachverband zahlreicher feministischer Organisationen. Die Gründung des MLF entspricht einer bewussten Entscheidung für eine politisch unabhängige und nichtgemischte Frauenorganisation. Ein Zweig vom MLF, *Psych-et-Po* (Psychologie und Politik), betont die Geschlechtergebundenheit der Psyche und deren politische Dimension. In diesen Jahren bildet sich auch ein dichtes Netzwerk von Frauengruppen in Schulen, Universitäten und Stadtteilen. Es entstehen Frauenzeitschriften, Frauencafés und -treffen aller Arten.

Pendelrückschlag in Richtung Universalismus

Die ‚egalitaristisch-universalistische' Position meldet sich wieder in den 80er Jahren zu Wort. Zwei Faktoren bestimmen ihre Rückkehr. Zum einen spielt die Reaktion gegen das, was man in Frankreich – zu Recht oder Unrecht – als den ‚amerikanischen Feminismus' wahrnimmt, eine wichtige Rolle. Zum anderen erlebt der Republikanismus als Grundlage der politischen Kultur ein echtes *revival* in jenen Jahren, in denen die Linke und die Intellektuellen dem Marxismus allmählich den Rücken kehren. Für die republikanische Ideologie gibt es keine gemeinschaftliche Vermittlung, keine Interessensgruppen (welcher Natur auch immer: religiös, ethnisch usw.) zwischen dem Individuum und dem politischen Wesen, das ausschließlich – über ihre individuellen Differenzen hinaus – gleiche Bürgerinnen und Bürger kennt. Dem ‚amerikanischen Feminismus' wird vorgeworfen, er mache aus den Frauen eine Gemeinschaft oder sogar eine ‚Minderheit' und würde die Geschlechterproblematik „ethnisieren". Für die republikanische Ideologie darf das „droit à la différence" (das Recht darauf, das die eigenen Singularitäten anerkannt und nicht unterdrückt werden) auf keinen Fall „des droits différents" (spezifische, kategorielle Rechte) begründen. Das Misstrauen gegenüber Identitäten und allem, was nach Identitätspolitik aussehen könnte, ist in der Tat eine wichtige Grundlage französischer politischer Kultur. Daraus folgt zum Beispiel die Ablehnung von Quoten, die in Frankreich verfassungswidrig sind. Stellvertretend für die Kritik an den ‚differentialistischen' oder ‚identitären' Feminismus soll hier Elisabeth Badinter genannt werden. Die Forderung der Anerkennung einer weiblichen Identität, auch wenn diese Identität selbstdefiniert sein sollte, wird von ihr als potentiell reaktionär denunziert: somit würden Frauen auf vordefinierte Rollen festgenagelt. In identitärer Vertretung – wie etwa Quoten – wird die Gefahr einer lauernden ‚Renaturalisierung' der Geschlechter gewittert.

Jenseits der Zwickmühle von Egalitarismus und Differentialismus ?

Diese Besonderheiten französischer politischer Kultur haben sich in der Diskussion, die der Verabschiedung der Paritätsgesetze (1999 und 2000) vorausgegangen ist, manifestiert. Die Trennlinie verlief weder zwischen Männern und Frauen, noch zwischen Linken und Rechten. Sie verlief vielmehr zwischen Frauen – in erster Linie – aber auch vielen Männern, die auf die Unfähigkeit eines rein juristischen Egalitarismus, reale Ungleichheiten zu beheben, hinwiesen, auf der einen Seite, und auf der anderen Seite Männern und Frauen, die das republikanische Modell in seiner traditionellen Auslegung verteidigten. Federführend im Lager der ‚RepublikanerInnen-UniversalistInnen' waren viele Linke, darunter auch Frauen, denen in anderen Fragen frauenpolitisches Engagement nicht abgesprochen werden kann.

Philosophisch ist diese Diskussion von dem Versuch begleitet worden, den Antagonismus zwischen den egalitaristisch-universalistischen und dem differentialistischen Ansatz zu überwinden, wie dies zum Beispiel von Sylviane Agacinski (2000) vorgenommen wird. Sie reagiert sowohl auf den ‚postmodernen' Feminismus, wie auch auf den Egalitarismus. Auf der einen Seite kritisiert sie die latente Ontologisierung der Geschlechterdifferenz, wie sie sich aus der postmodernen Identitätsdiskussion ergibt. Diesem Differenzkult stellt sie der grundsätzlichen Gemischtheit (*mixité*) der Menschheit gegenüber. Die Gesellschaft besteht nicht aus sich gegenüberstehenden Männer-

und Frauengemeinschaften, sondern aus Frauen und Männern, die ob hetero- oder homosexuell, ob ledig oder als Paar lebend, ob mit oder ohne Kinder, ständig miteinander interagieren. Die „Ethnisierung" der Geschlechterdifferenz entspricht nicht der allgemeinen Erfahrung (*l'expérience commune*). Auf der anderen Seite kritisiert S. Agacinski sowohl die politisch-praktische Ohnmacht des egalitaristischen Ansatzes republikanischer Prägung wie auch die Tatsache, dass er (von Simone de Beauvoir bis Elisabeth Badinter) den Geschlechterunterschied als solchen disqualifiziert, indem die (pionierhaft von Simone de Beauvoir enthüllte) Genderkonstruktion oft in eine Negation des Weiblichen mündet. Dem stellt sie ein konstruktivisches Modell der Geschlechteridentitäten gegenüber: „Es ist genauso naiv, die Geschlechter auf die bloße Natur beziehen zu wollen, wie auch ihre Differenz als den bloßen Effekt einer willkürlichen historischen Konstruktion zu denunzieren" (2000: 43; [Übersetzung, B. D.]). Die Differenz wurzele zwar in der Natur und sei nicht wegzudenken, an sich aber sei diese natürliche Differenz „unbedeutend". Sie sei notwendigerweise von der Kultur konstruiert und erst durch die Kultur mit Sinn versehen. Der natürliche Unterschied ist nur ein virtueller. Jede Epoche, jede Gesellschaft interpretiert und konstruiert ihn neu. Die Gesellschaft und die Psyche erarbeiten und „kultivieren" die Differenz immer neu. Es gibt also keine ontologische „Wahrheit der Geschlechter [...] und keine korrekte Art und Weise sie zu realisieren" (59), es gibt nur historisch bedingte „Versionen des Unterschiedes, keine Originalversion" (57).

Der Kampf für das Paritätsgesetz war ein politischer Versuch auf beide Ansätze zu antworten. Die im europäischen Vergleich beschämend niedrige politische Partizipation von Frauen (die mit der relativen Besserstellung der Frauen auf dem Arbeitsmarkt kontrastiert) nährte die Kritik am politischen Establishment. Ohne dass der republikanische Rahmen grundsätzlich in Frage gestellt wird, wurde der Zwang für die Parteien, die gleiche Anzahl Frauen wie Männer zur Wahl zu stellen, als eine voluntaristische Maßnahme präsentiert, die die Partizipation von Frauen erhöhen und die politische Praxis verändern sollte. Das republikanisch-egalitären Lager erwiderte, dass eine solche Maßnahme *de facto* eine Quote sei, was in Frankreich nicht nur verfassungswidrig ist, sondern auf eine identitäre Vertretung der Frauen durch die Frauen hinauslaufen würde. Das Gegenargument des paritätischen Lagers war, dass der Geschlechterunterschied eine fundamentalere Stellung als jegliche (z.B. ethnische, gemeinschaftliche) Differenz besitzt und dass mit dem geplanten Gesetz keine identitäre Vertretung von Frauen durch Frauen erzielt sei, sondern die wünschenswerte Teilnahme von Frauen an der gemischten Vertretung eines gemischten Wahlkörpers. Inzwischen sind die Paritätsgesetze verabschiedet worden und erste Bilanzen schon möglich, auf die ich später zurückkommen werde.[5]

5 Die Einführung der Parität machte nicht weniger als eine Verfassungsänderung und ein Gesetz nötig. 1999 wurden Artikel 3 und 4 der Verfassung geändert bzw. ergänzt: „[...]

Abschied von früheren Organisationsformen

Im Folgenden muss auf grundlegende Änderungen in der Struktur der ehemaligen ‚feministischen' Szene hingewiesen werden. Die frauenspezifischen Organisationen, die in den 70er Jahren gegründet worden waren, sind entweder verschwunden oder haben an Bedeutung verloren. Verschwunden sind auch etliche feministische Publikationen wie auch ein ganzes Netzwerk von Frauengruppen.[6] Viele Feministinnen der ersten Stunde sind in die Parteien gegangen, was bei anderen (insbesondere bei denen, die an nicht-gemischten Organisationsformen festhielten) zur Trauer über den ‚Rückgang' des Feminismus und das mangelnde Bewusstsein der jüngeren Generationen führte. Kennzeichnend für die heutigen Verhältnisse sind aber prinzipiell „gemischte" Organisationen, wie z.B. der Verein Mix-Cité (Kreuzwort aus *mixité* [Gemischtheit] und *cité*), den ich exemplarisch vorstellen möchte. *Mix-Cité* stellt sich als eine „gemischte Bewegung für die Gleichheit der Geschlechter" dar. Zwar lehnt *Mix-Cité* die Bezeichnung „feministisch" im Sinne der Gleichstellung nicht ab, betont aber auch, dass es „universalistisch" ist. Die „Gemischtheit" soll im breitesten Sinne verstanden werden: Gemischtheit der Geschlechter und der sexuellen Orientierungen, wie auch soziale und ethnische Gemischtheit. *Mix-Cité* betont auch die Alltagsgebundenheit ihrer Kämpfe (z.B. gegen alltäglichen Sexismus und Homophobie, Frage nach dem Platz der Kinder in der Gesellschaft, Verteilung der Kleinkinderbetreuung zwischen öffentlicher Hand und Privatsphäre, Verteilung der häuslichen Arbeit) und bemüht sich um praktische Aktion *hic et nunc*.[7] Andere Organisationen haben einen spezifischen Adressatenkreis – wie etwa die *Nanas Beurs* (1985 gegründet), die die Rechte von Mädchen und Frauen aus der Immigration verteidigen. Die *Meute des Chiennes de gardes* (Meute der Wachhündinnen) denunziert alle Manifestationen von Sexismus im öffentlichen (beruflichen und politischen) Leben.[8] Die CADAC (*Coordination des*

---

das Gesetz unterstützt den gleichen Zugang von Frauen und Männern zu Wahlmandaten und gewählte Funktionen" (*la loi favorise l'égal accès des femmes et des hommes aux mandats électoraux et aux fonctions électives*) und „Parteien und politische Verbände tragen unter den von dem Gesetz vorgesehenen Bedingungen zu der Durchführung dieses Prinzipes bei" (*les partis et les groupements politiques contribuent à la mise en œuvre de ce principe dans les conditions déterminées par la loi*). Für weitere Informationen und zur Geschichte der politischen Parität, siehe die Webseite des *Observatoire de la parité entre les femmes et les hommes* (eine Regierungsorganisation, die dem *premier ministre* zugeordnet ist): www.observatoire-parite.gouv.fr.

6 Erwähnenswert ist jedoch das Wiedererscheinen der *Nouvelles Questions féministes* im Frühjahr 2002, die 2000 eingestellt worden war.

7 Als dezidiert gemischte Organisation wäre auch die *Commission anti-sexiste* der studentischen Gewerkschaft UNEF-ID zu nennen.

8 Von Florence de Montreynaud präsidiert. www.chiennesdegarde.org bietet sogar eine *deutch version* [sic!]. Das Gesetz Neiertz (1983) ist nach der sozialistischen Abgeordneten Véronique Neiertz benannt.

associations pour le droit à l'avortement et à la contraception, Koordinierung der Vereine für das Recht auf Abtreibung und Verhütung) setzt sich insbesondere für die Einhaltung des Gesetzes *Neiertz* ein, das die Bestrafung aller *ordre moral*-Gruppen und -Individuen vorsieht, die sich illegal der Abtreibungsgesetzgebung widersetzen (indem sie z. B. Abtreibungskliniken oder Ärzte attackieren). Diese Organisationen sind Männern nicht prinzipiell verschlossen: das Kollektiv *Ras l'Front* (Stirn voll), 1990 gegen die Front National gegründet, wurde Mitglied der CADAC und hat auf diese Art Männer in ihre Kämpfe eingebunden. Die ‚Mixisierung' in geschlechts- und sexualitätsgebundenen Kämpfen – auch wenn es sich nur um eine Tendenz handelt –ist vielleicht die markanteste Entwicklung der letzten zwanzig Jahre.

Entwicklungen der letzten Jahre

Zu den markanten Phänomenen der letzten zwanzig Jahre gehört mit Sicherheit auch eine reiche akademische Forschung zu geschlechtshistorischen und -politischen Themen, der die beigefügte Bibliografie nicht gerecht werden kann. Fast könnte gesagt werden, dass die militante Energie der 70er Jahre sich mittlerweile in der Forschung niederschlägt. Anders als in den 70er Jahren, in denen Literatur, Literaturkritik und Psychoanalyse die federführenden Disziplinen waren, haben sich die Schwerpunkte in Soziologie, Politikwissenschaft und Geschichte verlagert. Wohlgemerkt findet diese Forschung hauptsächlich nicht an Instituten für Frauen- oder Geschlechterstudien statt (die es in Frankreich kaum gibt), sondern innerhalb der traditionellen Disziplinen. Dass es in Frankreich kaum Frauenstudien gibt, ist in der Tat eine Auswirkung des Republikanismus: es liegt an der allgemeinen Weigerung, Disziplinen nach Gesellschaftsgruppen zu definieren, was aber keineswegs bedeutet, dass diese Forschung nicht stattfindet.[9] Ihre Ergebnisse tragen maßgeblich zur politischen Diskussion bei und haben ihre Themen direkt beeinflusst.

Die einzige bedeutende kollektive Mobilisierung von Frauen in den letzten Jahren ist die der „filles des cités" (der in den Banlieues lebenden Mädchen aus der Immigration), die neulich unter den Motto „ni putes, ni soumises" (weder Nutten, noch unterworfen) einen Marsch durch Frankreichs Großstädte organisiert haben. Damit wollen sie gegen das Machotum der Banlieuekultur, die von (männlichen) Banden dominiert wird und den Mädchen – insbesondere muslimischer Herkunft – vor der Alternative stellt, sich der Autorität und Überwachung des „großen Bruders" oder des Vaters zu unterwerfen, oder als „Nutte" und „fille facile" kategorisiert und damit Opfer

9 Zu erwähnen wäre jedoch die *Groupe Simone*, ein interdisziplinäres Forschungszentrum für Geschlechterstudien an der Universität Toulouse-le-Mirail.

von Beschimpfungen und Belästigungen, wenn nicht gar von kollektiven Vergewaltigungen („tournantes") Opfer zu werden.[10]

Schließlich möchte ich noch Reformen der letzten 20 Jahre erwähnen, die frauenpolitisch von Bedeutung gewesen sind: Die Reform der Scheidung (mit der Möglichkeit seit 1979 der Scheidung im gegenseitigen Einvernehmen); die allmähliche Reform der Familiengesetzgebung, mit der Aufhebung der väterlichen Autorität im Jahre 1972, die durch die „elterliche Autorität" (*autorité parentale*) ersetzt wurde; verschiedene Maßnahmen, die die Betreuung von Kleinkindern erleichtern und Alternativen zum Erziehungsurlaub anbieten: ein flächendeckendes (und kostenloses) Betreuungsangebot für Kinder ab 3 Jahren mit der *école maternelle*, ein vielfältiges (Krippen, *haltes-garderies*...) – wenn auch nicht ausreichendes – Betreuungsangebot für Kinder unter drei Jahren; steuerliche Erleichterungen für das Anstellen von Betreuungspersonen durch Familien; und schließlich ein Gesetz zur Bestrafung von sexueller Belästigung am Arbeitsplatz (2002). Anders als die Gesetze zur Verhütung (Loi Neuwirth, 1967) oder zur Abtreibung (Loi Veil, 1974), die direkt auf die Mobilisierung von Frauenorganisationen zurückgingen, gehen diese Veränderungen auf die legislative Arbeit der Parteien zurück. Oft aber nicht ausschließlich wurden sie von Frauen vorgenommen, die in den Parteien feministische oder geschlechtspolitische Arbeit leisten. Manche dieser Frauen haben eine feministische Vergangenheit (im Sinne der 70er Jahre). Bei den jüngeren Frauen ist dies nicht unbedingt der Fall.

Zur Lage der Frauen in Frankreich

Die gegenwärtige Lage der Frauen in Frankreich ist im Hinblick auf wichtige Veränderungen erfreulich, bedarf aber noch weiterer Anstrengungen, wenn man die trotzdem noch bestehenden Ungleichheiten bedenkt. Im Erziehungsbereich sind einige Erfolge zu melden. Seit 1970 schließen mehr Mädchen als Jungen das Abitur erfolgreich ab. Diese Tendenz hat sich seitdem nicht verschlechtert. 1999-2000 waren 56% der Studierenden Frauen (zum Vergleich: 51% 1982-83). Bildungserfolge führen aber nicht zur gleichen Teilhabe an höheren Stellen. Nur 7% der Leitungspositionen in den 5000 größten französischen Firmen und 13% der hohen BeamtInnen werden von Frauen besetzt, dafür aber 76% der Angestellten und 85% der Teilzeitarbeitenden (wobei Teilzeitarbeit von 55% nicht gewollt ist).[11] Dies führt zu der Frage,

---

10 Auslöser für die Mobilisierung war letztes Jahr (2002) der Tod von Sohane, ein 19-jähriges Mädchen, das von seinem Ex-Boyfriend mit Benzin begossen und tödlich verbrannt wurde.

11 Quelle: INSEE, Umfrage „Emploi du temps" (Zeitverwendung) von 1999, zit. nach *Le Monde*, 17. 09. 02

wie dieser ‚Knick' zu erklären ist: warum sind Frauen bis zum Alter von ca. 20 erfolgreich und danach nicht mehr?[12]

Frau arbeitet!

Global ist die zweite Hälfte des 20. Jahrhunderts durch eine massive Feminisierung der Arbeit gekennzeichnet. Ca. 80% der Frauen zwischen 25 und 49 Jahren sind in Frankreich berufstätig (zum Vergleich: ca. 40% in Deutschland), was eine strukturelle Veränderung der Arbeitsgesellschaft und der Gesellschaft überhaupt bedeutet. Von der Arbeitslosigkeit seit den 80er Jahren wurde diese selbstverständlich gewordene Berufstätigkeit von Frauen nicht in Frage gestellt. Das sehr allgemeine Kriterium der Arbeit von Frauen soll aber über deren qualitative Struktur nicht hinwegtäuschen. Frauen sind etwas stärker von Arbeitslosigkeit betroffen (10% der Frauen gegenüber 8% der Männer). Frauen stellen auch 80% der *working poor* dar und wenn sich die Besoldungsdiskrepanz zwischen Männern und Frauen auch reduziert hat, beträgt sie aber immer noch ca. 25% (und merkwürdigerweise 11% im öffentlichen Dienst). Zwei Gesetze versuchen Gleichheit in der Arbeitswelt durchzusetzen: das Gesetz Roudy von 1983 (Frauen- und Familienministerin unter Mitterrands erster Präsidentschaft), das das Prinzip der Nicht-Diskriminierung der Geschlechter gesetzlich festlegt und Firmen verpflichtet, jährlich einen Bericht über die jeweiligen Lagen von Männern und Frauen (z.B. Besoldung, Arbeitsbedingungen) zu veröffentlichen. Dieses Gesetz wurde 2000 von dem Gesetz Génisson ergänzt, das Firmen unter Drohung von Bestrafung verpflichtet, jährlich aktualisierte Indikatoren zur beruflichen Gleichheit von Männern und Frauen zu veröffentlichen.[13]

Arbeit *und* Kinder!

Die verhältnismäßig hohe Beteiligung von Frauen am Arbeitsmarkt wurde vom breiten Betreuungsangebot für Kinder gefördert, aber auch von einer Einstellung, die mit der (west-)deutschen kontrastiert: die frühe außerhäusliche Sozialisierung der Kinder wird nicht als prinzipiell schädlich betrachtet.

---

12 Auf dieser Frage bietet Geneviève Fraisse (2001b) einen interessanten Antwortansatz: Frauen würden in dem Alter versuchen, ihren Wunsch auf Ausbildung und Karriere mit ihrem Wunsch auf Bindungen und eventuell das erste dem zweiten unterordnen, während Männer beides auseinanderhalten und das Bindungsmäßige der Ausbildung und Karriere nicht opfern.

13 Die Arbeiten von Françoise Battagliola (2000), Nicky Le Feuvre (1999) und Margaret Maruani (1998, 2000) haben die verschiedenen Aspekte der Feminisierung der Arbeit untersucht. Le Feuvre/ Parichon (1999) weisen auf die Folgen hin, die der Zugang von Frauen zu höheren Positionen für die Entwicklung eines weniger qualifizierten Dienstleistungssektor hat. Die berufliche Entwicklung von Frauen hat eine starke Delegierung und Vermarktung von Haushaltsarbeit zur Folge.

Familien machen von dem vorhandenen Betreuungsangebot Gebrauch.[14] Dabei muss zugegeben werden, dass das Betreuungssystem in seinem ursprünglichen Kern keine feministische Errungenschaft ist. Es geht auf die Sozialpolitik der Regierungen der Nachkriegszeit zurück und war eher im Sinne des sozialen Ausgleiches als im Sinne der Frauenemanzipation konzipiert worden. Inzwischen ist aber allen die frauenpolitische Bedeutung dieser Institution klar geworden. Die qualitative und quantitative Verbesserung des Angebotes (insbesondere im Krippenbereich) bleibt für eine bessere Verbindung von Familie und Beruf ein zentrales Anliegen.[15] Die negativen Effekte einer zu langen Freistellung von der Arbeit sind aus frauenpolitischen Gründen kritisiert worden: da das Zu-Hause-Bleiben der Eltern (Mütter) oft nicht gewollt ist, wurde die APE (*allocation parentale d'éducation*, das französische Erziehungsgeld, zur Zeit 457€ im Monat, als Ersatz für die berufliche Unterbrechung) als getarnte Arbeitslosigkeit aufgedeckt. Daher ist jetzt – eine Maßnahme der Jospin-Regierung – die APE vom 18. bis zum 30. Monat mit einem Gehalt kumulierbar. Um den beruflichen Wiedereinstieg zu unterstützen, erhalten APE-EmpfängerInnen eine Prämie (zwischen 300 und 500€).

Geändert hat sich auch der Stellenwert der Familie im politischen Diskurs. Ursprünglich war die Familie kein feministisches Thema: Frauen wollten nicht auf ihrer familiären Rolle festgenagelt werden, sondern sich von der Familie emanzipieren. Das Thema war vom natalistischem Konservatismus besetzt. In der Tat hat der Feminismus der 60er und 70er Jahre eher für die Emanzipation von Frauen als Individuen gekämpft. Aufgrund einer Verlagerung auf den Alltag in der Wahrnehmung der Probleme betonen aber jetzt alle Debatten die Wichtigkeit des Familienthemas für die Gleichstellung. Diese ‚Wiederentdeckung' der Familie wurde auch von einer Erweiterung des Familienbegriffes begleitet: als Familie gilt jeder Haushalt, in dem Kinder leben, unabhängig davon, ob die Eltern verheiratet, ehelich zusammenlebend (*pacsés*), geschieden, wiederverheiratet oder alleinerziehend sind. Diese Anpassung des Familienbegriffs an die gesellschaftliche Entwicklung wirkt sich tatsächlich auf die neue Familienpolitik aus.

Frau schuftet weiter zu Hause

Unangetastet bleibt aber die traditionelle Verteilung von häuslicher Arbeit, die überwiegend von Frauen geleistet wird.[16] Der Anteil der Beteiligung der

14 Ich habe versucht (Durand 2002), die Gründe und Auswirkungen dieses Werteunterschiedes in den beiden Erziehungsideologien zu beschreiben.

15 Der im Frühjahr 2001 gewählte Stadtrat von Paris (sozialistisch, mit grüner Beteiligung) hat die Erweiterung des Krippenangebotes auf seine Prioritätsliste gesetzt.

16 Die durchschnittliche Arbeitszeit pro Tag beträgt in Frankreich 4h12 für die Männer und 2h38 für die Frauen; die Männer bringen für häusliche Arbeit (inkl. basteln, Auto wa-

Männer an Kinderbetreuung und Haushalt soll sich in den letzten Jahren sogar um einige Minuten reduziert haben. „Zeit“ ist deshalb als neues Thema in der geschlechterpolitischen Diskussion avanciert (Méda 2000). Eine der ersten Maßnahme der im Frühjahr 2001 neugewählten *mairie de Paris* (sozialistisch mit grüner Beteiligung) war die Einrichtung eines „Zeitbüros“ (*bureau du temps*) nach italienischem Vorbild, das öffentliche Uhrzeiten und Rythmen auf die Bedürfnisse der BürgerInnen besser abstimmen soll.

Politische Partizipation

Milde ausgedrückt – bleibt nach zwei Jahren Paritätsgesetz die schwache politische Beteiligung von Frauen kritisch. Die Politik ist damit eine rückständige Bastion mitten in einer Gesellschaft, in der in allen anderen Bereichen die *mixité* zur Regel geworden ist. Am frauenfreundlichsten waren ironischerweise die Europa-Wahlen von 1999, also bevor das Paritätsgesetz verabschiedet wurde: die französische Gruppe im Europa-Parlament zählt 35 Frauen und 52 Männer. Der Frauenanteil beträgt also ca. 40%. Es wurde dabei stolz bemerkt, dass Frankreich somit den 3. Platz – hinter Vorreitern der Frauenpartizipation wie Schweden und Finnland – erreicht hatte. Das erfreuliche Ergebnis liegt vielleicht nur daran, dass die Parteien den Europa-Wahlen null Bedeutung beimessen. Die Ergebnisse der Wahlen, die seit dem Gesetz durchgeführt wurden – die Kommunalwahlen vom Frühjahr 2001 und die Legislativwahlen vom Frühjahr 2002 – geben weniger Anlass zur Freude.

Bei Kommunalwahlen, die faktisch Proportionalwahlen sind (es werden Stadträtelisten gewählt), verlangt das Gesetz, so viele Frauen wie Männer in Sechser-Gruppen zur Wahl zu stellen. Damit soll verhindert werden, dass Frauen am Ende der Liste auf nicht-wählbaren Plätzen landen. Innerhalb der Sechser-Packung ist die Ordnung beliebig. Gemeinden unter 3500 Einwohnern sind vom Gesetz ausgenommen.[17] Ist die Liste nicht konform, wird sie abgelehnt. Die Zahl der Gemeinderätinnen ist 2001 auf 48% gestiegen (zum Vergleich: 28% 1995). Erfreulich war auch, dass das Gesetz einen Nachahmungseffekt in den kleinen Gemeinden hatte: die Zahl der gewählten Gemeinderätinnen ist auch dort von 21% auf 30% gestiegen. Dabei ist aber die Zahl der Bürgermeisterinnen (die von den StadträtInnen gewählt werden) lediglich von 8% auf 11% gestiegen; die Anzahl von Frauen unter den BürgermeisterInnen von *communautés d'agglomérations* (Städtegemeinschaften) beträgt nur 3%.

---

schen…) 2h24 und die Frauen 4h23 täglich auf. Den Männern ist 4h52 und den Frauen 4h12 Freizeit täglich gegönnt. Quelle : INSEE, Umfrage „Emploi du temps“ (Zeitverwendung) von 1999, zit. nach *Le Monde*, 17. 09. 02.

17 Bei den Senats- und bei den europäischen Wahlen werden die Listen nach dem „Reißverschlussprinzip“ aufgestellt: Mann/Frau oder Frau/Mann vom Beginn bis zum Ende der Liste.

Die Ergebnisse der Legislativwahlen vom Juni 2002 sind noch deprimierender. Legislativwahlen sind in Frankreich Nominal- und Mehrheitswahlen (*scrutin majoritaire uninominal,* ohne Zweit- und Reststimme, d.h. ohne Listenmandate wie es in Deutschland der Fall ist): es wird ausschließlich für eine Person gestimmt. In dem Fall sieht das Gesetz vor, dass die Parteien, die weniger Frauen als Männer in den jeweiligen Bezirken zur Wahl stellen, bestraft werden, indem ihr öffentlicher Zuschuss in dem auf die Wahl folgendem Jahr gekürzt wird (um 1% pro 1% fehlender Frauen). Ergebnis der Wahlen war, dass die Parität am meisten von den größeren – und reicheren – Parteien, nämlich der *Parti Socialiste*, der *UMP (Union pour la majorité présidentielle*) und der UDF verletzt wurde. Die UMP, die aus der Wahl als Siegerin hervorgegangen ist, und die UDF hatten jeweils nur 19% Frauen zur Wahl gestellt, die Sozialisten 36%. Der PCF hatte ca. 45%, die CPNT (Angler- und Jägerpartei) und die *Front National* jeweils 49% Frauen zur Wahl gestellt. Nur die LO (*Lutte ouvrière,* trotzkistisch) und die LCR (*Ligue communiste révolutionnaire,* auch trotzkistisch) wie auch die Grünen haben die Parität strikt respektiert und wurden finanziell nicht bestraft. Obwohl die Zahl der Kandidatinnen sich seit 1997 mehr als verdoppelt hat, erhöht sich insgesamt der Anteil der Frauen in der Nationalversamlung von 11% nur auf 12% (von 62 Frauen im Jahre 1997 auf nur 71 im Jahre 2002). Damit ist der Anteil der Frauen im Parlament geringer als dies 1945 der Fall war und bleibt vor allem weit unter dem westeuropäischen – und nicht nur europäischen – Durchschnitt.

Dies liegt zum einen daran, dass die Kürzungen die kleinen Parteien härter bestrafen, weil sie sich hauptsächlich über den öffentlichen Zuschuss finanzieren. Dagegen können die großen Parteien Einbußen in Kauf nehmen, weil sie sich auch über Mitgliederbeiträge finanzieren. Ein weiterer Grund ist, dass die großen Parteien eher an einer Wiederwahl interessiert sind und eher ‚etablierte' Persönlichkeiten zur Wahl stellen.[18] Dagegen haben kleine Parteien, die in einer Nominalwahl kaum Chancen haben, im Parlament vertreten zu werden, weniger Berührungsängste mit Frauen. Die Analyse der beiden Wahlen macht auch klar, wie ungünstig sich für die Erneuerung der politischen Vertretung der *scrutin majoritaire uninominal* (wie es bei Legislativwahlen die Regel ist) auswirkt. Dagegen ist ein proportionaler Wahlmodus (wie es bei den Kommunalwahlen der Fall ist) weniger paritätsverzerrend.

18 Was sich eventuell als eine Fehlkalkulation erweisen könnte: die meisten Wahlbezirke, die 2002 die politische Couleur gewechselt haben, wurden von Frauen gewonnen.

EU, was ist das?

Obwohl Frankreich ein Gründungsmitglied der EU (oder eher ihrer Vorgängerorganisationen) gewesen ist, scheint die europäische Dimension die frauenpolitische Diskussion noch nicht wirklich erreicht zu haben. Die „traditionellen" Feministinnen waren alle mehr oder weniger marxistisch geprägt und bis in die 70er Jahre war für die MarxistInnen Europa ein bürgerlich-reaktionäres Spielzeug. Dies kann vielleicht die über Jahre hinweg zu beobachtende gewisse Gleichgültigkeit erklären. Es fällt auch auf, dass Begriffe wie z. B. das *Gender-Mainstreaming* in Frankreich kein Echo fanden. Aus den Gesprächen, die ich diesbezüglich geführt habe, geht hervor, dass in Ermangelung einer passenden Übersetzung ins Französische sich niemand über dessen Inhalt einigen kann!

Auch wenn die europäische Dimension heute noch keine entscheidende Rolle in geschlechterpolitischen Diskussionen (und in neuen Organisationsformen schon gar nicht) spielt, wirkt der europäische Rahmen als eine Aufforderung zum Vergleich: dass die politische Partizipationen von Frauen im internationalen Vergleich besonders niedrig war, war letzlich ein gewichtiges Argument in der Diskussion um das Paritätsgesetz. Viele Forschungsansätze sind komparatistisch, wie etwa die Arbeiten von Dominique Méda zur Zeitökonomie und zu den verschiedenen nationalen Mustern der geschlechterspezifischen Verteilung von Erwerbstätigkeit und Haus- bzw. Familienarbeit (Méda 2000); oder die Arbeiten von Nicky Le Feuvre (1999) und Nicky Le Feuvre und Claire Parichon (1999)) zur Geschlechterstruktur der Erwerbstätigkeit.[19]

Schlussfolgerungen: Französische Besonderheiten

Kennzeichnend für die heutige französische Geschlechterdiskussion ist ihre „republikanische" Prägung. Etwas schematisch kann man sagen, dass der „identitäre" (postmoderne, amerikanische, wenn auch französisch inspirierte) Feminismus die kollektive Mentalität viel weniger geprägt hat, als der egalitaristisch-universalistische Kampf um Gleichstellung. So erklärt sich zum Beispiel die allgemein verbreitete Opposition zu Quoten. Es ist ein Konsens in der Gesellschaft, auch unter Frauen und auch unter „bewegten" Frauen, dass Einstellungsverfahren nicht per Quote entschieden werden dürfen. Ein wichtiges Argument für die politische Parität war, dass es dort nicht um „Kompetenz" geht, sondern um symbolische Vertretungsfähigkeit.

Durch die republikanisch-egalitaristische Prägung erklärt sich auch, warum manche ökofeministischen Trends – wie etwa die „neue Mütterlichkeit"

---

19 Siehe z. B. auch Gaspard (1997) für eine vergleichende Untersuchung von Entscheidungsprozessen.

mit ihrem symbiotischen Ideal einer Mutter-Kind-Zelle – in Frankreich absolut keine Chance hatten. Französische Frauen würden jegliche Aufforderung, ihre Kinder selber zu Hause zu betreuen, als eine „Partikularisierung" und eine reaktionäre Festnagelung auf überholte Geschlechterrollen empfinden. Für die Gesellschaft insgesamt ist diese Angst vor einer Essentialisierung der Geschlechteridentitäten viel prägender als das Interesse an „dem Weiblichen". Frauen wittern darunter sofort neue Erscheinungsformen eines alten essentialistischen Naturalismus.

Eine andere Besonderheit der französischen Geschlechterdiskussion wäre der immer wieder erhobene Anspruch auf einen „glücklichen Umgang" der Geschlechter miteinander – sowohl als eine französische Tradition wie auch als Ziel (z. B. Ozouf 1995). Dieses Selbstbild mag etwas selbstgefällig sein (es wird oft als eine Komponente der „exception française" gepriesen) und ist vielleicht eher ein Ideal. Als solches ist es aber auch eine der Ausdrucksformen des neuen Trend zur *mixité*, der dem (vermeintlich „amerikanischen") „Krieg der Geschlechter" (als Bestandaufnahme sowie als politisches Projekt) gegenübergestellt wird. Die Behauptung einer französischen Sondereinstellung kam zum Beispiel deutlich zu Wort in der öffentlichen Diskussion über das neue Gesetz zur Bestrafung von sexueller Belästigung am Arbeitsplatz (Frühjahr 2002). Zwar wurde in der Presse einstimmig das Gesetz als ein Mittel begrüßt, eine ansonsten immer verschwiegene und tabuisierte Gewalt zu bekämpfen; dabei wurde aber auch – von Männern wie von Frauen – darauf hingewiesen, dass die Auslegung des Gesetzes nicht zu einer prinzipiellen Kriminalisierung von Sexualität führen sollte: Gefühle können nicht per Gesetz gemaßregelt werden und das Eintreten des Gesetzes in die Intimsphäre soll sich nicht über den individuellen Willen hinwegsetzen.[20]

Schließlich möchte ich noch auf einen Unterschied hinweisen, der mir im Umgang mit Forschung zu feministischen oder geschlechterpolitischen Themen auf beiden Seiten des Rheins aufgefallen ist: der Verzicht in französischen wissenschaftlichen Arbeiten und im politischen Diskurs (mit nur wenigen Ausnahmen) auf den Begriff des Patriarchats sowohl als grundlegendes Deutungsmuster wie auch als politische Zielscheibe. Ob der Verzicht auf ein einheitliches Erklärungsprinzip weiblicher Unterdrückung zugunsten von differenzierten *ad hoc* Analysen ironischerweise nicht die einzige Erbschaft

20 „Wird der Krieg der Geschlechter stattfinden? Wenn Anmache (*drague*) zum Delikt werden kann" titelte der *Nouvel Observateur* im letzten Sommer (2002). Die „Kriminalisierung von Verführung" wird (immer wieder!) mit Amerika – mit seinen Puritanismus und seinem „Schlafzimmer-McCarthy-ismus" assoziiert, dem das Ideal eines „Friedens der Geschlechter" und die Legitimität der Verführung unter freien, sich einigenden Individuen entgegengestellt werden. Regelmäßige Zeilscheibe dieser Kritik ist die amerikanische Feministin Catharine MacKinnon, Erfinderin des Begriffes *sexual harassment*, der – grob zusammengefasst – vorgeworfen wird, die Beziehung der Geschlechter als bloße Viktimisierung der Frauen darzustellen und Liebe und Seduktion nur als Gewaltausübung.

des Postmodernismus in der real-existierenden Geschlechterdisskussion der französischen Gesellschaft wäre?

Literatur

Agacinsiki, Sylviane u. a. (1998): Le Féminin: transformations et permanences. In: Le Débat 1998 (100), S.148-188.
Agacinsiki, Sylviane (2000): Politique des sexes. (2. erw. Auflage). Paris.
Alonzo, Philippe (2000): Femmes et salariat: l'inégalité dans l'indifférence. Paris.
Aubert, Nicole/ Enriquez, E./ Gaujelac, V. (Hg.) (1986): Le sexe du pouvoir. Femmes, hommes et pouvoirs dans les organisations. Paris.
Badinter, Elisabeth (1981): L'amour en plus. Histoire de l'amour maternel. XVIIe-XXe siècle. Paris. (Dt: Die Mutterliebe. Geschichte eines Gefühls vom 17. bis 19. Jahrhundert. München 1988)
Badinter, Elisabeth (1986): L'un est l'autre. Paris. (Dt: Ich bin Du. Die neue Beziehung zwischen Mann und Frau oder die Androgyne Revolution. Frankfurt a.M. 1989)
Badinter, Elisabeth (1992): XY. De l'identité masculine. Paris.
Balmer-Cao, Thanh-Huyen/ Mortier, Véronique/ Sgier, Léa (Hg.) (2000): Genre et politique. Débats et perspective. Paris.
Battagliola, Françoise (2000): Histoire du travail des femmes. Paris.
Bataille, Philippe/ Gaspard, Françoise (1999): Comment les femmes changent la politique et pourquoi les hommes résistent. Paris.
Bentichou, Nadia (Hg.) (1997): Les Femmes de l'immigration au quotidien. Paris
Bihr, Alain/ Pfefferkorn, Roland (2002): Hommes, femmes: Quelle égalité? École, travail, couple, espace public. Paris.
Bourdieu, Pierre (1998): La domination masculine. Paris.
Christadler, Marie-Luise/ Hervé, Florence (Hg.) (1994): Bewegte Jahre. Frankreichs Frauen. Düsseldorf.
Collin, Françoise/ Pisier, Évelyne/ Varikas, Eleni (Hg.) (2000): Les femmes de Platon à Derrida. Paris.
Crompton, Rosemary/ Le Feuvre, Nicky (1997): Choisir une carrière, faire carrière: les femmes. Paris.
Dauphin, Cécile/ Farge, Arlette (Hg.) (2001) Séductions et sociétés. Approches historiques. Paris.
Delphy, Christine (1998): L'ennemi principal 1. L'économie politique du patriarchat. Paris.
Delphy, Christine (2001): L'ennemi principal 2. Penser le genre. Paris.
Delumeau, Jean/ Roche, Denis (2000): Histoire des pères et de la paternité. Paris
Duby, Georges/ Perrot, Michèle (1987-92): Histoire des femmes en Occident, Paris, 5Bde.
Duchen, Claire (1987): French Connexions. Voices from the Women's Movement in France. London.
Dulong, Claude (1991): De la conversation à la création. In: Farge, Arlette/ Zemon Davis, Natalie: Histoire des femmes, Bd 3. Paris, S.403-425.
Durand, Béatrice (2002): Cousins par alliance. Paris.

Farge, Arlette/ Zemon Davis, Natalie (1991): Histoire des femmes (Bd.3): XVIe-XVIIIe siécle. Paris.
Fauré, Christine (Hrsg.) (1997): Encyclopédie politique et historique des femmes. Paris.
Fouque, Antoinette (1995): Il y a deux sexes. Essais de féminologie 1989-1995. Paris.
Fraisse, Geneviève/ Perrot, Michèle (Hg.) (1991): Histoire des femmes (Bd.4): Le XIXe siècle. Paris.
Fraisse, Geneviève (1995): La Muse de la raison. Démocratie et exclusion des femmes en France. Paris.
Fraisse, Geneviève (1996): La Différence des sexes. Paris.
Fraisse, Geneviève (1998): Les Femmes et leur histoire. Paris.
Fraisse, Geneviève (2001): Les Deux Gouvernements: la famille et la cité. Paris.
Fraisse, Geneviève (2001a): La Controverse des sexes. Paris.
Fraisse, Geneviève (2001b): Sexes et démocratie. In: Cahiers du GREP. Toulouse.
Frisque, Cégolène (1997): L'Objet femme. Paris.
Gauthier, Xavière (2002): Contraception, avortement. Le grand combat des femmes. Paris.
Gaspard, Françoise/ Servan-Schreiber, Anne (1992): Au pouvoir, Citoyennes!. Paris.
Gaspard, Françoise (Hg.) (1997): Les Femmes dans la prise de décision en France et en Europe. Paris.
Halimi, Gisèle (1998): La Cause des femmes. Paris. (Erste Auflage 1978).
Héritier, Françoise (1996): Masculin, féminin. Paris.
Héritier, Françoise (2002): Masculin, féminin II. Dissoudre la hiérarchie Paris.
Hirata, Danièle/ Sénotier, Danielle (1996): Femmes et partage du travail. Paris.
Hook-Demarle, Marie-Claire (Hg.) (1995): Femmes, Nations, Europe. Paris.
Irigaray, Luce (1989): Le temps de la différence. Paris.
Irigaray, Luce (1997): Etre deux. Paris.
Jenson, Jane/ Sineau, Mariette (1998): Qui doit garder les jeunes enfants? Modes d'accueil et travail des mères dans l'Europe en crise. Paris.
Knibiehler, Yvonne (2002): La Sexualité et l'histoire. Paris.
Käppeli, Anne-Marie (1991): Scènes féministes. In: Fraisse, Geneviève/ Perrot, Michèle (Hg.) (1991): Histoire des femmes. Le XIXe siècle. Paris, S. 495-525.
Le Dœuff, Michèle (1998): Le Sexe du savoir. Paris.
Le Feuvre, Nicky (1999): Gender, Occupational Feminization and Reflexivity: A Cross-National Perspective. In: Crompton, Rosemary (Hg.): The Restructuring of Gender Relations and Employement. Oxford, S. 150-178.
Le Feuvre, Nicky/ Parichon, Claire (1999) Le développement de l'emploi dans les services domestiques aux ménages au regard de l'égalité hommes-femmes. Dublin.
Lipovetsky, Gilles (1997): La Troisième Femme. Paris.
Majnoni d'Intignano, Béatrice (1999): Égalité entre femmes et hommes: aspects économiques. Paris.
Martin, Jacqueline (Hg.) (1998): La Parité: enjeux et mises en œuvre. Toulouse.
Maruani, Margaret (Hg.) (1998): Les Nouvelles Frontières de l'inégalité. Hommes et femmes sur le marché du travail. Paris.
Maruani, Margaret (2000): Travail et emploi des femmes. Paris.
Méda, Dominique (2001): Le Temps des femmes: pour un nouveau partage des rôles. Paris.

Montreynaud, Florence de (1999): Le XXe siècle des femmes. Paris.
Mossuz-Lavau, Janine/ Kervasdoué, Anne de (1997): Les femmes ne sont pas des hommes comme les autres. Paris.
Mossuz-Lavau, Janine (1998): Femmes / Hommes: pour la parité. Paris.
Mossuz-Lavau, Janine (2002): Les Lois de l'amour. Politique de la sexualité en France (1950-2002). Paris.
Nahoum-Grappe, Véronique (1996): Le féminin. Paris
Ozouf, Mona (1995): Les Mots des femmes. Essai sur la singularité française. Paris.
Perrot, Michèle (1998): Les Femmes ou les silences de l'histoire. Paris.
Picq, Françoise (1992): Libération des femmes. Les années-mouvements. Paris.
Riot-Sarcey, Michèle (2002): Histoire du féminisme. Paris.
Roman, Joël (1998): Quotas, parité, mixité. In: Esprit (août-septembre 1998), S. 200-205).
Sineau, Mariette (1998): Des femmes en politique. Paris
Thébaud, Françoise (Hg.) (1992): Histoire des femmes (Bd.5): Le XXe siècle, Paris.
Théry, Irène (1996): Le Démariage. Paris.
Théry, Irène (1998): Couple, filiation et parenté aujourd'hui. Le droit face aux mutations de la famille et de la vie privée. Paris.
Zarka, Charles-Yves (Hg.) (2002): L'Avenir politique du féminisme. Le Cas français. In: Cités 9, S. 7-100.

Frauenbewegungen in Spanien: Ein Blick zurück und ein Blick nach vorn*

Natàlia Cantó Milà

Einleitung

In diesem Beitrag soll deutlich gemacht werden, dass die Entstehung und Konsolidierung der Frauenbewegungen in Spanien im Vergleich etwa mit Großbritannien, Frankreich oder den USA eine ganz eigene Dynamik hatten. Von einer Frauenbewegung in Spanien kann im engeren Sinn des Wortes nur mit Blick auf bestimmte Phasen der spanischen Geschichte gesprochen werden. Spanien hat nämlich zumeist eher den Kampf von Einzelgängerinnen erlebt, die ohne die Rückendeckung einer organisierten Frauenbewegung mehr oder weniger im Alleingang für den Feminismus stritten.

Mit Blick auf das Modell von Großbritannien oder den USA hat Maria Aurèlia Capmany (1970: 27) sogar die These vertreten, in Spanien habe es überhaupt keine Frauenbewegungen im engeren Sinn des Wortes gegeben. Dass die spanischen Frauenbewegungen lange Zeit hinweg kaum organisiert waren und auffällig wenig Resonanz und Akzeptanz unter den spanischen Frauen gefunden haben, kann zwar kaum geleugnet werden. Doch die These, dass es sie überhaupt nicht gegeben habe, ist m.E. übertrieben. Wenn man die britischen und US-amerikanischen Frauenbewegungen als Maßstab setzt, gewinnt man genauer gesagt den Eindruck, dass die Entwicklung der Frauenbewegungen in Spanien spät einsetzt und nur langsam voranschreitet. Doch dies hängt auch mit dem von Capmany unerwähnt gelassenen Umstand zusammen, dass die politische Situation Spaniens lange Zeit mit der US-amerikanischen oder britischen kaum zu vergleichen war. Spanien fand seinen Weg zum politischen Liberalismus und zur Demokratie erst spät. Folglich gab es auch keine Bürgerrechte in der Form, in der sie schon lange etwa in Frankreich, Großbritannien oder in den USA etabliert waren. Es ermangelte desgleichen einer konsolidierten demokratischen Kultur, da Spanien bis zu Francos Tod und die sich daraufhin erst einstellenden Demokratisierungsprozesse der späten 70er Jahre nur ganz kurze Ansätze einer Demokratie erlebt hatte. Hier sind vor allem die acht demokratischen Jahre der II. Republik zu nennen.

---

* Ich möchte mich bei Marco Iorio für seine hilfreichen Kommentare, zahlreichen sprachlichen Verbesserungsvorschlägen und seine grenzenlose Geduld, bei Laura Torrabadella für ihre bibliographischen Hinweise und Kommentare, bei Birgit Riegraf für ihr solidarisches „Mitsurfen" nach Informationen, bei allen Interwiewten, die sich für mich Zeit nahmen, und bei Sonia (CELEM) und Teresa (Ca la Dona) für ihre Hilfe bedanken.

Nichtsdestotrotz gibt es eine ganze Reihe von Quellen, die belegen, dass sich sogar in den dunkelsten Jahren der franquistischen Diktatur kleine Gruppen von Frauen organisierten, um gegen den Faschismus zu kämpfen. Sie begriffen sich vor dem Hintergrund ihrer Zeitumstände aber verständlicherweise eher als eine antifaschistische Bewegung (*Mujeres Antifascistas*, Antifaschistische Frauen), deren oberstes Ziel darin bestand, das Land zu befreien. Erst in zweiter Linie ging es diesen Frauen darum, sich mit der Frage der Befreiung der Frauen im Besonderen zu beschäftigen. Diese Kämpferinnen gegen den Faschismus in Spanien waren jedoch keineswegs unsensibel für die Frauenbewegungen, wie sie in anderen Ländern Europas und Nordamerikas zu beobachten waren.[1] Aber die Kämpfe dieser Frauen in der Dunkelheit des Untergrunds lassen sich nur bedingt mit den zumeist eher öffentlichen Formen der Frauenbewegung in anderen Ländern vergleichen.[2]

Wie auch anderen Orts waren die Frauenbewegungen, die sich unter diesen Umständen in Spanien entwickeln konnten, sehr eng mit der politischen und sozialen Geschichte verknüpft. Daher nimmt es auch nicht wunder, dass der Feminismus in Spanien gerade dann an Einfluss gewann, als auch dieses Land erstmals auf dem Weg zur Demokratie und einer demokratischen Verfassung war. Genauer gesagt, wurde Spanien im vergangenen Jahrhundert gleich zweimal zur Demokratie erklärt. Das erste Mal überlebte die junge Demokratie jedoch lediglich acht Jahre (1931-1939), wobei drei dieser Jahre schon von den Bedingungen des Bürgerkriegs geprägt waren. Die zweite Chance zur Demokratie lieferte erst der Tod Francos (1975), der das Ende einer fast vierzig Jahre dauernden Diktatur bedeutete. Nach einem friedlichen Übergang in die Demokratie hat sich Spanien mittlerweile als ein Teil des „Westens“ konsolidiert, wofür natürlich die Mitgliedschaften in der EG und der EU von kaum zu unterschätzender Bedeutung gewesen sind.[3]

Die beiden demokratischen Anläufe Spaniens werden auch von Escario, Alberdi und López-Acotto als die zwei entscheidenden Momente in der Geschichte der spanischen Frauenbewegungen hervorgehoben (Escario/ Alberdi/ López-Acotto 1996: 12). Diesen Autorinnen zufolge sind die demokratischen Etappen Spaniens nicht zuletzt dadurch gekennzeichnet, dass die Frauen dieses Landes Zugang zur öffentlichen Sphäre gewinnen konnten und so die Grenzen ihrer traditioneller Weise zugewiesenen Rollen nicht nur für sich selbst durchbrechen, sondern ganz allgemein in Frage stellen konnten.

---

1 Dies zeigt sich zum Beispiel daran, dass sie 1943 den Internationalen Tag der Frau am 8. März dazu verwendeten, einen Aufruf zu veröffentlichen, um mehr Frauen für eine Mitarbeit bei den Antifaschistischen Frauen zu gewinnen.

2 Umso wertvoller sind daher Arbeiten, wie etwa die von Romeu Alfaro, die die Stimmen vieler Frauen, die gegen den Franquismus kämpften, gerettet hat (siehe Romeu 2002).

3 Wobei etwa die Werke von María José Aubet deutlich machen, dass nicht alle Mitgliedsländer der EU im gleichen Ausmaß demokratisch sind und dass sich Spanien nicht dadurch auszeichnet, besonders demokratisch zu sein (siehe z.B. Aubet 1995, 2000).

Wie wir jedoch sehen werden, waren die Frauen in der ersten demokratischen Phase Spaniens der 30er Jahren nur wenig bzw. lose organisiert. Die bedeutsamen Veränderungen, die in dieser Zeit mit Blick auf die soziale und politische Situation der spanischen Frauen stattfanden, waren weniger einer organisierten Frauenbewegung als dem Kampf einiger Frauen und nicht zuletzt dem Veränderungswillen der damaligen Regierung zu verdanken. Gleichwohl sind die Jahre des Bürgerkrieges auch Jahre, in denen sich Frauen assoziierten und zusammen kämpften, um die Frauen zu befreien und um der Demokratie willen den Krieg zu gewinnen.

1. Ein Rückblick

Das 19. Jahrhundert, das als das große Jahrhundert der Entwicklung der Frauenbewegung verstanden werden kann (siehe z.B. Cabrera 1988), ist mit Blick auf Spanien, wie bereits gesagt, eher vom Befreiungskampf vereinzelter Frauen bestimmt als durch die Entstehung organisierter Frauenbewegungen. Die Forderungen dieser Vorreiterinnen gingen denn zum einen auch lange nicht so weit wie die der US-amerikanischen und britischen Frauenbewegung. Zum anderen fanden sie auch kaum (wenn überhaupt irgendwelche) Zustimmung und Anhang unter der weiblichen Bevölkerung Spaniens ihrer Zeit (Campo Alange 1963; Capmany 1970; Cabrera 1988 u.a.). Die Frauenfrage wurde also nur von sehr wenigen Frauen angesprochen, die alleine für ihre mehr oder weniger persönlich erscheinenden Anliegen kämpften und deren Forderungen im Übrigen auch noch stark von den Doktrinen der katholischen Kirche beeinflusst und gehemmt wurden.

Grundlagen des spanischen Feminismus

Geraldine M. Scanlon nennt zwei Gründe dafür, dass die Frauenbewegung in Spanien zu dieser Zeit auf so schwachen Füßen stand (Scanlon 1986: 5). Dabei handelt es sich um die zwei allgemeinen Triebkräfte der Entstehung der Frauenbewegungen: einerseits die Ideen der Französischen Revolution und anderseits die ökonomischen Veränderungen, die die industrielle Revolution verursachte (Cabrera 1988: 31). Spanien (mit Ausnahme Kataloniens und des Baskenlandes) wurde auf der einen Seite genau genommen erst im 20. Jahrhundert von den Auswirkungen der industriellen Revolution erfasst. Die katholische Kirche, die in Spanien überdurchschnittlich lange eine äußerst einflussreiche Rolle spielte, blockierte auf der anderen Seite mit ihrer ganzen Kraft die Verbreitung der Ideen der Französischen Revolution. Tatsächlich beeinflusste diese Kraft nicht nur Wirtschaft, Politik und Gesellschaft, sondern unterband auch die Entstehung und Konsolidierung einer Frauenbewegung. Generell kann man sagen, dass sich die katholische Kirche wirkungsvoll gegen alle Bewegungen und Ideen stemmte, die mit ihren Lehren und Interessen nicht in Übereinstimmung zu bringen waren. Wenn es folglich in den Augen der Kirche schon eine ungebührliche Provokation war, die demokratischen Prinzipien der bürgerlichen Revolution zu akzeptieren, dann kann nicht überraschen, dass sie auch kein Interesse daran hatte, diese demokratischen Prinzipien auch noch auf das Leben der Frauen auszuweiten (Cabrera 1988: 31). Wie Scanlon unterstrichen hat, stammten die meisten Protagonistinnen der Frauenbewegungen im 19. Jahrhundert darüber hinaus aus der Mittelschicht, die in Spanien (mit Ausnahme Kataloniens) kaum entwickelt waren (Scanlon 1986: 5f.). Damit fehlten einer breiten Frauenbewegung in Spanien auch noch im 20. Jahrhundert in vielerlei Hinsicht die notwendigen materiellen, ideologischen, personellen und damit auch die gesellschaftlichen Grundlagen.

Es ist sicherlich kein Zufall, dass die ersten Diskussionen um die „Frauenfrage“ gerade nach der Revolution von 1868 einsetzten, als die Kirche vorübergehend einen guten Teil ihrer Macht einbüßte.[4] Genauso wenig verwunderlich ist es, dass diese Diskussionen mit der um 1874 einsetzenden Restauration teilweise wieder einschliefen. Vor allem die Bildungseinsrichtungen widmeten in der Revolutionsphase und ansatzweise auch noch in der Zeit nach der Revolution erstmals der „Frauenfrage“ ihre Aufmerksamkeit. Diese Aufmerksamkeit hatte jedoch noch nicht viel mit einer Frauenbewegung im heute gebräuchlichen Sinn dieses Wortes zu tun und war eher ein Ergebnis des Ideals der Aufklärung, zum Zweck der Verbesserung des Landes besser gebildete Bürger zu erziehen. Nur deshalb sollten auch die Mütter der Bürger eine bessere Erziehung bekommen, nicht als Selbstzweck, sondern mit dem Ziel, sie als Erzieherinnen der nächsten Generation der Bürger heranzuziehen.

Im Zusammenhang dieses Projekts ist an erster Stelle die „Krauseistische Schule“ (*Escuela Krausista*) aus der Zeit der Revolution zu nennen. Später war es dann aber auch die „Freie Institution für Bildung“ (*Institución Libre de Enseñanza*), die sich systematisch um die Bildung von Frauen bemühte. Beiden Institutionen ging es darum, die vorzugsweise männliche Elite des Landes auszubilden, um auf diesem Weg eine generelle Verbesserung des Landes zu erwirken. Zu diesem Zweck erschienen ihnen nicht zuletzt die Mütter und Lehrerinnen von Bedeutung. Da es jedoch letzten Endes immer nur um die Ausbildung der Eliten ging, boten diese Institutionen nicht allen Frauen Bildungsmöglichkeiten an. Vielmehr konzentrierten sie ihre Kräfte auf solche Frauen, die aus der Mittel- oder der Oberschicht stammten. Gleichwohl ist es richtig, dass aus diesen Institutionen die ersten Frauen

4 Auch nach der Restauration, die 1874 einsetzte, erhielt sie ihre Macht nie wieder vollkommen zurück.

Spaniens hervorgingen, die sich ihren Lebensunterhalt durch ihre eigene Bildung selbständig verdienen konnten (Cabrera 1988: 33ff.).[5]

Einen weiteren wichtigen Schritt in der Bildungsgeschichte der Frauen Spaniens stellen zwei pädagogische Kongresse dar, die 1882 und 1892 stattfanden. Besonders im Rahmen des zweiten Kongresses (des „Hispano-portugisisch-amerikanischen Pädagogikkongresses“), an dem auch die beiden spanischen Hauptvertreterinnen feministischer Positionen in diesem Jahrhundert – Concepción Arenal und Emilia Pardo Bazán – teilnahmen, wurde die „Frauenfrage“ ausführlich diskutiert. Diese beiden Frauen zogen gegen die damals verbreitete Annahme zu Felde, Frauen seien intellektuell minderwertig und verlangten mehr Bildung und freien Zugang zu allen Berufen für Frauen. Vor allem Concepción Arenal betonte, dass ein intellektueller Unterschied zwischen Männern und Frauen bestenfalls das Resultat ungleicher Erziehung sei (Cabrera 1988: 39). Wie Campo Alange dokumentiert hat, geht aus den Abstimmungsunterlagen dieses Kongresses hervor, dass sich eine klare Mehrheit zwar für die Ausbildung von Frauen, aber gegen einen freien Zugang zu allen Berufen ausgesprochen hat (Cabrera 1988: 40f.). Folglich durften sich Frauen zwar Kenntnisse aneignen, die Verwendung dieser Kenntnisse sollte aber auf den rein privaten Bereich beschränkt bleiben.

Die Debatte um die „Frauenfrage“ kreiste zu dieser Zeit, wie soeben gesehen, hauptsächlich um die Bildung von Frauen und deren Zugang zum Berufsleben. Auch Arenal und Pardo Bazán konzentrieren darauf einen guten Teil ihre Kräfte und verlangten mehr Bildung und freie Berufswahl für Frauen, ohne in ihren Forderungen nach mehr Bürgerrechten für Frauen so weit zu gehen wie ihre britischen und amerikanischen Mitstreiterinnen. Auch wenn Cabrera Bosch zuzustimmen ist, dass die beiden spanischen Feministinnen im Großen und Ganzen gleichwohl dieselben Auffassungen wie die Feministinnen anderer Länder vertraten, waren sie freilich weniger erfolgreich (Cabrera 1988: 49). In der Literatur herrscht jedoch Übereinstimmung darüber, dass ihr Mangel an Erfolg hauptsächlich dadurch zu erklären ist, dass sich diese beiden vereinzelten Frauen alleine nicht gegen die etablierten Strukturen und Gegenströmungen durchsetzen konnten (Campo Alange 1963; Capmany 1970; Cabrera 1988). Campo Alange hat sie daher nicht ganz unpassend als zwei vereinzelte Stimmen charakterisiert, die in der Wüste predigten, ohne Gehör zu finden. Vor diesem Hintergrund ist es vielleicht auch ein Stück weit begreiflich, dass die Schriftstellerin Pardo Bazán ihre feministischen Bestrebungen frustriert einstellte, als sie sich zu der Schlussfolgerung gezwungen sah, den spanischen Frauen ihrer Zeit könne beim besten Willen nicht geholfen werden (Cabrera 1988: 45).[6]

---

5 Vgl. Di Febo (1976).

6 Keineswegs war es so, dass Arenal und Pardo Bazán die extreme Ungleichheit und die Unterordnung der Frau im spanischen Zivilrecht nicht klar waren. Arenals *Die Frau der Zukunft* (*La mujer del porvenir*) ist der beste Beleg hierfür. Doch zumindest in Arenals

Erst in den ersten Jahrzehnten des 20. Jahrhunderts fingen einige dieser Vorreiterinnen damit an, sich zu kleinen Bewegungen zu organisieren. Auch diese ersten Ansätze einer organisierten Frauenbewegung in Spanien sind jedoch kaum als feministisch zu bezeichnen. Gleichwohl hat González die Jahre um den Ersten Weltkrieg als eine Zeit bezeichnet, in der die Frauenbewegung in Spanien etwas mehr Schwung gewann (González 1988: 51). Und wieder ist das zeithistorische Umfeld von Bedeutung. Obwohl Spanien nämlich im Ersten Weltkrieg neutral geblieben war, stiegen die Lebenshaltungskosten infolge des Krieges auch in Spanien enorm. Dieser ökonomische Umstand zwang viele Frauen dazu, außerhalb ihres familiären Haushaltes nach einem zusätzlichen Gelderwerb zu suchen, was mittelfristig natürlich auch ihre feministischen Interessen schürte. Zur gleichen Zeit intensivierte sich darüber hinaus auch die spanische Industrialisierung, die jetzt über die katalanischen und baskischen Grenzen hinaus andere Gebiete Spaniens erreichte. In Katalonien, wo die Industrie hauptsächlich aus der Textilindustrie bestand, stärkten die Frauen mittlerweile die Reihen des Proletariats und der Gewerkschaften. Als Frauenbewegung im strengen Sinn des Wortes verstanden jedoch auch sie sich nicht (González 1988: 52).

Desinteresse am Feminismus

Unter Verweis auf Margarita Nelken hat Geraldine Scanlon die eigentümliche Verdrossenheit und das Desinteresse der spanischen Frauen an ihrer Emanzipation zur Sprache gebracht. Dieser Position zufolge ist die spanische Frauenbewegung weniger vom Kampf der Feministinnen anderer Länder, als von deren Erfolg inspiriert worden (Scanlon 1986: 196). Wie schon Bazán zuvor, beanstandete auch Nelken das Desinteresse der spanischen Frauen, die sich für einen Kampf um ihre Bürgerrechte und ihre freie Entfaltung kaum motivieren ließen.

Wie bereits betont, war die Kirche in der Geschichte der spanischen Frauenbewegungen von einer nicht zu unterschätzenden Bedeutung. Anfangs bekämpfte sie alle feministischen Ansätze. Im Laufe der Zeit ging sie jedoch mehr und mehr dazu über, die positiven Seiten der neuen Zeiten zu suchen, um sie nach Möglichkeit mitzugestalten. Eng mit dieser Entwicklung verknüpft ist der so genannte Sozialkatholizismus. Diese Bewegung umfasste mehrere katholische Frauenorganisationen, die für die Rechte der Frau eintraten, wie sie ihnen aus einer genuin katholischen Perspektive erschienen (González 1988: 55). Selbstverständlich kann man aber nur schwerlich behaupten, dass diese Bewegung auf die Emanzipation der Frau und die Über-

---

Fall hat sich ihre Religiosität gegenüber ihren feministischen Gedanken durchgesetzt. Daher ließ sie Fragen, wie z.B. nach dem Recht auf Scheidung oder nach dem allgemeinen Wahlrecht fast unkommentiert, während sie sich auf das Kriminalrecht und auf die Lage der Frauen in den spanischen Gefängnissen spezialisierte (Cabrera 1988: 46f.).

windung des Patriarchats zielte. Selbst die Sozialisten, von denen man eher erwartet hätte, dass sie sich die „Frauenfrage" als eines ihrer Themen aneignen, zeigten wenig Interesse am Feminismus. Eher legten sie sogar ein gewisses Maß an Feindseligkeit gegenüber Emanzipationsgedanken an den Tag.[7]

Frauenbewegung und Demokratie

Erst mit der Entstehung der II. Republik, also dem ersten Anlauf Spaniens zur Demokratie, gewann die Debatte um die Rolle der Frau eine breitere Öffentlichkeit. Aus einer langen gesellschaftlichen Diskussion über das Wahlrecht für Frauen, die endlich auch ihren Eingang in die spanischen *Cortes* (das Parlament Spaniens) fand,[8] ging 1931 schließlich das Wahlrecht für Frauen hervor. In diesen Jahren gewannen die feministischen Forderungen nicht nur unter den Frauen Spaniens eine enorm gesteigerte Aufmerksamkeit. Wie jedoch schon Morcillo deutlich unterstrichen hat, waren diese Erfolge eher den allgemeinen politischen Veränderungen in der neuen Republik, als einer organisierten Frauenbewegung zu verdanken. „Es war weniger der Kampf der Frauen als die politischen Änderungen, die sie zu einem höheren Emanzipationsniveau brachten" (Morcillo 1988: 57). Auf alle Fälle konnten Frauen zum ersten Mal als Abgeordnete in das spanische Parlament gewählt werden. Die Verfassung von 1931 brachte jedoch nicht nur die formale Gleichheit zwischen den beiden Geschlechtern und generell einen rechtsstaatlichen Rahmen, sondern auch ein neues Mutterschutzgesetz, das vor allem den Arbeiterinnen das Leben etwas leichter machte, die standesamtliche Ehe, die gesetzliche Gleichheit von ehelichen und außerehelichen Kindern und die Gleichheit der Ehepartner innerhalb der Ehe. Gegen den Widerstand der Kirche wurde sogar ein Scheidungsgesetz verabschiedet (Morcillo 1988: 64ff.).

Die Modernisierungsanliegen der II. Republik waren durch den Versuch charakterisiert, endlich auch Spanien in eine liberale Demokratie zu verwandeln. So versuchte die politische Avantgarde der Republik ein Modell durchzusetzen, das zur gleichen Zeit in der westlichen Welt durch das Aufkommen totalitärer Staaten und durch die Wirtschaftskrise von 1929 ins Wanken geriet. Diese allgemeinere Entwicklung leistete den gerade erst zu sich selbst gefundenen Frauenbewegungen und auch der jungen Demokratie in Spanien

---

7 Siehe z.B. Elejabeitia (1987) und Baelen (1973). Baelen geht auch auf Flora Tristán, die erste spanische Sozialistin, ein.

8 In der Debatte über das Wahlrecht der Frauen waren neben den Sozialisten die konservativen Parteien für das allgemeine (also auch Frauen umfassende) Wahlrecht, da sie sich davon Stimmen versprachen. Die Radikale Sozialistische Partei *Acción Republicana* (Republikanische Aktion) und die Radikalen waren zeitweilig dagegen (vgl. hierzu Morcillo 1988: 70f.).

keinen guten Dienst. Andere Störfaktoren stammten aus dem Inland: einerseits gab es eine sehr breite katholisch-konservative Front und anderseits einen links-proletarischen Block, die beide gegen den republikanistisch-demokratischen Status Quo opponierten (Morcillo 1988: 61). Diese drei politischen Strömungen waren nicht nur von unterschiedlichen politischen und sozialen Idealen bestimmt, sondern hatten auch ganz divergente Bilder der Frau zu bieten, die wechselseitig in keiner Weise kompatibel waren.

Während dieser Konflikt in Spanien gärte, setzte sich in den anderen Ländern Westeuropas, in den USA und ansatzweise auch in der UDSSR ein Frauenbild durch, das den so genannten Feminismus der Gleichheit revidierte und durch ein Loblied auf die Differenz ersetzte. Die generelle Forderung rief jetzt zu einer „Rückkehr der Weiblichkeit" auf (Morcillo 1988: 58). Ausgerechnet in dieser internationalen Stimmung ermöglichte die politische Lage in Spanien zum ersten Mal eine Debatte über die Gleichheit.[9] Dies führte zwangsläufig in eine schwierige Situation. Ihr zufolge konnte es sich der spanische Feminismus eigentlich nicht leisten, den eben erst entfachten Funken durch diesen Gegenwind zu ersticken. In den Augen von Gómez war vom spanischen Feminismus darüber hinaus auch keine unabhängige Entwicklung zu erwarten, weil er sich im ideologischen Konflikt zwischen Links und Rechts gefangen nehmen ließ, was zu seinem Misserfolg als einer spezifischen Bewegung beitragen musste (Morcillo 1988: 58).

Der spanische Bürgerkrieg und die einerseits demokratisch-liberalen und andererseits sozialistischen Projektionen möglicher Gesellschaftsordnungen, die mit dem Sieg der revoltierten *Nationalen* starben, wären ein kompliziertes Thema für sich, das hier leider nicht in seiner ganzen Komplexität entfaltet werden kann. Es ist jedoch nötig zu unterstreichen, dass während des Krieges das politische und damit auch feministische Bewusstsein vieler Frauen erwachte. Diese Frauen organisierten sich und wurden zu aktiven Hauptfiguren ihrer eigenen Geschichte (Morcillo 1988: 61). Umso bitterer war dann jedoch auch die Niederlage. Unter den einflussreichsten und bekanntesten Frauenorganisationen dieser Zeit können wir das kommunistische „Nationale Komitee der Frauen gegen den Krieg und den Faschismus" (*Comité Nacional de Mujeres contra la Guerra y el Fascismo*) und die anarchistische Organisation „Freie Frauen" (*Mujeres Libres*) auf der republikanischen Seite und die *Sección Femina* der Falange auf der Seite der *Nationalen* benennen.[10]

---

9 Clara Campoamor, Victoria Kent, Margarita Nelken oder María Martínez Sierra sind prominente Beispiele des Feminismus dieser Zeit. Sie forderten juristische Gleichheit, gleiche Chancen und gleiche Bildung für Frauen. Sie waren Vertreterinnen eines liberal-bürgerlichen und zugleich egalitären Feminismus, der dem der Feministinnen in den USA und in anderen europäischen Ländern ähnelte.

10 *Mujeres Libres* ist eine äußerst interessante Organisation, nicht nur wegen der Radikalität ihres Programms. Sie forderten gleiche Bildungschancen für die Frauen, kostenlose Abtreibung, Zugang zu Verhütungsmitteln, Abschaffung der Prostitution, Prävention vor unerwünschten Schwangerschaften und sexuellen Krankheiten und Sexualkundeunterricht

Während die oberste Priorität des „Nationalen Komitees der Frauen gegen den Krieg und den Faschismus" die Beendigung des Krieges war, die als notwendige Vorbedingung für eine daran anschließende Befreiung der Frau galt, waren diese beiden Ziele für die „Freie Frauen" gar nicht zu unterscheiden. Daher dachte man in diesem Lager eher in den Begriffen einer *totalen Revolution*.[11]

Frauenbewegung im Franquismus

Im Zuge ihrer Machtergreifung wurde der Krieg, der im übrigen auch den Segen der katholischen Kirche fand, von den *Nationalen* als eine Kreuzfahrt gegen die republikanischen „Feinde" Spaniens umdefiniert (November 1937). Am 1. April 1939 endete der Bürgerkrieg, ziemlich genau acht Jahre, nachdem das Tor zu einer möglichen Emanzipation der Frauen Spaniens erstmals aufgestoßen worden war. Damit begannen fast vierzig dunkle Jahre in der Geschichte Spaniens im Allgemeinen und der Geschichte des spanischen Feminismus im Besonderen. Die Diktatur verschaffte der Kirche eine noch stärkere Machtposition, die diese nutzte, um die Begriffe von Gut und Böse in engem Zusammenhang mit der Frage, was „gut für Spanien" sei, nach den eigenen Vorstellungen zu definieren. Die autoritäre Stellung des Mannes gegenüber Frauen und Kindern wurde wieder gesetzlich verstärkt, wodurch die neue Diktatur dem Familienvater und Ehemann die Möglichkeit verschaffte, zu Hause den privaten Diktator zu spielen.

Über die Aktivitäten der Frauenbewegung in Spanien in den ersten Jahren und Jahrzehnten des Franquismus lässt sich nicht sonderlich viel berichten. Diejenigen Frauen, die sich während der Republik für die Frauenbewegungen sowie für die Demokratie und die Freiheit engagiert hatten, waren zum Großteil entweder im Exil, im Gefängnis oder tot (Moreno 1988: 91).[12] Diejenigen, die ins Exil geflohen waren, bemühten sich, die Fahne noch möglichst lange hoch zu halten. Innerhalb Spaniens organisierten sich die Frauen der Kommunistischen Partei und der Gewerkschaften im Untergrund, um gegen die Regierung Widerstand zu leisten. Dies taten sie, indem sie etwa

---

für Kinder. Die anarchistischen Bewegungen gewannen eine besondere Relevanz in Katalonien, was dazu führte, dass die katalanische Regierung am 25.12.1936 ein Abtreibungsgesetz verabschiedete, in dem die Abtreibung ein Mal im Jahr für die katalanischen Frauen ermöglicht wurde. Abtreibung war jedoch nicht als Ersatz für die Verwendung von Verhütungsmitteln intendiert. Als dieses Gesetz verabschiedet wurde, war die katalanische Anarchistin Federica Montseny in Madrid Ministerin für Gesundheit und Sozialassistenz in der Regierung von Largo Caballero.

11 Für weitere Details siehe Nash (1975).

12 Giuliana di Febos Berechnungen zufolge sind mindestens 30000 Frauen zwischen 1939 und 1940 aus politischen Gründen festgenommen worden. In den Jahren danach kamen darüber hinaus diejenigen ins Gefängnis, die in politischen Widerstandsbewegungen oder in den Guerillakämpfen aktiv waren.

aktive Untergrundkämpfer (so genannte *Guerilleros*) versteckten oder ihnen anders halfen. Auch übten sie aktive Solidarität mit den politischen Gefangenen, die in den spanischen Gefängnissen tagtäglich der Folter ausgesetzt waren. In den Frauengefängnissen organisierten sich die Frauen ebenfalls weiter, um Manifeste ihres Kampfs für die Freiheit zu verfassen, in denen sie zur Fortsetzung des Widerstands gegen die Diktatur aufriefen und auf den Hunger, die Not und den Tod verwiesen, die auf die nächsten Generationen zukommen würden, wenn es nicht gelänge, Francos Regime zu stürzen.[13] Darüber hinaus verbündeten sich bald auch solche Frauen zu kleineren Gruppen, die sich beim Besuch ihrer männlichen Angehörigen im Gefängnis kennen gelernt hatten. Eine solche *mujer de preso* (Frau eines Gefangenen) zu sein war denn auch im Spanien dieser Zeit fast schon ein eigenständiger politischer Status.[14]

Keine der Organisationen, die diese Frauen gründeten, waren aber der Frauenbewegung zuzurechnen. Denn wie schon deutlich geworden ist, handelte es sich entweder um politische Widerstandsbewegungen, die im Untergrund operierten, um für ein befreites Spanien, aber auch für die Befreiung der Frauen Spaniens zu kämpfen. Oder aber es handelte sich um Solidaritätsorganisationen, die das Ziel hatten, für die nächsten Angehörigen zu kämpfen, die in den Gefängnissen dem Terror des Regimes ausgesetzt waren und unter der Furcht litten, nie wieder nach Hause zurückzukommen. Das Ausbleiben irgendwelcher Frauenbewegungen im engeren Sinn des Wortes erscheint unter diesen Umständen mehr als begreiflich. Es fehlte nicht an äußerst aktiven und mutigen Frauen. Aber das Ziel dieser Frauen bestand aus einsichtigen Gründen in erster Linie in der Befreiung des Landes, auch wenn dies unter den gegebenen Umständen auch und vor allem eine Befreiung ihrer Männer, Brüder und Kinder bedeutete.[15]

Ab den 60er Jahren des 20. Jahrhunderts ließ das Regime Francos die politischen Zügel Spaniens etwas lockerer. Die angekündigte Absicht, verheiratete Frauen von ‚der Werkstatt und der Fabrik zu befreien‘ wurde aufgegeben und stattdessen ein Gesetz verabschiedet, das die politischen und beruflichen Rechte sowie das Arbeitsrecht von Frauen und Kindern neu ordnete (*Ley de Derechos Políticos, Profesionales y Laborales de la mujer y el niño*) (Moreno 1988: 97). Dieses Gesetz legte formell die Gleichheit des Arbeitslohnes von Männern und Frauen fest, obwohl manche diskriminatori-

---

13 Auch diese Frauen wurden täglich gefoltert oder auf andere Art und Weise gequält. Diese Torturen brachten viele von ihnen um, fast alle wurden physisch, manche auch psychisch krank. Nur die Frau, die Mutter oder die Schwester eines *Guerrilleros* zu sein, war ein ausreichender Grund, um von der Polizei blindlings verprügelt zu werden. Das Alter einer Frau spielte dabei nicht die geringste Rolle (vgl. Romeu 2002).

14 Es scheint keine Männer gegeben zu haben, die sich mit den gefangenen und gefolterten Frauen solidarisiert hätten.

15 Siehe Moreno (1988) und Romeu (2002).

sche Elemente bestehen blieben, die bis zum Ende des Regimes nicht beseitigt wurden. So konnte der Arbeitgeber einer Frau etwa die Erlaubnis des Ehemannes verlangen, dass dessen Frau arbeiten darf. Und dieser Ehemann hatte durchaus das offiziell anerkannte Recht, über den Lohn seiner Frau zu verfügen. Darüber hinaus trug auch das Bildungssystem, das in weiten Teilen noch immer ein Monopol der Kirche war, zur schlechteren Stellung von Frauen bei. Die Schulen sahen ihren Auftrag darin, in die Herzen der Kinder die Liebe für das Vaterland einzupflanzen. Eine gemeinsame Erziehung von Jungen und Mädchen war undenkbar, da diese Kinder in der Zukunft verschiedenen Aufgaben nachgehen sollten und daher auch unterschiedlich erzogen werden mussten. Es war sogar verboten, dass Jungen und Mädchen miteinander spielen.

Das spanische Bildungssystem dieser Zeit war extrem sexistisch (Moreno 1988: 96). In dieses Bild passt auch der Umstand, dass nur sehr wenige Frauen den Bildungsweg bis zu Universität verfolgen konnten. Zwar bildeten die Frauen am Ende der Diktatur nach einer massiven Zunahme ihrer Immatrikulationszahl in den späten 60er und den 70er Jahren schon 36% der Hochschulabsolventen eines Jahrgangs. Doch bezeichnender Weise hatten Studiengänge wie Philosophie, Philologie oder Pharmakologie einen Anteil von 55% weiblicher Studierender, während dieser Anteil an den technischen Schulen bei nur 3% lag.

Frauenbewegung im Untergrund

Der enorme Aufschwung, den die Frauenbewegungen dann ab 1975 in Spanien erlebten, war gleichwohl schon in den Jahren des Franquismus vorbereitet. Dies gilt vor allem für die Zeit nach 1960. In Katalonien fanden die ersten Versammlungen von Frauen im Zusammenhang mit der Gewerkschaft *Comisiones Obreras* statt, die von den Mitgliedern der Katalanischen Sozialistischen Partei – selbstverständlich im politischen Untergrund – organisiert wurden. Diese Frauen waren nicht nur politisch engagiert, sondern arbeiteten im Kampf um Solidarität mit den politischen Gefangenen teilweise auch mit anderen demokratischen Kräften zusammen. Darüber hinaus organisierten sie geheime Vorträge über allgemeine politische Probleme, aber auch über die spezifischen Probleme der Frauen.

Ähnliches passierte auch an anderen Orten Spaniens (z.B. in Madrid, Zaragoza, Valencia, Euskadi, Galicia). Die Frauen der Kommunistischen Partei organisierten sich im Untergrund und kämpften zugleich für die nationale Befreiung und für die Befreiung der Frauen (Moreno 1988: 93). Aus diesem Kontext ging die erste Allgemeine Versammlung (*Asamblea General*) der Frauenorganisationen hervor, die 1965 in Barcelona stattfand. Diese Versammlung lieferte die Grundlage einer ersten koordinierten, spezifisch feministischen Frauenassoziation, die sich selbst auch als Frauenbewegung verstand, auch wenn ihre Aktivität immer auch mit dem politischen Kampf für die Demokratie verknüpft war: dem *Movimiento Democrático de Mujeres* (Demokratische Bewegung der Frauen: MDM).

Rosa Pardo hat diesen MDM als Resultat der Einsicht vieler Frauen beschrieben, dass die Diskriminierungen, denen sie ausgesetzt waren, nur von ihnen selbst bekämpft und beseitigt werden können. Darüber hinaus waren die Frauen des MDM auch von der Notwendigkeit einer organisierten Frauenbewegung überzeugt, genauer einer organisierten Organisation von Frauen für Frauen. Gleichwohl engagierte sich der MDM auch weiterhin im Kampf für die Freiheit und für die Demokratie. Dabei arbeitete er mit anderen Organisationen und Parteien (vor allem mit der Kommunistischen Partei) zusammen, die im Untergrund gegen den Franquismus kämpften. Der MDM entwickelte sich in ganz Spanien und obwohl er nach wenigen Jahren wegen interner Konflikte aus Katalonien verschwand, blieb er in Madrid und in anderen Regionen präsent. Die größte Schwierigkeit dieser Organisation war das Problem, im Schatten der Illegalität operieren zu müssen. Um dieses Problem zu verkleinern, gründeten die Frauen des MDM ab 1969 so genannte Assoziationen für Hausfrauen in der Hoffnung, in dieser Form mehr Frauen für die eigene Sache gewinnen zu können (Moreno 1988: 93f. und Pardo 1988: 134). Diese Assoziationen organisierten Vorträge in Schulen und Kirchen und forderten Demokratie sowie Zivil- und Sozialrechte für die Frauen.[16] Sie gaben eine monatliche Zeitschrift *La Mujer y la Lucha* (Die Frau und der Kampf) heraus und produzierten Plakate, Texte und Flugblätter, um ihr Anliegen möglichst effektiv öffentlich zu machen.

Mittlerweile begannen auch in der Wissenschaft einige Frauen damit, sich für die Frauenforschung zu interessieren und aktiv zu werden. Campo Alange war 1960 eine der Mitbegründerinnen das Seminars für Soziologische Frauenstudien in Madrid (*Seminario de Estudios Sociológicos sobre la Mujer)*. Auch ist an dieser Stelle Lidia Falcón, eine Rechtsanwältin aus Barcelona zu nennen, die in den späten 70er Jahren die Feministische Partei gründete. Sie veröffentlichte Werke über das Zivil- und Arbeitsrecht der Frauen. Besonders ist die Arbeit *Mujer y Sociedad* (Frau und Gesellschaft) aus dem Jahr 1969 hervorzuheben. Des Weiteren schrieb Maria Aurèlia Capmany einschlägige Arbeiten über die Lage des Feminismus sowohl in Katalonien als auch in Spanien. Als dann auch noch Betty Friedans *Der Weiblichkeitswahn* und Simone de Beauvoirs *Das andere Geschlecht* ins Katalanische und etwas später auch ins Spanische übersetzt worden waren,

16 Die Position der Kirche änderte sich nach den ersten Jahren der Diktatur etwas. Dies zeigte sich daran, dass mehrere Pfarrer und Gemeinden antifranquistisch und prodemokratisch gesonnen waren, obwohl die Kirche offiziell an der Seite des diktatorischen Regimes blieb.

schien der feministische Funke endlich auch auf Spanien übergesprungen zu sein.[17]

Neuer Aufbruch

Das MDM initiierte 1974 das Sekretariat der NGOs (*Secretariado de Organizaciones No Gubernamentales*), das ein Programm für das von der UNO für das nachfolgende Jahr proklamierte Internationale Jahr der Frau erarbeite. Dieses Programm verstand sich als eine Antwort auf die offizielle Demagogie, die der *Sección Femenina* anlässlich dieses Internationalen Jahres verbreitete (Pardo 1988: 135). Das Sekretariat organisierte für dieses Jahr mannigfaltige Aktivitäten, die in der 1. Staatlichen Tagung für die Befreiung der Frau (*I.Jornadas Estatales por la Liberación de la Mujer*) kulminierten. Diese Tagung fand Anfang Dezember, also nur wenige Wochen nach dem Tod Francos (20.11.1975), noch in einer Art geduldeter Illegalität, statt. Im Rahmen dieser Tagung, die historisch betrachtet die erste feministische Veranstaltung war, die in ganz Spanien zur Kenntnis genommen wurde, trafen zwei Vorstellungen von der Frauenbewegung aufeinander, deren Auseinandersetzung die Debatten der Frauenbewegungen in den kommenden Jahren prägte. Auf der einen Seite gab es die Position derjenigen, die dafür plädierten, an einer autonomen, d.h. von den politischen Institutionen unabhängigen Frauenbewegung festzuhalten. Diese Strömung wurde als „radikaler Feminismus“ bekannt.[18] Auf der anderen Seite gab es die Position derjenigen, die den emanzipatorischen Kampf der Frauenbewegungen mit einem allgemeinen Kampf für die Demokratie verknüpften und die als „sozialistischer Feminismus“ oder als „Feminismus des Klassenkampfes“ bekannt wurden. Die Befürworterinnen dieses zweiten Verständnisses des Feminismus akzeptierten eine Art „doppelter Mitgliedschaft“ (*doble militancia*), d.h. dass sie die Teilnahme sowohl in Organisationen der Frauenbewegung als auch politischen Parteien oder Gewerkschaften begrüßten, wenn diese mit den Zielen der Frauenbewegungen harmonisierten (Folguera 1988: 119). Diese Annahme war für die Befürworterinnen der Gegenposition nicht akzeptabel, denn sie vertraten die Ansicht, dass keine Partei und keine Gewerkschaft die Interessen der Frauen vertreten könnten, da solche Organisationen von der Unfreiheit der Frauen profitierten und daher mitverantwortlich für ihre Unterdrückung seien.

Nur kurze Zeit nach der staatlichen Tagung fand die I. Katalanische Tagung der Frau (*I Jornades Catalanes de la Dona*) statt, die, obwohl sie nur für Katalonien organisiert wurde, 4000 Teilnehmerinnen begrüßen durfte. Auf dieser Tagung wurde über mögliche Strategien für die Emanzipation der

---

17 Für weitere Details siehe Moreno (1988: 102ff).

18 Siehe z.B. Pardo (1988); Folguera (1988).

Frau diskutiert. Dabei wurde vor allem der Frage nachgegangen, inwieweit die Strategien für die Emanzipation der Frauen mit Strategien für eine sozialistische Gesellschaft verknüpft werden können. Der Hauptpunkt auf der Agenda dieser Tagung war jedoch die rasche Entwicklung einer Taktik, die der Konsolidierung eines demokratischen politischen Regimes dienen sollte. Folglich verstand sich diese Tagung in Übereinstimmung mit dem sozialistischen Feminismus (Folguera 1988: 119).

Diese beiden Tagungen markieren den Anfang der Expansionsperiode der Frauenbewegungen in Spanien. Diese unterschieden sich, wie gesagt, bezüglich einer potentiellen Mitgliedschaft in politischen oder gewerkschaftlichen Organisationen, aber durchaus auch regional. In Barcelona entstand die *Coordinadora de Organizaciones Feministas*, die anlässlich des 8. März Aktionen gegen Vergewaltigung und für das Scheidungsgesetz u.a. organisierte. In Madrid gab es die *Plataforma de Organizaciones Feministas*, in das sich das Sekretariat von NGOs nach der Madrider Tagung im Grunde genommen verwandelt hatte (Folguera 1988: 120; Pardo 1988: 136).[19]

Eine neue Demokratie

Am 15. Juni 1977 fanden in Spanien die ersten demokratischen Wahlen nach einundvierzig Jahren statt. Fast alle politischen Parteien hatten ein Programm, das explizit auch die Frauen ansprechen sollte.[20] Gleichwohl kann von einem Abschluss der demokratischen Umformung Spaniens frühestens mit Blick auf die Verfassung aus dem Jahr 1978 gesprochen werden. Diese Verfassung fand im politischen Spektrum seiner Zeit einen sehr breiten Konsens und wurde von den spanischen Bürgerinnen und Bürgern durch ein Referendum bestätigt (nur im Baskenland fiel dieses Referendum negativ aus). Die Debatte um diese Verfassung polarisierte zugleich auch die Frauenbewegungen. Die Befürworterinnen des radikalen Feminismus sprachen sich dafür aus, gegen die Verfassung zu stimmen. Die Befürworterinnen der „doppelten Mitgliedschaft“ wiesen zwar auf deutliche Schwachstellen der Verfassung hin, waren aber um der Konsolidierung der jungen Demokratie willen bereit, dieser zuzustimmen (Folguera 1988: 122).

19 Im Rest Spaniens hatten die Frauenbewegungen Ähnlichkeit mit den Modellen von Barcelona und Madrid. Eine Ausnahme stellt das Baskenland dar, wo die Frauenbewegungen sehr eng mit baskisch-nationalistischen Bewegungen verknüpft waren.

20 Die Unterschiede waren aber nicht zu übersehen. Während die demokratisch konservativen Parteien Gleichheit zwischen Männern und Frauen auf eine eher formale Ebene einforderten und besondere Aufmerksamkeit auf die Bildung von Frauen und den Familienschutz richteten, waren die linken Parteien für reale Gleichheit, ein egalitäres Bildungssystem, eine gemeinsame Erziehung von Jungen und Mädchen und für Kindergärten und Ganztagsschulen (Folguera 1988: 121).

Die Verfassung von 1978 trug dazu bei, die diskriminierenden Elemente des alten Grundgesetzes zu beseitigen. An erster Stelle verbietet sie ausdrücklich die Diskriminierung der Menschen u.a. wegen ihres Geschlechtes. Darüber hinaus verlor nicht nur der Ehebruch, sondern auch die Schwangerschaftsverhütung den Status einer strafbaren Handlung. 1979 wurde ein neues Scheidungsgesetz verabschiedet und die ersten Zentren für Familienplanung wurden um diese Zeit herum eröffnet (Pardo 1988: 136).

Von Seiten der politischen Parteien (vor allem der linken) wurden Frauenorganisationen gegründet, die die Frauenbewegungen in die jeweiligen Parteien integrieren sollten. Auf diese Art und Weise wurde, gewollt oder ungewollt, der Versuch unternommen, die Frauenbewegungen gewissermaßen zu domestizieren. Die Kluft zwischen den radikalen Feministinnen und den Feministinnen, die sich nicht prinzipiell einer politischen Zusammenarbeit verweigerten, wurde dadurch noch ein Stück weit breiter (Pardo 1988: 137f.). Nachdem die Sozialisten (PSOE, *Partido Socialista Obrero Español*) 1982 mit absoluter Mehrheit die Wahlen gewannen, distanzierten sie sich als regierende Partei noch stärker von vielen Forderungen der Frauenbewegungen, an denen jetzt nur noch die radikalen Feministinnen festzuhalten schienen.

Ein Jahr nach ihrer Regierungsübernahme gründete die PSOE das Institut der Frau (*Instituto de la Mujer*) und koppelte es an das Kulturministerium an.[21] Celia Valiente (1996) hat auf mehrere Gründe für die Einrichtung dieses Instituts hingewiesen. Zum einen ist diese Einrichtung sicherlich dem Druck der Frauenbewegungen zu verdanken, auch wenn dieser Druck in Spanien um einiges schwächer war als in anderen Ländern. Zweitens sind auch der internationale Einfluss und das Beispiel anderer Staaten zu nennen, die solche oder ähnliche Institute längst schon eingerichtet hatten. Drittens erklärt aber vor allem der Druck der Frauen in der sozialistischen Partei, die nach der Regierungsübernahme durch die PSOE auf diese Gründung drangen, die schnelle Einrichtung des Instituts der Frau.

Staatsfeminismus und autonome Frauenbewegung

Fünf Jahre nach der Gründung des Instituts wurde der I. Plan zur Realisierung der Chancengleichheit für Frauen (*I. Plan de Igualdad de Oportunidades de las Mujeres*, 1988-1990) verabschiedet, dem inzwischen mehrere Pläne dieser Art gefolgt sind. Momentan ist der IV. Plan in Kraft. Ab 1989 wurden entsprechende Institute auch in den *Comuninades Autónomas* gegründet, die in etwa mit den deutschen Bundesländern vergleichbar sind,

21 Ab 1988 war es dem Sozialministerium zugewiesen (*Ministerio de Asuntos Sociales*). Mit dem Regierungswechsel zugunsten der konservativen Partei *Partido Popular* 1996 wurde es dem Arbeits- und Sozialministerium (*Ministerio der Trabajo y Asuntos Sociales*) zugeordnet.

obwohl sie weit weniger Kompetenzen als diese haben. Auch diese Institute verabschiedeten in der Folgezeit analoge Pläne für die Umsetzung der Chancengleichheit. Vor diesem Hintergrund scheint es möglich, im Fall von Spanien seit den 80er Jahren des zurückliegenden Jahrhunderts von einem Staatsfeminismus oder einer Femokratie zu sprechen (Bustelo 1999: 368). Dieser Staatsfeminismus hat eine zentrale Rolle in der Entwicklung von öffentlichen Gleichheitspolitikstrategien gespielt (Valiente 1997: 127). Gleichwohl scheinen das Institut der Frau und ihre erläuterten Pendants eher die Funktion zu erfüllen, Antriebskräfte dieser Politikstrategien zu sein, nicht aber ihre tatsächlichen Exekutoren. Valiente (1997) hat nämlich in ihrer Analyse des spanischen Staatsfeminismus (vor allem des „Instituts der Frau") darauf hingewiesen, dass das „Institut der Frau" zwar mit Erfolg Problemkreise definiert und auf die politische Agenda gebracht hat, aber nur wenige Erfolge in der Formulierung und Exekution der Politikstrategien für sich verbuchen konnte. Erst recht gelang es nicht, die Entwicklungen zu kontrollieren.[22]

Seit der Gründung des „Instituts der Frau" verstärkte sich, wie bereits gesagt, die tendenzielle Trennung zwischen dem staatlich institutionellen Feminismus, der eng mit der staatlichen Regierung und später auch mit den Regierungen der Regionen – *Comunidades Autónomas* – sowie den übrigen politischen Parteien zusammenarbeitet, und den autonomen Frauenbewegungen, die sich von dieser Form des staatlichen Feminismus nicht sonderlich angesprochen fühlen. Darüber hinaus ist hervorzuheben, dass die autonomen Frauenbewegungen wenig miteinander koordiniert sind (Folguera 1988). In den letzten Jahren sind zwar lose Netzwerke entstanden, die die kleinen Frauenassoziationen auf eine lockere Ebene miteinander koordinieren, aber diese Koordination ist eher horizontal strukturiert und wenig darum bemüht, irgendwelche verbindlichen Hauptlinien zu etablieren.

Ein Blick auf die Beiträge der letzten Tagung der spanischen Frauenbewegungen in Córdoba reicht, um sich einen Eindruck von der Disparität der unterschiedlichen Gruppierungen und Thematiken der zeitgenössischen Frauenbewegungen in Spanien zu verschaffen.[23] Es gibt ein breites Spektrum kleinerer Organisationen, die sich in ihren Zielsetzungen und Dynamik be-

---

22 Wenn man das Institut der Frau und die regionalen Institute zusammen betrachtet, ist Spanien eines der Länder der EU, in denen sich diese Art von Institutionen am schnellsten konsolidiert haben (Bustelo 1999: 370). Für eine Bewertung der Politikstrategien des Institus der Frau siehe Bustelo (1999) und Valiente (1995). Für eine Beschreibung der regionalen Pendants des Instituts der Frau und ihrer Politikstrategien siehe Bustelo (1999). Für Andalusien und das Baskenland siehe Granados (1999) bzw. Martínez (1999).

23 Diese Tagung wurde von der Vereinigung Feministischer Organisationen des Spanischen Staates (*Federación de Organizaciones feministas del Estado Español)* organisiert. Der Tagungsband wurde von der Frauenversammlung aus Córdoba (*Asamblea de Mujeres de Córdoba*) herausgegeben.

trächtlich voneinander unterscheiden und auf einer ganz anderen Ebene arbeiten und argumentieren, als der staatliche Feminismus es tut.

2. Die gegenwärtige Lage der Frauen in Spanien

Man kann sagen, dass die spanischen Frauenbewegungen zurzeit in einer Phase der Selbstreflexion angelangt sind. Diese Phase begann um das Jahr 2000, als sich anlässlich des 25. Todestages des Diktators die Frage aufdrängte, wie weit man in diesem Vierteljahrhundert gekommen sei. Diese Stimmung der Selbstreflexion ist sowohl beim Staatsfeminismus als auch bei den autonomen Frauenbewegungen zu spüren. Die staatlichen Instanzen versuchen in Reaktion auf diese Entwicklung seit neuerer Zeit, die zurückliegenden Gleichheitspläne mehr oder weniger systematisch zu evaluieren. Auf der Seite der autonomen Frauenbewegungen werden vor allem die Fragen erörtert, welche Änderungen der eigenen Bewegungen in den letzten fünfundzwanzig Jahren stattgefunden haben und inwieweit es sinnvoll ist, die eigenen Aktivitäten weiter fortzusetzen.

Bevor wir uns mit der möglichen Zukunft der spanischen Frauenbewegungen und deren Verhältnis zur EU beschäftigen, erscheint es vorab angemessen, kurz einen Blick auf die gegenwärtigen Lagen der Frauen in Spanien zu richten.

In rein formeller Hinsicht hat sich die Situation der Frauen in Spanien, wie bereits erläutert, seit dem Ende der Diktatur und dem Beginn der Demokratisierungsprozesse drastisch geändert. Die undemokratischen Barrieren, die die Ungleichheiten zwischen Männern und Frauen gesetzlich zementierten, sind weitestgehend gefallen. Nichtsdestotrotz sind die Frauen in Spanien noch weit von einer realen Gleichheit mit ihren männlichen Mitbürgern entfernt. Diese Ungleichheiten manifestieren sich am deutlichsten in allen Sphären der Arbeitswelt. Dies gilt sowohl für den Bereich der bezahlten Arbeit als auch im Bereich der Hausarbeit. Aber auch die Möglichkeit der politischen Partizipation von Frauen und das Ausmaß ihrer Freiheit bezüglich der Berufswahl lassen zu wünschen übrig. Mit Blick auf die Erziehung wird deutlich, dass sich die Sozialisationsmuster in Spanien viel weniger verändert haben als etwa die Schulbildungspolitik.[24] Dieser Mangel einer Veränderung der sozialen Realität trägt wesentlich dazu bei, dass sich Frauen noch immer für andere Berufsfelder als Männer entscheiden. Auch in den Analysen der politischen Partizipation von Frauen spielt die Hypothese eine beträchtliche Rolle, dass eine Veränderung des kulturellen und sozialen Umfelds von Frauen die Änderungen der Schulpolitik ergänzen müsse (Morales 1999; Miranda 1987).

---

24 Vgl. Subirats (1998).

Neben den gesetzlichen und legalen Barrieren, die eine reale Gleichheit blockieren, gibt es auch die unsichtbaren Barrieren der Geschichte und der Kultur. Auch diese Barrieren sind prinzipiell abbaubar. Aber das Tempo solcher Veränderungen ist in ihrem Fall erfahrungsgemäß geringer, zumal es hier einiges mehr bedarf als schlichte Änderungen auf dem Papier. Dem gegenüber muss jedoch betont werden, dass es mittlerweile durchaus Veränderungen gab, die viele spanischen Frauen schon vor dem demokratischen Übergang erwartet hatten und die daher auf eine sehr große Akzeptanz stießen. Das Scheidungsgesetz, die Legalisierung der Verwendung von Verhütungsmitteln und die damit ermöglichte Familienplanung sind hierfür paradigmatische Beispiele. In der Tat hat Spanien momentan die niedrigste Geburtenrate der EU. 1994 lag die durchschnittliche Anzahl von Kindern pro Frau bei 1,21. 1998 sogar nur noch bei 1,16. Die höchste Fekunditätsrate lag 1994 noch zwischen 25 und 29 (Instituto de la Mujer 2001: 9). Die Mütter werden älter und die Kinder weniger.

Diese niedrige Rate ist selbstverständlich nicht nur das Ergebnis einer bewussten und gewollten Entscheidung. Geschlechtsforscherinnen, Femokratinnen und die Anhängerinnen der autonomen Frauenbewegungen sind sich darin einig, dass die hohe Arbeitslosigkeit der Frauen und der jungen Menschen und der nur schwach ausgeprägte sozialstaatliche Schutz in Spanien die Entscheidung, eine Familie zu gründen, nicht gerade leicht machen. Spanien ist hinsichtlich seiner Sozialstaatlichkeit in der Tat eines der Schlusslichter der EU. Zwar fing der Aufbau sozialer Sicherungssysteme vor rund fünfundzwanzig Jahren fast bei Null an. Doch obwohl während der Regierungszeit der sozialistischen Partei (1982-1996) entschlossene Schritte in die Richtung eines Wohlfahrtstaates unternommen wurden, ist das Resultat recht bescheiden im Vergleich mit anderen Staaten der EU, vor allem im Vergleich mit den skandinavischen Ländern. Darüber hinaus hat der spanische Sozialstaat seine Aufmerksamkeit in der Vergangenheit eher auf Schutzmaßnahmen für berufstätige und arbeitslose Menschen konzentriert und daher wenig für die Sozialhilfe bzw. für die Betreuung von Kindern und Kranken getan. Guillén hat im Bezug auf diesen Punkt darauf hingewiesen, dass die Tendenz in der gesamten EU, dass sich Frauen viel intensiver um die Betreuung unselbständiger Familienmitglieder kümmern als Männer oder irgendwelche staatlichen Einrichtungen, in den südeuropäischen Staaten besonders stark ausgeprägt ist (Guillén 1999; Valiente 1995).

Auch im Bildungssystem hat sich einiges verändert, aber die Zahlen, die die Wahl des Studienfaches oder des Ausbildungsplatzes betreffen, haben sich als wenig veränderlich erwiesen. In Spanien besuchen alle Kinder zwischen dem fünften und dem vierzehnten Lebensjahr die Schule. Zwischen dem 15. und dem 19. Lebensjahr liegt die Rate der noch im Bildungssystem

Befindlichen für Frauen etwas höher als für Männer.[25] Die Geschlechterunterschiede werden erst dann prägnant, wenn es darum geht, einen Beruf oder ein Studium zu wählen. Während der weibliche Studienanteil im akademischen Jahr 1998/99 in den Gesundheitswissenschaften bei 71%, in den Humanistischen Studiengängen bei 64% und in den Rechts- und Sozialwissenschaften bei 61% lag, waren in den technischen Studiengängen nur 26% Frauen vertreten (Instituto de la Mujer 2001: 20). Immerhin bildeten die Frauen 53% aller Studierenden Spaniens. In den Promotionsstudiengängen war der Anteil der Frauen etwas geringer, lag aber noch immer bei einer Mehrheit von 51%. Interessanterweise lag in den technischen Studiengängen der Prozentanteil der Promovendinnen fast auf dem selben Niveau wie der der Studentinnen (26%), während die Zahlen in den Gesundheitswissenschaften auf 54%, in den humanistischen Studiengängen auf 57% und in den Rechts- und Sozialwissenschaften auf 53% gesunken waren (Instituto de la Mujer 2001: 21). Mit Blick auf den Lehrkörper der spanischen Hochschulen zeigte sich eine deutliche Männermehrheit; die Frauen bildeten nur 32% des lehrenden Personals der Universitäten und Fachhochschulen, wobei lediglich 15% Professuren von Frauen vertreten werden (Instituto de la Mujer 2001: 23).

Noch krasser als an der Universität sind die Geschlechterunterschiede mit Blick auf die Berufsschulen (F.P. *Formación Profesional*). Hier gibt es Ausbildungsgänge, wie etwa Haushalt (93%), Frisur und Ästhetik (89%), Gesundheit (80%) oder Buchhaltung und Handel (62%), die mehrheitlich von Frauen gewählt werden. Auf der anderen Seite gibt es Ausbildungsgänge, wie Elektrik und Elektronik (7% Frauenanteil), Metall (6%) oder Automechanik (6%), die von den Männern bevorzugt werden (Instituto de la Mujer 2001: 19). Gleichwohl scheint hier eine tendenzielle Änderung im Gange zu sein, wie ein Vergleich zwischen den akademischen Jahren 1996/97 und 1998/99 für alle Ausbildungen belegt. Offenbar gibt es in den bisher eher für Frauen typischen Berufen einen zunehmenden Anteil von Männern. Und auch die entgegengesetzte Tendenz lässt sich belegen.

Wenn man sich die Situation auf dem Arbeitsmarkt vor Augen führt, stößt man auf weitere markante Unterschiede, die zwischen Männern und Frauen herrschen. 1996 stellten die Frauen 39% der aktiven bzw. der beschäftigten oder arbeitsplatzsuchenden Bevölkerung und 35% aller Beschäftigten. Im Jahr 2000 waren sie schon 40% der aktiven Bevölkerung und 38% aller Beschäftigten. Nach den Daten des „Instituts der Frau" für 1996 und 1999 ist die Beschäftigungsrate der Frauen in Spanien die zweitniedrigste in der EU.[26] Der größte Unterschied in den Beschäftigungsraten zwischen Män-

---

25 Diese Daten betreffen die Erhebungen von 1996-1997 und von 1998-1999 (Instituto de la Mujer 2001: 17).

26 Die niedrigste ist die der Italienerinnen. Im Jahr 1999 lag die durchschnittliche Beschäftigungsrate der Frauen in der EU bei 47% (die griechische Rate ist in diesen Durch-

nern und Frauen betrifft die Verheirateten. Verheiratete Männer haben eine besonders hohe Erwerbsrate, während verheiratete Frauen eine besonders niedrige aufweisen. Nur 38% der verheirateten Frauen sind berufstätig, während diese Zahl bei den Männern bei 65% liegt. Daneben gehen überdurchschnittlich viele berufstätige Frauen einer Teilzeitbeschäftigten nach (81% aller Teilzeitbeschäftigten sind Frauen). Außerdem arbeiten viel mehr Frauen als Männer in befristeten Verträgen. Frauen in führenden Positionen sind eher die Ausnahme (Instituto de la Mujer 2001: 34ff.). Frauen sind des Weiteren auch wesentlich stärker von Arbeitslosigkeit betroffen als Männer. So waren 1996 52% aller Arbeitslosen und im Jahr 2000 58% weiblich (Instituto de la Mujer 2001: 24). Die spanische Arbeitslosenrate ist eine der höchsten in der EU, sowohl für Männer als auch für Frauen. Gleichwohl liegt die Arbeitslosenrate von Frauen deutlich über dem europäischen Durchschnitt. Während 1999 die durchschnittliche Arbeitslosenrate der EU bei 11% Frauen und 8% Männern lag, belief sich diese in Spanien bei den Frauen auf 23% und bei den Männern auf 11% (Instituto de la Mujer 2001: 39). Im Jahr 2000 war die Arbeitslosenrate für beide Geschlechter etwas niedriger: nämlich 20% bei den Frauen und 9% bei den Männern (Instituto de la Mujer 2001: 38).

Zusammenfassend kann man also sagen, dass in Spanien die Frauenerwerbsquote nicht sehr hoch ist und unter diesen Frauen diejenigen, die ganztags und in führenden Positionen arbeiten, eine Ausnahme darstellen. Es sollte in diesem Zusammenhang hinzugefügt werden, dass sich die Unterschiede zwischen Männern und Frauen auch in anderen Bereichen, z.B. mit Blick auf die Löhne und Gehälter und damit auch im Hinblick auf spätere Renten, finden lassen (vgl. Instituto de la Mujer 2001: 44).

Vorliegende Daten über die Einteilung der zur Verfügung stehenden Zeit zeigen ebenfalls deutliche Unterschiede zwischen Männern und Frauen. Dies gilt nicht nur mit Blick auf bezahlte Arbeit, sondern auch mit Blick auf die Hausarbeit. Im Jahr 2001 haben Frauen viel mehr Zeit als Männer der Hausarbeit gewidmet und folglich weniger Zeit der bezahlten Arbeit, der Freizeit, einem Studium oder einer sonstigen Fortbildung. Während Männer und Frauen 1996 zusammengerechnet durchschnittlich 5 Stunden und 25 Minuten im eigenen Haushalt tätig waren, hatten Frauen 7 Stunden 35 Minuten und Männer lediglich 3 Stunden und 5 Minuten der Hausarbeit gewidmet. Im Jahr 2001 blieben die Daten fast gleich: 5 Stunden und 18 Minuten hatten Männer und Frauen zusammen durchschnittlich der Hausarbeit gewidmet; davon 7 Stunden und 22 Minuten die Frauen und 3 Stunden und 10 Minuten die Männer (Instituto de la Mujer 2001: 13).

---

schnittswert nicht mit eingerechnet). Der Unterschied zwischen dem spanischen und dem Durchschnittswert der EU belief sich auf 19% (Instituto de la Mujer 2001: 26).

Ana Marta Guillén kam zu der Schlussfolgerung, dass die Geschlechterunterschiede mit Blick auf die gesundheitliche Grundversorgung und auf die Bildung geringer werden, aber mit Blick auf die Arbeitsmarktpolitik und die soziale Absicherung weiterhin extrem sind. (Guillén 1999: 331) Diese Sachverhalte erklären Guillén zufolge, warum in Spanien Frauen als Betreuerinnen und Pflegerinnen innerhalb der Familie tätig sind (da es kaum Hilfe vom Staat gibt), warum Frauen im Vergleich zu anderen EU Ländern eine geringere Präsenz auf dem Arbeitsmarkt zeigen und warum die Fekunditätsrate in Spanien so niedrig ist. (Guillén 1999: 330) Sozialstaatliche Leistungen gelten in Spanien nicht als Bürgerrecht. Obwohl diese Leistungen in den letzten Jahrzehnten gewachsen sind, reichen sie nicht hin, um den Weg der Frauen in den Arbeitsmarkt zu erleichtern. Guillén hat in diesem Zusammenhang auch auf die Rolle der Gewerkschaften hingewiesen, die in ihren Verhandlungen mit Arbeitgebern oder mit Regierungsseiten sehr selten explizit die Forderungen der Frauen zum Ausdruck bringen. Guillén hält den Gewerkschaften daher vor, dass sie lediglich die beschäftigten Arbeiter vertreten, die ihre Mitglieder sind, und diejenigen vernachlässigen, die nicht am Privileg eines Arbeitsplatzes teilhaben (Guillén 1999: 334) Darüber hinaus verweist sie auf die schwache Position der Frauenbewegungen in Spanien im Kampf um eine egalitäre Sozialpolitik. Dass das Institut der Frau über keine unmittelbaren Exekutionskompetenzen verfügt, wenn es gilt, ihre Gleichheitsprogramme durchzusetzen, wurde bereits deutlich. Dieses Institut geht eher informierenden und beratenden Tätigkeiten nach, indem es z.B. den verschiedenen Ministerien Mitteilung macht, in welche Richtung gearbeitet werden sollte. Dem Institut kommt also keine Macht zu, um die Richtlinien, die es formuliert, auch selbst zu implementieren.

Politische Partizipation

Auch die bereits erwähnte Tatsache, dass sich die Instanzen des staatlichen Feminismus und die autonomen Frauenbewegungen nur wenig koordinieren, vereitelt eine gezielte Zusammenarbeit (vgl. Valiente 1997; Guillén 1999: 336). Hinzu kommt, dass Frauen in den verschiedenen politischen Instanzen sehr schlecht repräsentiert sind und ausgerechnet die Linksparteien (also der Parteien, die sich links von den Sozialisten PSOE positionieren, wie z.B. die *Izquierda Unida*, die diesen Mangel an Repräsentation ebenfalls beklagen, ihrerseits äußerst schwach sind (Guillén 1999: 336).

Edurne Uriarte (1999) analysiert die politische Partizipation der Frauen Spaniens, indem sie zwei Ebenen voneinander unterscheidet. Dabei handelt es sich zum einen um die Ebene der Bürger und ihrer Einflussmöglichkeiten. Und auf der anderen Seite geht es um eine Ebene des Staates, seiner Aktionen und Konfigurationen. Vor dem Hintergrund dieser Analyse wird deutlich, dass auf beiden Ebenen eine signifikante Geschlechterdistanz besteht.

Frauen haben oftmals andere Vorstellungen als Männer, handeln daher auch anders und ihre Präsenz in den Machtpositionen ist deutlich geringer (Uriarte 1999: 341).

Nach Uriarte (1999: 341f.) lassen sich diese Unterschiede durch die unterschiedlichen Sozialisationsprozesse, durch den unterschiedlichen Grad an formaler Bildung, durch den ungleich verteilten Zugang zu bezahlter Arbeit sowie durch die damit einhergehende Ungleichheit an Partizipationsmöglichkeiten erklären. In Spanien sind Frauen zumeist weniger über Politik informiert und auch nicht sonderlich an politischen Angelegenheiten interessiert. Da sie sich in politische Aktivitäten weniger einmischen als die Männer, sind sie in den politischen und sozialen Eliten auch nicht sonderlich gut repräsentiert (vgl. auch Ortiz 1987; Miranda 1987).

Nichtsdestotrotz haben in den letzten Jahren einschneidende Veränderungen stattgefunden. Während in den ersten vier Legislaturperioden nur 6% der Delegierten des Kongresses Frauen waren, ist dieser Anteil 1996 auf 22% im Jahr 2000 auf 28% gestiegen (Instituto de la Mujer Frau 2001: 55). Der Vergleich mit Großbritannien und den USA (wo die Quoten niedriger sind) und auch mit Österreich (wo sie höher als in Spanien sind) führt Uriarte zu der Schlussfolgerung, dass der Unterschied zwischen katholischen und protestantischen Ländern für das Ausmaß der Partizipation von Frauen keine Erklärungskraft besitzt, auch wenn dies manche Autoren (z.B. Jelen/ Thomas/ Wilcos 1994) behauptet haben. Vielmehr vertritt sie die Auffassung, dass das jeweilige Gewicht der Linksparteien eine wichtige Rolle spielt. Diese Parteien betreiben nämlich eine konsequente Quotenpolitik, setzten auf ein zentralisiertes Rekrutierungsverfahren von Kandidaten und Kandidatinnen und ziehen der Mehrheitswahl ein proportionales Wahlverfahren vor (Uriarte 1999: 344ff.). Gleichwohl sind Geschlechterunterschiede auf fast alle Ebenen der politischen Partizipation nur schwerlich zu übersehen. Und damit können wir die zum nächsten Abschnitt direkt überleitende Folgerung ziehen, dass die Gleichheit von Frauen und Männern auch in Spanien noch ein Projekt für die Zukunft ist.

3. Ein Blick nach vorn

Der politische Übergang zur Demokratie ist weitestgehend vollendet und der Weg in ein gemeinsames Europa eröffnet neue Dimensionen, aber auch viele Fragen für die Zukunft der Frauen in Spanien. Gegenwärtig sind die Frauenbewegungen in Spanien in zwei Strömungen gespalten. Auf der einen Seite steht nach wie vor der so genannte staatliche Feminismus und auf der anderen Seite findet man die autonomen Frauenbewegungen. Der erste Block ist relativ kompakt und klar strukturiert. Der andere ist eher amorph. Es entstehen zwar langsam Netzwerke, aber die Strukturen sind eher prekär und die verfolgten Ziele vielfältig. Manche Organisationen der autonomen Frauenbewegungen erhalten Subventionen vom Staat, von der EU oder von den staatlich geförderten regionalen Instituten der Frau. Sie sind von ihnen insofern auch inhaltlich abhängig, als sie ihre Ziele und Arbeitspläne teilweise umstrukturieren und umformulieren müssen, um mit den Kriterien und Prioritäten der jeweiligen Geldgeber übereinzustimmen.

Die Frauenorganisationen, die weder vom Staat noch von politischen Parteien oder Gewerkschaften finanziell abhängig sind, haben sich zunehmend differenziert. Daher zwingt dieses immer breiter werdende Spektrum kleiner Gruppen und Gruppierungen, die es heutzutage gibt, tatsächlich dazu, über Frauenbewegungen immer im Plural zu sprechen. Diese Pluralität an Organisationen und Tendenzen hat die Koordination der Frauenbewegungen zu einer schwierigen Aufgabe gemacht. Die unterschiedlichen Gruppen arbeiten nur selten zusammen, um gemeinsame Ziele zu erreichen.

Im Tagungsband der Feministischen Tagung (*Jornadas Feministas*), die im Jahr 2000 in Córdoba stattfand und ein sehr breites Spektrum der autonomen spanischen Frauenorganisationen versammelte, wird die Diversität sowohl der Frauenbewegung als auch der Realitäten der Frauen, die sie vertreten, deutlich (ASM 2001). Die gemeinsamen Richtlinien der Frauenassoziationen, die sich in Córdoba trafen, werden zwar in einem gemeinsamen Manifest formuliert, das auch die gemeinsamen Forderungen enthält (ASM 2001: Anhang). Bei genauerer Lektüre erscheint dieses Manifest aber als ein Konglomerat aus den verschiedensten Beiträgen, auch wenn der Versuch erkennbar wird, eine allgemein akzeptierte Basis für das weitere Handeln zu entwerfen. Diese allgemeinen Forderungen sind m.E. repräsentativ für die gemeinsamen Forderungen der autonomen spanischen Frauenbewegungen am Anfang des 21. Jahrhunderts (wobei diese Forderungen nur teilweise vom Staatsfeminismus geteilt werden). Gewalt gegen Frauen ist das erste Thema, das angesprochen wird, wobei schon die reine Anzahl der Beiträge der unterschiedlichen Gruppen zu diesem Thema zeigt, dass es sich hierbei tatsächlich um eines der Hauptthemen dieser Tagung handelt. Tatsächlich sind Gewalt gegen Frauen im Besonderen und Gewalt im Allgemeinen zentrale Themen der Frauenbewegungen der letzten Jahre in Spanien. Und zum ersten Mal hat dieses Thema auch die Schlagzeilen der spanischen Öffentlichkeit erreicht, wobei die Gewalt gegen Frauen kein neues Phänomen ist, wie das Manifest dieser Tagung auch deutlich unterstreicht.

Ein anderes Thema, das sowohl im Manifest als auch in mehreren Beiträgen verschiedener Gruppen zur Sprache kommt, betrifft die Rechte der Frau, wobei es auch um das Demokratieverständnis, um die sozialen Rechte und um die Gleichheit von Männern und Frauen in allen Gebieten des Lebens (Politik, Arbeit, Recht, Beziehungen, Gesundheit, Immigration, usw.) geht. In diesem Kontext werden sowohl gesetzliche als auch soziale Änderungen verlangt, die eine reale Gleichheit zwischen Männern und Frauen ermöglichen sollen. Dabei fällt einerseits auf, dass kein Bezug auf den Begriff des Gender-Mainstreaming genommen wird und andererseits, dass sich weder das Manifest noch die einzelnen Beiträge an die EU wenden, um die geforderten Änderungen herbeizuführen. Neben den Frauen, die selbst in den Frauenbewegungen engagiert sind, kommen vielmehr nur das spanische Parlament, die spanische Regierung und andere Institutionen innerhalb Spaniens als virtuelle Gesprächspartner der Tagungsteilnehmerinnen zum Vorschein.

Ein weiteres Thema, das sowohl in den einzelnen Beiträgen als auch im Manifest behandelt wird, betrifft die Arbeit von Männern und Frauen, sowohl die bezahlte als auch die Hausarbeit. Die bestehenden Unterschiede zwischen Männern und Frauen in bezug auf die Verteilung von Aufgaben, Gütern und Chancen (Frauen erleben mehr Armut und Marginalisierung) und die unterschiedliche Bewertung der Arbeit von Männern und Frauen, die etwa in Lohnunterschieden zum Ausdruck kommt, werden ebenfalls thematisiert. Und wieder fällt auf, dass keiner der zahlreichen Beiträge zu dieser Thematik irgendwelche europaweiten Regelungen einklagt, geschweige denn Politikstrategien der EU oder gesamteuropäische Gleichheitspläne zur Sprache bringt. Die EU spielt mit anderen Worten in diesem Zusammenhang überhaupt keine Rolle.

Dies heißt jedoch nicht, dass sich die gesamte Diskussion nur auf Spanien konzentrierte. Denn die Globalisierung und ihre Konsequenzen für die Frauen im Allgemeinen wurden durchaus thematisiert (Armut, Migration u.a.), wobei aber vor allem die Protagonisten und Nutznießer der Globalisierung angeklagt wurden. Anders gesagt, wurde von der spanischen Ebene sofort auf die globale Ebene gesprungen, wobei die Ebene der EU schlicht übersprungen wurde.

Weitere markante Themen, die diese Tagung bestimmten, sich aber nicht im Manifest widerspiegeln, sind zum einen theoretische Überlegungen über die soziale Konstruktion von Geschlechtern. Zum anderen ist der Konflikt zwischen dem Feminismus der Gleichheit und dem der Differenz zu nennen. Außerdem wurde auch über Solidarität unter Frauen, über Gesundheit und Sexualität der Frau, über Transsexualität und überraschend oft über die notwendige Verstärkung der Netzwerke diskutiert. Viele sprachen sich zur Unterstützung der Lobbytätigkeit für eine neue Organisationsform der bis jetzt zerstreuten Frauenbewegungen aus. Denn solche neuen Organisationsformen wurden als besonders effektiv dafür erachtet, gemeinsame Projekte, Kritiken und Anregungen zu entwickeln, ohne zugleich die Diversität und Pluralität der Frauenorganisationen zu unterbinden.

Wie bereits gesagt, geht keiner der veröffentlichen Vorträge, die auf der feministischen Tagung im Jahr 2000 gehalten wurden, auf das Thema EU ein. Folglich werden die Institutionen der EU weder kritisiert, noch irgendwelche Forderungen an sie gerichtet. Die erhobenen Forderungen sind vielmehr an die bereits persönlich engagierten Frauen der Frauenbewegungen gerichtet, die sich weiter engagieren sollen, da es (wie es in manchen Aufsätzen wörtlich heißt) allein in ihren Händen läge, eine Veränderung und Verbesserung der bestehenden Gesellschaft zu erwirken. Auf der anderen Seite werden jedoch durchaus spezifische spanische Gesetze und Politikstrategien erwähnt, die als mangelhaft oder schädlich für manche (oder viele) Frauen empfunden werden. Das Ausländergesetz (*Ley de Estrangería*) oder das Fehlen eines umfassenden Gesetzes gegen die Gewalt zwischen den Geschlechtern sind Beispiele hierfür.

Gleichwohl erscheint es möglich, viele der Kritikpunkte und Anregungen, die im Manifest und in den Einzelbeiträgen zur Sprache kommen, so umzuformulieren, dass auch die EU als Ansprechpartnerin ins Gespräch zu ziehen wäre. Darüber hinaus muss auch unbedingt betont werden, dass es jenseits dieser Tagung durchaus auch Kritik an der EU gibt, auch wenn festzuhalten bleibt, dass das geringe Ausmaß einer kritischen Auseinandersetzung mit der EU überrascht.

Auch mit Blick auf die Haltung zur EU ist die Unterscheidung zwischen dem Staatsfeminismus und den autonomen Frauenbewegungen auffallend. Der Staatsfeminismus übt keinerlei Kritik an der EU, stellt keine Forderungen und macht auch keine Vorschläge. Dies hat wohl vornehmlich mit seiner mehr informierenden und beratenden Funktion zu tun, über die bereits gesprochen wurde. So informieren seine Institutionen etwa über die Gleichstellungspolitiken der EU, indem sie entsprechende Informationen öffentlich zugänglich machen.[27]

Die autonomen Frauenbewegungen lassen sich auf der anderen Seite wiederum in zwei Gruppen teilen: diejenigen, die von Staat und EU subventioniert werden, und diejenigen, die ohne jegliche Subventionen arbeiten. Auf der Seite der subventionierten Frauenassoziationen möchte ich mich paradigmatisch auf CELEM (*Coordinadora Española del Lobby europeo de mujeres*, Spanische Koordinationstelle des *European Women's Lobby*) konzentrieren. Dieses Netzwerk umfasst sechsundzwanzig Assoziationen und sechs regionale Interessengruppen und beschäftigt sich hauptsächlich mit der Politik Spaniens und der EU. Die Prioritäten, die derzeit von CELEMs verfolgt werden, sind folgende:

1) Die Einführung eines Bürgerrechts auf Gleichbehandlung von Mann und Frau.
2) Eine Auseinandersetzung mit der Sozial- und Arbeitspolitik Spaniens und der EU. Die erhobene Forderung auf diesem Gebiet lautet, dass die EU – nachdem sie sich zur wirtschaftlichen Union bereits entwickelt hat – jetzt auch zu einer sozialen Union weiterentwickeln soll. Nicht nur die europäischen Frauen, sondern auch die Migrantinnen

27 Siehe z.B. die Webseite des Instituts der Frau: www.mtas.es.

sollen die volle Mitbürgerschaft der EU erhalten. Außerdem soll die Sozialpolitik in Europa endlich dafür sorgen, dass auf dem Arbeitsmarkt gleiche Zugangsmöglichkeiten und gleiche Bezahlung von Männern und Frauen realisiert werden.

3) An dritter Stelle richtet sich dieses Netzwerk an das spanische Parlament mit dem Ziel, ein umfassendes Gesetz gegen die Gewalt zwischen den Geschlechtern und gegen Gewalt gegen Frauen zu verabschieden. Das Netzwerk CELEM hat auch ein Programm zum Problem der Migrantinnen entworfen, das aber im Gegensatz zu den drei skizzierten Programmen keine Finanzierung bekam und daher nicht weiterverfolgt werden konnte.

Das CELEM bzw. die zahlreichen Mitglieder dieses Netzwerkes beanstanden den Umstand, dass in Spanien nur wenige gesellschaftliche Kontroversen öffentlich ausgetragen werden. Sie unterstreichen, dass es seit der Regierungsübernahme 1996 durch die konservative Partei PP ein beträchtliches Missverhältnis zwischen dem gibt, was auf der Ebene der Diskurse angekündigt wird, und dem, was in der konkreten Praxis passiert. Die Regierung und das von ihr abhängige Institut der Frau kündigten beispielsweise zwar große Bereitschaft dafür an, sich zusammen mit den NGOs um einen Aufbau der notwendigen Institutionen einer Zivilgesellschaft zu bemühen. Tatsächlich gingen die staatlichen Instanzen aber nur auf solche Vorschläge ein, die ohnehin mit den eigenen Interessen übereinstimmen, und wehrten alle darüber hinausgehenden Gespräche und Verhandlungen ab.[28]

Es ist jedoch nicht leicht, die Positionierungen des CELEM in der Diskussion um Themen der EU genau zu bestimmen, da dieses Netzwerk ein Mitglied der *European Women's Lobby* ist, weswegen ihre Vorschläge und Beiträge nur selten gesondert, sondern zumeist in Form eines Diskussionsergebnisses zugänglich werden. Dieses Ergebnis ist dann selbstverständlich als Resultat der verschiedenen staatlichen Lobbies zu deuten, wodurch die möglicherweise bestehenden Interessenkonflikte zwischen den verschiedenen europäischen Verbänden nicht zum Vorschein kommen.

Auf der Ebene der Frauenbewegungen, die ohne jegliche Finanzierungsquellen und andere institutionellen Unterstützungen arbeiten, ist es am schwierigsten, Materialien in die Hände zu bekommen, die einen direkten Bezug auf die EU nehmen. Die aufgefundenen Quellen zeichneten aber durchweg ein negatives bzw. kritisches Bild von der EU, die gemeinhin als Fürsprecherin der Globalisierung verpönt wird. Ich möchte mich auf zwei Dokumente der beiden kleineren Gruppierungen „Andere Frauen" (*Mujeres Divergentes*) und „Frauen für ein anderes Europa" (*Mujeres por una Europa diferente*) konzentrieren. Diese beiden Texte beanstanden den Umstand, dass die Mitgliedschaft in der EU bereits markante und negative Konsequenzen

28 Siehe www.celem.org.

für Spanien mit sich gebracht habe. Als Beispiele dieser Konsequenzen werden etwa die Umwandlung der spanischen Wirtschaft, die zahlreichen Schließungen kleiner, oft familiärer Betriebe und solcher Betriebe genannt, die überdurchschnittlich viele Arbeitsplätze anbieten. Auch habe sich die Landwirtschaft Spaniens durch die Tatsache ungünstig entwickelt, dass die EU festlegt, was, wann, wo und wie produziert wird. Diese Einflussnahme der EU hätten zu einer hohen Arbeitslosigkeit, zur Verunsicherung der Arbeitsverhältnisse, zu einer Verschlechterung der Löhne und der Arbeitsbedingungen, zu einer Zunahme der Zahl von Menschen, die Marginalisierung und Exklusion erleben müssen, beigetragen. Darüber hinaus unterstreichen diese Dokumente, dass die Frauen in Spanien ohnehin eine sehr schwache Position auf dem Arbeitsmarkt haben und die EU deren wirtschaftliche Konvergenz sich auf Kriterien wie Inflation, Staatsdefizit, Staatsschulden, Zinsenraten und Währungsstabilität konzentriert, notwendigerweise die sozialen Leistungen kürzt. Die Frauen Spaniens, die diese Leistungen bisher nicht erhalten haben, werden sie unter diesen Bedingungen in Zukunft erst recht nicht erhalten. Dieses Europa sei eine fremde Realität und ein fremder politischer Raum für Frauen. Denn „wir sind nur in der Lage denjenigen Raum als den unseren anzueignen, in dem wir uns als die Hauptfiguren einer Geschichte fühlen können [...], die uns etwas angeht.“[29]

Vor dem Hintergrund dieser Kritik an der EU und der Warnung, dass diese eine Richtung eingeschlagen habe, die negative Konsequenzen für Frauen, Arme, Migranten und vor allem für arme Migrantinnen produziert, kommt dann aber doch der Vorschlag zur Sprache, ein anderes Spanien und ein besseres Europa zu konstruieren. Hier bleibt jedoch zu bemerken, dass die konstruktiven Vorschläge auf einer viel allgemeineren Ebene verbleiben als die Kritik an den bestehenden Verhältnissen.

Solche direkten Äußerungen über die EU von Seiten der autonomen Frauenbewegungen sind eher als Ausnahme und keineswegs als Regel zu bezeichnen. Wie einige Mitglieder der Frauenassoziationen, die sich regelmäßig in Barcelona im *Ca la Dona* treffen, in Interviews äußerten, sprengt die EU Thematik ihres Erachtens schlicht den Rahmen, der den kleinen Gruppierungen gesetzt ist. Da sich diese Vereinigungen ohne jegliche Finanzierung zumeist nur einmal in der Woche treffen, reichen ihre Kapazitäten nur dafür aus, sich über die unmittelbare Realität der engagierten Frauen Gedanken zu machen. Dass diese Frauen die Einschätzung vertreten, ihre

---

29 Vgl. http://www.nodo50.org/maast/default/htm. Diese beiden Dokumente werfen der EU auch vor, lediglich die Parodie einer Demokratie zu sein, da die Bürgerinnen und Bürger nicht zählten. In der EU würden die sozialen Ungleichheiten und die Geschlechterungleichheiten sowie die Verunsicherung und die Exklusionsmechanismen nur verstärkt. Des Weiteren wird die EU auch als eine Bedrohung des öffentlichen Bildungssystems und des staatlichen Krankenversicherungsschutzes dargestellt, da ihre ökonomischen Interesen nicht immer mit den sozialen Bedürfnissen der Bürger und Bürgerinnen übereinstimmen.

unmittelbare Realität habe nicht oder nicht sonderlich viel mit der EU zu tun, ist bezeichnend und wäre vielleicht schon ein Forschungsthema an sich.

Schlussfolgerungen

Zusammenfassend kann man festhalten, dass sich die Frauenbewegungen in Spanien momentan eher in einer Phase der Selbstreflexion und Selbstbesinnung als in einer Phase der Auseinandersetzung und des Kampfes um gemeinsame Ziele befinden. Um das Jahr 2000 fanden mehrere Veranstaltungen statt, die über die Lage der Frauenbewegungen nach fünfundzwanzig Jahren Demokratie und über ihre Zukunftsperspektiven reflektierten. Die Feministische Tagung in Córdoba wurde hierfür als paradigmatisches Beispiel vor Augen geführt. Schon ihr Hauptmotto „Feminismo.es ... y será" verweist in einer Art Wortspiel auf die Selbstreflexion und den Blick in die Zukunft: Auf der einen Seite finden wir *Feminismus.es*, wobei „es" sowohl für das Hilfsverb „ist" als auch für die spanische Internetkennzeichnung steht. Dies soll offenbar auf die gegenwärtige Lage des Feminismus in Spanien verweisen. Und auf der anderen Seite finden wir die Wendung ... *y será* („und wird sein"), die auf die Zukunft mit dem Versprechen einer Kontinuität hindeutet.

In den vergangenen Jahren wurden mehrere Werke veröffentlicht, die Zeugnisse der autonomen Frauenbewegungen dokumentieren, die sich sowohl staatsweit als auch regional entwickelten. Diese Werke verdeutlichen einerseits, dass es von der Seite der Geschlechterforschung ein Interesse daran gibt zu erfahren, wie die oft nur amorphen Verbindungen zwischen den Frauen geknüpft waren, wobei nicht nur die Kontinuitäten, sondern auch die Brüche zum Vorschein kommen. Andererseits wird hier auch deutlich, wie von Seiten der Frauenbewegung das Interesse an der eigenen Geschichte entstand, um eine Orientierung für die Zukunft zu finden. Der Eindruck, den man gewinnt, wenn man sich diese schriftlichen Produktionen vor Augen führt, ist, dass diese Orientierung zwar noch nicht gefunden ist, die ersten Richtlinien sich aber schon abzeichnen. Diese zeigen sich klar in den Zielsetzungen des bereits erwähnten Manifests von Córdoba: Ein Ende der Gewalt gegen Frauen, Ökologismus und Respekt für das Leben, Pazifismus, Globalisierungskritik, Lob der Differenz und der Diversität (sowohl der Kulturen, als auch der Frauen und der Frauenbewegungen), reale und nicht nur juristische Gleichheit und gleiche Löhne für gleiche Arbeit (AMC 2001: Anhang).

Literatur

Asamblea de Mujeres de Córdoba (ASM) (2001): Femismo.es...y será, Còrdoba.

Aubet, María José (1995): Democracias desiguales. Cultural política y paridad en la Unión Europea. Barcelona.
Aubet, María José (2000): Ciudadanía y representatividad. Los sistemas electorales en Europa. Barcelona.
Baelen, Jean (1973): Flora Tristán: feminismo y socialismo en el siglo XIX. Madrid.
Bustelo, María (1999): Políticas públicas de igualdad de género en España: evolución y evaluación. In: Ortega, Margarita/ Sánchez, Cristina/Valiente, Celia (Hg.): Género y ciudadanía. Revisiones desde el ámbito privado. Madrid, S. 367-389.
Cabrera, María Isabel (1988): Las mujeres que lucharon solas: Concepción Arenal y Emilia Pardo Bazán. In: Folguera, Pilar (Hg.): El Feminismo en España. Dos siglos de historia. Madrid, S. 29-50.
Campo Alange, María (1963): La mujer en España. Cien años de historia. Madrid.
Capmany, Maria Aurèlia (1970): El Feminismo Ibérico. Barcelona.
Di Febo, Giuliana (1976): Orígenes del debate feminista en España. La escuela krausista y la Institución Libre de Enseñanza. In: Sistema 12, Januar 1976. Madrid. S.49-82.
Di Febo, Giuliana (1979): Resistencia y movimiento de mujeres en España (1936-1976). Barcelona.
Elejabeitia, Carmen (1987): Liberalismo, marxismo y feminismo. Barcelona.
Escario, Pilar/ Alberdi, Inés/ López-Accotto, Ana Inés (1996): Lo personal es político. El Movimiento Feminista en la transición. Madrid.
Folguera, Pilar (Hg.) (1988): El Feminismo en España. Dos siglos de historia. Madrid.
Folguera, Pilar (1988): De la transición política a la democracia. La evolución del feminismo en España durante el período 1975-1988. In: Folguera, Pilar (Hg.): El Feminismo en España. Dos siglos de historia. Madrid, S. 111-131.
González, María Teresa (1988): El surgimiento del Movimiento Feminista. 1900-1930. In: Folguera, Pilar (Hg.): El Feminismo en España. Dos siglos de historia. Madrid, S. 51-56.
Granados, Elena (1999): El Instituto Andaluz de la Mujer: la creación de un órgano autonómico para la igualdad entre los géneros. In: Ortega, Margarita/ Sánchez, Cristina/Valiente, Celia (Hg.): Género y ciudadanía. Revisiones desde el ámbito privado. Madrid, S. 391-405.
Guillén, Ana Marta (1999): Protección social, género y ciudadanía: el caso español. In: Ortega, Margarita/ Sánchez, Cristina/Valiente, Celia (Hg.): Género y ciudadanía. Revisiones desde el ámbito privado. Madrid, S. 313-339.
Instituto de la Mujer (2001): Las Mujeres en Cifras. 1996-2000. Madrid.
Martínez, Eva (1999): Actividad legislativa y debate parlamentario para la igualdad entre los sexos: el caso del Parlamento Vasco (1980-1997). In: Ortega, Margarita/ Sánchez, Cristina/Valiente, Celia (Hg.): Género y ciudadanía. Revisiones desde el ámbito privado. Madrid, S. 407-421.
Miranda, María Jesús (1987): Crónicas del desconcierto. Madrid.
Morales, Laura (1999): Participación política en España: un análisis de las diferencias de género. In: Ortega, Margarita/ Sánchez, Cristina/ Valiente, Celia (Hg.): Género y ciudadanía. Revisiones desde el ámbito privado. Madrid, S. 423-448.
Morcillo, Aurora (1988): Feminismo y lucha política durante la II.República y la Guerra Civil. In: Folguera, Pilar (Hg.): El Feminismo en España. Dos siglos de historia. Madrid, S. 57-83.

Moreno, Amparo (1988): La réplica de las mujeres al franquismo. In: Folguera, Pilar (Hg.): El Feminismo en España. Dos siglos de historia. Madrid, S. 85-110.
Nash, Mary (1975): Mujeres Libres. España 1936-1939. Barcelona.
Ortega, Margarita/ Sánchez, Cristina/Valiente, Celia (Hg.) (1999): Género y ciudadanía. Revisiones desde el ámbito privado. Madrid.
Ortiz, Carmen (1987): La participación política de las mujeres en la democracia (1979-1986). Madrid.
Pardo, Rosa (1988): El feminismo en España: breve resumen, 1953-1985. In: Folguera, Pilar (Hg.): El Feminismo en España. Dos siglos de historia. Madrid, S. 133-140.
Romeu Alfaro, Fernanda (2002): El Silencio Roto. Mujeres contra el franquismo. Madrid.
Scanlon, Geraldine M. (1986): La polémica feminista en la España contemporánea (1868-1974). Madrid.
Scanlon, Geraldine M. (1988): Orígenes y evolución del Movimiento Feminista Contemporáneo. In: Folguera, Pilar (Hg.): El Feminismo en España. Dos siglos de historia. Madrid, S. 147-172.
Subirats, Marina (1998): Con Diferencia. Las mujeres frente al reto de la autonomía. Barcelona.
Uriarte, Edurne (1999): El acceso de las mujeres a las élites políticas: el caso español. In: Ortega, Margarita/ Sánchez, Cristina/ Valiente, Celia (Hg.): Género y ciudadanía. Revisiones desde el ámbito privado. Madrid, S. 341-365.
Valiente, Celia (1995): Children First: Central Government Child Care Policies in Post-Authoritarian Spain (1975-1994). In: Brannen, Julia/ O'Brien, Margaret (Hg.): Childhood and Parenthood: Proceedings of ISA Committee for Family Research Conference on Children and Families 1994. London.
Valiente, Celia, (1996): El feminismo institucional en España: El Instituto de la Mujer 1983-1994. In: Revista Internacional de Sociología, 13, S. 163-204.
Valiente, Celia (1997): State Feminism and Gender Equality Policies. The Case of Spain (1983-95). In: Gardiner, Frances (Hg.): Sex Equality Policy in Western Europe. London, S. 127-141.

Webseiten:

http://www.womenlobby.org
http://www.celem.org
http://www.nodo50.org/maast/default/htm

Interviews:

Anonyme Interviews mit fünf Mitgliedern bzw. Mitarbeiterinnen kleiner Gruppierungen des Ca la Dona (Haus der Frau), Barcelona.
Telephonisches Interview mit María Ángeles Ruíz-Tagle Morales (Präsidentin des CELEM).

Feminismus und Frauenpolitik in Finnland

Solveig Bergman

Frauenforscherinnen, inbesondere Historikerinnen, haben den Begriff Feminismus oft breit definiert. So bezeichnet Olive Banks (1981: 3) „alle Anstrengungen, die Position der Frauen oder das vorherrschende Bild der Frauen zu verändern“ als Feminismus. Andere Forscherinnen (z.B. Eduards 1992; Rönnblom 1993; Bergman 2002) benutzen den Begriff ausschließlich für kollektive Aktionen, die ausdrücklich die Legitimität der Geschlechterordnung infrage stellt und die Überwindung der geschlechtsspezifischen Verteilung von Macht und Ressourcen in der Gesellschaft zum Ziel hat.

Mein Beitrag beleuchtet Feminismus und Frauenpolitik in Finnland nach dem Zweiten Weltkrieg. Der Schwerpunkt liegt dabei auf der autonomen, von politischen Parteien sowie Organisationen beider Geschlechter unabhängigen Frauenbewegung seit den 1960er Jahren. Dabei muss betont werden, dass es in den nordischen Gesellschaften ein kontinuierliches Wechselspiel zwischen der Zivilgesellschaft und dem politischen System der Parteien und Parlamente gegeben hat. Es ist daher nicht einfach, die Grenze zwischen diesen beiden Mobilisierungs- und Politikformen zu ziehen. Formale Organisationen können außerparlamentarische Protest-Strategien benutzen und in geringerem Maße hierarchisch organisierte Strukturen entwickeln, während soziale Bewegungen bisweilen formale Strukturen bevorzugen und das politische System zu beeinflussen beabsichtigen (vgl. Rucht 1996). Meiner Meinung nach wird in der Forschung die Trennung zwischen sozialen Bewegungen und anderen Formen politischer Organisation oft zu scharf gezogen. Es besteht ein Bedarf an kontextualem Verständnis der organisatorischen Merkmale und der strategischen Entscheidungen sozialer Bewegungen in unterschiedlichen politischen Umfeldern. Zum Beispiel wird die Entscheidung einer feministischen Bewegung, sich autonom zu organisieren oder nicht, von solchen Umständen beeinflusst. Finnischer Feminismus und finnische Frauenpolitik müssen in diesem Kontext analysiert und bewertet werden.

Feminismus und Nationalismus

Wie anderswo auch gab es in Finnland in der frühen Frauenbewegung einen bürgerlichen und einen sozialistischen Flügel. Nach der Gründung der sozialistischen Frauenvereinigung 1900 wurde die Spannung zwischen diesen beiden Strömungen deutlich. Während sich die bürgerliche Bewegung vornehmlich auf die Rechte von Frauen auf bessere Ausbildung und berufliche Stellung konzentrierte, nahm sich die proletarische Bewegung sozialer Fragen an und betonte die Wichtigkeit der Mobilisierung von Frauen im Klassenkampf an der Seite von Männern (Jallinoja 1983; Saarinen 1992).

Die bürgerliche Frauenbewegung entstand als Teil der nationalen Bewegung, die während der zweiten Hälfte des 19. Jahrhunderts nach finnischer Unabhängigkeit strebte. Die Bewegung bestand aus drei Vereinigungen, welche die verschiedenen Elemente der nationalen Bewegung reflektierten (Jallinoja 1983). In Hinblick auf diese Verbindung zwischen Feminismus und Nationalismus handelt es sich Gisela Kaplan (1997) zufolge bei Finnland im europäischen Vergleich um eine Ausnahme. Die Kombination der Ziele nationaler Selbstbestimmung und Wertsteigerung der finnischen Kultur schufen ein Klima, das empfänglich für Frauenfragen war, insbesondere was die Ausbildung anging (Stenius 1987: 272). In ländlichen Gebieten erhielten Mädchen häufig eine bessere Ausbildung als Jungen. Diese kulturelle Tradition der hohen Wertschätzung der Ausbildung von Frauen war in einer Gesellschaft, die lange Zeit ihre Agrarstruktur behielt, sehr wichtig.

Vereinigungen, die für sozialen Wohlstand und die Rechte der Frauen arbeiteten, trugen dazu bei, einen Staat aufzubauen und die nationale Geschichte zu konstruieren. Ellen Marakowicz (1993) hat erörtert, dass das Projekt der Nationenbildung in Finnland in seiner Verkettung mit der nationalen Geschichte, der Ideologie des Wohlfahrtstaates sowie der Konstruktion weiblicher Identität einzigartig war. Das starke Image der Frau als Fürsorgerin und Ernährerin sowohl der Kernfamilie als auch der „nationalen Familie" entwickelte sich nicht nur zu einem nationalen Symbol, sondern auch zur politischen Praxis innerhalb des entstehenden Wohlfahrtsstaates. Marakowicz stellt dar, dass der Staat in Finnland sich in größerem Ausmaß auf die kollektive Abhängigkeit der weiblichen Ernährerschaft stützte als auf die „Bruderschaft". Die finnische nationale Identität hat ihre Wurzeln im Glauben an Gleichstellung und an das (angenommene und gewünschte) Fehlen von klassen- oder geschlechtsbedingten Unterschieden. Ihre Schlussfolgerung ist, dass die finnische nationale Geschichte, die auf einer „gegenseitig voneinander abhängigen" Annäherung der Geschlechter basiert, sich von der Historie vieler anderer westlicher Gesellschaften, in denen Frauen als vom Mann abhängig begriffen werden, unterscheidet.

Als 1906 Frauen und Männern gleichzeitig das allgemeine aktive und passive Wahlrecht bewilligt wurde, verschwanden Klasse und Geschlecht als Kriterium für politische Staatsbürgerschaft. Eine häufig angeführte Erklärung für die relative Leichtigkeit, mit der die finnischen Frauen als erste in Europa das Wahlrecht erhielten, war die politische Notwendigkeit, die Nation hinter den Forderungen nach Demokratisierung und Unabhängigkeit zu einen. Das Wahlrecht wurde eher zu einer nationalistischen als einer feministischen Frage (Marakowicz 1993).[1] Jedoch sollte das Stimmrecht nicht lediglich als

1 Finnland war ein autonomer Teil des russischen Imperiums (1809-1917) und der unmittelbare Hintergrund für die Wahlreform waren die russische Niederlage im Japanischen

„Geschenk“ an die Frauen betrachtet werden, sondern auch als Resultat ihres eigenen politischen Kampfes (Saarinen 1992: 167ff.).

Das frühzeitige Wahlrecht und die Tatsache, dass Frauen alle politischen Rechte zur gleichen Zeit wie den (meisten) Männern zugesprochen wurde, wird als eine der wichtigsten Bedingungen für die frühe Mobilisierung finnischer Frauen in die parlamentarische Politik angesehen.[2] Als Konsequenz fehlt es in Finnland an einer parlamentarischen Tradition, innerhalb der das Patriarchat Jahrzehnte vor dem beginnenden Engagement von Frauen in der öffentlichen Politik institutionalisiert war (Haavio-Mannila u.a. 1985). In Finnland haben die Frauenorganisationen innerhalb der politischen Parteien eine bedeutende Rolle bei der Mobilisierung von Frauen in die institutionalisierte Sphäre der Politik gespielt. Auch für nordische Verhältnisse waren sie relativ einflussreich, besonders wenn sie als interne *pressure groups* im Rahmen der Partei gewirkt haben. Besonders in der Zeit nach dem zweiten Weltkrieg wurden mehr Ministerinnen in der Regierung und mehr Frauen in politischen und administrativen Positionen gefordert. Zuerst wurde darauf fokussiert, die Position von Frauen in den Parteien zu verbessern, während die Aufgabe, generelle Gleichstellungspolitik zu verfolgen, erst später zentral wurde (Dahlerup/ Gulli 1985; Dahlerup 1989; Kuusipalo 1993).

Autonomer Feminismus in Finnland

Wie in anderen Teilen der westlichen Welt war auch in Finnland die feministische Mobilisierung der 1960er Jahre in den allgemeinen Protestzyklus und in die darauf folgenden veränderten politischen Gelegenheitsstrukturen (Tarrow 1994) eingebettet. Im Vergleich zu den anderen nordischen Ländern war die neue Frauenbewegung hier relativ schwach. Sie etablierte sich in Finnland später, verbreitete sich langsamer und der radikal-autonome Feminismus blieb gemäßigt.

Die Wurzeln des finnischen „neuen Feminismus“ lassen sich zum Einen im nordischen Gleichstellungsfeminismus der „Geschlechterrollen-Phase“ der 1960er Jahre und zum Anderen in der Verbreitung radikaler feministischer Strömungen aus den Vereinigten Staaten und Westeuropa seit den 1970er Jahren finden. Die Geschlechterrollen-Bewegung entstand ein paar

---

Krieg, die wachsenden Unruhen unter den russischen Arbeitern und der Generalstreik in Finnland 1905. Als Konsequenz genehmigte der Zar die Einführung des allgemeinen Wahlrechts. 1917 wurde Finnland unabhängig.

2 In der Zeit von 1907-1939 lag der Anteil der Frauen als Mitglieder des Parlaments in Finnland bei 6-13%. Die Zahlen schwankten in den 1920er Jahren um rund 10% und begannen dann langsam abzunehmen. In den anderen nordischen Ländern lagen die Quoten in der Vorkriegszeit nie über 3%. Die Zehnprozent-Hürde wurde von Frauen in Schweden erst 1949, in Dänemark 1953 und schließlich 1973 in Norwegen überschritten (Haavio-Mannila u.a. 1985, Tabelle 4.3 auf S. 62f.).

Jahre vor dem Beginn der internationalen Entfaltung einer neuen Welle des Feminismus. Die Bewegung hatte ihren Ursprung nicht nur in allgemein gesellschaftlichen und politischen Veränderungen, sondern auch in einer akademischen Debatte unter nordischen SoziologInnen, bei denen es sich überwiegend um Frauen handelte, die den gesellschaftlich konstruierten und somit veränderbaren Charakter der Geschlechterrollen betonten. Der wachsende Einfluss der Sozialwissenschaften sowie neu gewonnene Einsichten in die Wirkung des sozialen Umfelds auf das menschliche Verhalten untergrub die Basis der alten Geschlechterordnung. Die Bewegung bevorzugte den Ausdruck „Geschlechterrollen" vor „Frauenrechten", um zu betonen, dass es auch für Männer Veränderungen geben muss. Man trat für eine gerechtere Verteilung von Arbeit unter den Geschlechtern ein, so dass sowohl Frauen als auch Männer Berufs- und Familienleben miteinander verbinden können. Die Rollenverhältnisse wurden eher als Problem der Verteilung von Arbeit denn als Frage der Machtverhältnisse analysiert. Diese Ideen erfuhren positive Reaktionen in allen nordischen Ländern. Der Geschlechterdiskurs, der hier noch immer dominant ist, erwuchs dieser Debatte und beeinflusste die Entstehung der politischen Gleichstellung (Haavio-Mannila 1979; Lønnå 1996).

Die Geschlechterrollen-Bewegung entwickelte sich zu einer kritischen Konfrontation mit sexistischen Auffassungen und Praktiken innerhalb der radikalen Bewegungen der 1960er Jahre. Die Konflikte, die Frauen zwischen der privaten und der öffentlichen Sphäre erfuhren, lieferten einen weiteren Grund für den Ausbruch des Protests. Erster Faktor, der die Bewegung auslöste, war die Situation berufstätiger Mütter. Die Betonung lag auf den Rechten der Frauen, besonders der Mütter, eine berufliche Karriere zu verfolgen und am öffentlichen, d.h. auch politischen Leben zu partizipieren. Dieses Ziel sollte durch Kinderbetreuung, Elternurlaub, Recht auf Abtreibung sowie bessere Verhütungsmittel erreicht werden (Jallinoja 1983, 1986). Die Aktivistinnen waren geschickt im Umgang mit den Medien und benutzten unkonventionelle Methoden. Die Bewegung führte zu einer Reihe politischer Reformen und trug zu kulturellen Veränderungen bei. Auf Antrag des sozialdemokratischen Frauenverbandes setzte die Regierung ein Komitee ein (Prime Minister's Office 1970), das die Stellung der Frau untersuchen sollte. Viele Reformen, die in den frühen 1970er Jahren durchgeführt wurden, waren Vorschläge dieses Komitees.[3] Leila Räsänen (1984) stellt fest, dass die Arbeitsmarktpolitik und die sozio-ökonomische Basis hinter den meisten

---

3 Dazu zählen die Liberalisierung der Abtreibung (1970), Informationen über Verhütungsmittel (1972), die Gründung eines parlamentarischen Rats für die Gleichstellung der Geschlechter (1972), Kinderbetreuung (1973) und getrennte Besteuerung (1974). Die Einführung eines Vaterschaftsurlaubs (6-12 Tage in Verbindung mit der Geburt eines Kindes) wurde 1978 vorgenommen. Darüber hinaus wurden der Mutterschaftsurlaub und das Mutterschaftsgeld verbessert und 1980 der Elternurlaub eingeführt (Räsänen 1984: 152f.).

Reformen stehen.[4] Die Gründung des Rates für Gleichstellung, die Kinderbetreuung sowie die Einführung einer getrennten Besteuerung für Ehegatten wurden mit Hilfe von Argumenten aus dem Bereich der Arbeitspolitik geplant. Fragen, die von eher symbolischer Bedeutung waren (z.B. das Recht der Frauen, nach der Heirat ihren Nachnamen zu behalten, und die Ordination von Frauen als Pfarrer), wurden aufgeschoben.

Räsänens Analyse bestätigt Ellen Marakowicz' These, dass Reformen als „jedermanns Angelegenheit" gerechtfertigt werden oder dem Interesse eines „Ganzen", wie z.B. des Staates, dienen mussten (Marakowicz 1993). Die Streitfragen wurden unter dem breiten Konzept des Begriffes „Gleichstellung" gehandelt, anstatt als „Frauenfragen" herausgebildet zu werden. Dieses Konzept „bezog sich auf soziale Klassen für Einige, auf regionale Gleichheit für Andere. Frauen konnten sich also mit ihren Forderungen nach der Gleichstellung der Geschlechter beteiligen" (Julkunen 1994a: 194). Seit Finnland sich dem skandinavischen sozialdemokratischen Wohlfahrtsstaat angenähert hat, war die Betonung der Gleichstellung legitim. Die Grundlage für die Neuordnung des Geschlechterverhältnisses war die Individualisierung der Frauen und die Müttererwerbstätigkeit. Dieses Modell wurde als im Interesse von Frauen und auch von Männern liegend präsentiert. Ländlich-konservative Einstellungen wurden als größtes Hindernis einer modernen Geschlechterrollen-Ideologie gesehen und als wichtigster Teil der Aufgabe, die Modernisierung des Landes zu beschleunigen. Sobald die ideologisch-politische Atmosphäre sich dann gegen Ende des Jahrzehnts in eine eher staatlich orientierte gewendet hatte, kamen die Aktivisten zu dem Schluss, dass sie es vorzogen, sich dort zu betätigen, „wo die echten Entscheidungen getroffen werden" (Jallinoja 1986: 162). Als Konsequenz daraus löste sich die Geschlechterrollen-Bewegung 1970 selbst auf und die Debatte wurde in die Parteien und den politischen Apparat integriert (Holli 1991). Kultureller Radikalismus und der antiautoritäre Protest wurden schnell ersetzt durch die Integration in politische Parteien. Dieser Prozess nahm an Bedeutung zu, als das Parlament 1996 eine linksgerichtete Mehrheit hatte und die zentrumslinke Regierung gebildet wurde (Parjanen 1983). Die Anknüpfung der studentischen Aktivisten an politische Parteien unterscheidet die finnische Studentenbewegung von ihren europäischen Pendants. Ein signifikanter Teil der Bewegung gehörte dem sowjet-marxistischen Flügel der Kommunistischen Partei an. Während die Gruppe der Reformsozialisten und der Kommunisten zur Regierung gehörte, wurde die „kommunistische Minderheit" von vielen Radikalen als

4 Im Hintergrund gab es außerdem den Druck, die finnischen Gesetze mit der entsprechenden Legislatur in den anderen nordischen Ländern zu koordinieren. Der Bedarf, die Gesetzgebung mit den anderen Ländern zu koordinieren beziehungsweise EU-Direktiven zu erfüllen, war auch später ebenso wie der Druck internationaler Organisationen (z.B. des Komitees für die Rechte der Frauen der Vereinten Nationen CEDAW) oft Triebkraft für neue Gesetze oder Reformen in der Geschlechterpolitik Finnlands.

einzige Vertreterin einer „Fundamentalopposition“ zum Establishment betrachtet (Siisiäinen 1990; Hyvärinen 1994). Einen großen Teil der Aktivisten in der Studenten- und Jugendbewegung zog es zur unkritischen Bewunderung der sowjetischen Gesellschaft. Resultat war, dass viele neue Ideenströmungen, wie z.B. der Feminismus, im Keim erstickt wurden. Der „Minderheits-Kommunismus“ war für viele Studentinnen und weibliche Intellektuelle attraktiv – also Gruppen, die ansonsten vom Feminismus hätten angezogen werden können. Erst nach der Stagnation der Studentenbewegung Ende der 1970er Jahre gewann der finnische Feminismus an Boden (z.B. Lindén 1981; Peltonen 1981).

Selbsterfahrung und Frauenprojekte

In dem ideologischen Vakuum nach den „überpolitisierten“ 1970er Jahren enstanden neue Formen politischer Aktivität. Die Skepsis gegenüber allen etablierten Formen von Organisationen wuchs und es enwickelten sich neue Formen politischer Kanäle. Die veränderte politisch-ideologische Atmosphäre, das Bewusstsein um neue soziale Probleme sowie internationale Impulse resultierten in einem neuen Typus sozial bewegter Aktivität. In der Folge begannen sich gegen Ende des Jahrzehnts feministische Gruppen, alternative Bewegungen, ökologische Aktionen, Proteste gegen die Kernenergie und Friedensbewegungen zu formieren. Finnland verwandelte sich rasch in eine spätkapitalistische Gesellschaft mit den dafür typischen Problemen. Dies führte zu Veränderungen der politischen Kultur, die ihrerseits wiederum die Bewegungsaktivitäten beeinflussten und die Basis für protest- und aktionsorientiertes Auftreten schafften (Paastela 1987; Bergman 1999).

Der Feminismus breitete sich als Reaktion auf den unterdrückten Bedarf politisch engagierter junger Frauen aus, private und persönliche Fragen zu diskutieren. Während die Geschlechterrollenbewegung für eine Kooperation zwischen den Geschlechtern eingetreten war, waren für die Feministinnen die Frauenfragen in erster Linie für Frauen und für Frauenorganisationen von Bedeutung. Die Betonung von männlicher Dominanz und Geschlechterkonflikten war ein neuer Zug in der finnischen Frauendebatte. Die Feministinnen distanzierten sich selbst vom Bild des Frau-Seins und den Gleichstellungsstrategien, für die die Geschlechterrollen-Bewegung eingetreten war. Letztere wurde dafür kritisiert, männliche Maßstäbe zu benutzen und sich selbst auf eine Sichtweise der Gleichstellung zu beschränken, die Frauen den Männern so gleich wie möglich machte. Schätzte die Debatte der 1960er Jahre die „berufstätige Mutter“, betonte die neue Debatte das Selbstbewusstsein der Frau, weibliche Werte und die subjektive Erfahrung der Frau, ohne diese notwendigerweise mit entlohnter Arbeit in Verbindung zu bringen.

Mitte der 1970er Jahre (1973-77) wurden die ersten feministischen Gruppen in Finnland gegründet, und in Helsinki entstand ein Netzwerk, das sich „Feministinnen“ nannte. Die Bewegung konzentrierte sich in diesem Jahrzehnt längere Zeit auf die schwedischsprachigen Gebiete in Finnland.[5] Da der „Minoritäts-Kommunismus“ unter schwedischsprachigen StudentInnen und Intellektuellen nie besonders stark war, gab es hier Platz für undogmatische Strömungen. Ein anderer Grund für den festen Stand unter den Finnland-SchwedInnen war deren Position als Zugangsmöglichkeit zu kulturellen und sozialen Strömungen aus Skandinavien (Bergman 2002). Neben den Feministinnen schloss der Kern der neuen Frauenbewegung die Frauen-Union ein. Jene sollte als Teil des „neuen“ Feminismus behandelt werden, weil die Macht innerhalb dieser alten und ehrwürdigen Organisation Mitte der 1970er Jahre an jüngere Frauen überging (Jallinoja 1983; Juusola-Halonen 1981). Der Hauptstreitpunkt zwischen den Feministinnen und der Union betraf organisatorische Prinzipien. Die Politik der Feministinnen war ausdrücklich antiautoritär, ihre Organisationsstruktur hierarchielos. Sie setzten konsequent auf Selbsterfahrung als Basis für ihre Aktivität. Im Kontrast hierzu sah sich die Union selbst als Organisation mit „offiziellem“ Status. Sie wurde mit dem traditionellen Gleichstellungsdiskurs in Verbindung gebracht und bevorzugte die Arbeit mit traditionellen politischen Mitteln. Viele der Aktivistinnen betonten die Wichtigkeit, sowohl innerhalb einer politischen Partei als auch in der Frauenbewegung zu agieren. Diese Strategie wurde als bedeutender angesehen als das Fokussieren auf reine Geschlechter- und Körperpolitik. Selbsterfahrungsgruppen existierten, waren aber nicht beschränkt auf „Fragen der privaten Sphäre“ (Mattila 1977).[6] Die politisch-ideologischen Differenzen zwischen den Feministinnen und der Union waren anfänglich groß. Trotzdem kooperierten die Organisationen bei den Vorkehrungen zur Jahresfeier des Internationalen Frauentages am 8. März. Später übernahm dann die Friedensfrage eine verbindende Funktion.

Bis in die späten 1970er Jahre war die feministische Bewegung von kleinem Umfang und konzentrierte sich auf die Gegend um Helsinki (Mattila 1977). Finnischer Feminismus gewann zur gleichen Zeit an Stärke, als der „Moskauer Kommunismus“ zu zerbrechen begann und seine Bedeutung in der Studenten- und Jugendpolitik verlor (Lindén 1981; Peltonen 1981). Ein wichtiges Mittel zur Verbreitung der Botschaft waren eigene Zeitschriften. Die Feministinnen publizierten die zweisprachige *Aikanainen-Kvinnotid* (Frauenzeit), während *Akkaväki* (Weibervolk) eng mit der Union in Verbindung stand und von größerer Wichtigkeit bei der Verbreitung des Feminismus in finnischsprachigen Kreisen war. Gegen Ende der 1970er Jahre nahm

---

5 Finnland hat zwei Nationalsprachen: Finnisch und Schwedisch. Die schwedischsprachige Bevölkerung macht zurzeit etwa 6% der Bevölkerung aus.

6 Dennoch zeugen rückblickende Darstellungen von Aktivistinnen von der Wichtigkeit der Selbsterfahrung auch in der Union (vgl. Mattila/ Suorsa 1994).

die Zahl der Frauengruppen zu und ihre regionale Verbreitung stieg. Auf dem Sommerfestival 1979 in Jyväskylä wurde ein „Tag für die Frau" organisiert (Aikanainen-Kvinnotid 2/1979: 26f.). In Hinblick auf die Teilnahme war das Ereignis ein Erfolg. Allerdings diente es auch als Inspiration für einen verunglimpfenden und diffamierenden Artikel über Feminismus in dem Magazin *Suomen Kuvalehti* (29/1979). Dieses Ereignis beziehungsweise die Diskussion, die es auslöste, kann als symbolischer „Durchbruch" der feministischen Bewegung in Finnland angesehen werden. Zahlenmäßig war die Bewegung aber nach wie vor klein. 1979 schrieb Elina Haavio-Mannila (1979), dass die Stille nach der Geschlechterrollen-Bewegung nur teilweise gewichen sei. Die Aktivitäten wurden nach wie vor von Finnland-Schwedinnen dominiert. Nach einigen weiteren Jahren waren die Sprachbarrieren gebrochen. „Jetzt sind die finnischsprechenden Frauen in der Frauenbewegung in der Mehrheit" verkündete Elina Juusola-Halonen (1981: 454). Von den späten 1970ern an ist es möglich, von finnischem Feminismus als sichtbarer sozialer Bewegung zu sprechen.

Finnland – ein „abweichender Fall"?

Finnland unterscheidet sich deutlich von den anderen nordischen Ländern, da die Aktivität sozialer Bewegung später aufkam und die Basisorganisation sich niemals als Teil des politischen Lebens etabliert hat. Bis in die späten 1970er zogen die sozialen Bewegungen es vor, innerhalb und durch etablierte Kanäle zu arbeiten und konventionelle Methoden zu benutzen. Der springende Punkt war die Koijärvi-Bewegung, die 1979 aufkam.[7] Sie wurde zum Symbol für „passiven Widerstand" als politische Strategie und Ausgangspunkt eines neuen Typs von Bewegungen. Ende der siebziger, Anfang der achtziger Jahre (1979-81) gewannen Bewegungen für einen alternativen Lebensstil, Fragen zum Thema Ökologie, sanfte Technologie, Basisdemokratie und globale Solidarität an Zuspruch und gelangten ins öffentliche Bewusstsein. Traditionelle Friedens-, Umwelt- und Frauenrechtsorganisationen wurden Vehikel eines neuen Typs politischer Themen. Wie viele Forscher des Protestverhaltens herausgestellt haben, war in Finnland eine autoritätsorientierte, gesetzestreue politische Kultur vorherrschend. Der „verzögerte Beginn" neuer sozialer Bewegungen hängt mit der späten Modernisierung

7 Die Besitzer des Vogel-See Koijärvi in Zentralfinnland wollten den See trockenlegen, um ihr Ackerland zu vergrößern. Junge Leute und Umweltschützer verteidigten den See, indem sie sich an Planierraupen ketteten. Die Aktion erhielt große Publizität und brachte Umweltfragen, Bürgeraktionen und „zivile Ungehorsamkeit" in die finnische öffentliche Debatte. Die Angelegenheit als solche wurde nach Einschreiten der Regierung durch einen Kompromiss geregelt.

des Landes und der schwachen antiautoritären Tradition seiner politischen Kultur zusammen (Siisiäinen 1990, 1991; Suominen 1996).

Finnland war nicht nur aufgrund seines begrenzten „Basisaktivismus“ im Vergleich zu den anderen nordischen Staaten ein „abweichender Fall“, sondern zusätzlich fühlten sich finnische Frauen in keinster Weise mehr zu den Aktivitäten der Bewegungen hingezogen als Männer (Togeby 1989). Frauen haben sich erst und vor allem *innerhalb* der politischen Parteien organisiert. Häufig geschah dies in separaten Frauenverbänden. Dies mag auf die Tatsache zurückzuführen sein, dass sich die Lebenssituation finnischer Frauen nicht grundlegend veränderte und die traditionellen Rollenmuster nicht grundlegend infrage gestellt wurden, wie das anderswo im Norden in den 1970er Jahren geschah. Die Wurzeln der Erwerbsbeteiligung in Finnland reichen weiter zurück als in anderen westlichen Ländern. Ebenso verhält es sich mit der Tradition von Frauen, sich politisch zu organisieren. Möglicherweise liegt hierin der Grund dafür, weshalb die Mobilisierung der Frauen hauptsächlich auf die etablierten politischen Organisationen gerichtet war und nicht so sehr auf soziale Bewegungen. Darüber hinaus zeigten die politischen Frauenorganisationen während der 1980er Jahre ein aktives Profil in Umwelt- und Friedensfragen und betonten diese Themen stärker als die Parteien selbst (Bergman 1999).

Bis zum Ende der 1970er Jahre waren die parteipolitischen Frauenverbände die einzigen relevanten Interessensorganisationen für finnische Frauen. Der offizielle Gleichstellungsdiskurs der Geschlechter fand hier seine stärksten Befürworter. Die Spannungen zwischen den etablierten Frauenorganisationen und dem „Basis“-Feminismus machten während der 1980er Jahre einer pragmatischen Kooperation Platz. Frauenrechtsorganisationen und parteipolitische Organisationen wurden Plattform für feministische Ideen. In Finnland kann autonomer Feminismus nicht als dem Gleichstellungsfeminismus diametral entgegengesetzt interpretiert werden, denn die Grenze zwischen beiden war verschwommen. Unterschiede gab es hauptsächlich hinsichtlich der organisatorischen Strukturen und der Form der Aktionen. Die inhaltlichen Forderungen waren abgesehen von diskursiven und rhetorischen Unterschieden gleich. Wo die traditionellen Frauenorganisationen im Wesentlichen reformgesinnt waren, standen die Feministinnen der öffentlichen Gleichstellungspolitik kritischer gegenüber. Unterschiede können auch im Respekt gegenüber der Haltung zur „Männergesellschaft“ ausgemacht werden. Die Feministinnen suchten nicht selten die Konfrontation, während die etablierten Frauenorganisationen für Konsens und Harmonie plädierten (Jallinoja 1983).

Frauenkultur und Friedensbewegungen

Anfang der 1980er Jahre löste sich die Organisation der Feministinnen auf. Viele Aktivistinnen schlossen sich der Union an, andere integrierten sich in Frauenprojekten (Jallinoja 1983). Die Gründung von Untergruppen der Union setzte sich in anderen Teilen des Landes fort und die Anzahl der feministischen Aktivistinnen nahm gegen Ende des Jahrzehnts zu. In den Vordergrund der Frauenbewegungen traten selbstorganisierte oder autonome Frauenprojekte. Die entstehende feministische Gegenkultur war durch die Entwicklung von Netzwerken, Projekten sowie alternativen Institutionen charakterisiert. Allerdings gab es in Finnland kaum Institutionen wie Frauenbuchläden, feministische Gesundheitszentren oder Frauencafés, wie sie in anderen Ländern üblich waren.

Die Orientierung an Differenzansätzen mit der Betonung von „frauenspezifischen Werten und Erfahrungen" wurde für die finnische Bewegung Mitte der 1970er Jahre wichtig (Marakowicz 1993: 157). Frauke Rubart (1993) hat aufgezeigt, dass der „verzögerte Start" des Feminismus in Finnland in einer Bewegung resultierte, die die Phase des für andere Länder charakteristischen spektakulären Massenaktivismus übersprang. Stattdessen hatte die Bewegung ihre Ausrichtung von Anfang an auf frauenzentrierter Kultur. Der kulturelle Trend hatte starken Einfluss sowohl auf feministische Gruppen als auch auf eher traditionelle Frauenorganisationen. Er trug dazu bei, die Bewegung unter Beachtung der sozialen und altersmäßigen Beschaffenheit zu verbreitern. Hierin liegt eine mögliche Erklärung dafür, warum die Frauenfriedensbewegung in Finnland so starke Unterstützung erfuhr, während lange Zeit Fragen, die den Körper, die Sexualität sowie Gewalt gegen Frauen anbelangten, unsichtbar blieben. Die finnische Bewegung legte ihren Schwerpunkt teils auf eine kulturelle Orientierung und teils auf eine Institutionalisierung spezialisierter Projekte sowie auf die Integration von Frauenfragen in die allgemeine politische Debatte.

Die finnische Geschlechterordnung wurde mit dem Druck zu Veränderungen während der 1980er Jahre konfrontiert. Der Geschlechterkonflikt wurde zu einer aktuellen Frage, die eine wachsende Kritik an der kontinuierlichen männlichen Dominanz in der Gesellschaft zum Ausdruck brachte. Der Diskurs um Geschlecht veränderte sich nach und nach von einer Betonung gleicher Möglichkeiten zu einer stärker „frauenorientierten" Positionierung. Der Begriff der „Frauenperspektive" wurde lanciert, um diese Veränderung einzukapseln mit dem Ziel, wahrnehmbare Geschlechtsunterschiede in Hinblick auf Ansichten, Werte und Einstellungen auszudrücken. Gleichzeitig expandierte die Politik der Gleichstellung der Geschlechter mit dem Ziel, auch Fragen zu den Themen Gewalt, Sexualität, Kultur und symbolische Systeme einzubeziehen (Holli 1991). Die Arbeitsteilung innerhalb der Bewegung wurde in den späten 1980er Jahren deutlicher. Fragen zur Gleichstellung unterlagen von nun an der Verantwortung des Rates für Gleichstellung sowie den parteipolitischen Frauenverbänden. Die Union dagegen entwickelte sich zu einer Sammelorganisation autonomer feministischer Gruppen in der weiteren Umgebung um Helsinki (Suorsa 1994). Gleichzeitig setzte die Union ihre Kooperation mit den parteipolitischen Frauenorganisationen fort und fungierte als Verbindungsglied zwischen diesen und den autonomen feministischen Gruppen. In den späten 1980er und in den 1990er Jahren wurden spezialisierte Organisationen und Netzwerke ein wichtigerer Teil der finnischen feministischen Bewegung. Diese tauchten an Universitäten und in männlich dominierten Institutionen, Organisationen und Arbeitsplätzen auf. Netzwerke wurden beispielsweise von Geisteswissenschaftlerinnen, Gewerkschafterinnen, Rechtsanwältinnen, Journalistinnen und Ökonominnen, ebenso wie von lesbischen Feministinnen, feministischen Müttern usw. gegründet. Diese haben ihren Schwerpunkt oft auf Fragen gelegt, die früher in der Bewegung eher nebensächlich waren.

Während der 1980er Jahre waren in der feministischen Aktivität Verbindungen zu anderen sozialen Bewegungen eingeschlossen, was oft als Ausdehnung der Frauenbewegung in sowohl diskursivem als auch organisatorischem Sinne betrachtet werden konnte (vgl. Peterson 1987; Bergman 1999). Viele Frauen sind beispielsweise über Umwelt- oder Anti-Atomkraftbewegungen und ökofeministische Gruppen für die neue Frauenbewegung mobilisiert worden. Die finnische Frauenbewegung war vor allem als Friedensbewegung sichtbar. Der NATO-Beschluss von 1979, Mittelstrecken-Atomraketen in Europa zu stationieren, und die Entwicklung einer Rüstungsspirale stellten einen Wendepunkt für die internationale Friedensbewegung dar. Die Friedensfragen bestärkten die Frauenbewegung darin, neue institutionalisierte Formen zu suchen und ihre politische Agenda zu erweitern. Durch die Frauenfriedensbewegung entstand ein Kanal zwischen den autonomen Feministinnen und den traditionellen Frauenorganisationen. Die Bewegung bestand sowohl aus Frauen, die aus Frauenverbänden kamen, als auch aus Frauen aus gemischtgeschlechtlichen Organisationen der Friedensbewegung. Zusätzlich organisierten sich viele Frauen in der autonomen Bewegung „Frauen für den Frieden" (Naisten rauhanpamfletti 1981). Zahlreiche Friedensaktivistinnen engagierten sich gleichzeitig in der Parteipolitik. Die Frauenfriedensbewegung rekrutierte aber auch Frauen ohne jegliche Erfahrungen in politischer Arbeit. Diese Gruppe von Frauen wurde oft auf der Basis weiblicher Kultur und Mütterlichkeit mobilisiert, was sie empfänglich für Friedensfragen machte (Bergman 1999).

„Frauen für den Frieden" war ideologisch und organisatorisch eng verbunden mit der breiteren Frauenbewegung und im inneren Kern der Bewegungen gehörten die Aktivistinnen oft zu beiden Bewegungen gleichzeitig. Ein interessantes Merkmal war, dass die Frauenfriedensbewegung die kulturelle „frauenspezifische" Orientierung der feministischen Bewegung übernahm. Die Frauenfriedensbewegung in Finnland war relativ stark, möglicherweise weil sie als weniger provokativ als der radikale Feminismus angesehen wurde. Zu Beginn der 1980er Jahre war die Friedensfrage der gemeinsame Nenner der breiten Frauenbewegung. Die Friedensfrage besaß in so großem Umfang Priorität, dass jegliche anderen Aktivitäten bisweilen überschattet wurden. Nach Meinung eines Leitartikels in *Akkaväki* (3/1981: 3) war der Weltfrieden „das wichtigste Ziel der feministischen Bewegung".

Die feministische Friedensbewegung besaß sich überschneidende Verbindungsglieder sowie eine gemeinsame Mobilisierungsbasis mit der Anti-Atomkraft- und der ökologischen Bewegung der späten 1970er und 1980er Jahre. Frauengruppen und Organisationen arrangierten eigenhändig Demonstrationen gegen Kernenergie (Lindén 1981; Juusola-Halonen 1981). Viele Frauen reagierten heftig auf die durch die Tschernobyl-Katastrophe von 1986 in Gang gesetzten Ereignisse. Dies gab der feministischen Bewegung einen Energie- und Aktivitätsschub. Die „Frauen für den Frieden" entschieden sich dafür, die Frage der Kernenergie in ihre Aktivitäten mit aufzunehmen und bildeten sich zu den Gruppen „Frauen gegen Atomkraft" um (Akkaväki 3/1986: 8).

Körperpolitik

Obwohl die Geschlechterrollenbewegung ihre Forderungen vornehmlich an den Staat richtete, war sie anfänglich kulturell orientiert und rief, was Familie und Sexualität anging, nach unkonventionellen Rahmenbedingungen. Trotzdem lassen sich einige Merkmale erahnen, die der späteren Phase der Frauenbewegung vorgreifen. Themen dieser Art wurden allmählich gedämpft, möglicherweise weil die Radikalisierung der 1960er Jahre so schnell in die Arme der politischen Parteien gelenkt worden war. International gesehen fällt auf, dass die „Körperpolitik" im finnischen feministischen Diskurs lange Zeit unsichtbar war. Die Debatten über Sexualität, Reproduktion, Geburt oder Gewalt waren in den 1970ern zurückhaltend (vgl. Akkaväki 1/1980: 47).

Abtreibung wurde in Finnland nie zu einer so großen Kampffrage wie in vielen anderen Ländern, wo sie als Katalysator der Frauenbewegung fungierte (vgl. Dahlerup 1998). Im politisch und sozial veränderten Klima der 1960er Jahre gewann die Frage an Boden. Finnland war 1970 das erste nordische Land, das die Abtreibungsgesetzgebung liberalisierte. Die Abänderung des Gesetzes wurde mehr in Hinblick auf die Gleichstellung unter Berücksichtigung sozialer, regionaler und gesundheitlicher Politik motiviert, statt als Anliegen sexueller und reproduktiver Integrität der Frauen (Ala-Nikkola 1992; Julkunen 1994a, 1997). Im Gegensatz zu den anderen skandinavischen Ländern wurde die Abtreibung auf Wunsch nicht eingeführt (außer für Frauen unter 17 oder über 40 Jahre).[8] Die obligatorische ärztliche Beratung wurde jedoch von Frauen als eine Formsache betrachtet. Die Proteste wurden 1978 lauter, als das finnische Abtreibungsgesetz in der Folge des Sieges der Christlichen Partei bei den Parlamentswahlen verschärft wurde. Seitdem war eine Abtreibung nach der 12. Schwangerschaftswoche nicht mehr erlaubt (im Gegensatz zu früher 16 Wochen). Danach war die Erlaubnis des Gesundheitsamts erforderlich (Francome 1984: 133f.; Julkunen 1994b).

In der finnischen Frauenbewegung fehlte weitgehend die feministische Kritik des Medizin- und Gesundheitssystems als patriarchalische Institutionen. Ein Grund, der für die zurückhaltende Haltung der feministischen Gesundheitsbewegung angegeben wird, ist, dass medizinische Berufe sowie das gesamte Gesundheitswesen in Finnland weniger stark männlich dominiert waren als anderswo (Riska 2000). Hebammen, Krankenpfleger und Krankenschwestern besaßen eine relativ starke und unabhängige Position. Außerdem bevorzugten die Finninnen als Ausdruck der Forderung nach Veränderung des politischen Systems für gewöhnlich die etablierten politischen Kanäle der außerparlamentarischen Opposition. Der öffentliche Sektor war verantwortlich für verschiedene Aktivitäten, die in anderen Ländern von Vereinigungen der Zivilgesellschaft unternommen wurden. Die Realisierung alternativer Gesundheits- oder sozialpolitischer Aktivitäten war schwierig.

Die öffentlichen Debatten zu Themen wie Gewalt gegen Frauen, Vergewaltigung oder sexuelle Belästigung begannen erst Ende der siebziger Jahre. 1977 forderte die Union Frauen auf, über ihre Erfahrungen mit Gewalt zu schreiben. 1979 richtete die Union in Zusammenarbeit mit der „Nationalen Liga für Sozialen Wohlstand" ein Krisentelefon für misshandelte Frauen ein. Im gleichen Jahr wurden die ersten Unterkünfte oder „Schutzhäuser" gegründet. 1990 gab es fünfzig solcher Institutionen in Finnland. Im Gegensatz zu vielen anderen westlichen Ländern wurden die Unterkünfte in Finnland von Beginn an im (halb-)öffentlichen Sektor verwaltet. Ein Charakteristikum, das Finnland stark von vielen anderen Ländern unterscheidet, ist das Fehlen von Frauenhäusern mit Ursprung in der feministischen Bewegung. Die Frauenhausbewegung ist zum etablierten Merkmal der meisten westeuropäischen Gesellschaften geworden.

Die feministische Sicht von Gewalt gegen Frauen basiert auf einer Kritik der patriarchalischen Strukturen in der Gesellschaft und der Familie. Die finnischen „Schutzhäuser" basieren nicht auf feministischen Prinzipien und wurden vornehmlich als Teil der Maßnahmen zum Schutz des Kindes angesehen. Erst kürzlich wurden Bezeichnungen wie „Misshandlung von Frauen" oder „Gewalt gegen Frauen" Teil des offiziellen Diskurses. Gewalt wurde nicht als Konsequenz der Machtverhältnisse zwischen Frauen und Männern betrachtet, sondern hauptsächlich als Resultat von Kommunikationsproble-

---

8 In Dänemark wurde die Abtreibung auf Wunsch 1973 eingeführt, in Schweden 1975 und in Norwegen 1978 (vgl. Bergman 1999: 107).

men innerhalb der Familie. Angestrebt wurde eine Versöhnung der Partner. Im Gegensatz zu den Zufluchtsstätten geschlagener Frauen in anderen Ländern werden die finnischen Schutzhäuser von angestelltem Personal und nicht von freiwilligen Mitarbeiterinnen geführt. Männern ist der Zutritt sowohl als Klient als auch als Angestellter gewährt, und die Adressen dieser Häuser werden nicht geheim gehalten (Ministry of Social Affairs and Health 1991; Savolainen 1991). Nur eine einzige Unterkunft in Finnland, der *Kvinnojouren* in Jakobstad sowie auch die Telefonberatung für misshandelte Frauen in Turku/ Åbo, funktionieren nach feministischen Prinzipien.

Alles in allem wurde das Thema Gewalt gegen Frauen in Finnland bis in die 1990er Jahre heruntergespielt und tabuisiert, wobei die Gesetzgebung hinter den anderen nordischen Ländern zurück blieb. Die Gesetzgebung reflektierte die Meinung, dass Gewalt dieser Art eher ein privates Problem denn eine soziale Frage sei. Gewalt innerhalb der Familie wurde lange Zeit als Verbrechen definiert, bei dem das Opfer selbst Anklage erheben musste. Erst 1995 wurde es zu einem Offizialdelikt, das seitens des Generalstaatsanwalts verfolgt wird (Ministry for Foreing Affairs 1992: 23; Julkunen 1999: 97). Der gesetzliche Schutz misshandelter Frauen (z.B. Gesetze zur Einschränkung des gewalttätigen Ehemanns) wurde erst Ende der 1990er Jahre verbessert.

Vergewaltigung war ebenfalls lange kein sichtbares Thema. 1979 wurde es von den Feministinnen aufgenommen (Bergman 2002). Einige Jahre später erschien ein Buch über Vergewaltigung (Viitanen 1982). 1979 wurde der erste feministische Selbstverteidigungskurs gehalten und in der Union begann man mit gesetzlichen Beratungsstellen (Drake 1989; Germain u.a. 1980). Mit Ausnahme einer Beratungsstelle für Vergewaltigungsopfer, die 1989 auf Initiative der Union gegründet wurde, fehlten Beratungsstellen und Krisentelefone in Finnland (Ministry of Social Affairs and Health 1991: 109 ff.). Die finnische Gesetzgebung zu Vergewaltigung und anderen Formen sexueller Gewalt blieb lange Zeit hinter der der anderen nordischen Länder zurück (Julkunen 1997). Eklatantestes Beispiel – auch vom Frauenkomitee der Vereinten Nationen kritisiert – war, dass Vergewaltigung in der Ehe erst 1994 kriminalisiert wurde (Ministry for Foreign Affairs 1992: 12; Bergman 2002).[9] Administrativ-soziale Maßnahmen, z.B. Telefonhilfe für Vergewaltigungsopfer, Krisenzentren, Therapien und Spezialfürsorge für Vergewaltigungsopfer oder Maßnahmen zur Straßenverkehrsplanung (Beleuchtung in Parkhäusern, nahe zum Eingang gelegene Parkplätze für Frauen

9 In Schweden wurde die Vergewaltigung in der Ehe 1962 kriminalisiert (Anttonen/ Sipilä 2000: 88). Als die finnische Gesetzgebung 1971 in sexuellen Fragen reformiert wurde, wurde dieses Thema aufgegriffen. Dennoch argumentierten sowohl die Regierung als auch das Parlament in der Weise, dass eine solche Gesetzgebung nicht mit dem finnischen Rechtsempfinden in Einklang zu bringen sei und der zur Debatte stehende Paragraph wurde nicht verändert.

sowie eine Senkung der nächtlichen Taxigebühren für Frauen) waren in Finnland im Allgemeinen kein Thema (vgl. Ministy of Social Affairs and Health 1991).

Die Analysen des Staates, die von nordischen Feministinnen angefertigt wurden, beschränkten sich auf Fragen nach dem Wohlstand und der Fürsorge und spielten die Frage nach dem körperlichen Recht herunter (Julkunen 1997; Anttonen/ Sipilä 2000: 248). Insbesondere Gewalt gegen Frauen ist im Kontext der Wohlfahrtspolitik selten analysiert worden. Der Staat in Finnland war sensibel, was die Bedürfnisse der arbeitenden Mütter anging, hat aber noch bis vor kurzem die körperlichen Rechte und ganz eklatant auch die männliche Gewalt gegen Frauen ignoriert.[10] Das Gewaltthema erreichte auf Initiative der Gleichstellungsbehörden in den 1990er Jahren öffentliche Sichtbarkeit und resultierte in sozialpolitischen und legislativen Veränderungen. Nach Aussage des Rates für Gleichstellung liegt der Grund der Unsichtbarkeit zuerst und vor allem in dem vorherrschenden Mythos der Gleichstellung in Finnland als einer unter „den Weltbesten". Dieser Mythos hat dazu beigetragen, Unterordnung und Sexismus, der in „privater Sphäre" oder in der Kultur zum Ausdruck kommt, unsichtbar zu machen (Ministry of Social Affairs and Health 1991). Der finnische Sonderfall kann mit dem relativ schwachen radikal-autonomen Feminismus im Land in Verbindung gebracht werden. Folglich wurde der Kampf für das Recht auf Abtreibung nie Katalysator für eine Reorientierung der Frauenbewegung hinsichtlich der Fragen sexueller und körperlicher Integrität, wie es in vielen anderen westlichen Ländern der Fall war.

Das Bild der Gleichstellung der Geschlechter in Finnland steht in starkem Widerspruch zur verfügbaren Statistik über Gewalt gegen Frauen. Es gibt eine hohe Frequenz männlicher Gewalt gegen Frauen. 40% aller Frauen haben physische männliche oder sexuelle Gewalt (entweder gewalttätige Handlungen oder Gewaltandrohungen) erfahren und mehr als 20% der verheirateten oder in einer Lebensgemeinschaft lebenden Frauen waren gewalttätigem Verhalten oder Gewaltandrohungen durch ihre Ehemänner oder Partner ausgesetzt (Heiskanen/ Piispa 1998). Internationale Statistiken zeigen, dass Gewalt gegen Frauen in Finnland durchschnittlich häufiger vorkommt als in anderen Industrienationen. Besonders hinsichtlich Gewalt, die im Tod der Ehefrau resultiert, steht Finnland an der Spitze der westeuropäischen Statistik (Heiskanen 2001).

In Hinblick auf die Zivilrechte von Schwulen und Lesben stehen die nordischen Länder mit Ausnahme von Finnland und Island an der Spitze (Löfström 1998). 1968 wurde in Finnland eine Vereinigung für Schwule gegründet, in der sich auch viele Lesben organisiert haben. In den 1970er Jahren entstanden in feministischen Kreisen lesbische Gruppen, im Großen

10 Für Schweden vgl. Elman 1996.

und Ganzen war Lesbianismus in der feministischen Bewegung dieser Zeit aber unsichtbar und tabu (Saarinen 1990; Marakowicz 1993). Während der 1980er Jahre drang der Feminismus in die lesbische Subkultur in Helsinki ein und die lesbischen Feministinnen wurden in der Union sichtbarer. Allerdings erwähnt der jährliche Aktionsplan der Union lesbische Themen erst 1990 (Naisten Ääni 4-5/1990: 31). Erst gegen Ende der 1980er Jahre organisierten sich lesbische Gruppen auch außerhalb Helsinkis (Hipparkia 1988: 50f.; Saarinen 1990). Seit den 1990er Jahren sind Lesben- und Schwulenfragen sowohl innerhalb des finnischen Feminismus als auch in der Gesellschaft insgesamt sichtbar geworden.

Staatsfeminismus und Frauenmobilisierung in die Politik

In der nordischen Frauenforschung wird der Staat oft „Alliierter" oder „Partner" der Frauen genannt, eine Ansicht, die sich in Begriffen wie *Staatsfeminismus* oder *frauenfreundlicher Wohlfahrtsstaat* widerspiegelt (z.B. Hernes 1987; Dahlerup 1998; Borchorst 1999a). Diese Konzepte haben die enge Verbindung zwischen nordischem Feminismus und (Wohlfahrts-) Staat geprägt.

Diese Sicht des interventionistischen Staates – und im Gegensatz dazu die Schwäche einer kritischen Zivilgesellschaft – steht in Verbindung mit spezifischen Merkmalen der politischen Kultur in Finnland. Tuija Pulkkinen (1996) betont, dass das finnische Verständnis von Staat und Zivilgesellschaft als Verbündete auf das 19. Jahrhundert zurückgeht, als die Familie, die Zivilgesellschaft und der Staat in enger Beziehung zueinander standen und gleichzeitig an das Projekt des Errichtens einer Nation gebunden waren. Finnische Feministinnen haben in Einklang mit dieser politischen Kultur gehandelt, wenn sie sich selbst in Fällen, wo es um die Errichtung autonomer Institutionen, Organisationen oder Netzwerke ging, an den Staat wandten. Damit haben sie den Staat als Ratgeber und Vermittler im Konflikt der Geschlechter betrachtet. Die finnische Geschlechterrollen-Bewegung legitimierte und bestärkte die Abhängigkeit von Frauen und Staat. Ihre Vorstellung vom Staat basierte auf der Idee, dass die Interessen des Individuums und des Staates übereinstimmen und dass der Staat neutraler und unparteiischer Repräsentant des Volks als „Ganzem" sei (Holli 1991).

Es wäre jedoch falsch zu behaupten, dass die nordische feministische Forschung eine völlig unkritische Sicht auf den (Wohlfahrts-) Staat präsentiert. Anhänger einer kritischeren Sicht haben behauptet, dass der Eintritt der Frauen in die öffentliche Sphäre eine Verschiebung von privater zu öffentlicher Abhängigkeit bedeutet habe. Die traditionelle Art, die Geschlechterverhältnisse zu organisieren, wurde restrukturiert und modernisiert, wobei die Geschlechtsordnung dennoch eine rigide auf dem Geschlecht basierende

Segregation und Hierarchie des Arbeitsmarktes beinhaltet. Darüber hinaus wurde die Hauptverantwortung für soziale Reproduktion und Betreuung den Frauen übertragen (Rantalaiho 1997). Laut Joan Acker (1989) ist ein Kompromiss der Geschlechter unausweichlicher Bestandteil des Klassenkompromisses des nordischen Wohlfahrtskapitalismus. Dieser Kompromiss gibt den Frauen das Recht auf Arbeit und in gewissem Umfang auf persönliche Unabhängigkeit im Austausch für ihre fortdauernde Verantwortung in der Fürsorgearbeit sowohl als öffentlichem Dienst als auch in der Familie. Er zieht außerdem die Akzeptanz der untergeordneten Position innerhalb der Machtstrukturen und -prozesse nach sich.

Die neuere feministische Theorie hat den komplexen und widersprüchlichen Charakter des Staates betont. Versuche, den universellen und monolithischen Begriff des Staates zu verändern, stellen eine Herausforderung für modernistische Theorien des patriarchalen versus frauenfreundlichen Staates dar (z.B. Pringle/ Watson 1992). Anstatt den Staat als kohärentes Subjekt in seinem eigenen Recht oder als Akteur besonderer Interessengruppen zu begreifen, wird er als Ansammlung verschiedener Verhandlungs- und Kampfpositionen betrachtet. Die Frauenbewegung ist *eine* wichtige Akteurin, die in dieser Arena operiert. Öffentliche Politik wird als Ergebnis widersprüchlichen politischen Drucks betrachtet. Manche dieser Politiken mögen Frauen von Nutzen sein, andere nicht (Faith 1994; Nash 2000). Der finnische Fall ist ein Beispiel dafür, wie ein „frauenfreundlicher" Staat, der den Müttern das Arbeiten erleichtert, gleichzeitig die Körperpolitik der Frauen im Verborgenen hält. Als Resultat davon bleibt Gewalt gegen Frauen ein unsichtbares Thema.

In den letzten Jahrzehnten wurden von der nationalen oder kommunalen Regierung öffentliche Institutionen und Agenturen geschaffen, die die Gleichstellung der Geschlechter fördern oder die Position der Frauen verbessern sollen. Solche öffentlichen Körperschaften sind in den meisten westlichen Demokratien Teil des Regierungsapparates geworden (vgl. Stetson/ Mazur 1995: 10). In Finnland wurde 1972 der Rat für die Gleichstellung von Männern und Frauen gegründet. Seit 1987 ist die Politik der gleichen Möglichkeiten auch durch Gleichstellung in der Gesetzgebung institutionalisiert worden (Holli 1997; Borchorst 1999b).[11] Die finnische Gleichstellungspolitik basiert weitgehend auf einem geschlechtsneutralen Diskurs, der nicht explizit eine Favorisierung von Frauen beabsichtigt. Es wurde signalisiert, dass sich eine Förderung der Gleichstellung der Geschlechter sowohl an Männer als auch an Frauen richtet, wobei es das ausdrückliche Ziel gab, Männer in die Projekte zur Gleichstellung mit einzubeziehen. Da die 1970er Jahre noch

11 Das Gesetz zur Gleichstellung wurde 1988 verstärkt um sicherzustellen, dass beide Geschlechter in kommunalen und städtischen Ämtern repräsentiert sind. 1995 wurde das Gesetz weiter in der Hinsicht verschärft, dass Regeln zur Quotierung für öffentliche Ämter und Körperschaften hinzugefügt wurden (Borchorst 1999b).

keine starke feministische Bewegung erfahren hatten, war es für die geschlechtsneutrale Orientierung leicht, sowohl auf diskursiver Ebene als auch bei Reformen in der Gesetzgebung und Politik sicher Fuß zu fassen. Anne Holli (1996, 1997) hat erörtert, dass die Gleichstellung der Geschlechter während der 1980er Jahre Schauplatz diskursiver Kämpfe wurde. Alternative Sichtweisen zur Gleichstellung der Geschlechter wurden in der Frauenbewegung artikuliert und beeinflussten den „Rat für Gleichstellung". Sowohl die Unterschiede als auch der Konflikt der Geschlechter wurde im öffentlichen Diskurs über die Geschlechter während der 1980er Jahre sichtbarer.

Die nordische „Frauenfreundlichkeit" kann ebenfalls an der Repräsentanz von Frauen in der formalen Politik gemessen werden. Heute sind in den nordischen Ländern weitaus mehr Frauen Mitglieder des Parlaments oder anderer politischer Körperschaften als anderswo. Bis in die 1970er Jahre allerdings stach nur Finnland in internationalen Vergleichen zur politischen Mobilisierung und zur Repräsentanz von Frauen heraus (Bergqvist u.a. 1999). Die finnische Strategie, die Stellung von Frauen in der Politik zu verbessern, wirkte zweifach: Erstens betonte sie parteipolitische Frauenverbände und zweitens ermutigte sie Frauen, in den Wahlen für andere Frauen zu stimmen. Jenny Chapman (1993) hat darauf hingewiesen, dass Finnland das einzige europäische Land ist, in dem die „Frauen-Wahl" (d.h. die Bevorzugung von Frauen, Frauen zu wählen) definitiv etabliert ist (vgl. Marakowicz 1993). Diese Strategie hat man vor den Wahlen, z.B. in parteiübergreifenden „Wähle-eine-Frau"-Aktionen, verfolgt.

Im Gegensatz dazu war „Parteifeminismus" keine wichtige Strategie für die Verbesserung der Stellung der Frau in der finnischen Politik.[12] Beispielsweise wurde nur wenig Gebrauch von Geschlechterquoten bei den gewählten Parteiposten gemacht. Die Meinungen über spezifische Maßstäbe zur Verbesserung der Stellung der Frau in der Politik waren in Finnland verhaltener als in Norwegen und Schweden.[13] Seit das Wahlsystem es Frauen (und Männern) erlaubt, weibliche Kandidaten zu unterstützen, ohne eine politische Partei zu unterstützen (siehe oben), gab es weniger Impulse zur Einführung einer Quote. Andererseits war der Anteil der Frauen auf entscheidungskräftiger Ebene in den Parteien, besonders in den Parteiexekutiven, für gewöhnlich geringer als der Anteil der weiblichen Parteimitglieder (vgl. Sundberg 1995; Bergman 1998). Zweifelsohne sind Quoten hier von Bedeutung. Die finni-

12 Ich habe das Konzept des „Parteifeminismus" von Monica Threlfall (1996) übernommen, die feststellt, dass die Rolle politischer Parteien in den Diskussionen feministischer Strategien vis-à-vis dem Staat vernachlässigt worden ist. Sie hebt hervor, dass in der Geschlechter- und Politikforschung die Rolle der politischen Parteien als Wächter der Anhebung der Stellung der Frau in der Politik vernachlässigt worden ist. Die Parteien können entweder Frauen davon abhalten, Zutritt zum Staat zu erlangen oder aber feministische Ideen in die Regierung einbringen und ihre Stellung in der Politik verbessern.

13 Parteiinterne Quoten sind in Finnland während der 1990er Jahre von den Sozialdemokraten, dem Linken Bündnis und den Grünen eingeführt worden.

sche Erfahrung zeigt, dass eine starke Einbeziehung von Frauen in die Politik ohne Quoten möglich ist, sofern es einen allgemeinen Druck der Gesellschaft gibt, die Repräsentanz von Frauen in der Politik zu vergrößern. Die neuere Entwicklung in Finnland ist in dieser Hinsicht interessant: Seit 2000 hat die Republik erstmalig eine (volksgewählte) Präsidentin. Im März 2003 hat Finnland seine erste weibliche Ministerpräsidentin bekommen[14] und in der Regierung gibt es genau so viele Frauen wie Männer.

In der finnischen feministischen Bewegung hat es nie eine starke Strömung gegeben, die Parteien und Parlamente zurückwies. Stattdessen war der Versuch vorherrschend, für eine Integration von Frauen und von für Frauen wichtigen Fragen in der Politik einzutreten. Die etablierten Frauenorganisationen wurden ideologisch beeinflusst und durch eine neue Frauenbewegung revitalisiert. Viele feministische Themen wurden durch die parteipolitischen Frauenföderationen in den Staatsapparat geleitet. Ein typisches Merkmal der Frauenaktivität in Finnland war die Entwicklung einer „Doppelstrategie“: gleichzeitiges Wirken in unabhängigen Frauengruppen und Netzwerken einerseits sowie in politischen Parteien und deren Frauenföderationen andererseits. Dem traditionell starken Parteisystem in Finnland ist es zuzuschreiben, dass nichtstaatliche Organisationen enge Verbindungen zu den politischen Parteien gepflegt haben (Jallinoja 1986; Bergman 1998). Gemeinsame Kampagnen und Aktionen, oft gemeinsam mit den staatlichen Gleichstellungsstellen, waren üblich. Charakterisch für Finnland war außerdem die parteiübergreifende Zusammenarbeit unter Politikerinnen (Sinkkonen/ Haavio-Mannila 1981; Erler u.a. 1983).[15] 1998 bildeten alle parteipolitischen Frauenvereinigungen zusammen mit dem Nationalen Rat der Frauen, der Frauen-Union und der Vereinigung für Frauenstudien das lose verknüpfte Netzwerk NYTKIS, was die Zusammenarbeit der Frauenorganisationen intensivierte (Holli 1997; Tyyskä 1995). Darüber hinaus wurde Ende der 1990er Jahre ein parteiübergreifendes Frauennetzwerk im finnischen Parlament gegründet.

Lohnarbeit und Mutterschaft

Die Tatsache, dass die bürgerliche „Hausfrau-Institution“ aufgrund der zahlenmäßig kleinen urbanen Mittelklasse in Finnland niemals besonders verbreitet war, wird oft als Folge dessen interpretiert, dass Finnland im Gegensatz zu anderen nordischen Ländern direkt vom Agrarmodell zum Modell der

---

14 Leider war diese Erfahrung einer finnischen Ministerpräsidentin kurz: Nach zwei Monaten Amtszeit musste sie zurücktreten aufgrund von Anschuldigungen des Missbrauchs vertraulicher Informationen die finnische Irak-Politik betreffend.

15 In dieser Hinsicht ist bemerkenswert, dass das parteienübergreifende politische „Frauen-Netzwerk“ Ende der 1990er Jahre im finnischen Parlament gegründet worden ist.

Doppelverdiener übergegangen ist (z.B. Rantalaiho 1994; Markkola 1999; Pfau-Effinger 1999). Diese Perspektive betrachtet das alte agrarische Modell als „stark egalitär" und behauptet, dass die angeblich partnerähnlichen Beziehungen der Ehegatten in modernisierter Form in die Nachkriegsgesellschaft transferiert wurden. Im Gegensatz dazu hat Raija Julkunen (1994a) betont, dass das Geschlechtermodell, das in den 1960er Jahren vorgestellt wurde, keine direkte Folge des agrarischen Systems war. Ihm ging eine ambivalente Zeit für Frauen in den 50er und frühen 60er Jahren des 20. Jahrhunderts voraus. Auf ideologischer Ebene gab es eine starke Verbindung zu den traditionellen Sichtweisen auf die Geschlechterorganisation, zur gleichen Zeit waren aber auch eine Expansion höherer Ausbildung, steigende Beschäftigungszahlen von Frauen sowie andere strukturelle Veränderungen zu beobachten, die die alte Geschlechterordnung transformierten. Diese wurde ersetzt durch den Diskurs der Gleichstellung der Geschlechter, und die Beschäftigung von Frauen wurde allgemeine Norm und auch in der Praxis normalisiert. Dennoch wurde den Frauen das Recht auf Arbeit in Finnland offiziell nicht vor Ende der 1960er Jahre zuerkannt (vgl. auch Anttonen 2001: 38). Es wurde üblich, dass Frauen nach einem kurzen Mutterschaftsurlaub ins Arbeitsleben zurückkehrten. Während beinahe 40% der verheirateten Frauen (25-54 Jahre) 1970 Hausfrauen waren, sank der Anteil 1980 auf 15% und schrumpfte während des ganzen Jahrzehnts weiter (Julkunen 1999: 89).

In den 1960ern und 1970ern wurde dann die Partizipation verheirateter Frauen und Mütter ausgesprochen üblich. Während in den 1950er Jahren lediglich 18% der Mütter von Vorschulkindern (ausgenommen im Bereich der Landwirtschaft) arbeiteten, lag die Ziffer zwanzig Jahre später bei 47% und 1980 bei 70% (vgl. Julkunen 1994a: 185; Statistics Finland 1984: 112).

Vom Staat wird erwartet, dass er umfassende soziale Serviceleistungen sichert, um das Doppelverdienermodell zu ermöglichen. Dieses Modell etablierte sich in den 1970er Jahren, als sich die Vergütung der Kinderbetreuung entwickelte und die getrennte Besteuerung der Ehegatten sowie die Elternrechte eingeführt wurden. In der Regel bauten soziale Rechte in den nordischen Ländern auf den individuellen und universellen Bürgerrechten auf, die die ökonomische Unabhängigkeit von Frauen gefördert haben. Seit den 1970er Jahren ist die Lohnarbeit als Eckpfeiler für die emanzipatorische Strategie des nordischen Geschlechterdiskurses betrachtet worden. Die finnische Version des nordischen Geschlechtermodells ruht auf der Ganztagsarbeit von Frauen. Der Anteil von Teilzeitarbeitenden unter den angestellten Frauen lag 1979 bei 11% und Mitte der 1990er Jahre bei 16% (Pfau-Effinger 1999: 78f.). Frauen hatten sowohl das Recht als auch die Pflicht zur Erwerbstätigkeit. In Finnland wird von jedem und jeder erwartet, „sein/ihr Bestes für die Nation durch das Leisten bezahlter Arbeit" zu tun (Koistinen/ Ostner 1994: 377). Die Bedeutung einer „Arbeitsgesellschaft" und der Respekt vor harter Arbeit passen gut in die protestantischen, agrarischen und sozialdemokratischen Traditionen des Landes (Anttonen/ Sipilä 2000: 106).

Seit den späten 1960ern zielte die finnische Geschlechterordnung auf die *Ähnlichkeit* von Frauen und Männern. Dies geschah unter der Prämisse des Bedarfs an Frauenarbeit und drehte sich um das Arbeitsleben, indem die Emanzipation der Frauen mit deren Partizipation am Arbeitskräftepotential gleichgesetzt wurde. Die neue Geschlechterordnung baute – trotz offensichtlicher Ähnlichkeitsdiskurse – auf einer Fortführung der geschlechtsspezifischen Arbeitsteilung auf. Mütterlichkeitsdiskurse und -politik haben in Finnland weit zurück reichende Traditionen (Nätkin 1997; Rantalaiho 1997). In den 1950er Jahren betreuten die meisten finnischen Mütter ihre Kinder im Vorschulalter selbst. Ein Arbeitsverhältnis der Mutter wurde besonders für die jüngsten Kinder als schädlich angesehen. Auch noch Mitte der 1960er Jahre stand fast die Hälfte aller Mütter von Vorschulkindern außerhalb des Arbeitskräftemarktes. Die Kinderbetreuung war nicht organisiert und nur eines von zehn betreuungsbedürftigen Kindern hatte einen Ganztagspflegeplatz. 1966 schlug ein staatliches Komitee eine Heimpflegeunterstützung für Mütter vor. 1967 betonte ein Bericht eines anderen Komitees, dass Kinderbetreuung für Kinder gedacht sei, deren Mütter aus ökonomischen Gründen arbeiten müssen. Einige Jahre später, in einem von Grund auf veränderten politischen Klima, wies das Komitee zur Stellung der Frau darauf hin, dass „Mütterlöhne" in Konflikt mit der Gleichstellung der Geschlechter stehen. Die Rollen von Frauen und Männern sowohl als Erwerbstätige als auch als Eltern wurden in der unmissverständlichen Ansicht des Komitees zur ökonomischen Unabhängigkeit von Frauen deutlich manifestiert (Prime Minister's Office 1970: 115ff.; Haavio-Mannila 1968: 186f.).

Obwohl das Gesetz zur Tagesbetreuung 1973 angenommen wurde, war die Kinderbetreuung in Finnland nach wie vor schlechter entwickelt als in den benachbarten nordischen Ländern. Die Kommunen waren zwar verpflichtet, Tagespflegeplätze einzurichten, aber bis Mitte der 1980er Jahre war lediglich die Hälfte des Bedarfs gedeckt. Noch in den 1990er Jahren war das Kinderbetreuungsangebot in Dänemark und Schweden deutlich umfangreicher. Während beinahe 70% der 0-6jährigen Kinder in Schweden und Dänemark 1996 in den Genuss staatlich finanzierter Betreuung kamen, traf dies in Finnland nur auf die Hälfte aus der gleichen Altersgruppe zu (Bergqvist 1999: 128).

Birgit Pfau-Effinger (1999) betont, dass das Arbeitsmarktverhalten von Frauen kulturelle Normen und Werte in der Gesellschaft reflektiert. Zweifellos gingen die Ansichten über bezahlte Arbeit von Müttern in Finnland im Vergleich zu denen in z.B. (West)-Deutschland auseinander. Laut Pfau-Effinger ging auch die kulturelle Vorstellung von Kindheit auseinander. Sie behauptet, dass Kindheit in Finnland als „öffentlich" angesehen wurde und die frühzeitige öffentliche Sozialisation des Kindes sozial gewertet wurde.

Ihre Behauptung aber, dass Menschen in Finnland „denken, es sei das beste für ein Kind von öffentlichen Institutionen aufgezogen zu werden" (Pfau-Effinger 1999: 90), ist übertrieben. Tatsache ist, dass – worauf Raija Julkunen (1999: 91) hingewiesen hat – die Mehrheit der finnischen Kinder im Vorschulalter zu Hause versorgt wird. Lediglich 22% der Kinder unter drei Jahren gehen in öffentliche Kindertagesstätten und fast ein Drittel aller Kinder von über drei Jahren wird zu Hause von seinen Eltern, meist von der Mutter, betreut.

Im Gegensatz zu der weit verbreiteten Meinung wird im finnischen Diskurs und in der finnischen Politik zur Kinderbetreuung nach wie vor ein maternalistischer Unterton deutlich (Anttonen 2001). Bei vielen Feministinnen ebenso wie bei linken und liberalen Frauenaktivistinnen war die Idee des „Lohns für Mütter" oder – wie dieser später umbenannt wurde – die Heimpflegeunterstützung in den 1970er Jahren nicht populär. Als die Ministerin für soziale Angelegenheiten die „Mütterlöhne" vorschlug, wurde dieser Vorschlag von den Feministinnen scharf kritisiert. Während der 1980er Jahre begann dann ein neuer Kampf für die parallele Entwicklung von institutionalisierter Betreuung und Heimbetreuung. Dieses Thema war zum einen ein politisch-ideologischer Konflikt wie auch eine Frage nach den verschiedenen Geschlechtsdiskursen und Bedürfnissen im ländlichen und im urbanen Finnland. Während die Gewerkschaftsbewegung, die politische Linke sowie Teile der liberalen Gruppierungen für die universellen Rechte der Kinder auf kommunale Betreuung kämpften, wurde, hauptsächlich auf Druck der Zentrumspartei, die Heimpflegeunterstützung eingerichtet. 1985 wurde das Recht auf Tagesbetreuung für alle Kinder unter drei Jahren gesetzlich verankert. Als alternative Möglichkeit und Resultat eines politischen Kompromisses wurden die Heimpflegeunterstützung und der Erziehungsurlaub (mit Arbeitsplatzgarantie) für die gleiche Altersgruppe eingeführt. Diese Unterstützung wird anschließend an den Elternurlaub (der annähernd ein Jahr dauert) gewährt.[16] Diese Reform wurde schrittweise von 1985 bis 1990 durchgeführt. Seit 1990 können alle Eltern von Kindern unter drei Jahren zwischen einem kommunalen Betreuungsplatz, Aufsicht innerhalb eines Familienbetreuungssystems (Tagesmütter) und Heimpflege-Unterstützung wählen. Erziehungsurlaub wird praktisch ausschließlich von den Müttern genommen (Bergqvist u.a. 1999). Seit 1995, als die Zentrums-Partei die Macht an die Sozialdemokraten verloren hat, wird die Kindergartenbetreuung stärker unterstützt als das Heimpflegesystem. Dennoch ist das Heimpflegemodell populär und für die kleinsten Kinder üblicher als die kommunale Tagespflege geblieben (Anttonen/ Sipilä 2000).

16 Das Kind muss von einem Elternteil oder einer anderen Person betreut werden, ansonsten kann die Unterstützung benutzt werden, um private Kinderbetreuung zu vergüten. 1997 wurde eine neue Unterstützung für die Vergütung privater Kinderbetreuung eingeführt (Anttonen 2001: 4).

Im Gegensatz zu Schweden und Norwegen, wo sich Feministinnen einer Einführung des Heimpflegesystems stark widersetzt haben (Leira 1998), hat die finnische Frauenbewegung diesem nicht aktiv entgegengewirkt. Das System wurde als Puzzleteil eines Reformpakets gerahmt, das die Freiheit der Eltern, die für sie am besten geeignete Betreuungsform zu wählen, zu vergrößern beabsichtigte. Vergleichsweise viele Frauen bevorzugten in einer Situation, wo es zur Vollzeitbeschäftigung nur wenige Alternativen gibt, die Heimpflegeunterstützung. Möglicherweise sorgten der kulturelle Feminismus sowie die Betonung der „Unterschiedlichkeit" in der Frauenbewegung seit 1980 für die kaum wahrnehmbaren Proteste auf feministischer Seite.

1996 wurde das subjektive Recht auf kommunale Betreuung auf alle Vorschulkinder ausgeweitet. Forderungen, die Heimpflegeunterstützung ebenfalls auf diese Altersgruppe zu erweitern, sind nicht realisiert worden. Obwohl ein ausgedehntes System öffentlicher Unterstützung in verschiedenen Formen von Betreuungsarrangements existiert, liegt die Deckung staatlich unterstützter Betreuung für drei- bis sechsjährige Kinder unter dem Durchschnitt der Länder der OECD (Organisation für wirtschaftliche Zusammenarbeit und Entwicklung). Beispielsweise besuchten 1997 weniger als 30% der finnischen Kinder von drei Jahren einen Kindergarten, während es in Deutschland fast die Hälfte aller Kinder dieses Alters war. Bei den fünfjährigen liegen die finnischen Zahlen des Kindergarten- oder Vorschulbesuchs bei 35% zu vergleichsweise 79% in Deutschland (Anttonen/ Sipilä 2000: 250). Aber es ist natürlich wichtig zu beachten, dass Betreuung in Finnland meist Ganztagsbetreuung bedeutet. Bei den jüngsten Kindern ist die Situation umgekehrt: 21% der finnischen (im Gegensatz zu nur 2% der deutschen Kinder) besuchten staatlich finanzierte Betreuungsstätten. Mitte der 1990er Jahre gehörten 65% der finnischen Mütter mit Kindern im Alter von unter drei Jahren dem Arbeitskräftepotential an. In Deutschland lagen die Vergleichszahlen bei 51% (Julkunen 1999: 85).

Der Anteil der finnischen Frauen, die in einem Arbeitsverhältnis stehen, ist als Ergebnis der Einführung der Heimpflegeunterstützung sowie der tiefen Rezession in den frühren 1990er Jahren geringer geworden. 1991 standen 69% der Mütter von Kindern unter sieben Jahren dem Arbeitsmarkt zur Verfügung; 1989 belief sich die Ziffer auf 78% (Julkunen 1994b: 14f.). Der Frauenanteil unter den Erwerbstätigen nahm während der späten 1990er Jahre weiterhin ab (Lehto 1999: 108). Somit bilden finnische Frauen nicht länger die Vorhut innerhalb internationaler Statistiken über den Anteil von Frauen auf dem Arbeitsmarkt. Die anteilsmäßigen Raten liegen in den anderen nordischen Ländern und den USA etwas höher und einige andere europäische Länder folgen in geringem Abstand (Julkunen 1994b: 12). Es bleibt jedenfalls festzustellen, dass die meisten Frauen in Finnland vollzeit beschäftigt sind. Darüber hinaus haben sie, auch wenn Frauen (Eltern), die Erziehungsurlaub nehmen, nicht zum Arbeitskraftpotential gezählt werden, das Recht, an ihren Arbeitsplatz zurückzukehren. Die meisten tun dies.

Eeva Jokinen (1996: 113) hat darauf hingewiesen, dass in Finnland ein „Phasen"-Modell wieder eingeführt worden ist. Frauen folgen hinsichtlich Familie und bezahlter Arbeit in steigendem Maße sequenziellen Vereinbarungen, was einen Erziehungsurlaub von zwei bis drei Jahren, Pflegeunterstützung und Rückkehr in den Beruf nach der Familienphase einschließt. Viele Frauen (besonders die weniger ausgebildeten in schlecht bezahlten Jobs) interessieren sich für einen langen Erziehungsurlaub. Eine große Zahl der Heimpflegeunterstützungen ist als Zeichen einer versteckten oder offenen Arbeitslosigkeit interpretiert worden und ist aus Sicht der Gleichstellung der Geschlechter problematisch (Anttonen/ Sipilä 2000; Bergqvist u.a. 1999). Eine Herausforderung ist es, mehr Väter zu ermutigen, diese Alternative zu wählen. Eine andere Herausforderung liegt darin, die sozialen Rechte der Eltern, die zu Hause bleiben wollen, zu sichern. Bis jetzt besteht in Finnland kein Rentenanspruch für unbezahlte Familienarbeit oder die Phasen der Kinderbetreuung. Die Gesetzgebung fährt fort, dem geschlechtsneutralen Diskurs zu folgen, der die heimarbeitenden Frauen negativ beeinträchtigt und als „Falle" mit negativen Auswirkungen im späteren Leben für Frauen angesehen werden kann. Zum Beispiel erhalten diese nach einer Scheidung selten Alimente und haben auch keinen Anspruch auf den Rentenanspruch ihrer Ehemänner. Eine dritte Herausforderung betrifft die Nachmittagsbetreuung der jüngsten Schulkinder. Im Gegensatz zu beispielsweise Schweden und Norwegen ist eine Nachmittagsbetreuung kaum gewährleistet, und das obwohl der Schultag kurz ist. Ein Aspekt der finnischen kulturellen Sicht von „Unabhängigkeit" ist die soziale Norm gewesen, dass es sogar den jüngsten Schulkindern erlaubt war, ohne Begleitung zur Schule und nach Hause zu gehen und nachmittags alleine zu Hause zu bleiben. In vielen anderen Ländern würde dies als Vernachlässigung der Kinder aufgefasst werden. Erst in jüngster Zeit ist diese Frage in Finnland diskutiert worden (vgl. Julkunen 1999).

Raija Julkunen (2001: 46) hat Finnland als ein Land beschrieben, welches durch „ritualisierte Selbstverständlichkeiten" bezüglich der Gleichstellung der Geschlechter charaktisiert ist, in dem aber Feminismus feindlich abgelehnt wird. Diese Kombination wird möglich gemacht durch den Diskurs zur Gleichstellung der Geschlechter, welcher durch das Verleugnen der Geschlechtsunterschiede und durch das Verbergen der geschlechtsbedingten Machtstrukturen, die die Bedeutung des Geschlechterkonflikts herunterspielen, offensichtlich geschlechtsneutral ist (Parvikko 1988: 151f.). Das emanzipatorische Projekt der 1960er und 1970er Jahre wurde durch den Staat kanalisiert und bedrohte somit nicht die männlichen Machtstrukturen. Seit den 1980ern ist der Unterschied der Geschlechter in der finnischen Geschlechterdebatte weiter in den Vordergrund gerückt. Dem Konzept der

Gleichstellung der Geschlechter sind pluralistischere Konnotationen gegeben worden. Gleichzeitig wurde auch dem Unterschied zwischen den und innerhalb der Geschlechtskategorien mehr Platz als früher eingeräumt. Eine Konsequenz der Betrachtung der Gleichstellung der Geschlechter als positiv und des Feminismus als negativ ist, dass der Staatsapparat in Finnland hinsichtlich der Gleichstellung der Geschlechter verpflichtet war, Verantwortung für Fragen zu übernehmen, die in anderen Ländern, zumindest anfänglich, der Aktivitätssphäre autonomer feministischer Bewegungen angehörten (Holli 1991). Ein Beispiel dafür ist das Thema der Gewalt gegen Frauen. Dieses wurde in den 1970er Jahren von den Feministinnen aufgenommen, aber erst nachdem der „Rat für Gleichstellung“ begann, dem Thema Aufmerksamkeit zu widmen, stand es in Finnland auf der Tagesordnung.

EU und Frauen

Seit 1995 ist Finnland Mitglied der EU. In einer Volksabstimmung vor dem Beschluss stimmten 57% dem Beitritt zu. In den anderen nordischen Ländern kann man von einem deutlichen „Gender Gap“ (d.h. ein starker Unterschied zwischen den Geschlechtern) die Haltung zum EU-Beitritt betreffend sprechen. Bei den Frauen war eine eher kritische Einstellung wesentlich häufiger als bei den Männern. Typische Vertreterin der nordischen Anti-EU Bewegung war eine Frau, die in einem Dienstleistungsberuf oder im sozialen Bereich im öffentlichen Sektor tätig war. Der typische Befürworter wiederum war ein Mann, der im privaten Sektor beschäftigt war. Dieses „Gender Gap“ war besonders deutlich in Dänemark und Norwegen, wo in der Tat die Frauen das Ergebnis der Volksabstimmung entschieden. In Schweden war der „Gender Gap“ etwas geringer. Auch in Finnland verhielten sich viele Frauen, besonders in den linken Parteien, kritisch zum Beitritt. Nach einer repräsentativen WählerInnenuntersuchung machten die Frauen jedoch tatsächlich eine knappe Mehrheit unter denjenigen aus, die in der Volksabstimmung „Ja“ sagten (vgl. Juntti 1998).

In Finnland war die Beitrittsdiskussion von der geopolitischen Lage des Landes geprägt. Der EU-Beitritt wurde in Finnland, das eine Grenze von 1200 Kilometern mit der ehemaligen Sowjetunion/Russland teilt, in großem Maße als Sicherheitspolitik interpretiert. Neben sicherheitspolitischen Aspekten hatte die EU-Debatte in Finnland eher mit der Agrarpolitik zu tun als mit der „sozialen Dimension“ der EU oder der Gleichstellungspolitik. Solche Fragen hatten einen wesentlich größeren Stellenwert in der dänischen, norwegischen und schwedischen Diskussion. Die Argumente der Gegnerinnen drehten sich um die politische Macht(losigkeit) der Frauen in der EU-Politik und die finstere Zukunft des nordischen Wohlfahrtsstaates aus Frauensicht. Das Demokratiedefizit der EU, d.h. die Machtkonzentration zur Kommission und die Machtlosigkeit des EU-Parlaments waren ein wichtiger Grund für die kritische Auseinandersetzung. Viele Frauenpolitikerinnen und feministische Aktivistinnen fürchteten, dass der politische Einfluss von Frauen sich verringern würde, wenn ein großer Teil der Macht nach Brüssel ginge. Die These der *shrinking institutions* – „sobald es die Frauen geschafft haben, sich in die politischen Institutionen zu drängen, geht die Macht raus“ (Holter 1988) – ist gewiss kein generelles Universalgesetz, aber es ist interessant, dass die beiden Prozesse mehr oder weniger gleichzeitig stattgefunden haben: die Erhöhung des Frauenanteils in der staatlichen Politik und die reduzierte Macht des Nationalstaates.

Auf diese Behauptungen der EU-Gegnerinnen reagierend, haben die Fürsprecherinnen betont, dass die Integration der starken und emanzipierten nordischen Frauen in die EU-Politik einen positiven Einfluss auf die politische Kultur in Brüssel haben wird. Es wurde gesagt, dass die Frauen in „weniger fortschrittlichen Teilen“ Europas die nordischen Schwestern als positive Vorbilder brauchen. Für die EU-kritischen Kräfte wurde gerade Deutschland zum „Schreckensbild“: Sie behaupteten, dass nach dem Beitritt auch die nordischen Frauen wieder „ins Haus und an den Herd“ geschickt würden, ähnlich wie in der Bundesrepublik. Sowohl bei GegnerInnen als auch FürsprecherInnen beider Geschlechter war eine gewisse nordische Arroganz zu spüren. Ein deutlicher Unterschied zwischen dem „fortschrittlichen Norden“ und dem „patriarchalischen Süden“ wurde konstruiert.

Die zweite Frage, in der sich die Meinungen von Frauen spalteten, hatte mit der Zukunft des „frauenfreundlichen nordischen Modells“ zu tun. Hier hatten sich zwei Linien herausgebildet: Die erste Position behauptete, dass die europäische Integration den Prozess von Privatisierung, Marginalisierung und Sozialabbau forciert, wobei sich die Gegensätze verschärfen und die Lage der Frauen sich verschlechtern würde. Die zweite Linie meinte dagegen, dass eine solche Entwicklung ohnehin Teil der Globalisierung sei. Gegenmaßnahmen sollten sich deshalb nicht auf die nationalstaatliche Ebene beschränken, sondern es wäre auch wichtig für Frauenorganisationen, auf einer gesamteuropäischen Ebene zusammenzuwirken.

Die Frage nach der EU als politischer Gelegenheitsstruktur für Frauenpolitik geriet in Finnland anfangs in den Schatten. Viele Frauenaktivistinnen waren überzeugt, dass die EU in Bezug auf Frauenpolitik den nordischen Frauen nichts bieten könne, weil die finnischen sozial- und familienpolitischen Regelungen und Maßnahmen ohnehin weiter reichten. Später hat sich jedoch gezeigt, dass die EU-Mitgliedschaft positive Folgen für die Frauenpolitik in Finnland gehabt hat; z.B. in Form einer Verschärfung der Gleichstellungsgesetzgebung (Nikula 1999).

Die EU als Gelegenheitsstruktur für eine Gleichstellungspolitik ist von Bedeutung für die nordischen Länder, falls Gleichstellung breiter definiert wird als es früher in der Union der Fall gewesen ist. Gleichstellung sollte sich nicht nur auf das Berufsleben beziehen, sondern auch die Sexual- und Körperpolitik integrieren. Die Frage „sexueller Belästigungen“ am Arbeitsplatz oder in der Ausbildung war früher in Finnland unsichtbar und marginal. Hier hat sich Gleichstellung lange hauptsächlich um den Arbeitsmarkt und die Sozialpolitik gedreht. Fragen über die sexuelle oder körperliche Integrität von Frauen waren dagegen als legitime politische Fragen nicht anerkannt. In Bezug auf Fragen wie Gewalt gegen Frauen und Frauenhandel gibt es noch große Herausforderungen für die EU. Besonders der Frauenhandel und forcierte Prostitution sind Fragen, wo grenzüberschreitende Maßnahmen vonnöten sind, und wo sich die Frauenbewegungen über nationale Grenzen hinweg organisieren müssen.

Durch die EU haben sich für die nordischen Frauen neue Möglichkeiten der Zusammenarbeit eröffnet, z.B. durch transeuropäische Netzwerke und Projekte innerhalb von Frauenpolitik. Es gibt auch Möglichkeiten für eine finanzielle Unterstützung von Frauenprojekten, auch solchen, die ansonsten in Finnland häufig marginalisiert sind (z.B. Projekte im ländlichen Bereich, MigrantInnenprojekte, multikulturelle Projekte usw). Die EU kann als eine Gelegenheitsstruktur für Frauen auch in Bezug auf Forschung, Wissenschaft und Ausbildung angesehen werden. Obwohl nur ein geringer Teil der Forschungsressourcen gesellschaftlichen Bereichen nützt, in denen Frauen tätig sind oder die wichtig für die Frauenpolitik sind, hat sich z.B. im Studenten/Lehreraustausch und in der Forschungszusammenarbeit einiges getan. Durch europäische Forschungsnetzwerke haben nordische Forscherinnen Kontakte geknüpft zur Frauenforschung außerhalb der angelsächsischen Welt, die die akademische Literatur und Debatte bei uns ansonsten sehr einseitig dominiert.

Der Feminismus ist heute nicht nur international, sondern auch transnational. Aber die gegenwärtige EU fokussiert Europa, und vielleicht in Zukunft immer mehr die „Festung Europa“. Hier liegt eine große Herausforderung für Frauennetzwerke und Frauenbewegungen. Die EU bietet zwar ein Regelwerk, das für viele Mitgliedsländer fortschrittlichere Regelungen und Gesetze bedeutet, als sie der eigene Staat anzubieten hat, patriarchale Strukturen und Männerdominanz jedoch können nicht nur durch die EU allein abgebaut werden. Fortschritt kann sich nur durch kollektive Aktionen und ein gemeinsames Engagement von Frauen und Frauenorganisationen entwickeln, sowohl innerhalb von Europa als auch über die europäischen Grenzen hinweg. Das EU-Projekt aus Frauensicht ist von Ambivalenzen und Paradoxien geprägt. Auch in Finnland reflektiert die feministische Debatte über die EU diese Zwiespältigkeit.

Literatur

Acker, Joan (1989): Proposal for an Umbrella Perspective for "Kvinnotemagruppen". Working Paper. Stockholm.

Aikanainen–Kvinnotid 2/1979.

Akkaväki/ Naisten Ääni 1/1978, 1/1980, 4/1980, 3/1981, 3/1986, 4-5/1990.

Ala-Nikkola, Merja (1992): The Development of Reproductive Choice in Finland. Paper presented at the international seminar "Women and the Welfare State in Europe", 1–6 June. London.

Anttonen, Anneli (2001): The Female Working Citizen: Social Rights, Work and Motherhood in Finland. In: Kvinder, Køn og Forskning, 10, S. 33–44.

Anttonen, Anneli/ Sipilä, Jorma (2000): Suomalaista sosiaalipolitiikkaa [Finnish social policy]. Tampere.

Banks, Olive (1981): Faces of Feminism. A Study of Feminism as a Social Movement. Oxford.

Bergman, Solveig (1998): Frauen in der finnischen Politik. In: Hoecker, Beate (Hg.): Handbuch politische Partizipation von Frauen in Europa. Opladen, S. 91–113.

Bergman, Solveig (1999): Women in New Social Movements. In: Bergqvist, Christina/ Borchorst, Anette/ Christensen, Ann-Dorte/ Ramstedt-Silén, Viveca/ Raaum, Nina C. / Styrkársdóttir, Auður (Hg.): Equal Democracies? Gender and Politics in the Nordic Countries. Oslo, S. 97–117.

Bergman, Solveig (2002): The Politics of Feminism: Autonomous Feminist Movements in Finland and West Germany From the 1960s to the 1980s. Åbo.

Bergqvist, Christina (1999): Family Policy in the Nordic Welfare States. In: Bergqvist, Christina/ Borchorst, Anette/ Christensen, Ann-Dorte/ Ramstedt-Silén/ Viveca/ Raaum/ Nina C./ Styrkársdóttir, Auður (Hg.) (1999): Equal Democracies? Gender and Politics in the Nordic Countries. Oslo, S. 121–157.

Bergqvist, Christina/ Borchorst, Anette/ Christensen, Ann-Dorte/ Ramstedt-Silén/ Viveca/ Raaum/ Nina C./ Styrkársdóttir, Auður (Hg.) (1999): Equal Democracies? Gender and Politics in the Nordic Countries. Oslo.

Borchorst, Anette (1999a): Feminist Rethinking of the Welfare State. In: Ferree, Myra Marx/ Lorber, Judith/ Hess, Beth B. (Hg.): Revisioning Gender. London, S. 99–127.

Borchorst, Anette (1999b): Institutionalised Gender Equality. In: Bergqvist, Christina Borchorst, Anette/ Christensen, Ann-Dorte/ Ramstedt-Silén, Viveca/ Raaum, Nina C. / Styrkársdóttir, Auður (Hg.): Equal Democracies? Gender and Politics in the Nordic Countries. Oslo, S. 161-249.

Chapman, Jenny (1993): Politics, Feminism and the Reformation of Gender. London.

Dahlerup, Drude (1989): Vi har väntat länge nog: Handbok i kvinnorepresentation [We have waited long enough: Handbook in women's representation]. København.

Dahlerup, Drude (1998): Rødstrømperne. Den danske Rødstrømpebevaegelses udvikling, nytaenkning og gennemslag, 1970–1985 [The Redstockings: The development, new thinking and breakthrough of the Danish Redstocking movement 1970–1985]. København.

Dahlerup, Drude/ Gulli, Brita (1985): Women's Organizations in the Nordic Countries: Lack of Force of Counterforce? In: Haavio-Mannila, Elina (Hg.): Unfinished Democracy: Women in Nordic Politics. Oxford, S. 6–36.

Drake, Sunniva (1989): Naisten itsepuolustus: Ota yö takaisin! [Women's self-defence: reclaim the night!] Helsinki.

Eduards, Maud (1992): Against the Rules of the Game: On the Importance of Women's Collective Actions. In: Eduards, Maud (Hg.): Rethinking Change: Current Swedish Feminist Research. Uppsala, S. 83–104.

Elman, Amy R. (1996): Sexual Subordination and State Intervention: Comparing Sweden and the United States. Providence and Oxford.

Erler, Gisela/ Jaeckel, Monika/ Sass, Jürgen (1983): Mütter zwischen Beruf und Familie. München.

Faith, Karlene (1994): Resistance: Lessons from Foucault and Feminism. In: Radtke, Lorraine H./ Stam, Henderikus J.: Power/Gender: Social Relations in Theory and Practice. London, S. 36-66.

Francome, Colin (1984): Abortion Freedom: A Worldwide Movement. London.

Germain Sirkka, Mattila, Kari, Polkunen-Gartz Marja-Liisa/ Törnroth Christina (1980): Våld i äktenskapet [Violence in the marriage] [orig. in Finnish: Väkivalta avioliitossa 1978]. Helsingfors.

Haavio-Mannila, Elina (1968): Suomalainen nainen ja mies [Finnish woman and man]. Porvoo.

Haavio-Mannila, Elina (1979): Kvinnebevægelse og kvinneorganisasjoner [Women's movements and women's organisations]. In: Sosiologi idag, 9, S. 55–67.

Haavio-Mannila, Elina/ Dahlerup, Drude/ Eduards, Maud/ Gudmundsdóttir, Esther/ Halsaa, Beatrice/ Hernes, Helga Maria/ Hänninen-Salmelin, Eva/ Sigmundsdóttir, Bergthora / Sinkkonen, Sirkka/ Skard, Toril (Hg.) (1985): Unfinished Democracy: Women in Nordic Politics. Oxford.

Heiskanen, Markku/ Piispa, Minna (1998): Faith, Hope, Battering: A Survey of Men's Violence against Women in Finland. Helsinki.

Heiskanen, Markku (2001): Naisiin kohdistuva väkivalta yleisintä Argentiinassa ja Brasiliassa – kuolemaan johtava Venäjällä [Violence against women most frequent in the Argentine and Brazil – Causing death in Russia]. In: Tietoaika, 10, S. 8–13.

Hernes, Helga Maria (1987): Welfare State and Woman Power: Essays in State Feminism. Oslo.

Hipparkia 2/1988.

Holli, Anne (1991): Miehisestä tasa-arvosta kohti naisten käsitteellistä tilaa. Tasa-arvoasiain neuvottelukunnan tasa-arvopoliittinen diskurssi vv. 1972–86 [From male-defined gender equality towards a conceptual space of women. The gender equality discourse of the Council for Equality 1972–86]. Unpublished licentiate's thesis. University of Helsinki.

Holli, Anne (1996): Check-mating the State? Argumentation Strategies in Finnish Equality Policies. In: NORA: Nordic Journal of Women's Studies, 4, S. 83–86.

Holli, Anne Maria (1997): On Equality and Trojan Horses: The Challenges of the Finnish Experience to Feminist Theory. In: The European Journal of Women's Studies, 4, S. 133–164.

Holter, Harriet (1996): Om kjønn og politikk [About Gender and Politics]. In: Holter, Harriet/ Halsaa, Beatrice/ van der Ros, Janneke/ Skjønsberg, Else/ Øvrelid, Bjarne: Hun og han: Kjønn i forksikning og politikk. Oslo, S. 12-24.

Hyvärinen, Matti (1994): Viimeiset taistot [The final struggles]. Vastapaino: Tampere.

Jallinoja, Riitta (1983): Suomalaisen naisasialiikkeen taistelukaudet. Naisasialiike naisten elämäntilanteen muutoksen ja yhteiskunnallis-aatteellisen murroksen heijastajana [Periods of struggle of the women's movement in Finland: the women's movement as a reflection of societal-ideological transformation and change in the life situation of women]. Porvoo.

Jallinoja, Riitta (1986): Independence or Integration: The Women's Movement and Political Parties in Finland. In: Dahlerup, Drude (Hg.): The New Women's Movement: Feminism and Political Power in Europe and the USA. London, S. 158–178.

Jokinen, Eeva (1996): Väsynyt äiti: Äitiyden omaelämäkerrallisia esityksiä [The tired mother: Autobiographical representations of motherhood]. Gaudeamus: Helsinki.

Julkunen, Raija (1994a): Suomalainen sukupuolimalli – 1960-luku käänteenä [The Finnish gender model – the 1960s as a turning-point]. In: Anttonen, Anneli/ Henriksson, Lea/ Nätkin, Ritva (Hg.): Naisten hyvinvointivaltio [Women's welfare state]. Tampere, S. 179–201.

Julkunen Raija (1994b): Esipuhe: suomalainen takaisku? [Preface: Finnish Backlash?]. In: Faludi, Susan: Takaisku: Julistamaton sota naisia vastaan [orig. Backlash. The Undeclared War Against Women, 1991]. Helsinki, S. 7–21.

Julkunen, Raija (1997): Naisruumiin oikeudet [The rights of a female body]. In: Jokinen, Eeva (Hg..): Ruumiin siteet: Kirjoituksia eroista, järjestyksistä ja sukupuolesta [The bonds of the body: writings about differences, orders and gender]. Tampere, S. 43–63.

Julkunen, Raija (1999): Gender, Work, Welfare State. In: Setälä, Päivi/ Lipponen, Päivi (Hg.): Women in Finland. Articles by Satu Apo. Helsinki, S. 79–100.

Julkunen, Raija (2001): Naistutkimuksen identiteetti [The identity of feminist research]. In: Naistutkimus–Kvinnoforskning, 13, S. 44–49.

Juntti, Eira (1998): On Our Way to Europe: Finnish Women's Magazines and Discourse on Women, Nation and Power. In: The European Journal of Women's Studies, 5, S. 399-417.

Juusola-Halonen, Elina (1981): The Women's Liberation Movement in Finland. In: Women's Studies International Quarterly, 4, S. 453–360.

Kaplan, Gisela (1997): Feminism and Nationalism: The European Case. In: West, Lois (Hg.): Feminist Nationalism. London, S. 3–40.

Koistinen, Pertti/ Ostner, Ilona (1994): Comparing and Learning About Differences. In: Koistinen, Pertti/ Ostner, Ilona (Hg.): Women and Markets: Learning of the Differences in the Finnish and German Labour Markets. Tampere, S. 9–25.

Kuusipalo, Jaana (1993): Women's Positions and Strategies in Political Arenas. In: Varsa, Hannele (Hg.): Shaping Structural Change in Finland. The Role of Women. Ministry of Social Affairs and Health. Equality Publications. Series B: Reports 2. Helsinki, S. 11–35.

Lehto, Anna-Maija (1999): Towards Equality in Working Life? In: Lehto-Anna-Maija/ Sutela, Hanna: Gender Equality in Working Life: Labour Market, 22. Statistics Finland. Helsinki, S. 7–46.

Leira, Arnlaug (1998): Caring as Social Project: Cash for Child Care and Daddy Leave. In: Social Politics, 5, S. 362–378.

Lindén, Mariella (1981): Patriarkat och kvinnorörelse i Finland [Patriarchy and the women's movement in Finland]. In: Nordisk Forum 31: Kvinnoidentitet/ kvinnorörelse [Women's identity and women's movements], 16, S. 63–71.

Lønnå, Elisabeth (1996): Stolthet og kvinnekamp. Norsk kvinnesaksforenings historie fra 1913 [Pride and the women's struggle: the history of the women's rights association in Norway since 1913]. Oslo.

Löfström, Jan (Hg.) (1998): Introduction: Sketching the Framework for a History and ociology of Homosexualities in the Nordic Countries. In: Scandinavian Homosexualities: Essays on Gay and Lesbian Studies. New York / London, S. 1–13.

Marakowicz, Ellen (1993): Gender and Nationalism in Finland: The Domestication of the National Narrative. Unpublished doctoral thesis. Columbia University.

Markkola Pirjo (1997): Constructing and Deconstructing the "Strong Finnish Woman": Women's History and Gender History. In: Historiallinen Aikakauskirja, 95, S. 153–160.

Mattila, Kari (1977): Finnland. In: Internationaler Frauenkongress. Paris, Pfingsten 1977. Münster, S. 153–157.

Mattila, Kari/ Suorsa, Johanna (Hg.) (1994): Viattomat, vallattomat ja rohkeat [The innocent, the wild and the brave]. Helsinki.

Ministry for Foreign Affairs (1992): Suomen toinen raportti YK:n naisten oikeuksien sopimuksen toteuttamisesta [Finland's second report on the realisation of the United Nations' women's rights]. Helsinki.

Ministry of Social Affairs and Health (1991): Naisiin kohdistuva väkivalta [Violence against women]. Väkivaltajaoston mietintö. Tasa-arvojulkaisuja, Sarja B: tiedotteita 5. Sosiaali- ja terveysministeriö: Helsinki.

Naisten rauhanpamfletti (1981): Rauha on tapa elää [Peace is a way of life]. Helsinki.

Nash, Kate (2000): Contemporary Political Sociology: Globalization, Politics, and Power. Malden, Mass.

Nikula, Paavo (1999): Finnish Equality Policy. In: Setälä, Päivi/ Lipponen, Päivi (Hg.): Women in Finland. Articles by Satu Apo Helsinki, 129-145.

Nätkin, Ritva (1997): Kamppailu suomalaisesta äitiydestä: Maternalismi, väestöpolitiikka ja naisten kertomukset [The struggle for Finnish motherhood: Maternalism, demographic policies and women's narratives]. Helsinki.

Paastela, Jukka (1987): Finland's New Social Movements in a Frozen Political System. Paper presented at the ECPR workshop New Social Movements and the Political System. 10–16 April, Amsterdam.

Parjanen, Matti (1983): Ylioppilasradikalismi yhteiskunnallisena liikkeenä, sen syntymä ja kuolema [Student radicalism as a social movement, its emergence and death]. Tampere.

Parvikko, Tuija (1988): Naispolitiikka: erilaisen politiikka [Women's politics: the politics of difference]. In: Naisten ääni (Akkaväki), 4, S. 4–9.

Peltonen, Eeva (1981): Viskningar och rop: Om feminismen och vänsterrörelsen i Finland [Whispers and cries: On feminism and the left-wing movement in Finland]. In: Nordisk Forum 31: Kvinnoidentitet & kvinnorörelse [Women's identity and women's movements], 16, S. 12–20.

Peterson, Abby (1987): Women in Political "Movement". Monograph no 37 from the Department of Sociology, University of Gothenburg. Göteborg.

Pfau-Effinger, Birgit (1999): Welfare Regimes and the Gender Division of Labour. In: Christiansen Jens, Koistinen, Pentti/ Kovalainen, Anne (Hg.): Working Europe: Reshaping European Employment Systems. Aldershot, S. 69–96.

Prime Minister's Office (1970): Naisten asemaa tutkivan komitean mietintö [The report of a state investigation on women's position]. Komiteanmietintö–kommittébetänkande 1970: A 8 Helsinki: Valtioneuvoston kanslia. Helsinki.

Pringle, Rosemary/ Watson, Sophie (1992): "Women's Interests" and the Post-structuralist State. In: Barrett, Michéle/ Phillips, Anne (Hg.): Destabilising Theory: Contemporary Feminist Debates. Cambridge, S. 53–73.

Pulkkinen, Tuija (1996): The Postmodern and Political Agency. Helsinki.

Rantalaiho, Liisa (1994): Sukupuolisopimus ja Suomen malli [The gender contract and the Finnish model]. In: Anttonen, Anneli, Henriksson, Lea/ Nätkin, Ritva (Hg.): Naisten hyvinvointivaltio [Women's welfare state]. Tampere, S. 9–30.

Rantalaiho, Liisa (1997): Contextualising Gender. In: Rantalaiho, Liisa/ Heiskanen, Tuula (Hg.): Gendered Practices in Working Life. London, S. 16–30.

Riska, Elianne (2000): Women's Health: Issues and Prospects. In: Scandinavian Journal of Public Health, 28, S. 84–87.

Rubart, Frauke (1993): Zwischen Frauenpower und Frauenkultur: Die neue Frauenbewegung in den nordischen Ländern. In: UtopieKreativ 229–30, S. 54–64.

Rucht, Dieter (1996): The Impact of National Contexts on Social Movement Structures: A Cross-movement and Cross-national Comparison. In: McAdam, Doug, McCarthy, John/ Zald, Mayer N. (Hg.): Comparative Perspectives on Social Movements. Political Opportunities, Mobilizing Structures, and Cultural Framings. Cambridge, 185-204.

Räsänen, Leila (1984): Katsaus tasa-arvolainsäädännön kehitykseen vuosina 1970–82 [A review of the development of gender equality legislation 1970–82]. In: Mies-nainen-ihminen: Tieteen näkemyksiä sukupuolten eroista ja tasa-arvosta [Man-woman-human being: Scholarly views on gender differences and equality]. Helsinki, S. 147–168.

Rönnblom, Malin (1993): The Swedish Women's Movement in the 1990s. Paper presented at the conference "Women and New Perspectives on Democracy in Europe", 31 August–4 September, London.

Saarinen, Aino (1992): Feminist Research – An Intellectual Adventure? Centre for Women´s Studies and Gender Relations. Research Institute for Social Sciences. Publications Series N, no. 4. Tampere.

Saarinen, Terhi (1990): Alussa oli kellari. Helsinkiläisen lesboyhteisön historiaa [In the beginning was the basement. On the history of the lesbian community in Helsinki]. In: Naisten Ääni, 2, S. 24–28.

Savolainen, Tarja (1991): Väkivalta – naisten alistamisen yksi muoto [Violence – a new form of subordinating women]. In: Tasa-arvo, 4, S. 16–18.

Siisiäinen, Martti (1990): Suomalainen protesti ja yhdistykset [Finnish protest and associations]. Jyväskylä.

Siisiäinen, Martti (1991): National and International Factors in the Formation of Voluntary Associations in Finland. Jyväskylä.

Sinkkonen, Sirkka/ Haavio-Mannila, Elina (1981): The Impact of the Women's Movement and Legislative Activity of Women MPs on Social Development. In: Rendel, Margherita (Hg.): Women, Power and Political Systems. London, S. 195–215.

Statistics Finland (1984): Position of Women. Statistical Surveys No. 72. Statistics Finland. Helsinki.

Stenius, Henrik (1987): Frivilligt, jämlikt, samfällt: föreningsväsendets utveckling i Finland fram till 1900-talets början med speciell hänsyn till massorganisationsprincipens genombrott [Voluntary, equal, collective: the development of associations in Finland until the beginning of the 20th century with special consideration to the breakthrough of the principle of mass organisations]. Helsingfors.

Stetson, Dorothy McBride/ Mazur, Amy G. (1995): Introduction. In: Stetson, Dorothy McBride/ Mazur, Amy (Hg.) Comparative State Feminism. London, 1–21.

Sulkunen, Irma (1989): The Women's Movement. In: Engman, Max/ Kirby, David (Hg.): Finland: People – Nation – State. Hurst, S. 178–191.

Sundberg, Jan (1995): Women in Scandinavian Party Organizations. In: Karvonen, Lauri/ Selle, Per (Hg.): Women in Nordic Politics: Closing the Gap. Dartmouth, S. 83–111.

Suomen Kuvalehti 29/1979.

Suominen, Tapani (1996): "Verre enn Quislings hird": Metaforiska kamper i den offentliga debatten kring 1960- och 1970-talens student- och ungdomsradikalism i Norge, Finland och Västtyskland [Metaphorical struggles in the public debate about student and youth radicalism in Norway, Finland and West Germany]. Unpublished doctoral thesis. University of Oslo.

Suorsa, Johanna (1994): Radikaalifeminismin interventio Unionissa: vuoden 1987 käänne Naisasialiitto Unionissa radikaalifeminismin ja liberaalifeminismin näkökulmasta [The Intervention of radical feminism in the Union: the turning-point in the Women's Union from the perspectives of radical feminism and liberal feminism]. Unpublished master's thesis. University of Jyväskylä.

Tarrow, Sidney (1994): Power in Movement. Social Movement, Collective Action, and Politics. New York

Threlfall, Monica (1996): Feminist Politics and Social Change in Spain. In: Threlfall, Monica (Hg.): Mapping the Women's Movement: Feminist Politics and Social Transformation in the North. London, S. 115–151.

Togeby, Lise (1989): Ens og forskellig. Græsrodsdeltagelse i Norden [Similar and different. About grassroots participation in the Nordic countries]. Århus.

Tyyskä, Vappu (1995): The Politics of Caring and the Welfare State: The Impact of Women's Movement on Child Care Policy in Canada and Finland, 1960–1990. Annales Academiae Scientarium Fennicae. Series B: Helsinki.

Viitanen, Pirkko (1982): Raiskaus [Rape]. Juva.

„Angebot ohne Nachfrage“ – Ungarische Frauen als Bürgerinnen eines EU-Beitrittslandes

Andrea Pető

Eine meiner Kolleginnen charakterisierte die Repräsentanz von Frauen in der gegenwärtigen ungarischen Politik als „Angebot ohne Nachfrage“.[1] In diesem Beitrag gebe ich zunächst einen Überblick über die historische Entwicklung von Frauenbewegungen in Ungarn. Anschließend werde ich die beiden Faktoren beschreiben, die die Position von Frauen in Ungarn bestimmen: ihre politische Mobilisierung und das Problem der Vollzeitbeschäftigung. Diese Faktoren spielen eine zentrale Rolle für die Einschätzung möglicher Konsequenzen der EU-Mitgliedschaft aus einer Geschlechterperspektive.

Ungarische Frauenbewegungen in historischer Perspektive

Die erste Gruppe von Frauenorganisationen (Assoziationen, denen ausschließlich Frauen angehören) entstanden aus der Oberschicht aristokratischer Frauen und gingen der Reformära des frühen 19. Jahrhunderts voraus (ausführlicher siehe Pető 2002). Diese ersten wohltätigen Organisationen oder Frauenclubs fungierten als Vorbild für die niedrigeren Gesellschaftsschichten und setzten die Norm, sich für soziale Anliegen zu engagieren. Die Ziele der wohltätigen Gesellschaften wurden innerhalb eines ‚mütterlichen Rahmens’[2] konzipiert und betonten die mütterliche, Familien erhaltende Rolle von Frauen. Gleichzeitig verbanden die Frauenorganisationen, die in einem ‚mütterlichen Rahmen’ organisiert waren, ihre Ziele der sozialen Wohlfahrt mit der Nation und interpretierten die Nation als erweiterte Familie. Die damit etablierte Verbindung zwischen dem mütterlichen und dem nationalen Rahmen stellte sicher, dass Frauenorganisationen eine wohlwollende Aufnahme in den sozialen Schichten fanden, die sozialen Einfluss und Akzeptanz genossen. Zusätzlich ließ sich zur gleichen Zeit eine Zunahme von religiösen Frauenorganisationen beobachten. Deren Zielsetzung war ebenfalls im ‚mütterlichen Rahmen’ formuliert, aber mit religiösen missionarischen Zielen verbunden.[3]

Am Ende des 19. Jahrhunderts wurde die Beteiligung in Frauenorganisationen eine prestigeträchtige Aktivität der oberen Schichten der ungarischen Gesellschaft. Diese ermöglichte die Herausbildung des so genannten revolutionären Typs von Frauenorganisationen: Gewerkschaften sowie Sozialde-

---

1 Ich danke Gabriella Ilonszki für dieses Zitat.
2 Zum Begriff von Rahmungen vgl. Snow et al. 1988.
3 Zur Rolle religiöser Frauenorganisationen vgl. Pető 2001a.

mokraten, die innerhalb ihres „Gleichheitsrahmens" weibliche Mitglieder in ihre männlichen Organisationen aufnahmen. Mit der Beamtinnen-Organisation (*Nőtisztviselők*) und später der Feministischen Assoziation (*Feminista Egyesület*) wurden intellektuelle bürgerliche Frauengruppen etabliert. Diese artikulierten ihre Forderungen bis zum ersten Weltkrieg an der Seite einer intellektuellen Avantgardebewegung der Jahrhundertwende, der so genannten ungarischen Progression (Szapor 1984; Zimmermann 1997). Das Ziel der feministischen Frauen war es, die Frauen diskriminierenden Gesetze in Bildung, Beruf und Rechtssprechung abzuschaffen. Im Mittelpunkt stand jedoch der Kampf um das Wahlrecht. Mit der Feminisierung bestimmter Berufsgruppen wurden Forderungen nach „Gleichheit für Differenz" gestellt und Repräsentantinnen verschiedener Berufsgruppen formten Frauenorganisationen.

Die Geschichte des Frauenwahlrechts in Ungarn nach dem Ersten Weltkrieg ist ein Beispiel dafür, wie sich Forderungen nach Frauenemanzipation innerhalb eines Gleichheitsrahmens und zum Teil auch im „nationalen Rahmen" manifestieren. Bis zur Bewilligung des ersten partiellen Wahlrechts im Jahr 1918 waren Frauen vollständig von der Parteipolitik in Ungarn ausgeschlossen und auch noch bis zur Einführung des allgemeinen Wahlrecht im Jahr 1945 wäre es illusorisch, von irgendeiner Form direkten parlamentarischen politischen Drucks zu sprechen, der von Frauen ausgeübt würde (Pető 1997: 153-161). Die Zeit nach dem ersten Weltkrieg brachte innerhalb der Frauenorganisationen Veränderungen an mehreren Fronten. Auf den Erfolg der liberalen Progression folgend[4] wurde die ‚Frauenfrage' auch vom Nationalkonservatismus entdeckt, da ausgewählte Frauen das Wahlrecht erhielten. Eingeschränktes Frauenwahlrecht bedeutete, dass weibliche Parlamentsabgeordnete erst 1920 in Politik und Parlament eintraten. Der ungarische öffentliche Diskurs war von der Forderung dominiert, die Grenzen Ungarns zu revidieren, die im Schloss von Trianon in Frankreich 1920 festgelegt worden waren. Die Organisation von Frauen im ‚nationalen Rahmen' wurde aufgrund des verlorenen Kriegs der einzige akzeptable öffentliche Diskurs, so dass der ‚mütterliche Rahmen' nur in diesem nationalen Rahmen sein Programm realisieren konnte. Nationale Zugehörigkeit und der revisionistische Kampf führten zur ersten breiten Frauenbewegung. Innerhalb des nationalen Rahmens wurde die Frauenbewegung aber aufgrund des ‚mütterlichen Rahmens' populär.

Die ‚revolutionären' Organisationen überlebten diese konservative Periode, aber ihre Mitgliedschaft nahm ab und sie wurden im öffentlichen Diskurs unsichtbar. Diese Bewegungsmilieus (*submerged networks*) (vgl. Taylor 1989) waren typisch für die Aktivitäten sowohl der kommunistischen, als auch der feministischen Organisationen nach den beiden Revolutionen in

4 Seit 1895 wurden Frauen z.B. in ausgewählte Zweige der höheren Bildung zugelassen. Im Jahre 1918 wurde Frauen ein eingeschränktes Wahlrecht gegeben.

Ungarn nach 1919. Viele der vorher großen und einflussreichen Organisationen wurden klein und unbedeutend. Zur gleichen Zeit bestand die Mitgliedschaft aus einem kleinen ausgewählten Kreis. Dies ging Hand in Hand mit der für ihr Überleben notwendigen zentralistischen Organisationsstruktur, die sie adoptierten. Die Aktivitäten der ‚Bewegungsmilieus' konzentrierten sich primär auf kulturelle Ereignisse.

Um 1914 beteiligten sich Frauen in Ungarn in verschiedenen Typen von Frauenbewegungen. Gewerkschaften, Wohltätigkeits-, Berufs-, Bildungs- und religiöse Assoziationen wurden ebenfalls integraler Bestandteil der Zivilgesellschaft. Um 1930 gab es über 14.000 Assoziationen mit mehr als drei Millionen Mitgliedern, von denen ein Drittel Frauenorganisationen waren. Spezifische Fraueninteressen waren auf der Ebene der ‚großen Politik' durch den Kampf für das Wahlrecht repräsentiert. Die ‚Vor-Wahlrechts' Frauenbewegung (vor 1918) war durch ihre Vernachlässigung von Politik charakterisiert. Diese Assoziationen (wohltätige, Alumni, künstlerische, kulturelle, wissenschaftliche) setzten sich aus einer kleinen Mitgliedschaft zusammen, die sich aus einer bestimmten Region rekrutierte und zuerst darauf abzielte, bürgerliche Familien mit individueller Wohltätigkeit zu unterstützen. Die Frauenassoziationen der ‚Nach-Wahlrechts'-Zeit unterschieden sich von den vorangegangen hinsichtlich ihrer politischen Ziele und ihrer Massenmitgliedschaft. Nach dem Fall der ungarischen Bolschewistischen Revolution 1919 setzten die ‚Vor-Wahlrechts' Assoziationen ihre Aktivitäten fort, aber der neue Typ von Assoziation veränderte den sozialen Raum für ihre Aktivitäten. Die ‚Nach-Wahlrechts' Assoziationen bauten eine starke Beziehung mit dem Staat auf und fungierten in einigen Fällen als ‚Transmissionsriemen' zwischen den nationalen Politikern (Pető 2001b).

Eine weitere Veränderung nach dem ersten Weltkrieg war das Erscheinen eines ‚Parteirahmens'. Das Erneuerungsexperiment der Nationalen Einheitspartei (*Nemzeti Egység Pártja*) und des Christlichen Frauencamps (*Keresztény Női Tábor*) war es, Frauen zu mobilisieren (Vonyó 1997). Aufgrund der großen Wirtschaftskrise erlangte der Staat im Bereich der sozialen Wohlfahrtspolitik eine zunehmende Bedeutung und die Anzahl der Organisationen ziviler und religiöser Wohltätigkeitsvereine nahm ab, wurde aber nicht völlig überflüssig. Während des Zweiten Weltkriegs war eine Polarisierung der Frauenorganisationen dahingehend festzustellen, wie sehr sie sich mit dem ‚nationalen Rahmen' identifizierten. Die Sozialdemokraten (*Szociáldemokrata Párt*) traten nach der Deutschen Invasion in Ungarn 1944 – wie auch die religiösen und andere zivile Organisationen – den Organisationen der Bewegungsmilieus bei.

Die Lage nach 1945 sieht zunächst einfach aus (Pető 1999a/b): der Zweite Weltkrieg hatte das frühere Netzwerk der Frauenorganisationen ausradiert und mit der Demokratischen Allianz Ungarischer Frauen (*Magyar Nők Demokratikus Szövetsége*, MNDSZ) war eine Massenbewegung etabliert worden, die Frauen im Interesse kommunistischer Ziele mobilisierte (Pető 1998, 2000, 2003).

1945 war das Jahr der Neuanfänge und des Wiederaufbaus, das goldene Zeitalter der Bewegungsmilieus. Die kommunistische Frauenbewegung war sehr aktiv. Sie veröffentlichte sofort ein Programm und etablierte eine Organisation, die von den Frauen beeinflusst wurde, die als emigrierte Kommunistinnen in Westeuropa (z.B. in Paris) gelebt hatten. Die kommunistischen Aktivistinnen unterstützten anfänglich einen starren ‚revolutionären Gleichheitsrahmen', der auf die radikale Transformation und schnelle Mobilisierung der ungarischen Frauen abzielte. Bei der ersten demokratischen Wahl von 1945 stellte sich aber die Kommunistische Partei (*Magyar Kommunista Párt*) als die bei den Frauen unpopulärste heraus. Dies kann folgendermaßen erklärt werden: Nach 1919, dem Fall der ungarischen Räterepublik, basierte das Horthy Regime auf antisowjetischen und revisionistischen Einstellungen. In den folgenden 25 Jahren staatlicher Propaganda wurde dann die ungarische kommunistische Partei als Marionette der Sowjetunion dargestellt. Die massiven Vergewaltigungen durch Soldaten der Roten Armee gegen Ende des 2. Weltkrieges trugen ebenfalls nicht zu einer Veränderung der öffentlichen Meinung bei (vgl. Pető 1999a). 1945 trat die ungarische kommunistische Partei im Wahlkampf mit einem stark atheistischen Programm an, das bei den meist tiefreligiösen Frauen die Popularität ebenfalls nicht vergrößerte. Aufgrund dieses Wahlergebnisses tauchten wieder einige Elemente des ‚mütterlichen Rahmens' im kommunistischen Programm auf, insbesondere in den Kriegsgefangenen-Projekten. Hier wurden Frauen als Mütter und Ehefrauen mobilisiert. Unter Nutzung dieses mütterlichen Rahmens gelang es der ungarischen kommunistischen Partei, ihr schlechtes Ansehen bei den Frauen zu verbessern. Es war die Kommunistische Partei, die den Eindruck vermittelte, dass sie es durch ihre persönlichen und politischen Verbindungen erreichen könnte, die Sowjetunion davon zu überzeugen, die 200.000 Kriegsgefangenen heimkehren zu lassen.

Der politische Einfluss von Frauen war in Ungarn durch das allgemeine Wahlrecht gesichert, das 1945 erreicht worden war. Dies erwies sich hinsichtlich der Veränderung der Situation von Frauen bedeutender als jeder andere Faktor. Im Fall der Feministinnen brachten die Taktiken der Bewegungsmilieus, die so gut in der Zwischenkriegszeit funktioniert hatten, später keine Resultate. Die generelle Demokratisierung des Landes und der Gewinn des allgemeinen Wahlrechts für Frauen im Jahr 1945 bedeuteten, dass der Feminismus an Boden verlor. Generationskonflikte und Schichtunterschiede erschwerten die Kooperation zwischen der Feministischen Assoziation und der MNDSZ, da die Mitglieder der Feministischen Assoziation wesentlich älter waren als die der MNDSZ. Ein weiterer Konflikt beruhte darauf, dass die Führung und die Mitgliedschaft dieser Organisationen aus verschiedenen sozialen Schichten kamen. Das Ziel der Bewegungsmilieus war es gewesen,

Ideen lebendig zu halten und tätig zu werden, wenn die Zeit dafür reif war. Aber der Kampf war nun nicht der, den sie zu kämpfen erwartet hatten. Niemand bedurfte der Erfahrungen der feministischen Assoziation. Die Assoziation konnte aber noch eine Zeitlang überleben aufgrund der zentralistischen Struktur, ihrer Anerkennung als akzeptiertes Bewegungsmilieu und der kulturellen Werte, die sie aufrechterhielt.

Die Frauenassoziation, die innerhalb des ‚mütterlich-nationalen' Rahmens organisiert war, wurde nach dem Waffenstillstand von 1945 verboten. Die Aktivitäten der Organisationen im ‚mütterlichen Rahmen' wurden reduziert, weil die Mitglieder weder die Zeit noch die Mittel für wohltätige Arbeit hatten. Das soziale Prestige der Verbesserungsarbeit reduzierte sich auf ein Minimum, da die MNDSZ – von der ungarischen Kommunistischen Partei (MKP) unterstützt – nun dieses Feld bestimmte. Mit der Verstaatlichung verschwanden die bürgerlichen und großbürgerlichen Schichten sowie jegliche institutionelle Netzwerke, die irgendwie staatsunabhängig waren, einschließlich unabhängiger Schulen, Krankenhäuser und öffentlicher Bibliotheken.

Um Frauen zu mobilisieren, waren zunächst eine Atmosphäre der politischen Passivität sowie die Kontrolle über die Aktivitäten ungarischer Frauenorganisationen notwendig. Die MNDSZ kooptierte die unabhängigen ungarischen Frauenorganisationen und löste sie dann auf. Das umfangreiche Netzwerk der ungarischen Frauenorganisationen musste zunächst zum Verstummen gebracht werden, um ein anderes Wertesystem für die politische Mobilisierung von Frauen aufzubauen. Beides, die Werte und die Strukturen der politischen Aktivität von Frauen, wurde durch die neu geschaffenen Massenorganisationen ersetzt. Aufgrund der Datenlage von 1946, unter Ausschluss der großen nationalen Frauenbewegungen, gab es meinen Berechnungen zufolge mehrere Frauenorganisationen mit mehr als 1600 Mitgliedern, die beantragten, ihre Arbeit wieder aufzunehmen zu dürfen. Dekret 1 von 1946 erkannte das unbestrittene Versammlungsrecht der Bürger an. Gleichzeitig gab ein anderes Gesetz die Verantwortlichkeit für alle Organisationen in die Hände des Innenministeriums, das von der ungarischen Kommunistischen Partei kontrolliert wurde. Das Innenministerium nutzte diese Macht graduell mit dem zunehmenden Einfluss der Polizei, um diese Organisationen zu verbieten. Mit der MNDSZ entwickelte sich eine Organisation, die Frauen organisierte und sie im Interesse politischer Ziele auf die Straße brachte, wie zum Beispiel am 6. Dezember 1946, als es einen berühmten Streik von Hausfrauen gegen steigende Preise gab. Nach 1945 fand die Emanzipation von Frauen in Ungarn ohne die aktive Teilnahme der Frauenorganisationen oder Politikerinnen statt. Die Anzahl der Frauen in politisch hohen Positionen war gering.[5]

---

5 In den Dokumenten der Frauensekretariate der verschiedenen Parteien gibt es keine Hinweise darauf, dass sie irgendwelchen politischen Druck auf weibliche Parlamentsmitglieder ausübten. Die Zahl der Politikerinnen stieg zur Zeit der provisorischen Nationalver-

Zwischen 1945 und 1947 erließ der ungarische Gerichthof in einer beispiellosen Maßnahme eben die Gesetze und Regulierungen, die die liberalen feministischen und sozialdemokratischen Frauenbewegungen in den ersten Jahren des 20. Jahrhunderts bereits gefordert hatten: Die uneingeschränkte Öffnung der Universitäten für Frauen, die Familiengesetzreform, die Rentenreform, die Regelung der Kinderbetreuung, die Abschaffung von Geschlechtsdiskriminierung in verschiedenen Berufen. Diese rechtlichen Bestimmungen schufen zwar neue Möglichkeiten für Frauen (Pető 1998, 2003), die Eliminierung der Zivilgesellschaft und die zunehmende Sowjetisierung Ungarns begrenzten diese Möglichkeiten aber bis 1989.

Der gegenwärtige Status der ungarischen Frauen

Veränderte Erwerbsbeteiligung

Die Vollbeschäftigung von Frauen, war der – im Vergleich zu westlichen Ländern – zentrale Unterschied, der die Position von Frauen im früheren Ostblock beeinflusste. Während der sozialistischen Phase Ungarns stieg die Anzahl der berufstätigen Frauen an. Ursache dafür waren ideologische Gründe, die Kontrolle des Staates, die unbegrenzte Nachfrage nach Arbeit auf Grund des extensiven Musters der Industrialisierung und der erzwungenen Kollektivierung (vgl. Pető et. al 2002). Die niedrigen Löhne erzwangen die Erwerbstätigkeit von Frauen und führten zur Formierung des Doppelverdienermodells. In den 1980ern war die Erwerbsbeteiligung von Frauen in Ungarn ähnlich wie in den anderen sozialistischen Ländern höher als in Westeuropa. Allerdings sank sie in Ungarn innerhalb einer sehr kurzen Zeit, während sie in Westeuropa anstieg. Ende der 1990er war die Erwerbsbeteiligung von Frauen niedriger als in den meisten Ländern der Europäischen Union. Obwohl schon in den 1980ern Zeichen des Wandels im Arbeitsmarkt zu erkennen waren (Hárs/ Kővári/ Nagy 1991), fanden erst nach der Transformation von 1989 beträchtliche Veränderung statt. Im Zeitraum von 1989 bis 1994 sank der Anteil berufstätiger Frauen sowohl in der Landwirtschaft, als auch der Industrie. In der Landwirtschaft reduzierte sich dieser Anteil sogar um zwei Drittel. Lediglich im Dienstleistungssektor ist im selben Zeitraum ein Anstieg um 16% zu verzeichnen.

---

sammlung von 1944 von ein oder zwei auf zwölf und nach der Wahl im Jahre 1945 auf 14. Bei der Wahl 1947 gab es 22 und 1949 71 weibliche Parlamentsmitglieder. Das waren jedoch lediglich 17% aller Parlamentsmitglieder. 1953 gehörten nur noch 52 Frauen (17%) dem mittlerweile völlig machtlosen Parlament an (Balogh 1975: 57).

Tabelle 1.
Frauenerwerbstätigkeit in verschiedenen Erwerbsbereichen, 1989-1995 (Angaben in %)[6]

Zeitpunkt	Industrie und Bauwesen	Landwirtschaft	Dienstleistungsbereich	Alle berufstätigen Frauen
1989	31.3	15.3	53.4	100.0
1991	29.7	13.0	57.4	100.0
1993	26.5	6.9	66.6	100.0
1995	25.0	5.5	69.5	100.0

Die Erwerbsbeteiligung von Frauen ging schneller zurück als die von Männern: Zwischen 1992 und 2000 fiel die Rate um 5,2% bei Frauen und 4,8 % bei Männern. Dieser Rückgang war kontinuierlich bis 1997. Nach einem wirtschaftlichen Aufschwung in den darauf folgenden Jahren stieg die Rate – bei Frauen stärker (um 3% zwischen 1997-2000) als bei Männern (1,5%) – wieder an. Diese Veränderungen unterscheiden sich stark nach Altersgruppen. Die Beteiligungsrate der älteren Frauen fiel beispielsweise weit unter das Niveau der Europäischen Union, während die Frauen im Alter von 25-54 bald das Niveau der entwickelten Länder der Europäischen Union erreichten.[7]

Für ein Land, das jahrzehntelang an Vollbeschäftigung gewöhnt war, war das schnelle Eintreten von hoher Arbeitslosigkeit vermutlich der bemerkenswerteste Aspekt der Transformation. Arbeitsmarktinstitutionen wurden entwickelt. Im März 1991 verabschiedete das Parlament ein Beschäftigungsgesetz, das ein Paket neuer und alter Maßnahmen beinhaltete. Es wurde ein Arbeitslosengeldsystem entwickelt, Regelungen wurden verändert, Nichtberechtigungszeiten und Bezüge wurden gekürzt.

Als interessantes Phänomen lässt sich auch feststellen, dass während der Transformationsperiode in einigen Bereichen die Frauenarbeitslosigkeit niedriger als die Männerarbeitslosigkeit lag. Das hat nichts mit persönlichen Charakteristika zu tun (z.B. bessere Qualifikation oder Erfahrung etc.), sondern mit den Industriezweigen (und dem Öffentlichen Dienst) in denen die Frauen beschäftigt waren und daher weniger von Entlassungen oder der Auflösung von Betrieben betroffen waren. Obwohl Frauen weniger Gefahr liefen, arbeitslos zu werden, war es für sie schwieriger als für arbeitslose Männer, wieder einen Arbeitsplatz zu finden (Nagy 2000). Die Erwerbsrate von Männern erreichte relativ schnell ein niedrigeres Niveau, auf dem sie sich dann aber stabilisierte, während die Frauenerwerbsrate zunächst höher lag, dann aber bis 1997 kontinuierlich zurückging. Seit 1998 stieg die Erwerbsrate von

6 Quelle: Labour account, CSO, various years, in: Pető et al. 2002b: 373.
7 Für Details vgl. Nagy 2000.

Männern und Frauen an, der Abstand zwischen Männern und Frauen blieb seitdem konstant.

Wie in allen ehemaligen Ostblockländern, wurde die Ideologie der Vollbeschäftigung durch die harschen Mächte der Marktwirtschaft ersetzt. Der Abbau sozialstaatlicher Absicherungen im Transformationsprozess stellte die vorher unhinterfragte Vollbeschäftigung und teilweise die sozialen Institutionen des sozialen Wohlfahrtsstaates infrage. Benachteiligte soziale Gruppen (Frauen, ungelernte Arbeiter), die vorher erwerbstätig waren, verloren ihre Arbeitsplätze. Die Feminisierung der Arbeit veränderte den Charakter der ungarischen Armut.

Die radikalen Veränderungen, die der ökonomischen Transformation 1989 folgten, zeigten, dass es der Frauenemanzipation während des Sozialismus an Konstanz und Inhalt mangelte, da Frauen überall die wahren Verliererinnen des politischen Wandels wurden (Neményi 1996). Aufgrund der Besonderheit der Frauenerwerbstätigkeit hinsichtlich der sektoralen und hierarchischen Positionierung der feminisierten Arbeiterschaft während des Staatsfeminismus, war es sehr wahrscheinlich, dass sie nicht von den neuen ökonomischen Möglichkeiten profitieren würden. In der Folge der ökonomischen Transformation waren Frauen die Verliererinnen: Anzahl und Zugang zu Kinderbetreuungseinrichtungen verschlechterten sich, die Familien beschützenden sozialen und politischen Arrangements schrumpften oder wurden abgewertet und starke ‚konservative' Kräfte übten Druck aus, traditionelle Rollen von Frauen in der Familie wiederherzustellen. Die politische Frage der Zukunft ist, ob Frauen unter den sich verschlechternden ökonomischen Bedingungen in der Lage sein werden, ihre Interessen zu formulieren und als Interessengruppe zu vertreten. Es stellt sich auch die Frage, ob sie ihre Mobilisierungserfahrung und den EU-Beitritt als eine Gelegenheitsstruktur nutzen und ob eine ‚Nachfrage' auf Grundlage des ‚Angebots' konstruiert wird.

Die ungarische Frauenbewegung nach 1989

1989 folgte die Struktur der Frauenorganisationen in Ungarn dem gleichen Muster wie 1945.[8] Die Wiedergeburt des Feminismus in Mitteleuropa nach 1989 war generell durch eine Fragmentierung der Frauenorganisationen charakterisiert. Nach den ersten Jahren der Freiheit blieben nur solche Frauenorganisationen bestehen, die irgendwie mit politischen Parteien verbunden

8 In der Periode vor 1989 war es teilweise ein legitimer Bereich akademischer Forschung, Frauen als eine separate soziale Gruppe zu untersuchen. Während der 40 Jahre sozialistischer Chancengleichheit (angeblich für alle) war die Diskriminierung von Frauen mit Staatssozialismus verbunden, nicht mit der Geschlechtsdiskriminierung durch die Forscher.

waren und es spiegelten sich in den Frauenorganisationen die alt-neuen Trennungen politischer Partien nach dem Kollaps des Kommunismus wider.

Obwohl der NGO-Sektor Ungarns ständig wächst und seine Assoziationen mehr als 30 Millionen HUF (125.000 €) an staatlicher Unterstützung als Teil des Einkommens beziehen, ist dieser Bereich insgesamt eher als niedrig einzuschätzen. Allerdings verdoppelte sich die Unterstützung der Organisationen durch lokale Regierungen in den letzten zehn Jahren. NGOs, die bestimmte kommunale Bedürfnisse bedienen, sind also in der Lage, lokale Unterstützung zu generieren. Im NGO-Sektor sind zurzeit 50.000 Vollzeitbeschäftigte und 28.000 Teilzeitbeschäftigte tätig, allerdings können sich nur 20% dieser NGOs bezahlte Mitarbeiter und Mitarbeiterinnen leisten (Cz.G. 2000).

Von den 65.000 NGOs, die 1997 im Register des Zentralen Statistischen Büros in Budapest aufgeführt werden, wurden aber nur 60 als Frauenorganisationen bezeichnet (Lévai/ Kiss 1997). Die Liste der ungarischen Frauen NGOs war 1999 entlang der folgenden Linien getrennt: zivil oder religiös, lokal oder national, Wohlfahrtsdienst oder Berufsgruppen. Mitgliedszahlen werden wegen des kontinuierlichen Kampfes um finanzielle Unterstützung nicht veröffentlicht, was bedeutet, dass jede Organisation vitales Interesse daran hat, ihre Mitgliedszahlen geheim zu halten. Die Struktur der Organisationen ähnelt aber immer noch der historischen Struktur der Frauenbewegungen in Ungarn. Die Haupttrennlinie zwischen den zivilen Organisationen ist immer noch die zwischen unabhängigen Organisationen und den halb-zivilen Organisationen, die stark mit politischen Parteien verbunden sind und ihren NGO-Status behalten, um andere Finanzierungsquellen für die Unterstützung der Partei offen zu halten. Beispielsweise operiert die Frauenorganisation der Bauernpartei (Smallholders Party) wie eine NGO, hat aber starke institutionelle und personelle Verbindungen mit der Partei. Es gibt allerdings einige wenige neue Aspekte, die die ungarischen Frauen zu mobilisieren scheinen. Diese schließen an die Debatten um Abtreibung von 1991-1992 und 1999-2000, die Reform des Rentensystems (die das Rentenalter der Frauen erhöhte) und die Regulierung der Prostitution 1999-2000 an. Diese Themen – Abtreibung, Prostitution und das Rentensystem – machten Frauenfragen zum Teil des öffentlichen Diskurses.

Gegenwärtig ist die ungarische feministische Bewegung auf ein sehr enges soziales Spektrum festgelegt. Es setzt sich überwiegend aus intellektuellen Frauen (Soziologinnen, Ökonominnen, Journalistinnen und einigen Historikerinnen der Altersgruppe von Mitte 30 bis Ende 40) zusammen und ist in Universitätszentren konzentriert. Nach 1989 waren die Frauenforscherinnen Pionierinnen im Aufgreifen fundamentaler Fragen wie Wohnen, Erwerbstätigkeit, wirtschaftliche und sexuelle Rechte, die (Selbst)wahrnehmung von Frauen, Körperimage, Sexualität und Medienpräsentation aus einer Geschlechterperspektive. Angesichts der Tatsache, dass Generationen von Frauen ohne die Erfahrung wirklicher politischer Aktivität aufwuchsen, passten sie ihr Leben an die Forderungen und Erwartungen des Staatssozialismus an. Die politische Aktivität von Frauen in den ersten Dekaden des 21. Jahrhunderts muss vorsichtig und tolerant, aber nachdrücklich sein.

Daher erfuhren Feministinnen, die nach 1989 den Mangel feministischen Bewusstseins in Ungarn zur Sprache brachten, starke Antipathien von anderen Frauen in der Region. Wie im Westen, waren die meisten Frauen, die in Frauenstudien involviert waren, Mitglieder der Intelligenz. Der Unterschied zwischen Ungarn und vielen westlichen Ländern lag in der Stärke der Zivilgesellschaft und der Präsenz eines Netzwerks von Assoziationen und Organisationen im Westen, die von Forscherinnen und Akademikerinnen genutzt werden können – sowohl als Verteidigungsposition als auch als Instrument, um soziales Bewusstsein zu stärken. In Osteuropa hat die Abschaffung der Frauenassoziationen und die ‚Gleichschaltung' der Frauenbewegungen nicht nur jede Chance auf institutionellen Druck eliminiert, sondern auch zu einem Mangel an Politikerinnen geführt, die in der Lage sind, Fraueninteressen in anderen Feldern zu repräsentieren. Die politische Sozialisation von Frauen fand in den kommunistischen Massenorganisationen statt. Sie lernten die politischen Spielregeln von Männern. Es gab keine anderen Bereiche, in denen Politik gemacht oder erlernt werden konnte.

Auf lange Sicht sollte die Entwicklung der ungarischen Frauen-NGOs in zwei Richtungen gehen: erstens den Dienstleistungsbereich zu ersetzen und herzustellen, der von vitalem Interesse für die Verbesserung der Situation von Frauen im politischen und ökonomischen Markt ist; und zweitens die Kooperation zwischen verschiedenen Strömungen der Frauen-NGOs zu erhöhen und dabei politische und thematische Grenzen zu überschreiten. Dies würde politische Parteien dazu zwingen, Frauen in ihren Programmen als Bürgerinnen anzusprechen, was in einem höheren Niveau der politischen Mobilisierung von Frauen resultieren würde.

Einer der Unterschiede zwischen Frauenbewegungen vor und nach 1989 ist die Formierung von Umwelt- und Romagruppen. Der steigende Rassismus in der ungarischen Gesellschaft macht die Romabevölkerung sehr verwundbar. Die Mehrheit der ungarischen Gesellschaft ignoriert das wichtigste soziale und kulturelle Problem des heutigen Ungarn: die kontinuierliche Diskriminierung der Roma. Das Anti-Diskriminierungsgesetz, das von den Oppositionsparteien vorgelegt wurde, wurde 2001 von der ungarischen Regierung zurückgewiesen. Roma-Frauen leiden unter einer doppelten Diskriminierung: als Frauen und als Roma, für sie stimmt um so mehr wie für alle Frauen, dass sie ohne eine machtvolle Interessengruppe, ohne starke soziale Allianzen besonders exponiert für Diskriminierungen sind. Gegenwärtig bleiben Roma-Frauen machtlos, weil ihnen die Unterstützung von starken Roma-Intellektuellen fehlt. Die Roma-Intellektuellen sind zerstritten und sehr stark an ihre kulturelle Tradition gebunden, die Frauen nicht in Führungspositionen befördern. Einige Trainingsprogramme helfen Roma-Frauen im wirtschaftlichen und politischen Leben.

Die Einflussmöglichkeit von Frauen bleibt weitgehend außerhalb des konventionellen politischen Rahmens. Einflussreiche Interessengruppen und einige NGOs waren nicht in der Lage, den Abstand zwischen ‚großen Politikmachern' und den Wählern zu überwinden. Da ungarische Wählerpräferenzen nicht festgelegt sind (25% der Wähler sind ‚unentschieden'), könnten demokratische Wahlen – wiederum von ‚oben' – Fraueninteressen stärken. Die verschiedenen Regierungen erarbeiten Programme im Namen von Frauen, ohne die ansonsten schwache Zivilgesellschaft zu konsultieren und ohne ernsthaften Druck, für ihr Frauenprogramm wirklich zur Rechenschaft gezogen werden zu können.

Die Wahlen von 2002 brachten eine vorher nicht bekannte Mobilisierung von Wählern, einschließlich von Frauen. Das ungarische politische System wurde bipolar und die Sozialistische (ehemals Kommunistische) Partei mobilisierte mit ihrer Kampagne systematisch Frauen: „Frauen für den Wechsel“. Die Aktivistinnen dieser Bewegungen trugen gelbe Schals und stellten Kampagnen-Zelte an zentralen Stellen in verschiedenen Städten auf, um Frauen davon zu überzeugen, für einen Regierungswechsel zu stimmen. In der neuen Regierung wurden drei Ministerien an Frauen gegeben: neben den traditionellen Ministerien für Frauen, Soziales und Umwelt, auch das Innenministerium. Es bleibt abzuwarten, ob die linke Regierung in der Lage ist, ihr Programm, das Gleichberechtigung sichern soll, zu implementieren. Der politische Konsens unter den ungarischen Politikern, der Europäischen Union beizutreten, mag allerdings Möglichkeiten für die internationale Gemeinschaft schaffen, die Organisation von Frauenfragen in Ungarn zu fördern. Die einflussreichen Lobbygruppen und Netzwerke fehlen, aber der soziale Bedarf ist vorhanden.

Stellt die Europäische Union Nachfrage her?

Eine Übersicht der Literatur osteuropäischer Autoren und Autorinnen zu Geschlechtergleichheit hinterlässt als ersten Eindruck die auffällige Abwesenheit von Analysen der EU-Geschlechtergleichheitspolitik. Abgesehen von den von offizieller Seite initiierten Übersetzungen von EU-Gesetzen und deskriptiven und daher selbstversichernden offiziellen Regierungsberichten, gibt es wenige pro-aktive Arbeiten, die die gemeinsamen Implikationen der EU-Erweiterung hinsichtlich der Implementierung von Geschlechtergerechtigkeit bedenken (Pető 2001c). Die Berichte sind unkritisch gegenüber der EU-Politik und akzeptieren die Bedingungen nicht nur, sondern drängen ihre Regierungen auch, ihnen technisch zu entsprechen (Monitoring 2002).

Nach dem Erweiterungsprozess wird das Externe intern. Dies bedeutet auch, dass die komplexen Realitäten der postsozialistischen Geschlechterbeziehungen zu den schon dringenden Unsicherheiten und Inkonsistenzen der EU-Geschlechtergleichheitsnormen, insbesondere den Implementierungspolitiken, beitragen werden. Das intellektuelle Schweigen zu solchen Fragen ist umso verblüffender, wenn wir berücksichtigen, dass sich in den letzten zehn Jahren sehr aktive Diskussionen zwischen Frauen aus ‚Ost' und ‚West' über Prinzipien und Theorien direkter Anwendung von westlichen Geschlechtergleicheitsmechanismen und westlicher Geschlechtertheorie auf die postkommunistische Realität entwickelt haben. Einige feministische Intellektuelle im ‚Osten' opponierten gegen die Art und Weise und den Stil, mit dem ihre westlichen Schwestern in den ‚östlichen' sozialen Raum eindrangen, den sie als leer empfanden. Siklova postulierte:

> We object to some of the Western feminist's insensitive conduct towards us [...] this sometimes reminds us of the attitudes of apparatchiks or of those imparting political indoctrinations. (zitiert nach Watson 2000: 379)

Während Aktivistinnen und Forscherinnen in emotional hitzigem Gedankenaustausch engagiert waren, stimmten ihre Regierungen während der Erweiterungsgespräche (ich würde sagen, unbedacht) dafür, sich den bis dahin existierenden legalen technischen Mechanismen anzupassen, die Geschlechtergleichheit herzustellen. Während der Erweiterungsgespräche zwischen der EU-Delegation und den nationalen Regierungen – nicht nur Ungarns, sondern aller Beitrittsländer – wurden formale technische Kriterien aufgestellt, wie Geschlechtergleichheit gemessen und wie sie in diesen Ländern erreicht werden sollte, ohne allerdings explizit die politischen Implikationen, Konsequenzen und Kosten dieser Versuche, historische Diskriminierungsmuster zu verändern, zu bedenken. Während dieser Erweiterungsgespräche wurden weder mögliche Sanktionssysteme, noch der institutionelle Rahmen definiert. Der Vertrag von Amsterdam (1997) definiert die beiden Komponenten des *acquis* als 1. Antidiskriminierungsgesetzgebung und 2. Geschlechtergleichheitsmechanismen. Die Regierungen der Beitrittsländer interpretierten die Norm der Geschlechtergleichheit im Rahmen der Antidiskriminierungsgesetzgebung und den Bereich der Policy, in dem diese Maßnahmen greifen sollen, als Erwerbstätigkeit. Die Implementierung von Geschlechtergleichheitspolitik ist wegen der Übersetzung von Begriffen wie „sexuelle Diskriminierung" und „indirekte Diskriminierung" nicht nur linguistisch, sondern auch institutionell problematisch.

Es ist paradox, dass die Norm- und Gesetzgeber Mittel- und Osteuropas sich über die geschlechtsblinden Praktiken ihrer eigenen Regierungen beschwerten, während die EU-Geschlechtergleicheitsmechanismen im Rahmen der Antidiskriminierungsgesetzgebung von der gleichen nationalen politischen Elite akzeptiert wurden. Das ist umso verblüffender, wenn wir berücksichtigen, dass die aktuelle Forschung über Osteuropa betont, dass die letzten zehn Jahre eine alarmierende Verschlechterung der Position von Frauen in diesen Gesellschaften mit sich brachte und deren öffentliche, soziale und ökonomische Bedeutung sich in der letzten Dekade deutlich reduzierte. Dieser soziale Prozess wird üblicherweise als die „Maskulinierung" des postsozialistischen Osteuropa beschrieben (Watson 1993). Insoweit Erwerbsbeteiligung oder politische Beteiligung betroffen sind, konvergiert in den letzten zehn Jahren die Position der Frauen im ‚Osten' mit der Position der Frauen im ‚Westen' hinsichtlich formaler Gleichheitskriterien.[9] Die wirtschaftliche Stellung von Frauen in Osteuropa, die wegen der Implementierung der Norm der Geschlechtergleichtheit – nicht nur im Erwerbsbereich, sondern auch in den sozialen Diensten – sehr positiv war, verschlechterte sich erheblich.

Die Existenz der Europäischen Union mit ihrem supranationalen Charakter, universellen Werten und einem institutionellen System bedeutet eine erhebliche Herausforderung für die feministischen und andere Frauenbewegungen, die sich für ‚Normbesitzer' halten. Dies betrifft beispielsweise die sehr kontroverse Beziehung der feministischen politischen Theorie des Staates. Diese wird von einer Gruppe von Forscherinnen als schützend und notwendig und von anderen als unterdrückende Form des Patriarchats angesehen. Darüber hinaus befindet sich die EU in einer konstanten Transformation von fast-staatlich und nicht-staatlich, was vom historischen Zeitpunkt und den Interaktionen der Governance-Ebenen innerhalb der EU abhängt (Pető 2001c).

Der Wert der Geschlechtergleicheit kann nicht vom Feminismus und von Feministinnen getrennt werden. Die Definition von Feminismus als einer Verpflichtung gegenüber sozialem Wandel scheint eine konsensuale Definition zu sein. Es hilft uns aber auch nicht, die verschiedenen Traditionen von osteuropäischen sozialen Bewegungen (wie auch des Mittelmeerbereichs) zu verstehen, die nicht auf individuellem sondern relationalem Feminismus beruhen (Offen 1992, 2000). Im relationalen Feminismus definieren Frauen ihre soziale Position durch andere soziale Institutionen wie zum Beispiel die Familie in ihrer reproduktiven Kapazität, während der individuelle Feminismus die Argumentation von Menschenrechten nutzt, um unabhängig von biologischem Determinismus für Autonomie zu kämpfen. Diese verschiedenen Feminismen treffen im öffentlichen Diskurs in einer Doppel-Sprache zusammen: die Sprache der Gleichheit vs. die Sprache der Differenz. Wir müssen eine Antwort für die Frage finden, ob Geschlechtergleichheit durch

---

9 Die Anzahl an weiblichen Parlamentsmitgliedern im ersten demokratisch gewählten ungarischen Parlament (7%) ging im Vergleich mit der „staatsfeministischen" Periode (25%) dramatisch zurück und erreichte das gleiche Niveau wie beispielsweise in Großbritannien im gleichen Jahr (1990). Die gleiche Tendenz kann hinsichtlich der Frauenerwerbsbeteiligung beobachtet werden.

Familienpolitik oder durch Frauenpolitik erreicht werden kann. Es wäre ein Fehler, die historischen Wurzeln zu unterschätzen, die der aktuellen Attraktivität der Sprache der Differenz, die von verschiedenen konservativen Europäischen Frauenbewegungen genutzt wird, zu Grunde liegt (Pető 2001c). Dieser Diskurs passt in die Regierungspolitik, die Gleichheit durch die Familie durch Sozialpolitik definiert. Ich würde argumentieren, dass die Neudefinierung von Bürgerschaft und Konservatismus für ein neues, erweitertes Europe eine dringende Aufgabe ist. Da – wie Meinungsumfragen zeigen – der EU nach ihrer Erweiterung große Anteile an weiblichen Wählerinnen mit ‚konservativen' Werten beitreten werden (Pető 2001a), erfordert diese Situation eine Modernisierung der Politik der Differenz.

Geschlechtergleichheitspolitik ist nicht unbedingt ein feministisches Unternehmen. Die problematische Definition von Gleichheitspolitik basiert immer noch auf einer komparativen Dichotomie, während sie strukturelle Nachteile relativiert. Institutionalisierte Geschlechtergleichheit kann sehr gut gegen internationale feministische Ziele instrumentalisiert werden. Um zum Beispiel die volle Übereinstimmung mit dem Geist der Direktiven zu sichern, wird in Ungarn die Einführung von Provisionen und positiven Programmen befürwortet, die eine faire Teilung der Lasten zwischen beiden Eltern hinsichtlich der Kinderbetreuung ermöglichen. Wenn solche Maßnahmen eingeführt werden, sollte der Staat aktiv eine stabile Arbeitsmarktposition von Frauen unterstützen, die Mütter werden. Diese Politik mag die exklusive Rolle von Frauen als Erziehende infrage stellen, ist aber eine immer noch weit verbreitete soziale Norm und Praxis in den meisten postkommunistischen Ländern.

Die Unterstützung für die Einführung von Teilzeitarbeit kann das Leben von Frauen auf zwei radikal verschiedene Weisen beeinflussen. Falls das Konzept von Teilzeitarbeit im „Differenz-Rahmen" interpretiert wird und darauf abzielt, Frauen dazu zu ermuntern, ihrer traditionellen Geschlechterrolle treu zu bleiben, schwächt es Geschlechtergleichheit, anstatt sie zu stärken. Falls hingegen Teilzeitarbeit eine Option sowohl für Männer als auch für Frauen ist, die Pflichten als Eltern und Erwerbstätige zu harmonisieren, dann ist sie sicherlich ein progressives Mittel, um Gleichheit zu erreichen. Meines Erachtens sollte letztere Entwicklung befördert werden und die politischen Maßnahmen sollten dazu dienen, Teilzeitarbeit nicht nur oder primär für Frauen, sondern für beide Geschlechter zu befördern. Falls die EU darin versagt, die konservativen und relationalen Traditionen von Gleichheitspolitik anzuerkennen, die nicht notwendigerweise nur in den Beitrittsländern dominant sind, dann droht die Gefahr, dieses soziale Ziel zu schwächen.

Die Implementierung von Geschlechtergleichheitsmechanismen ist auf der Basis einer Politik der Differenz einfacher umzusetzen, anstatt die Tradition der Politik der Gleichheit in den postkommunistischen Ländern neu zu bewerten. Dies würde zur Implementierung von speziellen Frauenförderungsprogrammen führen.

Weiterhin kann die Rhetorik auf kurze Sicht revolutionär, aber auf lange Sicht uneffektiv sein. Die Praxis ‚staatsfeministischer' Länder vor 1989, Gleichheit mit Prozentpunkten zu messen (Repräsentation von Frauen in verschiedenen Berufsgruppen), mag soziale Ungerechtigkeit sichtbar machen, stellt aber nicht das System infrage, das die Ungleichheit hergestellt hat und überlässt die Korrekturmechanismen den gleichen Institutionen. Allerdings verifiziert dies die oft zitierte Metapher von Rees bezüglich der „Schritte der Marschierenden", dass die Reformulierung der Politiken aus Sicht der Frauen auf einem essentialistischen Konzept von Differenz basiert (Rees 1998). Rees beschreibt Frauen in der Armee, die alle Prüfungen unter den gleichen Bedingungen wie Männer bestanden mit Ausnahme des Marschierens, da sie aufgrund des anderen Körperbaus schwerwiegende Verletzungen von den Schritten erlitten. Sie versuchten den weiten Schritten der Marschierenden zu folgen, was mit Schmerzen verbunden war.

Die Politik der Anerkennung ist eine wesentliche Voraussetzung für Identitätsformierung. Im Fall von Frauen sollten Selbstbewusstsein, Selbstwert, Respekt für eine Identitätsformierung über die Erkenntnis von Differenz erreicht werden. Allerdings hat der Konflikt zwischen einer Politik der Gleichheit und einer Politik der Differenz ernste Implikationen für die Geschlechtergleichheitspolitik. Im Fall der europäischen Identität sollten Fragen gestellt werden, wie: Wie kann der Ort für Identitätsformierung definiert werden? Wo soll die Politik der Anerkennung stattfinden? Wer konstruiert diese Differenzen? Wer definiert die Bedeutung der Unterschiede? Im Fall der EU sind es die starken und EU-Institutionen mit mehreren Ebenen, welche eine Europäische Identität fördern und das sich schnell entwickelnde Europäische Gesetz[10] stellt die neuen ‚Spielregeln' her.

Im Fall der Geschlechterungleichheit ist es mittlerweile höchst problematisch, eine dominante soziale Ungleichheit auf der Ebene der Politik der Europäischen Union aufrechtzuerhalten, wenn eine Myriade sozialer Ungleichheiten durch Rasse, Ethnizität, Klasse etc. konstruiert werden. Die Politik der Anerkennung gibt Geschlechtern und Kulturen, die die Kategorie ‚Frau' infrage stellen, gleichen Status. Wegen der Unsicherheiten, Geschlecht zu definieren, sind die sozialen und kulturellen Kosten des Mainstreams nie kalkuliert worden. Auch wurden die politischen Kosten, den Fokus von Frauenpolitik auf Geschlechterpolitik zu verschieben, nie erwähnt. Die Angst verschiedener Frauengruppen, finanzielle und politische Unterstützung der EU zu verlieren, mag paradoxerweise die Implementierung von Gender-Mainstreaming blockieren und die ‚konservative' Definition von ‚Frauen' als

---

10 Dabei handelt es sich um ein neues Forschungsfeld.

biologisch verschieden, die ihre Wurzeln in der EU-Tradition der ersten Phase von Geschlechtergleichheitspolitik hat, zu stärken (Bretherton 2001).

Weiterhin ist es mittlerweile offensichtlich, dass keine andere Gleichsetzung von sozialer Differenz so erfolgreich auf internationaler und nationaler Ebene in der EU institutionalisiert wurde wie die der Geschlechterdifferenzen. Die Bedeutung dieser Erfolgsstory liegt darin, dass Repräsentantinnen anderer sozialer Gruppen, die durch andere Differenzen konstruiert werden, auf der einen Seite versuchen die Strategien des Gender-Mainstreaming zu kopieren. Auf der anderen Seite fassen sie dies als ein Nullsummenspiel auf, was ihre Lobbybemühungen auf verschiedenen Ebenen im Verhandlungsprozess sehr verletzlich macht.

In Ungarn war zum Beispiel das Behindertengesetz erfolgreicher und wurde tatsächlich 2001 von den Gegnern des Chancengleichheitsgesetzes als ein Beispiel dafür genutzt, nicht die Salami-Technik zu nutzen und die verschiedenen Ungleichheiten auf verschiedene Gesetze zu verteilen, sondern den konstitutionellen Rahmen zu behalten, um alle Formen der Diskriminierung zu verbieten und die Umsetzung den untergeordneten Gesetzen zu überlassen. Die konservative polnische Regierung bezog sich allerdings auf einen Teil der EU-Gesetzgebung, um den anderen Teil, die Chancengleichheitsgesetzgebung, zu blockieren (Bretherton 2001). Dies ist eine generelle Regierungspraxis in den Beitrittsländern: die Diskussion und spätere Einführung von Antidiskriminierungsgesetzgebung, ohne Geschlechtergleichheitspolitiken zu berücksichtigen.

Allerdings kann die letzte Dekade Ungarns auch im Bereich der Chancengleichheit als die Dekade der formellen Anpassung an die Europäische Union betrachtet werden. Dies beinhaltet sowohl Anpassung, als auch zunehmende Diskriminierung. Die ungarische Gesetzgebung geht hinsichtlich des Prinzips der Gleichbehandlung, d.h. *de jure*, virtuell konform mit den EU-Direktiven. Nichtsdestotrotz ist die Implementierung dieser Maßnahmen in der Praxis, d.h. in der Situation hinsichtlich der Gleichbehandlung, *de facto* weit davon entfernt, erfolgreich zu sein. Das gegenwärtige System des ungarischen Arbeitsgesetzes stellte einen essentiellen Rahmen für eine rechtliche Garantie von Chancengleichheit für Männer und Frauen bereit. Die meisten der relevanten Gesetze betreffen allerdings Diskriminierung im Allgemeinen und sind so forumuliert, dass Geschlecht nur einer von mehreren Faktoren ist,[11] die die Grundlage für Diskriminierung sein mögen (Ungarn 2001). Während in anderen Bereichen die EU-Intervention von verschiedenen politischen Akteuren als unerwünscht betrachtet wird, wird die EU im Bereich der Geschlechtergleichheit dafür kritisiert, keinen normativen Druck im Interesse einer *imagined community* (Anderson 1983), nämlich ‚der Frauen' auszuüben. Es stellt sich weiterhin die Frage, ob die EU-Direktive ein-

11 Andere Faktoren schließen Rasse und Religion etc. ein.

fach als Unterstützung von Frauengleichberechtigung statt Gendergleichberechtigung verstanden werden soll, während die EU-Frauengleichheitspolitik selbst aus widersprüchlichen Elementen besteht, die Changengleichheit mit positiver Diskriminierung (*mainstreaming*) verbindet (Bretherton 1999). Die Machtfrage sollte dahingehend gestellt werden, welche Garantien es für die Implementierung der EU-Gesetzgebung gibt, wenn nicht für die Einhaltung gesorgt wird. Ohne ein mögliches Sanktionssystem bleibt es auf der Ebene der guten Absichten, welche nationalen Regierungen welche Gendergleichheitsdirektive implementiert.

Im Fall der Europäischen Union ist der Druck, der von verschiedenen Ebenen der Frauenbewegung ausgeübt wird, insoweit wesentlich, als die Implementierung von Gendergleichheit betroffen ist (Mazey 1998). Der prägnanteste Charakterzug der Frauenbewegungen ‚des Ostens' ist die Entschiedenheit ihrer Reaktionen. Die Regierung oder die internationalen Frauenorganisationen und Netzwerke stellen eine Agenda auf und die Frauen an der Basis reagieren. Vielleicht hat Havelkova recht zu argumentieren, einer der Gründe, warum es in Osteuropa keine organisierte Frauenbewegung gibt, bestehe darin, dass es dort keine „Fraueninteressen" gibt: freie und legale Abtreibung, hohe Erwerbsbeteiligung, hohe Beteiligung an höherer Bildung (Havelkova 2000), die alle ein Erbe der „staatsfeministischen" Periode sind. Mittlerweile ist dieses Erbe aber verschwunden und der Osten erreicht den Westen auf der Grundlage sinkender Erwerbstätigkeit und politischer Partizipation von Frauen. Es gibt einige, die immer noch für eine „Differenz" des Ostens vom Westen argumentieren, in der Absicht, ihre Authentizität vor der eindringenden westlichen Theorie zu beschützen. Die Ergebnisse der europäischen sozialen Entwicklungen zeigen aber unabhängig davon, ob es sich um den Westen oder den Osten handelt, dass infolge der Globalisierung eine Annäherung stattfindet. In diesem Sinn kommt die EU-Erweiterung zum bestmöglichen politischen Zeitpunkt, um die europäischen Frauen dazu zu zwingen, über mögliche Allianzen und Strategien nachzudenken.

Übersetzung aus dem Englischen von Silke Roth

Literatur

Anderson, Benedict R. (1983): Imagined Communities. Reflections on the Origin and Spread of Nationalism. London.

Balogh, Sándor (1975): Parlamenti és pártharcok Magyarországon 1945–47 [Parlementary and Party Struggles in Ungarn 1945–47]. Budapest.

Bretherton, Charlotte (1999): Women and Transformation in CEEC: Challenging the EUs Women's policy? In: Mannin, M. (Hg.): Pushing Back the Boundaries. The EU and Central and Eastern Europe. Manchester, S. 132-157.

Bretherton, Charlotte (2001): Gender Mainstreaming and EU Enlargement: Swimming against the Tide? In: Journal of European Public Policy 8(1), S. 60-81.

Cz. G. (2000): Az utóbbi években megtört a civilek lendülete. [In Recent Years the Increase of the NGOs Stopped]. In: Népszabadság 9 June, S. 4.

Hárs, Ágnes/ Kővári, György/ Nagy, Gyula (1991): Hungary Facing Unemployment. In: International Labour Review 130(2), S. 165-175.

Havelkova, Hana (2000): Abstract Citizenship? Women and Power in the Czech Republic. In: Hobson, B. (Hg.): Gender and Citizenship in Transition. London, S. 118-138.

Ilonszki, Gabriella (1998): Representation Deficit in a New Democracy. Theoretical Considerations and the Hungarian Case. In: Communist and Post-Communist Studies 31(2), S. 157-170.

Kristeva, Julia (1987): Stabat Mater. In: Kristeva, J.: Tales of Love. New York, S. 234-263.

ILO (1987) Economically Active Population 1950-2025. Genf: ILO.

Lang, Sabine (1997): The NGO-ization of Feminism. In: Scott, Joan/ Kaplan Cora/ Keats, Debra (Hg.): Transitions, Environments, Translations: The Meanings of Feminism in Contemporary Politics. New York/ London, S. 101-120.

Lévai, Katalin/ Kiss, Róbert (1997): Nők a közéletben. [Women in Public]. In: Lévai, Katalin/ Tóth, István György (Hg.). Szerepváltozások. Jelentés a nők és a férfiak helyzetéröl. [Changing Roles: Report on Women and Men]. Budapest, S. 40-53.

Mazey, Sonia (1998): The European Union and Women's Rights: From the Europeanization of National Agendas to the Nationalization of an European Agenda. In: Journal of European Public Policy, Vol. 5. No. 1 (March), S. 131-152.

Monitoring (2002): Monitoring the EU Accession Process: Equal Opportunities for Women and Men. Overview. Budapest/ New York.

Nagy, Gyula (2000): A nők munkerő-piaci helyzete Magyarországon. [Labour market position of Women in Ungarn]. Budapest.

Neményi, Maria (1996): Miért nincs Magyarországon nõmozgalom? [Why there is no women's movement in Hungary]. In: Hadas, Miklós (Hg.): Férfiuralom: Írások nõkrõl, férfiakról, feminizmusról. [Patriarchy Writings on women, men and feminism]. Budapest, S. 235-245.

Offen, Karen (1992): Defining Feminism. A Comparative Historical Approach. In: Bock, Gisela/ James, Susan (Hg.): Beyond Equality and Difference. London, S. 79-88.

Offen, Karen (2000) European Feminisms. A Political History. 1700-1950. Stanford.

Pető, Andrea (1997): Hungarian Women in Politics. In: Scott, Joan/ Kaplan, Cora / Keats, Debra (Hg.): Transitions, Environments, Translations: The Meanings of Feminism in Contemporary Politics. New York, S. 153-61.

Pető, Andrea (1998): Nőhistóriák. A politizáló magyar nők történetéből 1945-1951. [Hungarian Women in Politics 1945-1951]. (auch erschienen als Pető 2003).

Pető, Andrea (1999a): Stimmen des Schweigens. Erinnerungen an Vergewaltigungen in den Hauptstädten des ‚ersten Opfers' (Wien) und des ‚letzten Verbündeten' Hitlers (Budapest). In: Zeitschrift für Geschichtswissenschaften 10, S. 892-914.

Pető, Andrea (1999b): Memory Unchanged. Redefinition of Identities in Post WWII Ungarn. In: CEU History Department Yearbook.1997-1998. Budapest, S. 135-53.

Pető, Andrea (2000): Frauenvereine in Ungarn (1945-1951). Vom Ende des Zweites Weltkriegs bis zur Zerstörung des Vereinswesens. In: Bandhauer, Irene/ Schöffmann, Claire (Hg.): Nach dem Krieg. Frauenleben und Geschlechterkonstruktionen in Europa nach dem Zweiten Weltkrieg. Forum Frauengeschichte 23. Pfaffenweiler, S. 138-154.

Pető, Andrea (2001a): Konservative und rechtsextreme Frauen im heutigen Ungarn. Eine Ideologie im Übergang. In: Knezevic, Durdja/ Koraljka Dilic (Hg.): Women and Politics. Women in History/History Without Women. Zagreb, S. 467-478.

Pető, Andrea (2001b): Kontinuität und Wandel in der ungarischen Frauenbewegung der Zwischenkriegperiode. In: Gerhard, Ute (Hg.): Feminismus und Demokratie. Europäische Frauenbewegung der 1920er Jahre. Königstein, S. 138-159.

Pető, Andrea (2001c): Exporting Gender Norms to Eastern Europa. A Silent Revolution for All? Vortrag am European University Institute, Roberts Schumann Center for Advanced Studies, Florence, Italy auf dem European Forum 2001-2002: "Europe in the World: the External Dimension of Europeanisation" am 29. November 2001.

Pető, Andrea (2002) The History of Hungarian Women's Movement and Feminism. In: Griffin, Gabriele/ Braidotti, Rosi (Hg.) Thinking Differently. European Women's Studies Reader. London, S. 361-372. (auch in Pető 1998: S. 9-19).

Pető, Andrea (2003): Hungarian Women in Politics 1945-1951. New York.

Pető, Andrea/ Szabó, Szilvia/ Juhász, Borbála/ Hárs, Ágnes/ Gazsi, Judit (2002): Hungary. In: Griffin, Gabriele (Hg.): Women's Employment, Women's Studies and Equal Opportunities. Reports from nine European Countries. Hull, S. 340-394.

Rees, Teresa (1998): Mainstreaming Equality in the European Union: Education, Training and Labour Market Policies. New York.

Snow, David/ Benford, Robert (1988): Ideology, Frame Resonance, and Participant Mobilisation. In: Klandermans, Bert/ Kriesi, Hanspeter/ Tarrow, Sidney (Hg.): From Structure to Action. Greenwich, S. 197-218.

Szapor, Judith (1984): Les Associationen feministes en Hongrie, XIXe-XXe siécle. In: Penelope pour l'histoires des femmes 11, S. 169-74.

Taylor, Verta (1989) Social Movement Continuity: The Women‘s Movement in Abeyence. In: American Sociological Review 54, S. 761-775.

Zimmermann, Susan (1997): Frauenbestrebungen und Frauenbewegungen in Ungarn. Zur Organisationsgeschichte der Jahre 1848–1918. In: Bea, S./ Sárdi, Margit/ Csokonai, Debrecen (Hg.): Szerep és alkotás [Role and Creation]. Debrecen, S. 171-205.

Ungarn (2001): National Report. EOWM Programme.

Vonyó, József (1997): Nõi szerepek a Nemzeti Egység Pártjában (1932–1939) [Die Rolle der Frauen in der Nationalen Einheitspartei]. In: Bea, S./ Sárdi, Margit/ Csokonai, Debrecen (Hg.): Szerep és alkotás [Role and Creation]. Debrecen, S. 279–90.

Watson, Peggy (1993): The Rise of Masculinism in Eastern Europe. In: New Left Review Vol. 198. March/April. S. 71-82.

Watson, Peggy (2000): Politics, Policy and Identity: EU Eastern Enlargement and East-West Differences. In: Journal of European Public Policy 7(3), S.369-384.

Die Situation der Frauen-NGOs in Polen an der Schwelle zum EU-Beitritt

Bożena Chołuj

Beim Lesen polnischer Zeitungen und Zeitschriften der ersten Hälfte der 90er Jahre entsteht der Eindruck, als ob das größte Problem des Feminismus in Polen seine Anlehnung an den amerikanischen Feminismus wäre, dicht gefolgt von jener an den Kommunismus. Beide wurden in den polnischen Massenmedien als Schreckensbilder dargestellt: Polen möge hinsichtlich der Frauenfrage von der Nachahmung der amerikanischen Kultur und von der Rückkehr in die kommunistischen Zeiten verschont bleiben.[1] Bis heute bleibt es ein Geheimnis des polnischen Journalismus, wie diese beiden so unterschiedlichen Phänomene in einem Atemzug genannt werden konnten. Der sich wiederholende Hinweis auf die Parallelen zwischen Feminismus und Kommunismus betraf meistens die längst verpönte Losung *Kobiety na traktory* (Frauen auf den Traktor!), mit der man Frauen gleich nach dem Zweiten Weltkrieg für die unbesetzten Arbeitsstellen gewinnen wollte.[2] Die Pressestimmen, nach denen die polnische Zweite Frauenbewegung das kommunistische Programm mit den amerikanischen Ideen miteinander zu verbinden wisse, zeugen von einer Abneigung gegen Frauenaktivitäten wie Berufstätigkeit und politische Partizipation. Diese Abneigung ergibt sich zum Teil daraus, dass sie in Polen vor 1989 so gut wie unbekannt waren. Frauen erschienen auch nicht als eine potentielle Interessensgruppe. Erst vor den Wahlen zum polnischen Parlament (*Sejm*) im September 2001 überlegten sich einige Parteien, vor allem die Sozialdemokratie bzw. die Postkommunisten, ob man nicht bewusst Frauen auf die Wahllisten setzten sollte.

Die Warnungen vor dem amerikanischen Feminismus und vor dem Kommunismus wurden noch um die sinkende Geburtenrate, die schnell alternde Gesellschaft sowie die Gefahr des Familienzerfalls ergänzt. Diese Warnungen nahmen besonders nach den Wahlen 2001 zu, als es zu einer heißen Debatte um die Liberalisierung des Abtreibungsgesetzes kam. Der Grund dafür war, dass die polnische Sozialdemokratie diese Liberalisierung in ihrer Wahlkampagne versprochen hatte, und gleich nach ihrem Sieg er-

---

1 Der letzte größte Artikel, der diesem Thema gewidmet war, wurde in *Rzeczpospolita*, einer der wichtigsten polnischen Tageszeitungen, die sich als politisch neutral versteht, am 29.-30. Januar 2000 publiziert (Kolakowska 2000).

2 Die Polnische Frauenliga, die ursprünglich eine politische Massenorganisation war, setzte sich 1958 für entlassene Frauen ein, indem sie sich um Arbeitsplätze für sie kümmerte. Für diese selbständige Initiative sollte sie in den 60er Jahren bestraft werden. Sie durfte nicht mehr in den Betrieben wirken. Die Geschichte der Frauenorganisationen in Volkspolen ist immer noch nicht untersucht worden.

klärte, dass der „politische Pragmatismus" eine solche nicht erlaube. Er verlange eine Unterordnung unter die Forderungen der katholischen Kirche, da sich diese im Winter 2001 bereit erklärt hatte, für den EU-Beitritt Polens auf dem Land zu werben, allerdings nur unter der Bedingung, dass die Regierung an der Frauenpolitik nichts ändert. Das Abtreibungsgesetz wurde daher nicht liberalisiert und das Gleichstellungsgesetz in Polen nicht eingeführt. Diese Verhandlungen der amtierenden Regierung Polens mit der katholischen Kirche auf Kosten der rechtlichen Lösung von Frauenfragen bildeten die erste offene Ausgrenzung der Frauen im Transformationsprozess.

Viele Frauenorganisationen forderten nun von den regierenden Postkommunisten, die Wahlversprechen einzuhalten. 100 prominente Polinnen unterschrieben einen Protestbrief gegen die Ausgrenzung von Frauen aus den Demokratisierungsprozessen (siehe Anhang). In der Unterschriftenaktion fanden zum ersten Mal Polinnen aus den unterschiedlichsten Milieus zueinander. Der Brief, verfasst von Professor Maria Janion, einer angesehenen Autorität im intellektuellen Leben Polens, bewirkte jedoch wenig. Unter den wenigen Pressestimmen ragte die national-konservative Tageszeitung *Nasz Dziennik* heraus. Der Brief sei empörend, konnte man dort lesen. Der Ministerpräsident reagierte dagegen überhaupt nicht. Auch die Antwort von Anna Diamantopoulou, der EU-Kommissarin für Arbeits- und Sozialpolitik, enttäuschte viele aktive Frauen in Polen, denn sie verwies vor allem auf die rechtliche EU-Regelung, die das Recht der Mitgliedsländer auf die kulturelle Eigenheit absichert (siehe Anhang). Erst am 6. Juni 2002 wurde der „Report on sexual and reproductive health and rights (2001/2128 (INI))" des „Commitee on Women's Rights and Equal Opportunities" in Brüssel vorgestellt. In ihm appellierten die EU-Parlamentarierinnen an die Länder mit restriktiven Abtreibungsgesetzen, diese zu liberalisieren.

Ein kurzer historischer Rückblick

Frauen als nationale Einzelkämpferinnen

Traditionen gelten im Allgemeinen als etwas durchaus Positives und nicht Angreifbares. Sie werden als Teil der nationalen Kultur verstanden. Da Polen vor allem ein Agrarland mit dominierender katholischer Kultur ist, werden katholische Traditionen bewahrt, gepflegt und seit 1989 sogar politisch gefördert. Mehr denn je wird daher der Mythos *Mutter Polin* kultiviert. Familienorientiertes Leben sei am wichtigsten. Diese Werte situieren die Frauen in einem Kontext, in dem nicht ihre freien Entscheidungen zählen, sondern die traditionelle Verpflichtung zur Aktivität im häuslichen Bereich. Die Bewahrung der kulturellen Eigenheit Polens würde daher bedeuten, dass an der traditionellen Rolle der Frauen in der Gesellschaft nicht gerüttelt werden darf.

Die kulturelle Eigenheit Polens, auf die sich sowohl die katholische Kirche als auch die Regierung berufen, umfasst nur kanonisierte traditionelle Werte. Die Werte, um die Frauen in Polen seit langer Zeit individuell oder im Rahmen von Frauenorganisationen gekämpft haben, bleiben unberücksichtigt. Ihre Namen sollen in Vergessenheit geraten. Sie sind in keinem Lehrbuch zu finden. Zu den ersten Einzelkämpferinnen, die aus traditionellen weiblichen Rollen ausbrachen, gehörte unter anderen Chrzanowska, die als Soldatin durch ihren Kampf in Tremblownia 1675 bekannt wurde. Fürstin Izabella Czartoryska schrieb Soldatenlieder, sammelte Gelder für das Militär und organisierte politische Versammlungen. Zusammen mit Konstancja Zamoyska wurde sie von Jan Józef Wybicki und Tadeusz Kościuszko, den wichtigen Strategen und Anführer des polnischen Aufstands von 1794, die ersten Bürgerinnen des Vaterlands Polen genannt. In der polnischen Geschichte gab es auch eine Mutter Courage und Samaritanerin, Wołłowiczowa aus Grodno, die in männlicher Verkleidung 1792 als Soldatin kämpfte. Janina Ginalska schrieb über sie in der fortschrittlichen Frauenzeitschrift *Bluszcz* (Ranke) 1926. Die stereotype Vorstellung, dass Polinnen sich nur durch die Kindererziehung am nationalen Freiheitskampf politisch beteiligten, zerfällt, wenn man den Schicksalen dieser Frauen nachgeht. Diesem Stereotyp verfiel Tadeusz Kościuszko nicht. In seinem „Aufruf an die Frauen" schrieb er u.a:

> Schmuck des Menschengeschlechts. Schönes Geschlecht. Ich leide, wenn ich Euren Kummer über das große Vorhaben sehe, das die Polen planen, um Polen zu befreien. Eure Tränen, die Eure Sorge der fühlenden Herzen ausdrückt, füllen Euren Landsmann mit Freude, der sich dem allgemeinen Glück aufopfert. Erlaubt mir, Euch meine Mitbürgerinnen meinen Gedanken zu schenken, in dem Ihr sowohl die Anerkennung für Eure Barmherzigkeit als auch die Anerkennung der öffentlichen Notwendigkeit findet. So unglücklich ist das Schicksal der Menschheit, dass man keine nationalen Rechte ohne traurige und für unsere Herzen wichtige Opfer zurückgewinnen kann. Eure Brüder, Söhne und Ehemänner gehen kämpfen [...] Frauen! Unser Blut muss Euer Glück absichern. Sein Vergießen soll Eure Bemühungen stoppen. Seid so gut, darum bitte ich Euch im Namen der Menschheitsliebe, Waffen zu produzieren, Bandagen für die Armee bereitzuhalten; das Opfer Eurer Hände erleichtert das Leiden und ermuntert zum Kampfesmut. Von dem Hauptquartier in Krakau, am 24 März 1794. (Kościuszko 1988: 158)[3]

Kościuszko wendet sich hier zwar nicht an die aktiven Kämpferinnen, sondern vor allem an die Helferinnen der männlichen Kämpfer, er wusste aber auch die ersten auszuzeichnen. Die positive Einstellung zum politischen Engagement der Frauen manifestierte sich nicht nur in den einzelnen Entscheidungen Kościuszkos, sondern auch in der Dichtung. Der Warschauerin Magdalena Granasowa, die sich an dem Aufstand in Warschau beteiligte, wurde das Lied *Warszawianka 17 kwietnia 1794* (Warschauerin am 17. April

---

3 Alle polnischen Zitate sind, soweit nicht anders angegeben, von mir übersetzt.

1794) gewidmet, in dem eine Frau ihre Männer in den Kampf schickt und diesen Kampf vom Dachboden ihres Hauses beobachtet. Sobald sie sieht, dass einer ihrer Söhne verwundet wird, nimmt sie ein Beil und eilt selber zum Kampf:

> „Rache“ – schreiend – vom Dachboden läuft sie,
> mit dem Leidensruf „rächt meine Kinder!“
> sie läuft und hinter ihr drängt das Volk dahin,
> ein Sohn seinen verwundeten Bruder verteidigt.
> Beil in der Hand, blitzt wie ein Blitz
> Und fegt viele Feinde weg. (Kościuszko 1988: 6)

Auf Befehl von Kościuszko wurden viele Polinnen für ihre finanzielle Unterstützung der Armee mit einem Paar Handschuhe ausgezeichnet, die die Aufschrift „Als Andenken der patriotischen Geldsammlerin“ trugen. Magdalena Granasowa arbeitete als Kościuszkos geheime Agentin. Sie hatte ihm die Kriegsspionage selbst angeboten, und er nahm das Angebot bereitwillig an. Nach ihrem Tod 1823 wurde sie auf dem Powązkowski Friedhof (bis heute ein Friedhof der nationalen Helden in Warschau) mit der Inschrift auf dem Grabstein gewürdigt: „Ich empfehle sie der nationalen Erinnerung“. Dieses Grab existierte dort bis 1829, dann verschwand es auf ungeklärte Weise, als die polnischen Aufständischen in den 30er Jahren, nach dem Novemberaufstand von 1930/31, verfolgt wurden.

Die Reihe der nationalen Einzelkämpferinnen wurde später durch Joanna Zubrowa bereichert, die mehrere Verdienstkreuze, darunter 1812 sogar die Auszeichnung *Virtutti Militari*[4], bekam. Ursprünglich wollte man ihr Geld geben, weil sie „nur“ eine Frau war. Man sträubte sich, ihr militärische Auszeichnungen zu verleihen. Geld wollte sie aber nie annehmen. Sie kämpfte in den Napoleonischen Kriegen nicht in der Verkleidung eines Soldaten, sondern als eine elegante Amazonin. Über sie sind mehrere kleinere Texte erschienen, aber auch ihre Legende ist in Vergessenheit geraten. An dem Novemberaufstand nahmen neben vielen anderen auch Emilia Plater, Barbara Czarnowska, Waleria Dębicka mit ihrer Freundin aktiv teil. Diese Frauen gehören jedoch nicht zum Pantheon der nationalen Helden Polens. Außer Emilia Plater, der Adam Mickiewicz[5] ein Werk widmete, bleiben sie unbekannt. Ihre Geschichte muss noch geschrieben werden.

---

4 *Virtutti Militari* ist ein Kriegsorden und ab 1792 die höchste polnische Auszeichnung für Heldentaten.

5 Adam Mickiewicz (1798-1858), einer der größten polnischen Dichter, Publizist und politischer Aktivist, war mit Puschkin befreundet, kannte Goethe, hielt Vorlesungen über die slawische Literatur in Paris und über die römische in Lousanne, war Redakteur von „La Tribune des Peuples“. Seine Hauptwerke: „Grazyna“, „Konrad Wallenrod“, „Totenfeier“ und „Herr Tadeusz“. Sein Schaffen spielte eine sehr wichtige Rolle in der Zeit der Dreiteilung Polens und nach dem II. Weltkrieg; es ist für die patriotische Dichtung repräsentativ und gehört zum Schulkanon.

Die Entstehung von Frauenbewegungen

Die Einzelkämpferinnen, die nach einem Platz in der Geschichte ihrer Nation suchen, machen noch keine Frauenbewegung aus. An ihrem Schicksal lässt sich allerdings beobachten, wie vergeblich ihre Bemühungen waren. Frauenorganisationen, die sich nicht nur den nationalen Freiheitskampf, sondern auch Frauenrechte zum Ziel setzten, entstehen erst im 19. Jahrhundert. Zu ihnen gehören u.a.: der „Frauenzirkel" Kongresspolens und Litauens (entstanden 1886), der „Verein der Gleichberechtigung von Frauen" (1907), von dem sich der radikale Flügel, der „Verein der Gleichberechtigung polnischer Frauen" abspaltete. Der Radikalismus dieser letzten Organisation zeigte sich u.a. darin, dass hier Männer ausgeschlossen waren und dass sie offen mit dem Begriff Feminismus operierten. 1908 organisierte das Lviever Frauenwahlkomitee die Wahl einer Kandidatin zum Parlament Galiziens (Maria Dulębianka), um demonstrativ die Unterrepräsentation und Benachteiligung von Frauen in der Politik zu zeigen. 1911 wurde ein Bürgerkomitee von Frauen gegründet. 1917 ist es dann zur Polnischen Vollversammlung der Frauen, dem Frauenkongress, in dem noch nicht freien Polen gekommen. Auf ihm wurde die Forderung nach dem Wahlrecht für Frauen aufgestellt. 1918 bekommen die Frauen dieses Recht, was sie aber nicht davon abbringt, in dem neu errichteten polnischen Staat weiter um ihre Gleichstellung zu kämpfen. 1919 entstehen das „Zentralkomitee der Gleichberechtigung" und der „Klub politischer Frauen".

In der kurzen Zeit der Zweiten Polnischen Republik (1918-1939) wurden Frauen für den Aufbau des Staates mobilisiert. Maria Hoffmanowa sah unter den neuen politischen Bedingungen eine Chance für die Frauen, sich als Mütter für das Gemeinwohl der endlich freien Nation einsetzen zu können. Diese Einstellung war neben dem Kampf um rechtliche Geschlechtergleichheit am stärksten. Die polnische Frauenbewegung war zwischen 1918-1939 weiterhin mit der Idee der Nation verbunden, was nicht nur in den Programmen einzelner Gruppierungen, sondern auch auf internationalen Frauenkonferenzen zum Ausdruck kam. Diejenigen, die das Thema des freien Polens außen vor ließen, mussten damit rechnen, dass sie für das mangelnde nationale Engagement kritisiert werden.

Der Mythos der Mutter Polin

Allerdings sind nicht diese Frauen in die Geschichte Polens als Bezugspersonen für die neuen Frauengenerationen eingegangen, sondern der Mythos *Mutter Polin*, den Adam Mickiewicz in der Zeit des sich ankündigenden Novemberaufstandes von 1830-31 mit seinem Gedicht „An die Mutter Polin" (*Do Matki Polki*) geprägt hat. Durch dieses Gedicht wurde die *Mutter Polin* zu dem Begriff, der bis heute immer wieder in unterschiedlichen politischen

Konstellationen verwendet wird. Er lebt im nationalen Diskurs weiter und wird den Frauen in Polen als Ideal des weiblichen Engagements für das Allgemeinwohl aller Polen eingeprägt. Das Gedicht hat die Form eines Aufrufs an die Polinnen, ihre Söhne hart zu erziehen. Dieser Aufruf entstand in der Epoche, in der sich die Idee der Nation sehr intensiv entwickelte. Er unterscheidet sich sehr stark von Kościuszkos „Aufruf an die Frauen". Die Entwicklung der nationalen Idee verlief durch die politische Dreiteilung Polens sehr dramatisch. Alle Versuche, sich gegen die fremde Herrschaft aufzulehnen, endeten mit Niederlagen. Daher sollte jeder Sohn von seiner Mutter auch auf erfolglose Kämpfe vorbereitet werden, damit er jede künftige Qual der Gefangenschaft und Schändung durch den Feind erträgt und auf Widerstand nie verzichtet (vgl. Mickiewicz 1995: 256). Genau wie die Heilige Maria Jesus erzogen hat, sollte auch die *Mutter Polin* ihren Sohn erziehen: zum „Martyrium", wenn auch „ohne Auferstehung" (ebenda). Sie müsse ihn auf die Begegnung mit dem Feind vorbereiten. Ihr wird beinahe die Rolle des Henkers des eigenen Kindes zugewiesen. Das Gedicht ist nicht nur ein Dokument der Trauerarbeit über die verlorene Freiheit des Staates. Aus der Not meint Mickiewicz eine Tugend machen zu können. Er formuliert ein Erziehungsprogramm, das ein Teil seiner messianistischen Idee wird: Dem besiegten Volk bleibe nichts anderes übrig, als durch Leiden und Niederlage zum Sieg zu kommen, der dem des Jesu Christi ähnlich wäre. „Polen – Christus der Nationen" – war die Hauptlosung, die sich wie ein roter Faden bis in die 90er Jahre des 20. Jahrhunderts durch die polnische Geschichte zog. Sie spielte sogar wieder in der Abtreibungsdebatte eine Rolle, in der ein radikales Gesetz gegen die Abtreibung als erste Maßnahme des polnischen Parlaments gefordert wurde. Damit sollte die christliche Ethik im künftigen Europa abgesichert werden.

Die Idee der *Mutter Polin* als auch die des nationalen Messianismus dienten der Konsolidierung der polnischen Bevölkerung und der Aufrechterhaltung ihres Kampfgeistes. Mit diesen Ideen wurde einerseits die Aussicht auf einen Sieg in eine transzendente Zukunft verlegt und sie bekam sogar Glaubenscharakter. Andererseits wurde die abstrakte Ferne der Zukunft dadurch überwunden, dass mit der Idee der *Mutter Polin* ein direkter Bezug auf real existierende Frauen geschaffen wurde, die ihre Mutterschaft in den Dienst der Nation zu stellen hatten. Eine gute Basis für diese Idee bildete der Marienkult, der durch die Krönung der Heiligen Mutter Maria zur Königin Polens im Jahre 1656 begründet wurde. Solch ein symbolisches Bild brauchte man für Männer nicht, denn diese können ihr nationales Engagement für Polen als Ritter, als Patrioten, als Helden bzw. als Opfer im direkten Kampf beweisen. Jahrhunderte lang wurde für die Männer das Draußen wichtiger als das Zuhause, so dass die Vaterschaft keinen hohen symbolischen Stellenwert bekommen konnte, wie es in den westlichen bürgerlichen und großbürgerlichen Kulturen der Fall war. *Mutter Polin* blieb zu Hause und sollte zusammen mit ihren vielen Kindern das zu befreiende Territorium „besetzen". Mit der *Mutter Polin* wurde den Frauen im gewissen Sinne die Rolle von Platzhalterinnen zugewiesen.

Die staatssozialistische Ära

Das Thema der *Mutter Polin* kehrt nach dem Zweiten Weltkrieg in einer völlig anderen politischen Konstellation zurück. Das kommunistische Regime eröffnete den Frauen zwar neue Freiräume, vor allem in der Berufswelt, weil es an Arbeitskräften fehlte, es ließ aber nicht die Wiederbelebung der Frauenorganisationen aus der Vorkriegszeit zu. Sie und der Feminismus insgesamt galten als bürgerliche Unsitte reicher Frauen, die angeblich nicht an sozialer Gerechtigkeit und Gleichheit interessiert waren. Weiblich galt als westlich. Die Idee der Geschlechtergleichheit propagierte man in der stalinistischen Ära als Angleichung der Frauen an den Mann, den Arbeiter und den Genossen, was in der sozialistisch-realistischen Malerei und in den Skulpturen seinen Ausdruck fand.

Da die polnische intellektuelle Elite im Zweiten Weltkrieg zum größten Teil von den deutschen und von den sowjetischen Besatzern ermordet wurde, und die Überlebenden als politisch gefährlich aus ihren Berufen gedrängt, wenn nicht inhaftiert wurden, musste man andere soziale Schichten für die Arbeit in den Gerichten, in der Verwandlung und in anderen öffentlichen Bereichen mobilisieren. Es wurden viele Schnellkurse für Bauern, Arbeiter und Soldaten organisiert, auch solche, in denen man lesen und schreiben lernte. Im Zug der beruflichen und politischen Mobilisierung konnten viele Frauen eine Ausbildung bekommen, die vor dem Krieg noch nicht möglich war. Man spricht heutzutage sogar vom Zwangsfeminismus in der stalinistischen Ära. Es wurden Kinderkrippen und Kindergärten eingerichtet. Frauen, die behinderte Kinder zur Welt brachten, konnten einen bis zu 10 Jahre langen Erziehungsurlaub erhalten, ohne ihre Arbeitsstelle zu verlieren. Ein reiches Material, an dem man diese Prozesse beobachten kann, sind Filme, in denen in einer leichten Form, oft komisch und sentimental anmutend, für die Berufstätigkeit aller Frauen und Mütter plädiert wird. Diese Filme werden im Westen in Bezug auf die Frauenproblematik oft als sehr fortschrittlich eingestuft (z.B. „Abenteuer in Mariensztat"[6] aus den 50er Jahren). Die Propaganda entwickelte sich unter der Losung „Frauen auf die Traktoren" bis in die 60er Jahre, als die Arbeitsplätze wieder knapp wurden. In den 60er Jahren wurden Ideen über den sozialistischen Wohlstand entwickelt, nach denen die Mütter ihre Kinder persönlich erziehen sollten, ohne sie in die Krippen oder Kindergärten schicken zu müssen. In der Verfassung der Volksrepublik Polen war zwar die Gleichberechtigung der Geschlechter durch den Artikel 78 garan-

6 Mariensztat ist der polnische bzw. verpolnischte Name eines Platzes in Warschau.

tiert, aber in ihr gab es auch Paragraphen, die die Doppelbelastung der Frauen förderten. Unter anderem lesen wir dort: „Die Volksrepublik Polen fördert die Stellung der Frauen in der Gesellschaft, vor allem die der Mütter und der berufstätigen Frauen“ (Konstytucja Polskiej Rzeczypospolitej Ludowej 1985: 48). Diese Doppelbelastung der Frauen entsprach der Vorstellung, die Frau solle Genossin ihres Mannes im privaten Bereich und im Klassenkampf sein. Diese Doppelbelastung war nicht eine Idee an sich, sondern erfüllte zwei Funktionen: eine ökonomische auf dem Arbeitsmarkt, auf dem nach dem Kriege männliche Arbeitskräfte fehlten, und eine demographische. Der Bevölkerungsmangel in den ehemaligen deutschen Gebieten (Masuren, Pommern, Schlesien) sollte durch eine erhöhte Geburtenrate ausgeglichen werden. Dieses Defizit konnte nur zum Teil durch die Umsiedelung[7] aus den ehemaligen Ostgebieten Polens, die nach 1945 den Sowjets zufielen, ausgefüllt werden. Zu der neuen Bevölkerungspolitik gehörten u.a. die Aufrechterhaltung des Abtreibungsgesetzes von 1932, sowie die Auszeichnung der Mütter von mehreren Kindern. In den Jahren 1947-52 zeichnete der Präsident Polens, Bolesław Bierut, Mütter von mehr als 10 Kindern mit dem Verdienstkreuz aus (u.a. Magdalena Szymanowska als Mutter von 20 Kindern und Julia Sowinska als Mutter von 11 Kindern und Sekretärin der Frauenliga in Pilica). Der Traditionalismus in Frauenfragen konnte dadurch im Rahmen der neuen Nachkriegsideologie ungebrochen weiter existieren. Man braucht hier gar nicht den Einfluss der katholischen Kirche zu erwähnen, denn ihre Haltung in bezug auf die Mutterschaft entsprach völlig den politischen Tendenzen bis zum *Tauwetter*, d.h. bis 1955. Auf einer Tagung der Posener Gesellschaft der Ärzte 1948 betonte Dr. Henke: „[...] die Mutter, die schwangere Frau, befindet sich heute an der ersten, der Frontlinie, wie ein Soldat, Polizist, eine Krankenschwester, und sie opfert so manches Mal ihr Leben für ihr Kind auf“ (Nowiny lekarskie 1948). Die Mutterschaft wurde zur wichtigsten Heldentat der Frauen nach dem Krieg erklärt. Das Abtreibungsgesetz von 1932 ließ wie das heutige die Abtreibung aus drei Gründen zu: medizinische Indikation, Vergewaltigung und Ausnutzung der Abhängigkeitsverhältnisse, wie Inzest.

Frauen, Opposition und Macht

Padraic Kenney schreibt in dem Artikel „Pojęcie *Matki-Polki* w języku opozycji i władzy“ (Der Begriff der Mutter-Polin in der Sprache der Opposition und der Macht):

---

7 Dabei handelte es sich u.a. auch um eine brutale Vertreibung der Lemken, die man oft als Ukrainer identifiziert. Damit sie im Süden Polen als Minderheit keine Einheit bilden konnten, wurden sie in der politischen „Aktion Weichsel“ dazu gezwungen, in die Gebiete, aus denen Deutsche vertrieben worden waren, zu ziehen.

In diesem Essay bespreche ich nur ein, jedoch sehr gefährliches Bild der polnischen Frau: die strittige und unberechenbare Figur – *Mutter-Polin*. Diese Bezeichnung ruft manchmal negative Assoziationen hervor, besonders in der Umgangsprache – aber sie wurde mit der gesamten Symbolik oft von den kommunistischen Machthabern und ihre Opponenten verwendet. [...] In der Volksrepublik Polen war *Mutter Polin* nicht nur Symbol der Nation und des nationalen Kampfes, sondern auch Symbol des Überlebens. Die Polnische Frau – als Mutter der Familie – konnte die Wirtschaft und Politik auf bestimmte, für das kommunistische Regime gefährliche Art personifizieren." (Kenney 2001: 339)

Diese These stellt der Autor vor allem deswegen auf, weil er die polnischen Mütter als Konsumentinnen versteht, die für die alltägliche Versorgung der Familie zuständig waren. Dadurch waren sie auch am besten orientiert, in welchem Zustand die Wirtschaft sich befindet. Ihre Unzufriedenheit mit der Lage auf dem Markt übertrugen sie – so die weiteren Bemerkungen von Kenney – auf die der Familie, und dadurch entstand die Stimmung im ganzen Lande. Der Autor wundert sich, dass die Frauen, die als Mütter die „natürlichen Partnerinnen" der Oppositionellen in den 80er sein müssten, von den streikenden Arbeitern abgelehnt wurden. Er erklärt diese Ablehnung mit der Befürchtung der Söhne und Männer davor, dass die Mütter die Proteste sprengen könnten, indem sie ihre Männer aus Angst um sie von der Sinnlosigkeit der Streiks überzeugten. Aus dem Jahre 1988 stammen folgende Worte eines Liedes: „An die Tore der Fabriken sind Frauen und Mütter gekommen/ um uns zu trösten und zu ermutigen/ Keine Angst, wir sind mit euch!/ Wenn wir siegen, werden wir ein leichteres Leben haben." In diesen Worten wird eine Art Abwehr gegen die Möglichkeit, Männer nach Hause zu holen, zum Ausdruck gebracht. Außerdem wird hier eine klare Trennlinie gezogen: Frauen sind außerhalb der Fabriken, die kämpfenden und streikenden Männer sind dagegen in den Fabriken, obwohl es auch viele streikende und politisch engagierte Frauen gab.

Die Angst vor dem schwächenden Einfluss der Mütter war jedoch verständlich, denn General Jaruzelski hatte sich in dieser Zeit der Mütter angenommen. Durch alle Medien gingen Informationen, wie er sich um die polnischen Mütter bemühen möchte. Schon bei der Einführung des Kriegsrechtes erklärte er, dass seine Sorge um die polnischen Mütter einer der wichtigsten Gründe für diese Entscheidung war. In seiner symbolischen Bemühung geht er sogar so weit, dass er 1982 zum Muttertag zusammen mit WRON (dem Militärischen Rat der Nationalen Rettung) entscheidet: Für die polnischen Mütter aus den alten und heutigen Zeiten müsse ein Denkmal entstehen, denn ohne sie gäbe es keine Soldaten, die Polen beschützten. Dieses Denkmal solle vor allem ein Andenken an die Mütter polnischer Soldaten aus dem Zweiten Weltkrieg und an ihr Leid und ihre Trauer um die gefallenen Söhne und Männer darstellen.

Am 8. März (dem Frauentag) 1983 fuhr Jaruzelski nach Lódź, der Stadt der Weberinnen, einer symbolischen Stadt von Frauen, und gab kund: hier solle das Denkmal der *Mutter Polin* in Form eines Krankenhauses entstehen.

Es war der letzte Versuch der kommunistischen Regierung, die Frauen unter einen Hut von Arbeiterinnen und Heldinnen in ihre Mutterschaft zu holen. Bei dem feierlichen Anfang der Bauarbeiten an diesem Denkmal der *Mutter Polin* wurde ein Gründungsakt verlesen:

> Dieses Denkmal-Krankenhaus soll das Zeugnis der Fortsetzung der Tradition sein, welche die Mütter-Polinnen seit Jahrhunderten ihren Töchter und Söhnen eingeprägt haben, der Tradition, dass man Polen das Beste gibt, was man hat, dass man sich für Polen alltäglich in schwerer Arbeit aufopfert, dass man dabei sogar das eigene Leben und Blut nicht verweigert, wenn das Vaterland in Not ist. (Kenney 2001: 344)

Diese Worte erinnern an die aus den 40er Jahren, in denen Mutterschaft mit Heldentum gleichgesetzt wurde. Die Sorge um die *Mutter-Polin*, die in diesem Gründungsakt formuliert wurde, war gleichzeitig ein Symbol der Sorge um das ganze Polen. Diese staatliche Sorge sollte die polnischen Mütter zum Engagement für das Wohl der ganzen Gesellschaft mobilisieren. Dies gelang aber nicht. Viele Frauen streikten, organisierten auch die Streiks von Männern. Die eingeübte Doppelbelastung übertrugen sie in den Untergrund: wieder verbanden sie das Private mit politischen Aktivitäten und entwickelten in ihren Wohnungen eine Art inoffizielle Öffentlichkeit, den sogenannten zweiten Umlauf. Darüber sprechen viele *Solidarność*-Frauen, mit denen mehrere Interviews in *Szminka na sztandarze* (Lippenstift auf den Fahnen) veröffentlicht wurden. Einer der bekannten Oppositionellen Jacek Kuroń betonte oft: „Wenn die uns alle einsperren, werden uns kleine Mädchen retten, so sprach ich immer und hatte dabei recht, denn sie bauten die Untergrundsstrukturen auf. Sie trugen die Last der Organisierung der Untergrundsstaates" (Kondratowicz 2001: 348). Er sprach von kleinen Mädchen und nicht von Müttern. Mit diesem Satz wird paradoxerweise Widersprüchliches geleistet: die Aufwertung von Frauen im Untergrund und gleichzeitig ihre Verharmlosung durch die Bezeichnung erwachsener Frauen als kleine Mädchen. Diese Haltung den Frauen gegenüber wurde in der *Solidarność*-Opposition nicht selten vertreten.

Frauen im Demokratisierungsprozess

Wenn wir unter Demokratie Teilnahme der wahlberechtigten Erwachsenen am öffentlichen Leben verstehen, dann ist für den Demokratisierungsprozess in Polen ausschlaggebend, dass dort Frauen immer noch nur einen kleinen Bruchteil der (zivil)gesellschaftlich aktiven Personen bilden. Statistisch machen sie aber mehr als die Hälfte der Bevölkerung aus. Sie sind im politischen Leben und in Entscheidungsgremien im Bereich der Wissenschaft, Ökonomie und Politik stark unterrepräsentiert, obwohl sie – wie die Statistiken aus den letzten Jahren zeigen – im Durchschnitt über eine bessere Ausbildung verfügen als Männer. Seit der politischen Wende ist bis heute kein entsprechender Maßnahmenkatalog zugunsten der Veränderung der Situation der Frauen erstellt, geschweige denn umgesetzt worden. Ganz im Gegenteil: Der Name „Büro des Regierungsbeauftragten für Frauen- und Familienangelegenheiten" wurde in „Büro des Beauftragten für Familienangelegenheiten" geändert. Erst seit den Wahlen von 2001 gibt es das Büro des [sic!] Gleichstellungsbeauftragten der Regierung, zu dem Izabela Jaruga-Nowacka ernannt werde. Ihr Wirkungsbereich ist jedoch sehr bescheiden, weil sie immer noch ohne ein Gleichstellungsgesetz handeln muss, was ihre Position gegenüber den einzelnen Ministerien stark beeinträchtigt. Sie versucht das „Nationale Programm der Aktivitäten für Frauen bis 2000" zu reaktivieren, das die ehemalige Frauen- und Familienbeauftragte Jolanta Banach nach der IV. Weltfrauenkonferenz initiiert hatte,[8] jedoch nicht realisieren konnte, da es von den Ministerien als überflüssig abgelehnt wurde. Es enthält nach wie vor aktuelle Postulate und Richtlinien für die Verbesserung der Lage der Frauen in Polen.

Die wichtigsten Partner des Büros des Gleichstellungsbeauftragten bilden weiterhin die Nicht-Regierungs-Organisationen der Frauen (NGOs), die in den westlichen Demokratien als politische Gelenkstücke zwischen den Bürgern und den staatlichen Ämtern und Institutionen in den unterschiedlichsten Bereichen fungieren. Nach Angaben des Fraueninformationszentrum OSKa gibt es zurzeit in Polen ca. 300 Frauenorganisationen. An Bedeutung gewannen sie erst während der EU-Beitritts-Verhandlungen. Es musste ein Rat gebildet werden, in dem alle NGOs Gehör finden können. Die Gründung dieses Rates ist die bislang wichtigste positive politische Veränderung zugunsten der *civil society* im Zuge des angestrebten EU-Beitritts. Die NGOs wurden nämlich von der polnischen Regierung meistens als eine Art Untergrundopposition betrachtet, mit der sie nicht zusammenzuarbeiten gedachte, trotz der Unterzeichnung der „Platform for Action", des Abschlussdokumentes der UNO-Frauenkonferenz von Beijing. „Platform for Action" ist das erste UNO-Dokument mit der Formel: „Als Regierungen der an der Konferenz beteiligten Staaten *verpflichten wir uns* hiermit zur Verwirklichung der auf der 4. Weltfrauenkonferenz erarbeiteten Richtlinien und Postulate" (Hervorhebung B.Ch.). Es umfasst 12 Bereiche des sozialen und politischen Lebens, u.a. Bildung, Gesundheitswesen, Wirtschaft, Gewaltenteilung, institutionelle Mechanismen für soziale und berufliche Förderung von Frauen, Rech-

---

8 Bezeichnend für die Frauenpolitik der letzten Jahre in Polen ist, dass Jolanta Banach die Stelle der Gleichstellungsbeauftragten unter der sozialdemokratischen Regierung 2001 nicht bekam, obwohl sie als vormalige Regierungsbeauftragte für Frauen- und Familienangelegenheiten für diese Stelle besonders gut qualifiziert war. Stattdessen ist sie nun für Behinderten-Angelegenheiten zuständig. Die bekannte Frauenpolitikerin Barbara Labuda leitet das Präsidentenbüro. Beide Frauen sind mit ihren Aufgaben so ausgelastet, dass sie für die Frauenpolitik nur wenig Zeit haben. Im Frühling 2002 beteiligten sich die meisten weiblichen Abgeordneten als Models an einer Modeschau in Lódź. Diese Aktion wurde von den Frauen-NGOs sehr kritisch aufgenommen, da sie der Besänftigung der männlichen Kollegen im *Sejm* dienen sollte.

te, Massenmedien, Umwelt auf staatlicher, regionaler, subregionaler und internationaler Ebene. In der zweiten Hälfte der 90er Jahre benutzten viele polnische NGOs dieses Dokument bei den Verhandlungen mit lokalen Verwaltungen dazu, eine finanzielle Unterstützung oder Zuweisung von finanziell günstigen Räumlichkeiten für ihre Aktivitäten zu erzwingen. Nicht ohne Bedeutung war es u.a. für die Gründung des Aufbaustudiums *Gender Studies* an der Warschauer Universität. Dabei war die polnische Übersetzung des Dokuments mit der erwähnten Zauberformel behilflich, in der entsprechende Institutionen nachprüfen konnten, dass die polnische Regierung sich zur Verwirklichung der Richtlinien von Peking verpflichtet hatte.

Genderpolitik, NGOs und die EU

Im Mittelpunkt der dort formulierten Empfehlungen steht der Begriff *gender*. Seine Einführung spielte schon damals eine entscheidende Rolle für die Maßnahmen der postulierten Gleichstellung der Geschlechter. Das bestätigt die Beobachtung von Judith Butler, die nach dieser Konferenz schrieb: „Die Vorstellung *gender* fügt sich in den gegenwärtigen sozialen, politischen und gesetzlichen Diskurs ein. Sie ist in die konzeptionelle Planung, die Sprache, die Dokumente und die Programme des UNO-Systems integriert worden" (Butler 1997: 15). Ohne *gender sensitive* Politik sind nämlich die international befürworteten Veränderungen nur schwer denkbar. Es ist eine Kategorie, die auf der UNO-Konferenz nur mit großen Schwierigkeiten durchgesetzt werden konnte, denn gegen sie waren der Vatikan wie auch die islamischen Länder vehement aufgetreten. Hinter dem Begriff *gender* vermuteten Vertreter der Delegationen dieser Länder und des Vatikans vor allem eine Legitimierung der homosexuellen Minderheiten. Judith Butler erkennt in der Opposition des Vatikans der *gender*-Kategorie gegenüber noch eine besondere Zielsetzung:

> Wenn der Vatikan die Rede von *gender* durch die Rede von biologischem Geschlecht ersetzen möchte, so liegt das daran, dass der Vatikan die Geschlechterdifferenz rebiologisieren möchte, d.h. er möchte die biologisch enge Vorstellung von Fortpflanzung als dem sozialen Schicksal der Frauen wiedereinführen. (Butler 1997: 15)

Es nimmt nicht wunder, dass in Polen, wo eine Anknüpfung an die Vorkriegstraditionen angestrebt wird, die Stellungnahme des Vatikans entscheidend ist. Sie beeinflusst das Verhältnis der polnischen Politiker zu Frauenfragen sehr stark. Die polnische Kontakt- und Koordinationsstelle des 5. Rahmenprogramms der EU, nach dem Frauen im Zuge der Pekinger Postulate in allen Entscheidungsgremien gefördert werden sollen, vernachlässigt diese Thematik. Erst seit 2003 beginnt sie, sich zögerlich der Frauenproblematik zuzuwenden, was ein Zeichen dafür ist, dass die nahe Perspektive des EU-Beitritts von Polen in diesem Bereich einiges ändern könnte. Im Juni 2000 fand die Konferenz „Peking + 5“ in New York statt, auf der die Regierungen berichten sollten, was sie in ihren Ländern bezüglich der Frauenfragen geleistet haben und welche Aufgaben sie noch vor sich sehen. Der Vertreter der polnischen Regierung, Minister Kropiwnicki, erklärte dort ruhigen Gewissens, da Polen der Europäischen Union noch nicht angehöre, so brauche es auch nicht die rechtlichen Standards in bezug auf Frauen einzuführen. Die Regierungsbeauftrage für Familie, Maria Smereczynska, die auch zur polnischen Delegation gehörte, war damit einverstanden und kommentierte diese Aussage nicht. Diese Stellungnahme zog in Polen keine politischen Konsequenzen nach sich, wenn man von einigen Leserbriefen, einem offenen Brief und einigen Stimmen in den Massenmedien absieht.

Trotz der zeitlichen Nähe des EU-Beitritts von Polen herrscht immer noch eine große Diskrepanz zwischen der polnischen Frauenpolitik und den Forderungen, Postulaten und Strukturen in den westlichen Demokratien, wo mittlerweile verstanden wurde, dass der jahrhundertelange Ausschluss der Frauen aus dem öffentlichen Leben auf die Entwicklung der Gesellschaft eine negative Wirkung hatte.

Die Ausgrenzung der Frauen aus dem politischen Leben nach revolutionären Erhebungen ist eine bekannte Erscheinung, fast eine Gesetzmäßigkeit, die die Etablierung der neuen Macht begleitet. Im Gegensatz zu Geneviéve Fraisse würde ich die Gründe für diese Ausgrenzung nicht unbedingt nur in der Rivalität der Geschlechter im öffentlichen Raum sehen, sondern auch in einer post-revolutionären Sehnsucht nach Stabilisierung. Im privaten Bereich hofft man, diese Stabilität am schnellsten wieder zu erlangen, und für diesen werden Frauen seit je als zuständig betrachtet. Auch ist der Verlust des politischen und revolutionären Elans, worauf Hannah Arendt in ihrem Revolutionsbuch hinweist, nicht ohne Bedeutung (vgl. Arendt 1994). Den ersten deutlichen Ausschluss der Frauen aus der Öffentlichkeit dieser Art kennen wir aus der Zeit nach der Französischen Revolution. 1793 wurden die Frauenclubs geschlossen und später dem weiblichen Geschlecht im *Code civil* die Staatsbürgerrechte verweigert. In Russland wurden einige Jahre nach der Oktoberrevolution die neuen Regelungen der Geschlechterverhältnisse, die Alexandra Kollontaj ausgearbeitet hatte,[9] zurückgenommen (u.a. das Recht auf Lebensgemeinschaft ohne Trauschein, auf alleinstehende Mutterschaft, auf Scheidung). Kollontaj selbst wurde nach Schweden in den diplomatischen Dienst abgeschoben. Nach der politischen Revolution von 1980/81, die erst 1989 politisch erfolgreich war, hörten u.a. die Berufstätigkeit der Frauen und das Recht auf die selbständige Entscheidung über die Abtreibung auf,

---

9 Alexandra Kollontaj (1872-1952) war Mitglied der Arbeiteropposition, Fürsprecherin der Rätedemokratie, neben Rosa Luxemburg eine wichtige Kritikerin Lenins. Nach der Auflösung der Arbeiteropposition 1923, d.h. nach dem Kronstädter Aufstand, wurde sie in den diplomatischen Dienst versetzt und damit politisch kaltgestellt. Ihre Gedanken zur Geschlechterpolitik konnte sie nicht mehr weiter entwickeln.

etwas Selbstverständliches zu sein. Die polnische Regierung erklärte im „Bericht über die Situation der Frauen in Polen", den sie 1994 für die Wiener UNO-Vorbereitungskonferenz verfasst hatte, dass die zunehmende Arbeitslosigkeit der Frauen sich aus ihrer beruflichen „Überaktivität" ergebe, als verfügten wir über irgendeinen Maßstab, nach dem die „Überaktivität" gemessen werden könnte.

Die Abwehr der polnischen Regierung und der katholischen Kirche gegen Veränderungen der Geschlechterverhältnisse scheint nach den Erfahrungen der zweiten Frauenbewegung im westlichen Europa eine Zeitfrage zu sein. Der Zusammenhang zwischen den Demokratisierungsprozessen und der Selbstaktivierung der Frauen ist dort gut bekannt. Fraisse schreibt dazu:

> Zu den zugrundeliegenden Ereignissen und strukturellen Ursachen, den Ursachen ‚revolutionäres Ereignis' und ‚Geburt der Demokratie', kommt ein langfristiger geschichtlicher Wandlungsprozess hinzu, der die Familie und die Arbeit betrifft und Veränderungen im Verhältnis zwischen Privatsphäre und Öffentlichkeit bewirkt. (Fraisse 1995: 83)

Dieser sozialen und kulturellen Dynamik kann auch Polen im Zug der politischen Demokratisierung nicht entkommen. Auch hier muss eingesehen werden, dass die Demokratie eine besondere politische Ordnung ist, die

> aufgrund ihrer prinzipiellen Offenheit für eine Weiterentwicklung – und dies ist eine geschichtlich noch nie dagewesene Chance – [...] den Frauen doch am ehesten die Möglichkeit [eröffnet], sich im gesellschaftlichen Raum frei zu bewegen und Tätigkeiten und Funktionen auszuüben, die bis dahin den Männern vorbehalten waren. (Fraisse 1995: 90)

Dieser Prozess läuft nicht ohne Störungen ab, was man am langsamen Tempo der maßgeblichen Veränderungen in den westlichen Kulturen beobachten kann. Erst durch die Einführung der Gender-Mainstreaming-Richtlinien verspricht man sich eine Beschleunigung. Jedoch auch die ersten Versuche, die Gender-Richtlinien in den EU-Mitgliedstaaten zu realisieren, zeigen, wie resistent die traditionelle Kultur ist. Sie kann den *gender*-Begriff in der demokratischen Praxis so sehr vereinnahmen, dass es nur zu kleinen Verschiebungen von Ressourcen zwischen den Geschlechtern und nicht zu einer grundsätzlichen Etablierung der Geschlechtergleichheit kommt. Deswegen sind die Förderprogramme für Frauen weiterhin notwendig, damit diese nicht nur als Objekte in die Veränderungsprozesse zu Gunsten der Gleichstellung der Geschlechter aufgenommen werden. Solche Programme gibt es in Polen noch nicht. Daher muss das Engagement der Frauen in Nichtregierungsorganisationen als eine besondere Leistung angesehen werden. Ihre Vertreterinnen haben nicht nur den alternativen „Bericht der Situation von Frauen in Polen" für die IV. Weltfrauenkonferenz vorbereitet, sondern auch internationale Vernetzungen aufgebaut. 1998 gründeten sie mit den Frauen aus den ehemaligen „Ostblock-Staaten" die Karat-Koalition, um ihre Region auf den UNO-Konferenzen effektiver vertreten zu können. Interessant ist, dass die polnischen Nichtregierungsorganisationen in keiner Hinsicht an die nationalen Traditionen der polnischen Frauenbewegung aus der Zeit vor dem Zweiten Weltkrieg anknüpfen. Auch die Tatsache, dass der Marienkult vom Papst Johannes Paul II. in den letzten Jahren bedeutend gefestigt wurde, spielt für die Frauenbewegung keine Rolle. Obwohl der Marienkult die polnische Kultur über 300 Jahre lang bestimmt, gibt es in Polen immer noch keine katholische Frauenbewegung. In diesem Kult wird die Himmelskönigin als die gute, vergebende und stille Mutter als Vermittlerin zwischen den Menschen, Gottes Kindern und Gott, dem Vater selbst und nicht als diejenige angebetet, die ihren Sohn zur Bereitschaft erzog, den Opfertod am Kreuz zu sterben. Das erklärt die heutige Umdeutung des Mythos der *Mutter Polin* zusammen durch die Kirche und zum Teil auch durch die Regierung, beide versuchen, ihn in Verbindung mit der liebenswürdigen Maria zu revitalisieren. Von dieser Tradition distanziert sich die neue Frauenbewegung sehr stark. Sie wendet sich eindeutig den Errungenschaften der westlichen zweiten Frauenbewegung zu. Durch NGOs findet sie einen guten Zugang zu internationalen Kontakten und zusammen mit ihnen beteiligt sie sich an den Demokratisierungsprozessen, aus denen sie innenpolitisch verdrängt wird. NGOs bilden für sie das wichtigste Forum zur Formulierung der eigenen Interessen und Ziele von Frauen und für Entwicklung der politischen Strategien zu ihrer Realisierung. Eines davon ist immer noch die Verabschiedung des Gleichstellungsgesetzes, welches das polnische Parlament bis heute, unabhängig von der politischen Konstellation, verweigert.

Die positive Entwicklung der NGOs und die fortschreitenden Beitrittsverhandlungen Polens mit der EU werden von den westlichen Stiftungen als Indiz für den Stand der Demokratisierung des Landes betrachtet, woraus sie den falschen Schluss ziehen, sie könnten sich allmählich mit ihren Aktivitäten aus Polen zurückziehen. Dies wird die gesamte Bühne der polnischen NGOs beträchtlich verändern, zumal es bis heute keine rechtliche Regelung gibt, die die Gründung von polnischen Stiftungen fördern würde.[10] Die größeren NGOs haben gerade gelernt, wie man Projekte schreibt, Anträge stellt, politisches Lobbing betreibt, sich untereinander zu gemeinsamen Aktionen vernetzt, und schon werden sie durch den Rückzug der westlichen Stiftungen mit finanziellen Nöten konfrontiert. Diese Situation erinnert an ein bekanntes Muster: die Situation einer Hausfrau, die von ihrem Mann verlassen wird und auf Anhieb die Kunst des Überlebens beherrschen soll. Die Lage der NGOs ist im Vergleich mit der verlassenen Frau insofern besser, als dass sie ihre Orientierung und ihr eigentliches Lebensziel nicht verlieren, was aber ihre ökonomische Lage auch nicht ändert. Die Grundbedingung der meisten westlichen Stiftungen für die finanzielle Unterstützung der NGOs war, dass diese keine kommerzielle Tätigkeit entwickeln. Dies führte dazu, dass die NGOs ökonomisch nicht selbständig werden konnten. Einige Stiftungen (vor allem

10 Das Gesetz über die gemeinnützigen Organisationen, das vor kurzem (2003) verabschiedet worden ist, ist erst der Anfang dieser Regelung.

Batory und Ford-Stiftung) haben das Problem erkannt und sind dabei, ein Regranding-Programm mit den bestehenden NGOs zu begründen.

Insgesamt lässt sich sagen, dass der EU-Beitritt Polens frauenpolitisch viele Unsicherheiten mit sich bringt. Die politisch aktiven Frauen können sich nicht mehr direkt auf die internationalen Dokumente und Standards berufen wie kurz nach 1995. Die polnische EU-Verhandlungskommission weiß mittlerweile, dass die Realisierung vieler Richtlinien zeitlich verschoben und die kulturelle Eigenheit als ein Argument gegen bestimmte Veränderungen angeführt werden können. Europäische Dokumente und Standards haben nicht mehr jene Zauberkraft der *Platform for Action* von 1995. So konnten sich beispielsweise die kirchlichen Mitglieder der Gemeinsamen Kommission von Regierung und Episkopat am 20. Januar 2003 darauf einigen, dem Beitritt-Abkommen eine Zusatzerklärung beizufügen, der den Schutz des „ungeborenen Lebens", die Ehe als Gemeinschaft von Mann und Frau und den Schutz der heterosexuellen Familie garantieren soll, was nichts anderes als die Einfrierung der rechtlichen Lage der bisherigen Frauen- und Familienpolitik bedeutet. Dagegen erhoben 13 Frauenorganisationen Protest in Form eines offenen Briefes an den Ministerpräsidenten Leszek Miller, in dem sie darauf hinwiesen, dass solche Bestimmungen die Unterstützung des Integrationsprozesses durch einen großen Teil der polnischen Gesellschaft gefährden könnten. Es entstand eine paradoxe Situation, in der die Frauen mit der Ablehnung des Beitritts zu drohen begannen, obwohl gerade sie an diesem Beitritt ein besonderes Interesse haben, weil er die weitere Demokratisierung des Landes und die Veränderung der rechtlichen Lage der Geschlechter garantiert. Die Verhandlungen der Regierung mit dem polnischen Episkopat zur Frauenpolitik bilden ein deutliches Indiz dafür, dass diejenigen, die über die Machtverhältnisse in Polen entscheiden, Frauen als Subjekte aus dem öffentlichen Leben ausschließen.

Zum Schluss bleiben mehrere Fragen offen, die wohl erst nach dem EU-Beitritt der ostmitteleuropäischen Länder beantwortet werden können: Wie wird die Frauenpolitik in der EU nach dem Beitritt dieser Länder aussehen? Wie können Frauen von West und Ost zur Realisierung der *gender-mainstreaming politics* beitragen, damit sich diese Richtlinien nicht in bloß statistische Verordnungen auflösen, wonach nur die Zahl von Frauen und Männern in den Entscheidungsgremien berechnet wird? Dies würde die vom Vatikan beabsichtigte Rebiologisierung der *gender*-Kategorie begünstigen, was mit der angestrebten Gleichstellung der Geschlechter im Sinne einer kulturellen Wende nichts zu tun hat. Am Rande sei nur die wichtigste Erfahrung des 20. Jahrhunderts in Osteuropa erwähnt: die soziale und geschlechtliche Gleichberechtigung als Verordnung *von oben* hat keine bedeutenden Mentalitätsänderungen in Richtung einer sozialen Gerechtigkeit bewirkt, wovon die nach der Wende aufgekommenen Probleme der Frauen zeugen. Schon 1907 schrieb Kazimiera Bujwidowa, eine der wichtigsten Kämpferinnen für die Zulassung von Frauen an Universitäten, in ihrem Text „Werden wir wir selbst“: „Bloße formelle Gleichberechtigung der Frau durch politische Rechte oder ökonomische Unabhängigkeit löst die Frauenfrage nicht und beseitigt auch nicht ihre Benachteiligung in der Gesellschaft“ (Bujwidowa 1999: 299).[11] Am Duktus dieser Aussage lässt sich die Radikalität der ersten Frauenbewegung ablesen, die noch keine Erfahrungen mit rechtlichen Regelungen im Bereich der Geschlechtergleichheit gesammelt hatte. Die Nachkriegsjahre in der Volksrepublik Polen haben jedoch diese Worte in vielem bestätigt. Heute würde man sagen, dass gesetzliche Absicherungen von gleichberechtigungsfördernden Bestimmungen ohne das anhaltende aktive Engagement der Betroffenen „tote Vorschriften“ bleiben können.

Literatur

Arendt, Hannah (1974): Über die Revolution. München.

Bujwidowa, Kazimiera (1999): Stańmy się sobą [Werden wir wir selbst]. In: Górnicka-Boratyńska, Aneta (Hg.): Chcemy całego życia. Antologia polskich tekstów feministycznych z lat 1870-1939. Warszawa, 290-300.

Butler, Judith (1997): Das Ende der Geschlechterdifferenz? In: Huber, Joerg / Heller, Martin (Hg.): Konturen des Unentschiedenen. Interventionen. Bd. 5. Zürich, S. 25-44.

Fraisse, Geneviéve (1995): Geschlecht und Moderne. Archäologien der Gleichberechtigung. Frankfurt a. M.

Kenney, Padraic (2001): Pojęcie Matki-Polki w języku opozycji i władzy. In: Szarota, Tomasz (Hg.): Komunizm. Ideologia, system, ludzie. Warszawa, S. 339.

Kołakowska Agnieszka (2000): Brygady politycznej poprawności. Feminizm. Choroba ta atakuje mózg, powodując utratę zdrowego rozsądku i – co może najsmutniejsze – poczucia humoru [Brigaden der political correctness. Feminismus. Eine Krankheit, die das Gehirn angreift, die zum Verlust des gesunden Verstandes und – was noch trauriger ist – des Sinns für Humor führt]. In „Rzeczpospolita“, 29./30. Januar.

Konstytucja Polskiej Rzeczypospolitej Ludowej (1985): Uchwalona przez Sejm w dniu 22. Lipca 1952 roku. Warszawa.

Kondratowicz, Ewa (2001): Szminka na sztandarze. Kobiety Solidarności 1980-89. Rozmowy [Mit dem Lippenstift auf den Fahnen. Solidarność-Frauen 1980-89. Gespräche]. Warschau.

Kościuszko, Tadeusz (1988): Odezwa do kobiet. zit. nach: Dioniza Wawrzykowska-Wierciochowa: Rycerki i samarytanki. Warszawa, S. 158.

Mickiewicz, Adam (1995): An die Mutter Polin. In: Mickiewicz, Adam: Dichtung und Prosa. Ein Lesebuch von Karl Dedecius. Frankfurt a. M., S. 256-257.

Nowiny lekarskie, H2, 1948. In: Helena Wolińska: Przerwanie ciąży w świetle prawa karnego [Die Abtreibung im Kontext des Strafgesetzes]. Warszawa 1962, S. 12-13.

11 Kazimiera Bujwidowa erkämpfte zusammen mit anderen Frauen die Zulassung der Frauen an die Jagiellonen-Universität in Krakau im Jahre 1897.

Anhang

Der Brief der 100 Polinnen

An das Europäische Parlament
Plateau du Kircherberg, B.P. 1601, L-2929 Luxemburg
Fax (+ 352) 43 00 294 94, 43 00 293 93

Warschau, den 5. Februar 2002

Wir möchten hiermit unsere Beunruhigung über den Charakter der Debatte zur Situation der Frauen in Polen zum Ausdruck bringen. Aufgrund vieler öffentlicher Äußerungen kann man den Verdacht hegen, dass es zu einer Art Abkommen zwischen der katholischen Kirche und der polnischen Regierung in der Frage des EU-Beitritts gekommen ist. Die Kirche wird danach die Integration mit Europa unter der Bedingung unterstützen, dass die Regierung auf die Debatte zur Novellierung des Abtreibungsgesetzes verzichten wird. Das polnische Recht gilt in Fragen der Abtreibung – neben Irland und Malta – als das restriktivste in Europa. In der Praxis wird dabei die Abtreibung noch strenger als das Gesetz selber gehandhabt, weil die Ärzte – sich auf die Gewissensklausel berufend – sogar die im Gesetz vorgesehenen Abtreibungen verweigern.

Hinter den Kulissen der Bemühungen Polens um die Integration in die EU findet ein Handel mit Frauenrechten statt, unter dem Mantel der charakteristischen, parteigebundenen Redensweisen. Der Schutz des ungeborenen Lebens wird als ein objektives Dogma betrachtet, und über die Abtreibung aus sozialen Gründen spricht man in Anführungsstrichen als eine ideologische Forderung der Feministinnen, die den Mord legalisieren wollen. Es ist dazu gekommen, dass Izabela Jaruga-Nowacka, die Beauftragte der neuen Regierung für den gleichen Status der Frauen und Männer, die über die Notwendigkeit nachdenkt, in den Schulen eine gründliche sexuelle Aufklärung einzuführen und das Abtreibungsgesetz zu mildern, von einem hohen Vertreter der Kirchenhierarchie, Bischof Tadeusz Pieronek, als "feministischer Beton, der sich auch unter der Wirkung der Salzsäure nicht verändern wird", beschimpft wurde.

Das lässt sich kaum als eine ideologische Einschüchterung bezeichnen. Trotz der Proteste vieler Frauenorganisationen hat der Bischof seine Formulierung nicht zurückgenommen, was er damit erklärt, dass alle, die für das Töten von Ungeborenen sind, mit scharfen Worten rechnen müssen. Es ist also nicht nur an keine gesetzlichen Veränderungen zu denken, sondern sogar ihre Erwähnung ruft eine aggressive Rhetorik hervor. Wir haben Verständnis dafür, dass die Kirche das Recht hat, ihren Standpunkt zu verteidigen, sie soll aber auch das Recht der anderen zur Äußerung von gegensätzlichen Gesichtspunkten anerkennen. Die praktizierte Demokratie kann ohne einen freien Meinungsaustausch nicht auskommen. Es kann kein vernünftiger Kompromiß entstehen – das muß klar ausgesprochen werden –, wenn versucht wird, einer der Seiten den Mund zu stopfen.

Die europäische Integration bedeutet auch eine Integration in Bezug auf den gleichen Status der Frauen und Männer, auf das Recht der Frauen, ihr eigenes Leben selbständig zu bestimmen. Eine demokratische Debatte zu einem so wichtigen Thema sollte frei uneingeschränkt geführt werden, ohne Belehrung und ohne Einschüchterungen.

Zur Kenntnisnahme:
An Anna Diamantopoulou
Kommissarin für die Arbeits- und Sozialpolitik der EU
B-1049 Brussels, Belgium
Fax (+32) 2 2982 099

Anna Karamanou
Chairwoman of the Committee on Women's Rights and Equal Opportunities
European Parliament
Rue Wiertz, ASP 13G153,
B-1047 Bruxelles
Fax (+ 32) 2 284 98 41

Polnischer Ministerpräsident, Herrn Leszek Miller,

polnische und ausländische Medien,
das Episkopat Polens

Den Brief haben folgende Personen unterschrieben:
Prof. Dr. Maria Janion (Literaturwissenschaftlerin, Polnische Akademie der Wissenschaften in Warschau); Wisława Szymborska (Lyrikerin, Nobelpreisträgerin); Magdalena Abakanowicz (Künstlerin, Bildhauerin); Agnieszka Holland (Filmregisseurin); Prof. Dr. Ewa Łętowska (Richter im Polnischen Obersten Gericht, die erste Anwältin der Büregerrechte in Polen); Krystyna Janda (Schauspielerin); Prof. Dr. Irena Grudzińska-Gross (Ford-Stiftung); Henryka Bochniarz (Vorsitzende des Vereins Polnischer Arbeitgeber); Kora Jackowska (Popsängerin); Olga Tokarczuk (Schriftstellerin); Anda Rotenberg (Kunsthistorikerin); Olga Lipińska (Bühnendirektorin); Dr. Joanna Tokarska-Bakir (Ethnographin, Warschauer Universität); Prof. Dr. Joanna Regulska (Rutgers University USA); Magdalena Łazarkiewicz (Filmregisseurin); Prof. Dr. Elżbieta Matynia (New School of Social Research, NY); Prof.

Dr. Ann Snitow (New School of Social Research, NY); Shana Penn (Journalistin, Museum of Women's History, USA); Elżbieta Czyżewska (Schauspielerin); Anka Grupińska (Schriftstellerin); Prof. Dr. Krystyna Kłosińska (Literaturwissenschaftlerin, Universität Katowice); Prof. Dr. Eleonora Zielińska (Rechtswissenschaftlerin, Warschauer Universität); Prof. Dr. Renata Siemieńska (Soziologin, Warschauer Universität); Dr. hab. Małgorzata Fuszara (Soziologin und Rechtswissenschaftlerin, Warschauer Universität); Anna Popowicz (Politikerin, Freiheitsunion); Weronika Kostyrko (Direktorin von „Wysokie Obcasy" (Hohe Absätze), einer Frauenzeitschrift, der zusätzlichen Sonntagsausgabe der „Gazeta Wyborcza); Aneta Górnicka-Boratyńska (Journalistin von „Hohe Absätze", s.o.); Prof. Dr. Katarzyna Rosner (Philosophin, Polnische Akademie der Wissenschaften in Warschau); Prof. Dr. Jolanta Brach-Czaina (Philosophin, Universität Białystok); Dr hab. Grażyna Borkowska (Literaturwissenschaftlerin, Polnische Akademie der Wissenschaften in Warschau); Prof. Dr. Emma Harris (Dekanin der Neophilologie der Warschauer Universität); Prof. Dr. Halina Filipowicz (Literaturhistorikerin, Director of Graduate Studies Department of Slavic Languages and Literatures, University of Wisconsin-Madison); Prof. Dr. Joanna Kurczewska (Soziologin, Polnische Akademie der Wissenschaften in Warschau); Prof. Dr. Magdalena Zaborowska; Dr. Nina Gładziuk (Politologin, Polnische Akademie der Wissenschaften in Warschau); Magdalena Krzyżanowska-Mierzewska (Juristin, Office of the European Court for Human Rights in Strassbourg); Dr. Barbara Engelking-Boni (Soziologin, Polnische Akademie der Wissenschaften in Warschau); Natasza Goerke (Schriftstellerin); Maria Bigoszewska (Lyrikerin); Marzanna Kielar (Lyrikerin); Krystyna Sakowicz (Künstlerin); Anna Janko (Künstlerin); Manuela Gretkowska (Schriftstellerin); Małgorzata Saramonowicz (Schriftstellerin); Alicja Żebrowska (Künstlerin); Dr. Monika Płatek (Rechtswissenschaftlerin an der Warschauer Universität); Prof. Dr. Bożena Chołuj (Literaturwissenschaftlerin, Universität Warschau und Europa-Universität Viadrina in Frankfurt/Oder); Prof. Dr. Beth Holmgren; Prof. Dr. Mirosława Marody (Soziologin an der Warschauer Universität); Prof. Dr. Megan Dixon; Prof. Dr. Małgorzata Anna Packalen (Department of Slavic Languages, Universität Uppsala); Danuta Waniek (Politikerin); Małgorzata Domagalik (Journalistin); Prof. Dr. Aldona Jawłowska (Soziologin, Polnische Akademie der Wissenschaften in Warschau); Prof. Dr. Małgorzata Szpakowska (Warschauer Universität); Dr. hab. Wiesława Kozek (Soziologin, Warschauer Universität); Prof. Dr. Danuta Sobczyńska; Izabela Filipiak (Schriftstellerin); Kinga Dunin (Schriftstellerin); Dr. Elwira Grossman; Zofia Kulik (Künstlerin); Dorota Terakowska (Schriftstellerin); Joanna Żółkowska (Schauspielerin); Paulina Holz (Schauspielerin); Agnieszka Lipiec-Wróblewska; Elżbieta Kępińska; Agnieszka Zawadowska (Bühnenbildnerin); Dr. Bożena Umińska (Bożena Keff) (Literaturwissenschaftlerin, Schriftstellerin, das Historische Jüdische Institut in Warschau);

Anna Baumgart (Künstlerin); Dr. Krystyna Mazur (Center for America Studies, Warschauer Universität); Dr. Magdalena Środa (Philosophin, Warschauer Universität); Krystyna Kofta (Schriftstellerin); Magdalena Tulli (Schriftstellerin); Dagmara Baraniewska (Psychologin, Batory-Stiftung); Elżbieta Szawarska (Journalistin); Anna Kruszewska-Achmatowicz; Ewa Mikina; Hanna Samson (Psychologin, Schriftstellerin); Justyna M. Pas; Beata Williamson; Beata Chmiel (Redakteurin); Joanna Trzeciak; Dr. Katarzyna Zechenter; Jagoda Engelbrecht; Alicja Kazimierczak; Dorota Nieznalska; Dorota Podlaska; Monika Zielińska (Künstlerin, Juristin); Dr. Monika Bakke (Philosophin, Posener Universität); Dr. Dominika Ferens (Kunsthistorikerin); Jowita Wycisk (Psychologin); Dr. Joanna Mizielińska (Philosophin); Dr. hab. Elżbieta Pakszys (Philosophin, Posener Universität); Ann Kamaromi; Beata Stasińska (Redakteurin); Dr. Anna Frajlich –Zając; Małgorzata Halaba; Prof. Anna Cienciala; Maja Lavergne; Katarzyna Leszczyńska (Germanistin, Übersetzerin); Magdalena Leszczyńska; Anna Potapowicz; Ewa Kondratowicz; Dr. Joanna Bator (Philosophin); Urszula Śniegowska; Anna Nacher (Psychologin); Informationszentrum der Frauenaktivitäten OŚKa: Agnieszka Grzybek; Föderation für Frauenangelegenheiten und Familienplanung: Wanda Nowicka, Aleksandra Solik; Verein der Frauen vom 8. März: Agata Araszkiewicz, Katarzyna Bratkowska, Anna Czerwińska, Dr. Agnieszka Graff, Magda Harytończyk, Teresa Oleszczuk, Marta Sapała, Claudia Snochowska-Gonzales, Marta Spychalska, Kazimiera Szczuka, Maja Szulc, Ewa Toniak, Katarzyna Władyka, Agnieszka Zarzycka, Anna Zawadzka; Frauen-Stiftung eFKa: Dr. Sławomira Walczewska, Beata Kozak; Vereinigung das Ost-West-Netz der Frauenzusammenarbeit NEWW – Polen: Małgorzata Tarasiewicz; Vereinigung Pro Femina: Ewa Dąbrowska-Szulc, Małgorzata Księżopolska; Stiftung Förderungszentrum der Frauen: Marianna Knothe; Gesellschaft der Krisenhilfe: Anna Lipowska-Teutsch; Vereinigung der Frauen KONSOLA: Dr. Izabela Kowalczyk, Anna Lejwoda, Monika Serkowska, Agnieszka Frankowska; Internationales Frauenforum: Dr. Ewa Lisowska; Stiftung „Menschlich gebären": Anna Otffinowska, Beata Kołodziejczyk, Agnieszka Wądołowska; Stiftung PSF Frauenzentrum: Jolanta Plakwicz, Anna Siwek, Beata Fiszer, Katarzyna Staryk; Frauenrechtzentrum: Urszula Nowakowska.

FAX

Anna Diamantopoulou
Member of the European Commission

Brussels, 08.04.02

OSKa
The National Women`s
Information Centre
Falata 2 m 48
PL 02-534 Warzawa

Dear Ladies,

Thank you for your telefax received on 8th of March containing an open letter drawing particular attention to women's rights in Poland in relation to abortion.

Please note however that this specific issue only falls under the exclusive competence of the Member States throughout the European Union and not within the field of application of Community law (see Judgment of the ECJ Court of 4th October 1991. The Society for the Protection of Unborn Children Ireland Ltd v Stephen Grogan Case C-159/90, European Court reports 1991, Page I-04685).

This matter supposes to interpret the fundamental right to life and directly refers to the difficult issues of the status of the embryo and euthanasia. I realise that this interpretation can vary among Member States depending on different philosophical, moral or legal approaches and on diverse national cultures which are essential towards building Europe.

Nevertheless, allow me to wish you all the best for the future in your activities.

Yours faithfully,

(Unterschrift)

Ein „Sorgenkind“ im Fernen Osten Europas: Die Russische Frauenbewegung und Genderforschung zwischen Hoffnung und Verzweiflung.

Larissa Lissjutkina

Mehr als 10 Jahre nach dem Ende des Sozialismus ist ein guter Zeitpunkt für einen Rückblick auf den seitdem zurückgelegen Weg gekommen. Es ist Zeit, erste Bilanzen zu ziehen, neue Gemeinsamkeiten und neue Trennlinien zwischen Ost und West, Russland und den anderen postsozialistischen Gesellschaften zu ermitteln sowie Erfolge und Niederlagen zu reflektieren. Für alle Beteiligten handelt es sich schließlich um neue Rahmenbedingungen, die durch die EU-Erweiterung entstehen. Ein analytischer Rückblick ist dabei eine Voraussetzung für den mehr oder weniger hoffnungsvollen Ausblick in die Zukunft.

Im Falle Russlands ist es angebracht, mit schon gewonnenen Kenntnissen vorsichtig umzugehen, da das Land in mehrerlei Hinsicht einen Grenzfall darstellt:

- Erstens ist es kein direkter Beitrittskandidat in die EU, obwohl man intensiv nach passenden Formen der Miteinbeziehung oder engerer Zusammenarbeit sucht;
- Zweitens liegt es am äußersten östlichen Rand Europas;
- Drittens ist es immer noch ein riesiges Imperium mit russisch-orthodoxen, christlich-evangelischen, islamischen, buddhistischen und schamanischen Kulturgebieten. Wie viele und welche Frauen dieser ganzen Bandbreite der Kulturmodelle mit der Bezeichnung „Europas Töchter“ wohl etwas anfangen können? D.h. es erübrigt sich für Russland die Frage nach den einheitlichen Mustern von Genderentwürfen;
- Viertens kann niemand mit Sicherheit sagen, ob von den russischen postkommunistischen Regierungen eine restauratorisch-konservative oder eine demokratische, prowestliche politische Linie verfolgt wird, weil es auf der einen Seite keine klare politische Linie und keine klare Logik in der russischen Politik gibt und auf der anderen Seite westliche politische Definitionen auf Russland nur sehr begrenzt, wenn überhaupt, anwendbar sind. Daher lassen sich die politischen Rahmenbedingungen für die emanzipatorischen Aktivitäten schlecht definieren;
- Fünftens gibt es zwei konträre Meinungen hinsichtlich der Ergebnisse des Reformprozesses. Die eine lautet: Alles habe sich radikal verändert, das Land befinde sich im Aufbruch. Die andere behauptet das Gegenteil: Hinter den prunkvollen Fassaden im Zentrum Moskaus habe sich gar nichts verändert, in seinem Inneren zerfalle das Land weiter, die Demo-

kratie befände sich weltweit in einer tiefen Krise und für Russland habe sie sich als untauglich erwiesen.

Es erstaunt von daher nicht, dass die Sozialisations- und Emanzipationsmodelle, die Stellung, die Ideologien und die Strategien der Frauen im Territorium Russlands sich von solchen in den „klassischen“ Transformationsländern Osteuropas unterscheiden. Die Frauen, die mehr denn je unter der doppelten Last der Familie und der Arbeit bzw. der Arbeitslosigkeit leiden, werden auf dem Arbeitsmarkt offen diskriminiert, ihre Rechte und ihre Chancengleichheit sind nicht gesichert. Einen täglichen Beweis dafür liefern die Zeitungsannoncen, in denen die besten Stellenangebote, ab etwa 600$ in Monat, sich an Männer richten. Im Unterschied dazu werden Frauen für traditionelle Frauenberufe gesucht: als Sekretärinnen, als Erziehrinnen, als Buchhalterinnen und Putzkräfte. Vor kurzem beklagte sich Galina Michaljowa, Dozentin an der Fakultät für Geschichte, Politologie und Recht der Russischen Staatlichen Geisteswissenschaftlichen Universität zu Moskau: „Stellenanzeigen mit Anforderungen an Körper- und Büstengröße wurden zum integrierenden Bestandteil der Zeitungen“.[1] Das postsowjetische Establishment macht sich über jede Art von politischer Korrektheit lustig und ignoriert die ganze Problematik der Gleichstellung von Frauen als „westlichen Wahnsinn“.

Der Kampf für die Veränderung der politischen und rechtlichen Rahmenbedingungen bleibt aus, weil die Frauen von althergebrachten Traditionen und Verhaltensweisen behindert werden. Wenn schon nicht die Beteiligung, dann brauchen sie zumindest die Zusammenarbeit und die Partnerschaft mit der EU dringender als die Frauen jeder anderen europäischen Nation, und zugleich ist Russland weniger als jede andere Nation darauf vorbereitet. Die EU ihrerseits braucht Russland, hat aber bisher noch keine Wege gefunden, dieser „schwierigen“ Nation ein passendes Integrationsmodell anzubieten. Das ganze Beziehungsgeflecht zwischen Feminismus, Frauenbewegung und Genderforschung auf der einen Seite und der Gesellschaft und dem politischen Establishment auf der anderen Seite sieht in Russland nicht so aus wie im Westen oder in den zentraleuropäischen Ländern.

Historische Bezüge

Es gibt in Russland zwar eine umfangreiche vorrevolutionäre und frühsowjetische Tradition der Frauenbewegung, zu der aber keine positive Affinität mehr besteht. Die sowjetische emanzipatorische Theorie und Praxis der 1920er und 1930er Jahre (A. Kollontaj, L. Reissner) sind durch die spätere Entwicklung hoffnungslos kompromittiert worden und nur für Akademiker-

1 Süddeutsche Zeitung Nr. 109, 13. Mai 2003.

Innen von Bedeutung. In der Erfahrung mehrerer Frauengenerationen stehen diese Theorien und entsprechende Rhetorik für verlogene sowjetische Propaganda und ein politisches System, das unter dem Deckmantel der Emanzipation Ausbeutung, und statt Gleichberechtigung Gleichschaltung praktiziert hat.

> Im Endeffekt haben alle Staaten sowjetischen Typs ihre [Alexandra Kollontaj's – L.L.] Ideen über den Umbau der Familie für die Abrechnung mit dem Individuum, egal ob Mann oder Frau, für die Errichtung des Systems von totaler Herrschaft missbraucht,

so die Politologin und Genderforscherin Swetlana Aiwazowa (1996: 66).

Die Identitäten der Frauen im heutigen Russland werden viel mehr von der vorrevolutionären *Kulturtradition* und althergebrachten *Werten* geprägt als von den politischen und ideologischen Diskursen und Erfahrungen des zwanzigsten Jahrhunderts. Aus diesem Grund haben unmoderne, sogar antimoderne Klischees und Stereotype im heutigen Russland nur wenig von ihrer Wirkung eingebüßt. In dieser Hinsicht präsentieren sich Russinnen zwiespältig: Ihr Erscheinungsbild und ihr Denken stehen im krassen Widerspruch zueinander. Die Frauen, die nicht zum engen Kreis der Genderforschung gehören, bedienen sich konservativer Klischees und Stereotype in ihren Äußerungen, obwohl sie sich gerne das modernste westliche modische Outfit verschaffen und in ihrem Erscheinungsbild keinesfalls auf die nationale Folklore oder auf die nationale Tradition ausgerichtet sind. Mit anderen Worten: Die Kopftücher, die für ihre bäuerlichen Großmütter ein Muss waren, tragen Russinnen heute nicht, sie haben keine Hemmungen mit dem außerehelichen Sex, ihre Scheidungs- und Abtreibungsstatistiken schnellen nach oben, die Geburtenraten zeigen nach unten, ihre Miniröcke sind etwas kürzer als bei den westlichen Vorbildern, dafür sind die Absätze höher. Und das Make-up in Russland wird ein bisschen zu dick aufgetragen. Supermodern also, nicht zu vergleichen mit der islamischen Welt, wo die Frauen ihre Verbundenheit mit der Tradition in ihrem Äußeren zum Ausdruck bringen. Aber weibliche Identitätskonstrukte wie eine „Dekabristin", eine „*Chozajka*" oder eine „Genossin" sind in der russischen Nationalgeschichte und in der Folklore verwurzelt und gehören nicht zum Mainstream der weltweiten emanzipatorischen Entwicklung, die westlich geprägt ist. Auf diese speziell russischen Identitätsmodelle gehe ich später ausführlicher ein. Sie sind im postsowjetischen Alltag deutlich nachvollziehbar, während die Identitätskonstrukte der westlichen Moderne und Postmoderne, die sich als Folge der politischen und wissenschaftlichen Erkenntnisse und Erfahrungen im Rahmen emanzipatorischer Bestrebungen ergeben haben, so gut wie nicht präsent sind.

Dieser Eindruck wird dadurch verstärkt, dass sich die russischen Frauen in ihren Ansichten und Aussagen ausdrücklich von dem westlich geprägten Emanzipationsbegriff distanzieren. Diese Tatsache erfahren alle westlichen Frauen, die mit den russischen Frauen im Rahmen gemeinsamer Projekte arbeiten oder anlässlich internationaler Veranstaltungen mit ihnen diskutieren. Die Russinnen, auch gebildete und aufgeklärte, die nicht selber mit der Genderforschung beschäftigt sind, stellen die These über die „biologische Bestimmung“ der Frau nur selten infrage, sie zeigen kein Interesse am Kampf für ihre Gleichstellung und andere soziale Rechte, sie wollen, dass die Partner in ihrer traditionellen Männerrolle sie unterstützen und die meisten erklären sich bereit, sich ganz der Familie zu widmen. Sexuelle Belästigung wird generell als etwas Harmloses und sogar Schmeichelndes stilisiert. Das Vokabular der Russinnen ist von jeder Art politischer Korrektheit weit entfernt, wie auch von den Begriffen wie „Patriarchate Herrschaft“, „Männliche Perspektive“, „Identität“, „Gleichstellung“, „das Öffentliche und das Private“, usw. Und wenn das Wort „Feminismus“ fällt, verziehen die Russinnen ihre Gesichter und versichern lautstark, dass sie damit nicht zu tun haben wollen. Das sorgt für Missverständnisse und Ärger auf beiden Seiten des Ost-West-Dialogs. Das Gleiche trifft auf die internen Kollisionen zwischen den Identitäten von Frauen in Russland selbst zu: In verschiedenen ethnischen Gruppen, Regionen und sozialen Schichten, wo die Kulturtradition keine einheitliche Matrix aufweist, sind die „fremden“ weiblichen Identitätskonstrukte nicht akzeptabel, und zwischen einigen ethnischen Gruppen sogar nicht „lesbar“. Ein Beispiel dafür liefern die Missverständnisse zwischen den Geschlechtern aus verschiedenen Kulturkreisen und Regionen, zum Beispiel, wenn die Männer aus Kaukasien oder Zentralasien die jungen Frauen in den russischen Großstädten für Prostituierte halten, weil diese sich nicht an die Vorschriften der eigenen Kultur dieser Männer halten. In diesem Fall macht sich kulturelle Isolation bemerkbar: Symbolische Kulturtexte verschiedener Kultureinheiten sind in sich selbst eingekapselt und im Kontext einer benachbarten Kultur nicht mehr „lesbar“. Dass solche Kommunikationsbrüche innerhalb einer politischen Einheit namens Russische Föderation stattfinden, weist darauf hin, welchen schwer reparablen Schaden das Land unter dem kommunistischen Regime erlitten hat. Ethnische und nationale Konflikte wurden genauso wie Diskriminierung der Frauen einfach unter den Teppich gekehrt, nationale Frage per Dekret als endgültig gelöst erklärt und Kulturaustausch nach den Vorstellungen der regierenden Eliten aus Moskau gestaltet und gesteuert.

Als Defizit der russisch-sowjetischen Kulturgeschichte des vergangenen 20. Jahrhunderts insgesamt muss man die ausgebliebene Auseinandersetzung mit der Folklore bezeichnen. In den westlichen Ländern hat eine solche Auseinandersetzung mit der Tradition, mit den Bräuchen und der Folklore im Zuge der allgemeinen Rationalisierung und in Deutschland insbesondere im Zuge der nationalsozialistischen Vergangenheitsbewältigung stattgefunden. Nicht nur im wissenschaftlichen, sondern auch im öffentlichen Diskurs wurde die nationale Folklore nach ihrem Missbrauch in der nationalsozialistischen Propaganda gründlich unter die Lupe genommen, interpretiert und sortiert, wobei als Nebeneffekt ihre totale Entzauberung vollzogen wurde. Die Weisheiten sind von den Vorurteilen sorgfältig getrennt und kaum jemand betrachtet die Folklore nun als die letzte Instanz in den Streitigkeiten über die politischen Lösungen und heutigen Probleme. Im Unterschied dazu wird in Russland die so genannte „Volksweisheit“ zur ultima ratio in den Streitfragen der Gegenwart. Dabei werden viele frauenfeindliche Sprüche und Vorurteile absolut unkritisch als unschlagbare Argumente gegen die emanzipatorischen Forderungen der Moderne und insbesondere gegen die Erkenntnisse des feministischen Diskurses und der Genderforschung ins Feld geführt.

Als Beispiel kann ich einen Spruch zitieren, der durch häufigen Gebrauch beinah zur Folklore avanciert ist, obwohl es sich dabei um eine ziemlich neue Wortschöpfung handelt. Unter sich und in den international geführten Diskussionen wiederholen russische Teilnehmerinnen mit Nachdruck den Satz: *„Aber* eine *Frau muss eine Frau bleiben!“* Im Kontext der Gespräche wird dieser sonderbar klingende Satz immer vorgeschoben, wenn die Rede um den Feminismus, die Gleichstellung und Emanzipation der Frauen geht. „Diese Einstellung“, schreibt Brigitta Godel (2000: 171),

> die beinahe schon zu einem Sprichwort geworden ist, kennzeichnet die Schizophrenie des sowjetisch-russischen Frauenbildes zwischen Stärke in tatkräftigem Handeln und Schwäche in demütiger weiblicher Unterordnung. Sie wird von Frauen aller Schichten, jeden Bildungsgrades und nahezu jeder Altersgruppe vertreten.

Mit Recht weist Brigitta Godel darauf hin, dass dieser Appell an eigene Weiblichkeit im Kontext einer Wertvorstellung von Schwäche als spezifische weibliche Eigenschaft zu deuten ist. Nicht zu übersehen ist aber noch ein Kontext: der der Abweisung und das sich Wehren gegen das selbst erlebte Emanzipationsmodell. Dieses Modell ist im Bewusstsein der russischen Frauen mit gewaltsamer Zerstörung ihrer Identität und mit einem fremden, von Außen aufgezwungenen Selbstverständnis verbunden, das von den Frauen nie akzeptiert und verinnerlicht wurde. Die Stützpfeiler dieser Pseudo-Emanzipation waren Konsumentzug, Zwangsarbeit und Armut. Indem die russischen Frauen gebetsmühlenartig den Satz: *„Aber eine Frau muss eine Frau bleiben!“* in die Diskussion einbringen, wollen sie ihre Gesprächspartnerinnen auf eigene abweichende Erfahrung mit der Emanzipation aufmerksam machen, sie sogar vor den Gefahren warnen, die die Emanzipation in sich birgt. Nicht zufällig fängt der Satz immer oder sehr häufig mit „aber“, obwohl keine der Diskussionsteilnehmerinnen den russischen Frauen ihr Recht auf ihre weibliche Identität abspricht. In so einer Situation bleiben beide Seiten voneinander hermetisch abgeschirmt, weil die negativen Erfahrungen mit dem sowjetischen Emanzipationsmodell in keinem allgemein anerkannten Begriffssystem zusammengefasst sind, sie existieren nur in Form des Narrativen. Im westlichen Diskurs ist der Begriff „Emanzipation“ ausschließlich positiv besetzt, Weiblichkeit dagegen weitgehend infrage gestellt, also reden beide Seiten aneinander vorbei.

Als Hoffnungsträger werden zahlreiche Frauenorganisationen und Selbsthilfegruppen betrachtet, die im Laufe des Reformprozesses entstanden sind. Die zivilen Aktivitäten der Frauen in Russland haben in den meisten Fällen pragmatische Grundlagen und sind, abgesehen von der nicht besonders erfolgreichen Partei „Frauen Russlands", nur sehr begrenzt politisiert. Die Partei „Frauen Russlands" war eine Überraschung des Jahres 1993. Sie entstand aus dem Nichts während des Wahlkampfes nach der schweren politischen Krise: Der Konflikt zwischen der Duma (dem russischen Parlament) und dem Präsidenten Jelzin gipfelte in einer bewaffneten Konfrontation, das Gebäude des russischen Parlaments, bekannt als „Weißes Haus", wurde von den präsidententreuen Artillerieeinheiten in Schutt und Asche gelegt, daraufhin wurde die Legislative aufgelöst und neue Wahlen angekündigt. Bei dieser Wahl ist im Dezember 1993 eine neue Partei „Frauen Russlands" angetreten, die eigentlich keine Partei war. Sie wurde als eine Wahlvereinigung in aller Eile zusammengetrommelt und hat die Frauen mit einem unerwarteten Erfolg beschert: Sie haben auf Anhieb 8% der Stimmen und dementsprechend 20 Mandaten bekommen (Polis 1994: 133). Aber dieser überraschende Erfolg ist einmalig geblieben. Der Partei „Frauen Russlands" ist es nicht gelungen, sich als Vertreterin der Interessen der Frauen überzeugend zu profilieren. Weil der Begriff Feminismus in Russland im Massenbewusstsein negativ besetzt ist, hat diese Partei versucht, allgemeine demokratische und soziale Ziele zu erreichen, ohne diese mit Feminismus in Verbindung zu bringen. Sie stand in der Öffentlichkeit ohne solide theoretische Grundlagen, ohne eigenständiges, überzeugendes Programm, ohne Lobby und ohne jegliche praktische Erfahrungen, was die politische Durchsetzung der Fraueninteressen anbetrifft. In den nächsten Legislaturperioden haben die Wähler dieser Partei den Rücken gekehrt. Aber auch im Erfolgsjahr 1993 haben die späteren Meinungsumfragen gezeigt, dass die Erwartungen der Wähler eher konservativen Charakters waren. Sie wollten durch ihre Stimmabgabe zugunsten der neu gegründeten Frauenpartei ihrem Entsetzen und ihrer Angst gegenüber etablierten Parteien Ausdruck verleihen, die das Land in einen bewaffneten Konflikt miteinbezogen haben, nachdem sie es vorher in Armut und kriminellen Chaos stürzten. Von den Frauen erwartete ihre Wählerschaft, dass sie in Übereinstimmung mit ihrer traditionellen Frauenrolle etwas für die Kinder, für die Familien und für sozial Schwachen tun werden, dass diese Partei als eine Art fürsorgliche politische „Supermutter" funktioniert. Als Plattform für weitere Frauenemanzipation war sie weder von den Wählern noch von den Frauen selbst gedacht. Die Politikerinnen der Partei „Frauen Russlands" haben betont, dass sie nicht nur im Interesse der Frauen, sondern im Interesse der ganzen Gesellschaft agieren. Aber auf diesem Terrain konnten sie mit der KPRF (Kommunisten) und einigen anderen Parteien nicht Schritt halten. Heute wird die Bewegung „Frauen Russlands" nur noch von einer einzigen Abgeordneten vertreten. Meines Erachtens ist der Aussage von Gita Godel (2002) zuzustimmen, dass die meisten der Frauen nach dem konservativen Prinzip als Fortsetzung der Überlebenstechniken der sowjetischen Zeit unter neuen Bedingungen funktionieren.

Die Periode der 1980er und 1990er Jahre war in der Sowjetunion eine *Untergangs- und Aufbruchszeit*. Die Wende hat die Öffnung nach Außen, eine Annäherung an die internationalen Frauenaktivitäten und die Genderforschung mit sich gebracht. Dieser Prozess ist in den vergangenen 10 bis 12 Jahren schon zur Routine geworden. Was hat sich in der Zusammenarbeit mit der westlichen Frauenbewegung und westlicher Frauenforschung gezeigt? Welche Erfolge und welche Defizite sind inzwischen sichtbar geworden? Welche Unpässlichkeiten haben sich an der Schnittstelle zwischen den beiden Teilen Europas offenbart?

Die Gemeinsamkeiten liegen auf der Hand: geographische Nähe; gemeinsame religiöse und politische Grundlagen; Konsens über die Grundwerte – Christentum, Demokratie, Emanzipation. Weiter teilt Russland mit dem Westen philosophische Diskurse, Kultur und – mit großem Fragezeichen – auch den Lebensstil. Ein Teil von Russland gehört zu Europa. Konflikte und Missverständnisse zwischen dem Westen und Russland gab es immer, ähnlich wie innerhalb des Westens selbst. Dabei bleiben diese beiden Regionen in einem ständigen Dialog, Westen stellt für Russland eine „kollektive Bezugsperson" dar, an die sich Russland in seinem internen Diskurs ständig wendet und an der es sich misst. Dank der EU kommt man sich ohne Zweifel als Nachbarn näher. Wenn man mehr voneinander weiß, bedeutet das aber auch, dass man sich besser versteht? Die Beispiele vieler Nachbarvölker sind nicht immer Beleg dafür, dass die Nähe allein schon eine Voraussetzung zur Annäherung ist.

Russland zwischen sozialistischer Vergangenheit und Internationalismus

Die Identitäten, Mentalitäten und das Verhalten der heutigen russischen Frauen haben sich unter dem Einfluss von heterogenen Ideenkomplexen und Traditionen als ein mehrschichtiges Palimpsest entwickelt. Der revolutionäre Bruch mit der Vergangenheit im Jahre 1917 verlangte von beiden Geschlechtern eine selbstlose Hingabe, Heroismus und Opferbereitschaft in Bezug auf das neue gesellschaftliche und ideologische Projekt. Diese ursprünglichen Intentionen wurden schon in den 1930er Jahren mit den traditionellen Werten und Vorstellungen wie Patriotismus und Patriarchat in Verbindung gebracht. Neben der Idee der Emanzipation der Frau und ihrer uneingeschränkten Gleichberechtigung gesellte sich in die sowjetische Ideologie das Klischee der weiblichen biologischen Bestimmung zur Mutterschaft und zur Rolle als Gehilfin an der Seite eines heldenhaften Mannes. Beide – sowohl der Mann als auch die Frau – wurden im Laufe der ganzen sowjetischen Geschichte als *Kämpfer* definiert. Aber der Frau wurde eindeutig die Rolle des „zweiten Geschlechtes“ zugewiesen, die von den Frauen ohne jeden Widerstand akzeptiert wurde. Mehr noch, immer wenn sie ihre Stimme öffentlich hörbar machen konnten, traten ausgerechnet die Frauen aktiv dafür ein, von der doppelten Belastung des kommunistischen Emanzipationsmodells endlich befreit zu werden, um sich ihrer traditionellen Rolle als Mutter und Ehefrau widmen zu können. Man konnte solche Frauenauftritte seit den 1960er Jahren ständig registrieren. Es waren Parteiaktivistinnen, Journalistinnen, Schriftstellerinnen, Wissenschaftlerinnen, die sich in diesem Sinne öffentlich äußerten.[2] Paradoxerweise klangen solche konservativen Appelle unter den Bedingungen der kommunistischen Diktatur revolutionär, rebellisch und erfrischend. Die westlichen emanzipatorischen Forderungen und die Programme der westlichen Frauenbewegung in den 1960er bis 1980er Jahren wurden demgegenüber in der damaligen Sowjetunion als „die Ware aus der Mottenkiste der kommunistischen Ideologie“ empfunden. Insbesondere war die westliche Konsumkritik für die Sowjetfrauen, die unter Mangelwirtschaft litten, schlecht nachvollziehbar. Dieses Problem ist nur ein Teilaspekt der kontroversen Situation, in der sich die gesamte linke politische Kultur in den ehemaligen Ostblockländern befindet: Auf der einen Seite wird sie für Verbrechen der diktatorischen Regime verantwortlich gemacht, auf der anderen geben die Wähler ihre Stimmen den alten Parteien, denn in Russland hat die KPRF in allen Legislaturperioden seit der Wende mit Abstand die größte Fraktion im Parlament. Was die Frauen anbetrifft, koexistierten im schizophrenen Bewusstsein der sowjetischen Gesellschaft mindestens zwei konträre Projekte:

1. Den Töchtern eine so gute und so vielseitige Ausbildung zu gewähren wie nur möglich, und
2. sie zugleich auf die traditionelle Frauenrolle vorzubereiten, sie ‚als Frau zu erziehen'.

Dementsprechend wurden auch das Selbstbewusstsein und die Geschlechtsidentität der Frau geformt, und zwar im Spannungsfeld zwischen der kommunistischen Ideologie, der althergebrachten Tradition, der oppositionellen und gegenkulturellen westlichen Einflüsse und der praktischen Erfahrung. Alle vier Faktoren standen im krassen Widerspruch zueinander. Die daraus folgende Verwirrung führte zu schizophrenen Verhaltensweisen, denn der

2 Die Themen wie fehlgeschlagene Emanzipation und die Doppelbelastung der Frauen in der Sowjetunion standen im Mittelpunkt der so genannten „Frauenprosa“, zu der zwei Generationen von Schriftstellerinnen zählen: Irina Grekova, Natalja Iljina, Viktorija Tokareva, Natalja Baranskaja, Zoja Boguslawskaja, Ludmila Petruschewskaja, Tatjana Tolstaja, Valeria Narbikova, Ludmila Ulitzkaja (vgl. Lissjutkina 1999).

Konflikt zwischen den Identitäten ‚Frau' im privaten Bereich und ‚Bürgerin' sowie ‚Arbeitskollegin' im öffentlichen Bereich war vorprogrammiert.[3]

Dieser zentrale Konflikt wurde von anderen schwerwiegenden inneren Konflikten begleitet, so dass man im Zusammenhang mit einer sowjetisch-postsowjetischen Frau immer nur über eine gespaltene Identität sprechen kann, bei der zum Beispiel das Religiöse und das Kulturelle, das Nationale und das Politische, das Moralische und das Ästhetische im krassen Widerspruch zueinander stehen. Geformt von diesem widersprüchlichen Kontext wirkte der russisch-sowjetischen Frauentyp auf die westlichen Beobachter wie ein Rätsel: Sie waren stark und demütig, selbstbewusst und unaufgeklärt, weiblich und dominant. Und sie sprachen eine andere Sprache als ihre westlichen Geschlechtsgenossinnen. Damit meine ich natürlich nicht die Tatsache, dass sie Russisch sprachen, sondern den Fakt, dass sie in einem anderen Diskurs über ihre Identität steckten.

An dieser Stelle möchte ich die Themen aufzählen, die heute den Kern des Genderdiskurses zwischen Ost und West ausmachen. Die Probleme, bei denen die Meinungen und Interpretationen am heftigsten aufeinanderprallen, sind nicht neu. Ganz im Gegenteil: Sie gehen nicht über die Grenzen eines bestimmten Kanons hinaus, der sich schon in der ersten Entwicklungsphase nach der Wende abgezeichnet hat. Um nur wenige Stichworte zu erwähnen, geht es dabei um den Charakter des politischen, wirtschaftlichen und sozialen Modells, das in den ehemaligen Ost-Block-Ländern im Entstehen ist, und um den Einfluss der Machtverhältnisse auf die Gendersituation in den neuen Demokratien; des weiteren ist das Problem des (Anti-)Feminismus in Osteuropa theoretisch immer noch nicht bewältigt; und last but not least, ist der Genderdiskurs selbst, seine innere Struktur, seine Verteilung in Zeit und Raum, seine Schnittstellen, seine Schwer-, Tief- und Höhepunkte ein wichtiger Gegenstand der Selbstreflexion und der Selbstinterpretation.

Das einzige wichtige Thema, das in der Agenda dieses Diskurses fehlt, sind Biotechnologien und ihre Interpretation im feministischen Diskurs. An und für sich ist ein solches Desinteresse eine wichtige Aussage über den Geisteszustand einer Region, die dermaßen von den internen sozialen Krisen geplagt ist, dass sie dafür, was sich an der vordersten Front der philosophischen Debatten abspielt, nicht immer Auge und Ohr hat. Genauso wenig

---

3 Aus Platzgründen kann ich hier die wichtige Frage, wie in Russland das Öffentliche und das Private definiert werden und wie die beiden Bereiche funktionieren, nicht erörtern. Vgl. dafür z.B. Zdravomyslova (1999: 24f.): „Die Bereiche informelle Öffentlichkeit und offizielle Öffentlichkeit entwickelten sich in der Sowjetunion seit Ende der fünfziger Jahre getrennt voneinander. Im Gegensatz zu vorangegangenen Jahrzehnten, in denen Kommunikation entweder in einer vollkommen kontrollierten Öffentlichkeit, oder privat in der Küche stattgefunden hatte, boten sowohl Chruschtschows „Tauwetter" als auch die „Stagnation" unter Breschnev durchaus legale, öffentliche Räume für Kommunikation jenseits staatlicher Kontrollen."

kommt die globale Perspektive des europäischen Zusammenschlusses zur Geltung. Im Fall Russlands, das im Osten an Japan und China und im Süden an die islamische Welt grenzt, ist der europäische Rahmen sehr wichtig, aber zu eng. Ich stimme Irene Dölling (2001: 64) zu, die sagt: „Die Genderverhältnisse [...] muss man sowohl konzeptionell als auch inhaltlich in allen Beziehungen in der globalisierten Welt ansprechen."

Im Rahmen des heutigen Ost-West-Diskurses wird ein wichtiges Phänomen sichtbar: eine neue „Staffelung" in der geopolitischen Ost-West-Hierarchie. Aufgrund mehrerer Symptome entsteht der Eindruck, dass der ehemalige „große Bruder" Russland in die „zweite Reihe" hinter die Länder Osteuropas zurückgetreten ist. Darin kommt die Tatsache zum Ausdruck, dass sich Russland einerseits und die Länder, die EU-Beitrittskandidaten sind, andererseits, immer weiter voneinander entfernen. Man kann natürlich darauf hinweisen, dass ihre „Zusammengehörigkeit", genauso wie die Teilung Deutschlands, nur eine vorübergehende unglückliche Episode in der Geschichte der zentraleuropäischen Länder war. Nichtsdestotrotz werden auch heute noch die ehemaligen „sozialistischen Länder", einschließlich Russland, insgesamt als eine Region und in gewissem Sinne als ein Modell betrachtet, zumindest „von außen". Der Transitions-Diskurs schließt Russland selbstverständlich ein. In der Realität deutet nun vieles darauf hin, dass neue Trennlinien entstanden sind: Zwischen Russland und seinen ehemaligen Verbündeten bestehen nur noch wenige Kontakte. Bei Tagungen und Veranstaltungen reden die TeilnehmerInnen aus beiden Teilen Ost-Europas direkt an den Westen gerichtet und aneinander vorbei. In den Sammelbänden von den Tagungen zum Thema Feminismus/Genderforschung, die in Russland stattfinden, sucht man vergeblich nach Beiträgen aus Zentraleuropa, man findet nicht einmal die Fußnoten mit den Namen von KollegInnen aus Prag, Budapest, Sofia oder Warschau. Auf beiden Seiten dieser gut sichtbaren Trennlinie wurde der Diskurs von unterschiedlichen Inhalten und verschiedenen Personen dominiert. Es fehlt nicht an Beispielen, die dies bestätigen: Die kroatische Journalistin Slavenka Drakulič ist in den USA berühmt geworden, in den westlichen Universitäten werden ihre Bücher in den Lehrplan aufgenommen. In Russland kennt kaum jemand den Namen von Draculič, und die russischen Referentinnen blieben bei Auseinandersetzungen über diese Autorin auf verschiedenen internationalen Tagungen unbeteiligt.[4] Und das obwohl die Themen von Draculič – die Ablehnung des westlichen Feminismus, Aus-

4 Als Beispiel kann eine *Baltic Sea Women's Conference* in Lübeck im März 1997 oder die Internationale Konferenz „Gender in Transition in Eastern and Centarl Europe" in Berlin (9.-11. Dezember 1999) genannt werden, wo der Beitrag von S. Draculič: „Women and the New Democracy in the Former Yugoslavia" zum Ausgangspunkt einer Auseinandersetzung über die Rolle des Feminismus für die osteuropäischen Länder wurde. Die osteuropäischen und russischen Teilnehmerinnen beteiligten sich nicht an dieser Diskussion, da sie weder die Texte noch den Namen von Draculič kannten.

einandersetzung mit Körperlichkeit, Gewalt und Krieg – auch für Russland ein brennendes Problem darstellen.

Es gibt noch eine Erscheinung, in der sich die Entfernung Russlands vom internationalen Kontext manifestiert: Es kommt immer seltener vor, dass russische ReferentInnen bei internationalen Veranstaltungen mit ihren Beiträgen an der Diskussion über die *globalen Probleme der theoretischen Genderforschung* beteiligt sind, obwohl in Russland selbst solche Themen energisch diskutiert werden. Aber in den internationalen Gremien artikulieren die Russinnen nicht den Anspruch, Begriffssysteme und Horizonte der Genderforschung zusammen mit ihren amerikanischen und westeuropäischen KollegInnen zu gestalten oder zumindest den Gender-Diskurs über Osteuropa entscheidend mit zu prägen. Sie präsentieren sich mit Kompetenz und Eleganz als Berichterstatterinnen über ihre internen nationalen Probleme, weil sie nicht gefragt werden, über anderen Themen zu berichten. Dies führt dazu, dass eine durchaus gewünschte „andere Sicht", neue unverwechselbare Stimmen oder zumindest provokante Inspirationen zum produktiven Ost-West-Dialog von der russischen Seite nicht zur Sprache kommen. Oder gibt es sie gar nicht? Jiřina Šmejkalová mag Recht haben, indem sie (im Zusammenhang mit dem Fall S. Drakulic) schreibt, dass einer der Gründe für den ausgebliebenen analytischen Beitrag Osteuropas zum Genderdiskurs die fehlende Bereitschaft der internationalen feministischen Öffentlichkeit zur Zusammenarbeit mit den intellektuellen Frauen in der Region sei, denn hierfür müsste ein anderes Diskursniveau hergestellt werden. Aber damit will sie die Verantwortung nicht auf die „Anderen" delegieren; die These von der „diskursiven Kolonisierung" Osteuropas, die den Texten von P. Watson inne wohnt, lehnt J. Šmejkalová (2001: 52) mit Nachdruck ab.

Gerechtigkeitshalber muss man sagen, dass auch aus den anderen Regionen weltweit zurzeit keine großen theoretischen Impulse kommen. Vermutlich bildet eine Stagnation des theoretischen Fortschritts nebst einem gewissen Unbehagen mit den dürftigen Ergebnissen des Transformations-Diskurses einen Nährboden für die Selbstkritik und Selbstreflexion innerhalb der gesamteuropäischen Genderforschung. Dies ist allerdings nicht als Selbstzerfleischung oder Selbstverleumdung zu verstehen. Ganz im Gegenteil, es ist ein konstruktiver und produktiver Prozess, der dazu dient, die schon gewonnenen Erkenntnisse zu systematisieren und zu überprüfen, viele kritische Argumente der Gegenseite zu antizipieren und zu diskutieren. Der Diskurs über den (Anti-)Feminismus in Osteuropa ist das beste Beispiel dafür.

Westliche Importware Feminismus

Eine der Fragen, die immer wieder gestellt wird, lautet: Warum ist der Feminismus im Westen ein Aushängeschild der zivilen Gesellschaft, während im Osten so wenig davon zu sehen ist? Sollte dies ein vorübergehendes Phänomen sein, eine Art Abweichung von der Norm? (vgl. Watson 2001: 39) Nach über zehn Jahren Übergangszeit ist hinreichend sichtbar geworden, dass Ost und West nicht gleich sind und eine westliche Zentriertheit des Genderdiskurses ein Hindernis sowohl für die Interpretation der osteuropäischen Entwicklung als auch für die Akzeptanz des Feminismus in Osteuropa darstellt. Diese Thesen wurden in erster Linie von VertreterInnen westlicher Genderforschung, danach aber auch von der russischen Seite vertreten.

Eigentlich ist diese These unanfechtbar, denn sie bezieht sich auf Tatsachen, die auf der Hand liegen. Aber sie beschreibt mehr, als sie erklärt. Was kann man z. B. mit der Kritik an der „West-Zentriertheit“ des feministischen Diskurses anfangen, wenn der Feminismus ein legitimes Produkt der westlichen Zivilisation ist und seine Ursprünge nirgendwo sonst in der Welt zu finden sind?[5] Frauenbewegungen, oder zumindest Frauenaktivitäten, gibt es überall, aber der Feminismus als Ideologie, als Weltanschauung, als Diskurs und als Zukunftsprojekt ist nicht etwa in Russland, nicht in Afrika oder im Orient entstanden, sondern eben in Westen. Genau wie auch Genderforschung. Die Anerkennung dieser klaren Tatsachen muss meines Erachtens nicht als Vorstoß gegen die politische Korrektheit interpretiert werden.

Welche andere „Bezugsperson“ als der Westen kommt für Osteuropa und Russland bei der Auseinandersetzung mit dem Feminismus infrage? Die GegnerInnen des Feminismus in dieser Region bezeichnen ihn gerne als „Importware“. So schreibt beispielsweise Olga Lipovskaya (2001: 353): „Die gängige Beschuldigung gegen alle feministischen und Gendertheorien lautet, die seien ‚fremd‘, importiert und für die russischen Verhältnisse untauglich“. Daraufhin kann man fragen: Was wurde nicht schon alles aus dem Westen in diese Regionen importiert? Die Liste solcher Anleihen reicht vom Christentum bis zum Marxismus und jüngst „dem liberalen Kapitalismus“ oder „der freien Marktwirtschaft“. In historischer Retrospektive, die bis in die Zeit von Peter I., Ivan dem Schrecklichen oder sogar der Kiewer und Novgoroder *Rus* zurückreicht, war die „Modernisierung“ immer gleichbedeutend mit „Verwestlichung“. Außerdem ist der Begriff „Importware“ in einer Gesellschaft, in der die eigene Produktion am Boden liegt, nicht unbedingt ein Schimpfwort. Ganz im Gegenteil, ausgerechnet „Importware“ genießt größeres Vertrauen der Bevölkerung als das „Selbstgemachte“. Eigentlich macht die Bemerkung von Jiřina Šmejkalová (2001: 54), der Anti-Feminismus sei in der

---

5 Das neuste Lexikon, das ich benutzt habe, führt die Entstehung des Feminismus auf die Aufklärung zurück (Noweišij filosofskij slowar, Minsk, 1998: 749).

Region aufgetreten lange bevor jede seriöse feministische Diskussion stattgefunden habe, den Streit überflüssig. Also wird der westliche Feminismus vielleicht doch aus anderen Gründen abgelehnt? Nach Peggy Watson (2001: 38) soll die mehrmals erwähnte „Krümmung“ des *politischen* Kraftfeldes dabei ausschlaggebend sein – was auch immer das sein mag. Meines Erachtens aber noch mehr sind die *soziokulturellen* Faktoren ausschlaggebend: Die Vorstellungen der sozialen Akteure über ihre Identitäten, ihre Interessen und die Macht der Tradition. Es sind dies alles Themen, die im Mittelpunkt mehrerer Tagungen standen und in zahlreichen Sammelbänden in verschiedenen Kontexten angesprochen werden. Dabei ist jedoch die Akzeptanz und die Begeisterung nicht unbedingt als ein Gegensatz zur Ablehnung zu sehen und man darf die dicken Anführungsstriche nicht vergessen, die um den entliehenen westlichen Begriff im russischen Kontext gesetzt werden. Mit anderen Worten: Wenn sich jemand, ob Mann oder Frau, in Russland als FeministIn bezeichnet, muss man sie/ihn zuerst fragen, was diese Person darunter versteht, weil an dieser Stelle mit einigen Überraschungen gerechnet werden muss.

Der Mann als „Mangelware“

Die Trennlinien aufgrund von Klasse, Rasse, Region, Religion, Ideologie, Nationalität oder Ethnie verlaufen in den osteuropäischen Ländern nicht nur zwischen den Gruppen oder einzelnen Individuen, sondern innerhalb der Individuen selbst. Die ganze Gesellschaft empfindet das Aufeinanderprallen der heterogenen Identitäten sehr schmerzhaft, was bei den Frauen wohl in der Empfindlichkeit zum Ausdruck kommt, mit der sie auf das westliche Emanzipationsmodell reagieren. In Russland geht schließlich auch die demografische Bilanz zu Lasten der Frauen, die ständig um die „Mangelware“ Mann konkurrieren müssen.

Die sowjetische Geschichte kann als eine ununterbrochene demografische Katastrophe geschrieben werden. In dem vor fünf Jahren erschienenen (und stark umstrittenen) “Schwarzbuch des Kommunismus” von Stéphane Courtois (1998) wird die Zahl der Opfer des kommunistischen Systems weltweit auf 100 Millionen Menschenleben geschätzt. Besonders stark wurden die Männer in den sozialen Kataklysmen dezimiert, der Anteil Frauen und Männer in der Bevölkerungsstruktur der Nachkriegszeit war circa 3:2 (Perevedenzev 1995: 25), und auch heute sind die Folgen dieses gestörten demographischen Gleichgewichts nicht ganz behoben: Die Frauen machen 53% der Gesamtbevölkerung aus. Aus dieser Statistik muss man noch Millionen von Männern abziehen, die wegen Alkoholismus, Drogenabhängigkeit, als Bewohner von beruflichen „Männerghettos“ im Hohen Norden und im Fernen Osten oder als Gefängnisinsassen, Vagabunden oder Soldaten für die

Frauen als Partner nicht existent sind. Der Anteil der Männer, die sich eine Familie oder eine Partnerschaft rein finanziell nicht leisten können, weil sie miserabel bezahlt werden, ist statistisch nicht erfasst, aber solche Männer sind überall vor Augen. Die Lebenserwartung eines sowjetischen Mannes war immer im Durchschnitt um 10 Jahre niedriger als die einer Frau, heute liegt sie bei etwa 59 Jahren; statistisch haben Frauen die Chance etwa 13 Jahre länger als die Männer am Leben zu bleiben, bis 72. In der Erfahrung vieler Generationen russischer Frauen sind Männer daher „Mangelware", um die gekämpft werden muss.

Im sowjetischen Kontext wurde der feministische Kampf um die Rechte mit Egoismus gleichgesetzt, mit Verzicht auf die gewissermaßen heilige Tradition der Selbstaufopferung, mit Aggression gegen den Mann – gegen einen Mann, der schon in der klassischen russischen Literatur des 19. Jahrhunderts als „klein" und „unnütz" dargestellt wurde und der letztlich selbst Emanzipation nötig hatte. Eine merkwürdige Situation: Der Mann in Russland hat immer einen „Riss" (Jerofejew 1991), ist entweder „klein" oder „überflüssig", dabei ständig alkoholisiert, die Frau im Gegenteil – eine Heldin, eine Heilige und selbst als Prostituierte ein Schutzengel und ein Opfer. Die Frauen retten die Kinder aus dem brennenden Haus, greifen einem durchgegangenen Pferd in die Zügel, folgen ihren verurteilten Männern in die Verbannung, steigen für die Befreiung des Volkes aufs Schafott. Der russische Mann dagegen – ein ewiger Taugenichts. Was auch immer er versucht, er scheitert: als Geschäftsmann, als Soldat, als Politiker, als Ehemann und als Vater. Man kann sich gut vorstellen, was es für eine Nation bedeutet, wenn in kurzen Zeitabständen drei heroische Vaterfiguren nacheinander demontiert und als Verbrecher enttarnt wurden: *Väterchen Zar*, *Väterchen Lenin* und *Väterchen Stalin*.

Tatsächlich haben die Frauenbewegungen im Westen und in Russland einen völlig unterschiedlichen Mann im Visier. Der West-Mann gilt als selbstbewusst, erfolgreich und frei, als Herrscher über das Leben, die Familie und die Frau. Er braucht weder Erlösung noch Mitleid, sondern man musste seine Macht einschränken, ihn aufhalten und ihm zeigen, dass er der Frau Unrecht tat. Während die russische Frau in Konflikt ist mit einem autoritären Staat, besteht dieses Problem für die Frau im Westen weniger; daher ringt diese um ihre Emanzipation gegen den Mann und jene zunächst mit dem Mann, sie wird erst anschließend mit dem Problem des männlichen Chauvinismus konfrontiert. Der Feminismus hilft in dieser Situation, in der das konformistische Image der weiblichen Opferbereitschaft als Köder ausgelegt wird, den wenigsten Frauen.

Eine kurze Bemerkung muss zum Thema *Room of Our Own* gemacht werden, eine Bezeichnung, die im heutigen Kontext für die positive eigene Entwicklung Osteuropas steht. Es sieht so aus, als ob die kritisch denkenden Feministinnen im Westen damit die Hoffnung auf die Überwindung der westlichen „kapitalistisch zentrierten“ Tradition verbinden: Im Osten sei nach der Wende ein neuer Freiraum entstanden, von dem man neue Impulse erwarten könne, dort sei man bestrebt, sich zu emanzipieren, „den Muff von tausend Jahren“ abzuschütteln, dabei aber das eigene Gesicht zu bewahren und sich von den vereinheitlichten globalen Strukturen nicht gleichschalten zu lassen. Etwa so stellen sich optimistisch denkende Analytikerinnen in Ost und West positive Entwicklungen in einem „neuen Europa“ vor. Dem liegen sicherlich auf beiden Seiten gute Absichten zugrunde. Auf beiden Seiten liegen dem aber auch uralte Topoi zugrunde, die sich zu Mythen entwickelt haben: Man wartet „auf Godot“, auf eine ErlöserIn entweder unter dem Motto „Ex Oriente Lux“ oder in dem guten Glauben an die Worte von Karl Marx, dem Gründungsvater des vor kurzem verstorbenen Kommunismus, der gesagt hat, dass ein höher entwickeltes Land einem wenig entwickelten nur das Bild seiner eigener Zukunft zeige und in diesem Sinne die menschliche Anatomie ein Schlüssel zur Anatomie eines Affen sei. Beide Mythen sind auf einen Endzustand ausgerichtet, der alle Betroffenen zufrieden stellen wird. Solche teleologischen Konzepte sind den christlichen Vorstellungen vom Jüngsten Gericht und dem anschließenden Paradies entnommen und bilden den Kern utopischen Denkens. Von den paradiesischen Zuständen sind die Genderforschung und die Frauenbewegung in Osteuropa allerdings weit entfernt. Dies ist aber kein Grund zur Trauer. Summa summarum präsentiert sie ein Bild vom sprudelnden Leben, von einer Pionierarbeit und einem Wachstum, das sich wie Rhizome – eine Kletterpflanze ohne Wurzeln und Kuppe – in jede Richtung gleichermaßen entwickelt und eine uneingeschränkte Vielfalt von Formationen und Interpretationen zulässt.

Identitätskonzepte

Es ist wichtig, zumindest einige Identitätskonzepte zu thematisieren, die sich in den feminismusfeindlichen Gesellschaften als Alternative zu den im Westen üblichen Vorstellungen durchgesetzt haben. Weil der Feminismus pauschal als eine Bedrohung der eigenen Weiblichkeit und als ein falsches Signal im harten Kampf um die „Mangelware“ Mann gesehen wird, muss man sich in erster Linie fragen, was sich die Frauen in Russland unter Weiblichkeit vorstellen. Welche Rollen sind ihrer Meinung nach mit Weiblichkeit kompatibel? Mit welchen Konstrukten spielen Frauen in Russland, wenn sie sich als „anders emanzipiert“ nach außen präsentieren?

Methodologisch gesehen kann man über Weiblichkeitsprojekte nur im Rahmen eines Genderkontextes insgesamt sprechen. Eigentlich sind Weiblichkeit und Männlichkeit komplementäre Begriffe, die in einer patriarchalen Gesellschaft von Männern definiert und von den Frauen dann als eine biologische oder göttliche Bestimmung der Geschlechter verinnerlicht werden.

Man kann niemals nur eine Hälfte plausibel interpretieren, ohne auf die andere Bezug zu nehmen. Wie könnte man sich z.B. mit einem spanischen Frauenbild auseinandersetzen (die Filmretrospektive von Luis Bunuel lieferte ein riesiges Material für solche Auseinandersetzung) ohne gleichzeitig über den Charakter eines spanischen Mannes nachzudenken? Oder eine Amerikanerin ohne ihr männliches Pendant interpretieren? Die Geschlechtsidentität einer russischen (sowjetischen) Frau ist nur die Hälfte eines in der russischen Gesellschaft existierenden Gendermusters, und diese Hälfte ist auf die Konstruktion der männlichen Geschlechtsidentität abgestimmt. Aus Platzgründen kann ich hier nicht näher auf die Figur des russischen Mannes eingehen, und dieser wird deshalb nur als großer Schatten im Hintergrund bleiben.

Von dem vielschichtigen Palimpsest an Weiblichkeitsmodellen werde ich im Folgenden fünf skizzieren, die ich für besonders interessant und aufschlussreich halte: 1. Die Frau als Mutter; 2. die Frau als *Chozajka* (die Erklärung dieses Begriffes folgt); 3. die Frau als Genossin; 4. die Frau als eine Heldin und 5. die Frau als Prostituierte. Es handelt sich dabei nicht um vollendete Frauencharaktere, sondern nur um einen Vorrat an Denk- und Orientierungsmustern, die nach Bedarf von jeder Frau oder von jedem Mann instrumentalisiert werden können. Die Frauen können in diese unterschiedlichen Rollen schlüpfen oder einzelne Elemente von diesen Rollen sich zu Eigen machen. Die Männer können es den Frauen vorwerfen, oder sich enttäuscht zeigen, wenn die Frauen sich nicht in Übereinstimmung mit diesen Modellen verhalten.

1. Mutterrolle

Die Frau als Mutter ist ein grundlegender Archetyp, der in allen Kulturen eine wichtige Rolle spielt. Russland ist hier keine Ausnahme. Das Wort „Russland" – auf Russisch *Rossija*, ist weiblich. Man hat schon immer über *Mutter Russland* oder *Mutter Heimat* gesprochen. Russische Kaiserinnen (ausnahmslos deutsche Prinzessinnen), wurden liebevoll und vertrauensvoll *Matuschka* (Mütterchen), genannt. Die gängige Anrede an die ältere Frau lautet in Russland *Mat*, das bedeutet „Mutter". Der russische Diskurs geht generell davon aus, dass die biologische und soziale Bestimmung der Frau in der Mutterschaft bestehe. Als Mutter hat die Frau ihre Pflicht in der Verwaltung, im Haushalt und in der Erziehung ihrer Söhne zu guten Bürgern bzw. zu guten Soldaten und die Töchter zu „echten Frauen" und zu guten künftigen Müttern. Die Erziehung in althergebrachten Geschlechtsstereotypen wird in Russland sehr konsequent und nachdrücklich durchgeführt, schon von Kleinkindern wird verlangt, sich „als Mädchen" oder „als Junge" zu benehmen. Die ganze Gesellschaft ist daran aktiv beteiligt. Nicht nur die eigenen Eltern des Kindes erziehen und disziplinieren es mit den Bemerkungen: „Was machst Du da, Du bist doch ein Mädchen/einen Junge", sondern auch alle anwesenden Verwandten und Bekannten, ErzieherInnen in den Kinderkrippen und den Kindergärten, fremde Passanten auf den Strassen und selbstverständlich die Lehrer. Solche Vorwürfe werden von den Kindern mit Scham und Schmerz empfunden, sich nicht geschlechtskonform zu benehmen bedeutet für ein russisches Kind eine Schande.

In der Sowjetzeit schmückten riesige Gestalten von Mutter-Heimat, in Stein gehauen oder auf Plakaten abgebildet, überall das Straßenbild. Während des Zweiten Weltkrieges und während des Kalten Krieges waren solche Gestalten allgegenwärtig, und auch heute hat dieses Nationalsymbol Konjunktur. Die Symbolische Mutter als Galionsfigur strahlt nicht Geborgenheit oder häusliche Vertrautheit aus, ganz im Gegenteil, sie warnt, dass das eigene Haus bedroht ist, dass der Feind vor der Tür lauert, dass sie sich als Frau und als Mutter bedroht fühlt, dass man sich auf den Kampf vorbereiten muss. Das war die Grundstimmung des Kalten Krieges, das war ein Weltbild der kommunistischen Ideologie, das war ein Mobilisierungszustand, den sich die sowjetische politische Elite wünschte.

Aber dies ist eine *Interpretation*, die sich auf das Symbol bezieht und „von außen" zu Stande kommt. Mit dem Selbstverständnis der russischen Frau als Mutter hat diese Interpretation nichts zu tun. Im Mittelpunkt ihres Selbstverständnisses steht der Begriff *Fürsorge.*[6] Die russische Mutter muss vielleicht mehr als jede andere ihre Kinder schützen und unterstützen, weil diese immer, von einer Generation zur anderen, in einer gefährlichen Umgebung aufwachsen müssen. Eigentlich ist die russische Mutter nicht nur die *Hüterin*, sondern immer die *Retterin* ihrer Kinder und ihres Mannes. Und hier finden wir wieder ein Paradox, wenn wir uns fragen, gegen wen die russische Mutter ihre Kinder und ihren Mann eigentlich verteidigen soll und wovor sie ihre Nächsten retten soll. Was für eine Gefahr lauert da hinter der Haustür? Die Gefahr ist derselbe Staat, dasselbe Land und dieselbe Kultur, die in der symbolischen Mutterfigur personifiziert werden. Als Mutter muss die russische Frau ihren Sohn beispielsweise vor dem Tschetschenienkrieg retten, ihn vor den Behörden verstecken, die ihn einberufen wollen. Sie bemüht sich,

---

6 Zwei Berliner Studentinnen stellen in ihrer Magisterarbeit fest: „Die Frau" [hier als abstraktes Konstrukt im Sinne von Teresa de Lauretis verstanden – L.L.] wird auf der moralischen Ebene für verschiedene Diskurse vereinnahmt. Ihre Rolle als ‚die Mutter der Nation' prädestiniert sie für nationalistische Diskurse. Aber auch wenig nationalistisch erscheinende Strömungen appellieren in Verbindung mit der Krisenrhetorik an die Frau/en im Namen gesamtgesellschaftlicher Probleme, ihre soziale Verantwortung wahrzunehmen. Diese wird zunehmend im Bereich der Familie gesehen. Dahinter verbirgt sich ebenfalls eine sehr biologistische Definition von sozialer Weiblichkeit in der Rolle der Sorgenden und sich Aufopfernden, vermischt mit der Vorstellung, dass Frauen keine eigenen sozialen Interessen, Bedürfnisse und Probleme haben, die sich von den Interessen der ganzen Gesellschaft oder den Interessen ihrer einzelnen sozialen Institutionen unterscheiden" (Hapke/ Korb 2001).

ihrer Tochter so lange wie möglich die Sorgen und die Lasten des Alltags zu ersparen, unter denen sie selbst leidet. Als Ehefrau muss sie ihren Mann vor den trinkfesten Freunden retten, die ihn persönlich und seine Familie ruinieren. Und sie muss, als ob das alles nicht genug ist, selbst Geld verdienen, weil der arme russische Mann, der ewige Verlierer, nicht imstande ist, seine Familie allein zu ernähren. Vor der Revolution war dies noch anders. Geld zu verdienen war die Pflicht des Mannes. Aber in der kommunistischen Sowjetunion hat sich die Situation verändert. Neben ihren traditionellen Pflichten wurde der Frau und Mutter noch das Geldverdienen als Pflicht auferlegt. Dagegen haben sich die sowjetischen Frauen immer gewehrt. Diese zusätzliche Pflicht, die ihnen als „Emanzipation" serviert wurde, wollten sie nicht akzeptieren. Sie wollten zurück in die Zeiten, wo sie zu Hause bleiben konnten und sich nur der Kindererziehung widmeten. Aus dieser Quelle speist sich ihre ablehnende Haltung gegenüber dem westlichen Feminismus, der sich für das Recht der Frauen auf Arbeit stark macht. Und hier kommt die negative Erfahrung zum Ausdruck, die die russische Frau mit der Arbeit im Sowjetsystem gemacht hat: Niedrige Löhne, Ausbeutung, Diskriminierung, Entfremdung, Sinnlosigkeit – alle diese Qualitäten der Arbeitswelt im Sozialismus machen die Arbeit für die jüngste Frauengeneration nicht attraktiv. Allen Umfragen zufolge lehnen die Frauen aber nur eine unattraktive und niedrig bezahlte Arbeit ab, während sie eine interessante Arbeit akzeptieren würden.

Wechseln wir die Perspektive vom Privaten ins Öffentliche und fragen, ob die Frauen als Arbeitskraft und als Arbeitskolleginnen positiv eingeschätzt wurden. In der Sowjetunion wurde die Arbeitswelt nach dem Vorbild eines Haushalts modelliert, die informellen Mechanismen und Netzwerke spielten dabei eine wichtige Rolle. In einer so konstruierten Arbeitswelt funktionierte das Öffentliche nicht ganz nach dem westlichen Muster. Daher griffen die Frauen gerne auf ihre vertraute und ehrenvolle Mutterrolle zurück und begannen, ihre Kollegen, einschließlich des Vorgesetzten, zu manipulieren und zu bemuttern. Besonders ältere Frauen taten dies oft. Zu Hause waren sie für alles zuständig, ohne sie lief nichts. Die Männer und die Söhne, die unter allmächtigen Müttern infantil und lebensuntüchtig wurden, ließen sich gerne von einer starken Frau bevormunden (Lissjutkina 1999). Auf dieses Muster griffen die Frauen dann auch gegenüber ihren Kollegen zurück. Sie kannten keine partnerschaftlichen Beziehungen. Ihre Lebenserfahrung sagte, dass sie bestimmen mussten, was für ihre Vorgesetzten oder für die jüngeren Kollegen das Beste sei. Sie verstanden es als ihre Pflicht, diese Menschen zu schützen, sei es auch gegen deren Willen. In den Vorzimmern der sowjetischen Direktoren, Professoren und Abteilungsleiter saßen Sekretärinnen, die nicht selten mehr zu sagen hatten als ihre Vorgesetzten. Diese Frauen zeigten sich gegenüber ihren Vorgesetzten fürsorglich und mütterlich, gegenüber Arbeitskollegen waren sie meistens Machtmonster, die über die Karrieren entschieden, indem sie die Meinung ihres Vorgesetzten manipulierten. In vielen Betrieben und Büros sorgten solche autoritär-fürsorglichen „Betriebsmütter" für andauernde Konflikte, sie spalteten Belegschaften, bildeten Gruppierungen, organisierten Mobbing und Hetzkampagnen, oder sie waren bestechlich, ließen sich mit kleinen und großen Gaben korrumpieren. Der Vorgesetzte hatte in der Regel nicht die geringste Ahnung, was in seinem Büro oder in seiner Abteilung vor sich ging. Das informelle Beziehungsgeflecht war undurchschaubar. Und weil die Arbeitswelt nach dem Vorbild eines Haushalts funktionierte, gehörte ein bisschen weibliche Tyrannei einfach dazu.

Ihre fürsorgliche Macht kam den Frauen insgesamt im nachhinein teuer zu stehen: Im heutigen Diskurs über die jüngste russische Vergangenheit wird ihnen von Seite der Nationalisten, zu denen in Russland auch die Kommunisten zählen, die Schuld an der Zerstörung der Männer und an den nationalen Katastrophen unterstellt. In der Argumentation der Nationalisten werden die emanzipierten, erfolgreich arbeitenden Frauen ähnlich wie die Juden in einem antisemitischen Diskurs dargestellt: als Verräterrinnen an ihrer traditionellen Rolle, als Drahtzieherinnen einer Verschwörung, als allmächtige und intellektuell raffinierte Intrigantinnen, die vom feindlichen Westen als subversive Kraft gegen die waschechte russische Kultur mobilisiert werden. „Je nach Bedarf wird die ‚Frau' entweder überhöht, oder abgewertet, wird zur Retterin oder zum Sündenbock der Nation" (Hapke/ Korb 2001: 63).

Die russische Frau in ihrer Mutterrolle ist das beste Beispiel dafür, dass eine starke Frau nicht unbedingt eine emanzipierte Frau sein muss. Beide Begriffe sind keine Synonyme. Stärke baut sich oft auf reiner Machtausübung auf, während Emanzipation immer auf einer Bewusstseinsebene stattfindet. Stärke ist in patriarchalen Gesellschaften durchaus mit einer traditionellen weiblichen Autorität kompatibel. Gerade das wollen sowohl die außen stehenden Betrachter, die von der Stärke der russischen Frauen fasziniert sind, als auch die russischen Frauen selbst oft nicht einsehen.

2. *Chozjaika*

Im nächsten Weiblichkeitsprojekt, das ich hier vorstellen will, tritt die Frau als *Chozjaika* auf. Das Wort *Chozjaika* bedeutet „Besitzerin", „Wirtin", „Verwalterin". Man kann es als eine weibliche Form der deutschen Anrede „Herr" übersetzen. In der deutschen Sprache fällt sofort auf, dass die Anreden an Mann und Frau asymmetrisch gebildet sind: bei dem Mann nach Funktion: Herr, bei der Frau nach dem Geschlecht: Frau. Das russische Wort *Chozjaika* kann man als Derivat von „Herr" interpretieren. Natürlich gibt es auf Russisch auch das Wort „Herr" – „*Ggospodin*", dazu auch die weibliche Form – *Gospozha*, das Wort *Chozjaika* kann man als Synonym zum Wort „Herrin", *Gospozha* betrachten. Dabei ist die Bedeutung „Hausfrau" nicht mit dabei, für die „Hausfrau" steht auf Russisch das Wort *Domochozjaika*.

Vom kommunistischen Regime wurden die beiden „klassenfeindlichen“ Anreden *Gospodin* und *Gospozha*, außer Kraft gesetzt. Sie verwiesen eindeutig auf die Eigentumsverhältnisse, die von dem System längst aufgehoben wurden: Grund und Boden wurden nationalisiert, die Menschen waren keine Besitzer ihrer Wohnungen, die dem Staat gehörten. Niemand war länger eine *Chozjaika* oder – in der männlichen Form – ein *Chozjain*. Trotzdem wurde das Wort weiter gebraucht, und zwar als einzige Alternative zur offiziellen Anrede *Towaritsch* (Genosse). Abgesehen davon, dass *Towaritsch* zu stark ideologisch beladen war, war damit noch ein zweites Manko verbunden: Es gibt auf Russisch keine weibliche Form für dieses Wort. Die Anrede *Chozjaika* hat sich als eine informelle Alternative zum männlich und ideologisch geprägten *Towaritsch* durchgesetzt.

Diese „Sprachwende“ hat ihren Ursprung in den 1930er Jahren. Die Sprache hat auf die gesellschaftlichen Veränderungen, die durch zunehmende Stalinisierung hervorgerufen wurden, gefühlvoll reagiert. Damals ist zum ersten Mal in der Umgangssprache der Menschen aus höheren Machtkreisen das Wort *Chozjain* als Bezeichnung für Stalin erschienen. „Es ist völlig undenkbar, dass jemand so Lenin bezeichnen würde“, – so die sowjetischen Autoren A. Gordon und V. Klopow (1989), – aber Stalin hatte mehr Macht und spielte eine andere Rolle im politischen System. Auch das System selbst hatte einen anderen Charakter angenommen. Lebendige Sprachprozesse haben diesen veränderten Charakter der Gesellschaft klar zum Ausdruck gebracht. Im Laufe der Jahre hat das Wörtchen den Weg von oben nach unten zurückgelegt. Die Arbeiter und Angestellten auf allen Ebenen haben als *Chozjain* ihren unmittelbaren Vorgesetzten bezeichnet, sei es ein Minister, ein Direktor oder ein Kolchosvorsitzender. Für Arbeiter, Kolchosbauern und Angestellte ist Stalin ein „Führer“ geblieben, aber für die oberen Schichten seines Apparates ist er zu einem *Chozjain* mutiert. Jeder Boss des höheren Ranges ist zu einem *Chozjain* für den Funktionär des mittleren Ranges geworden, und dieser seinerseits für seine Angestellten. Massenbewusstsein hat hier ganz spontan, unbewusst die Realität eines autoritär-despotischen Regimes zum Ausdruck gebracht: begeisterte Verklärung und Vergötterung einer fernen „oberen Macht“ und zwanghaft-entfremdete Unterwerfung einer „nahen, unmittelbaren Macht.“ (Gordon/ Klopow 1989: 144)

Bezogen auf die Frau wurde diese Anrede ursprünglich meistens in einem privaten Ambiente gebraucht, z.B. von Handwerkern, die für eine Familie gearbeitet haben. Langsam wurde sie dann aber auch in breiteren gesellschaftlichen Kreisen salonfähig. Ganz anders als in Bezug auf Stalin und in der männlichen Form generell steckt in der weiblichen Anrede *Chozjaka* aber kein Hinweis auf Machtverhältnisse, sondern die Anerkennung für eine Frau als Entscheidungsträgerin. Die *Chozjaika* verwaltet ihren Haushalt und entscheidet, was hier getan werden muss. Auch symbolisch gesehen ist sie eine *Chozjaika*, also eine Besitzerin und Verwalterin ihres Mannes und ihrer Kinder. Wenn z.B. eine Sekretärin mit *Chozaika* angeredet wurde, bedeutete dies, dass sie hier als Besitzerin und Verwalterin ihres Büros und ihres Bosses anerkannt wurde. Oft fühlte sie sich auch so. Aber jede beliebige Frau, z.B. eine Putzfrau, oder eine junge Praktikantin, die gerade da war, konnte von einem Außenseiter so angesprochen werden. Weil die Arbeitswelt als ein Haushalt konzipiert wurde, passte diese Anrede sehr gut ins Bild. Die Anrede *Chozjaika* wurde streng geschlechtsspezifisch differenziert verwendet. Wenn ein Mann als *Chozjain* adressiert wurde, dann nie direkt, sondern immer in einem ironischen Kontext, z.B. in einem Gespräch, in dem es um seine Machtausübung ging. Die weibliche Identität als *Chozjaika* kann als eine andere Form der Mutterrolle, die sich nicht auf einer biologischen, sondern auf einer sozialen Funktion, auf der Anerkennung von Eigentum und Entscheidungskompetenz gründet, verstanden werden. In weiblicher Form ist diese Anrede immer positiv besetzt, was in der männlichen Form nicht immer der Fall ist. Als unausgesprochenen Subtext konnte man hier auch konterkulturelle Untertöne feststellen, die in der Ablehnung der offiziell verordneten Anrede *Towaritsch* und der Bevorzugung der vorrevolutionären, auf den Besitz hinweisende Anrede *Chozjaika* zum Ausdruck kamen.

3. Genossin

Die offizielle Anrede *Towaritsch* – Genossin war allgemein unbeliebt, da diese durch die Verbindung mit der Parteielite kompromittiert war. Dies betraf auch Frauen, die als Genossinnen angeredet wurden. Im Unterschied zu den beiden oben angeführten Anreden – Mutter und *Chozjaika* – wurde die Anrede Genossin nie in einer privaten oder informellen Umgebung gebraucht. Diese Anrede wurde nur offiziell oder in einem ironischen Kontext, der dadurch betont wird, dass diese Anrede auf Russisch keine weibliche Form zulässt, angewandt. Als Genossinnen wurden politisch und beruflich aktive Frauen, die sich energisch für das System einsetzten, gebrandmarkt. Seit der so genannten Tauwetterperiode (nach Chrutschschows antistalinistischer Rede auf dem XX. Parteitag der KPdSU im Jahre 1956) hatte die Anrede „Genossin" eindeutig negative Konnotationen. Die sowjetische Gesellschaft wurde damals durch die aufkommende Protestkultur aufs Tiefste in „wir" und „sie" gespaltet, und die Treue zum Regime, die der Anrede „Genossin" innewohnt, positionierte den Denotat an der Seite des „Feindes": der Machthabenden, der Käuflichen, der Unmodernen. Zu einem späteren Zeitpunkt, etwa seit Ende der 1960er/ Anfang der 1970er Jahre, hatte sich die kommunistische Ideologie schon weitestgehend diskreditiert, so dass niemand mehr daran glaubte, dass die „Genossinnen" aus Überzeugung das System unterstützen. Da Loyalität gegenüber dem System und die Zusammenarbeit mit ihren Repräsentanten mit Privilegien quittiert wurden, wurden die linientreuen „Genossinnen" in der Umgangssprache als „Politprostituierte" bezeichnet. Es lässt sich schwer feststellen, wann genau diese negative Konnotation entstand. Während des Zweiten Weltkrieges und auch in der Zeit unmittelbar danach war die Anrede Genossin noch positiv besetzt. „Allerdings hat dieser Frauentyp weder im Volk noch in der Kultur je Anerkennung gefunden, obwohl die Kommunisten ihn, in der Figur der ‚Parteigenossin', mit aller Kraft propagierten" (Lissjutkina 1998: 184).

Mit dem Beginn der Tauwetterperiode der 1960er Jahre begann sich zunächst eine kritische und kurz danach eine negative Einstellung gegenüber dem Establishment durchzusetzen. Unter dem Einfluss der Verwestlichung entstanden alternative Weiblichkeitsideale: konservative, politikferne „weibliche" Hausfrau, oder aber die kämpferische Dissidentin, die bereit war, ihrem verurteilten Mann nach Sibirien zu folgen. Im letzten Image wurde wieder das Leitbild einer Dekabristin erkennbar, das die russische Kultur insgesamt aufs Tiefste geprägt hat. Als „eine Genossin" bezeichnete man mit der Zeit eine unattraktive und gemeine Streberin, die mit dem zu diesem Zeitpunkt schon antiquierten Regime kollaborierte. Eine Genossin konnte weder elegant noch modern sein. In einer alternativen Subkultur, die damals neu und modern, sogar mondän war, hätte sie keine Chancen gehabt. Positive Mythen der sowjetischen Gründungszeit wie z.B. die Kämpferin, Proletarierin oder Bäuerin, die sich durch die Revolution emanzipiert und zum Regierungsmitglied aufsteigt, wurden zunehmend unglaubwürdiger und wanderten in den Bereich der Lachkultur ab. Als Synonym für Genossin galt das Wort *Anketnye zhentschin*. Dies waren linientreue Frauen mit den ‚richtigen Personalakten': mit Parteibuch und Diplom, mit Kind und Mann, wobei auch der Mann am besten bei der Partei aktiv sein sollte, nicht jüdisch und ohne Verwandtschaft im westlichen Ausland. Solchen Frauen wurde von der regierenden kommunistischen Elite eine bestimmte Funktion zugedacht: Sie sollten als Vorzeigefiguren im Parlament (dem Obersten Sowjet) und auf dem internationalen Parkett das aggressive und unmoderne Image der Sowjetunion verbessern. Jedes Mal, wenn zum Beispiel die regierende sowjetische Elite in den Ländern des Warschauer Pakts die Panzer rollen ließ – 1953 in der DDR, 1956 in Ungarn, 1968 in Tschechoslowakei, oder als ein ziviles südkoreanisches Flugzeug mit etwa 300 Passagieren an Bord von der sowjetischen Luftabwehr abgeschossen wurde, oder als von der Sowjetregierung antiisraelische und antisemitische Kampagnen entfaltet wurden – meldeten sich solche Frauen zu Wort und verkündeten in der Öffentlichkeit ihre Unterstützung für die Aktionen der eigenen Regierung „im Namen aller sowjetischen Frauen und Müttern", wie die übliche Formel lautete. Diesen Frauen wurde von Oben als Pflicht auferlegt, sich gegen die Missstände im Westen aufzulehnen, sich mit allen prosowjetischen Kräften und Bewegungen dort zu solidarisieren und mit ihnen freundschaftliche Beziehungen zu pflegen. Der gleiche Mechanismus wurde auch in den internen sowjetischen Angelegenheiten eingesetzt, wenn die Andersdenkenden in den Schauprozessen verurteilt wurden oder unpopuläre Regierungsentscheidungen bekannt gegeben wurden, z.B. über Preiserhöhungen, die im sowjetischen Sprachgebrauch „Veränderung der Preisstruktur" hießen. Einige Frauenorganisationen wurden zu Diensten der Sowjetdiktatur gegründet, in erster Linie Sowjetisches Frauenkomitee, die nie und niemals eine Eigendynamik entwickeln durften.[7] Als Genossinnen wurden ironisch auch westliche (meist linke) Politaktivistinnen bezeichnet, die mit ihrer politkorrekten Rhetorik und ihrem gesellschaftlichem Engagement die längst enttäuschten Sowjetbürger an ihre naiven Großmütter erinnerten, die in der Regel dank ihrer revolutionären Begeisterung in den stalinistischen Straflagern endeten.

Im heutigen Kontext wird die Anrede Genossin ernsthaft nur unter den Anhängern der Kommunistischen Partei Russlands verwendet. Der Rest der Gesellschaft benutzt dieses Wort nur in einem ironisch gemeinten Sinn, als negative Beschreibung eines rücksichtslosen, unweiblichen und streberischen Frauentypus.

4. Heldin

Heldenkult und Opferbereitschaft waren schon immer ein wichtiger Bestandteil des internen Zusammenhalts Russlands. Es fehlt nicht an zahlreichen historischen Beispielen auch des weiblichen Heroismus. Im Krieg gegen Napoleon (1812) haben sich sogar zwei Frauen als Heldinnen profiliert: eine Bäuerin Vassilissa, die ihr ganzes Dorf in ein Partisanenlager verwandelt hat und eine adelige junge Dame Nadeschda Durova, die als Mann verkleidet und unerkannt einen Militärdienst bei der Kavallerie absolvierte. Sie war die erste russische Frau, die bei der Armee als Offizier ihren Lebensunterhalt verdient hat: Sie diente ordentlich und wurde mit vielen Orden dekoriert.

Im Krimkrieg 1853-1856 bewunderte die russische Öffentlichkeit den Heroismus der ersten weiblichen Sanitäterinnen und Krankenschwestern, die sich freiwillig für die Front gemeldet haben, und im Ersten Weltkrieg waren Frauen an der Front – nicht nur als Krankenschwestern, sondern auch als Ärztinnen – etwas Selbstverständliches. Die Medizin wurde zum ersten Berufsfeld, das von Frauen im Zuge ihrer historischen Emanzipation in Anspruch genommen wurde.

Echte Volksheldinnen sind aber die *Dekabristinnen*, die als ein Idealbild der russischen Frau schlechthin in die Geschichte eingegangen sind. Dies waren die Ehefrauen der Adeligen, die am 25. Dezember 1825 den ersten Aufstand gegen die Obrigkeit unternommen haben. Der Aufstand scheiterte,

---

7 Eine sehr kompetente und interessierte Doktorandin aus Freiburg hat versucht, im Archiv des Frauenkomitees Beweise zu finden, dass diese Organisation nicht nur im Dienste der Diktatur, sondern auch im Interesse der Frauen gehandelt hat. Da sich aber ihre Hypothese in keiner Weise bestätigen ließ, wandte sie sich dann einem anderen Thema zu.

fünf Spitzenoffiziere wurden am Galgen aufgehängt. Von anderen Beteiligten wurden Titel und Vermögen konfisziert und anschließend wurden sie verurteilt und in die ewige Verbannung nach Sibirien geschickt. Die Ehefrauen haben sich bereit erklärt, ihren Männern in die Verbannung zu folgen. Diese Entscheidung haben sie verwirklicht und dadurch einen moralischen Maßstab geschaffen, der seitdem auf die Frauen projiziert wurde. Bemerkenswert ist, dass sie ihre Heldentat nicht als Feministinnen, sondern in ihrer traditionellen Rolle als Ehefrauen vollbracht haben.[8]

Die Kommunisten haben das Heldentum zum Grundpfeiler ihrer Herrschaft gemacht. Von Bürgerinnen und Bürgern wurde ständige Bereitschaft zur Selbstaufopferung verlangt, die stark auch geschlechtsspezifisch, d.h. für die Männer anders als für die Frauen, definiert wurde. Als höchste Tugend für beide Geschlechter galt die Bereitschaft, das eigene Leben zum Wohl der Gemeinschaft zu opfern. „Es versteht sich", so schreibt Martina Ritter (1999: 11),

> dass die eigentlichen Helden der Sowjetunion Männer waren. Sie sollten das patriarchale Konstrukt von Weltbeherrschung und Welterleuchtung ihrer politisch-väterlichen Führer mit Leben füllen. Diese Gestaltung männlicher Welten, in denen Helden mit großen Taten das kommunistische Paradies errichten sollten, ließ zunächst wenig Platz für Frauen.

An dieser Stelle muss auch darauf hingewiesen werden, dass die Arbeitswelt in der kommunistischen Rhetorik und in der Propaganda häufig als ein Schlachtfeld interpretiert wurde. Das Wort „Schlacht" stand dabei für die Bezeichnung einer heldenhaften Stoßarbeit. In den Nachrichten wurde immer wieder über „die Schlacht um die Ernte" berichtet, die landwirtschaftliche Technik metaphorisch als Kriegswaffe, die Vorsitzenden der Kolchose als „Generäle", die Büroräume des Dorfsowjets als „Stabsquartier der Feldschlacht", Mähdrescher als Flaggschiffe der „Feldflotte" dargestellt.

Wie aber Anna Köbberling (1997: 58) mit Recht bemerkt, wurde

> im Zuge der Industrialisierung der UdSSR [...] jede Arbeitskraft gebraucht. Stalin betrachtete in diesem Zusammenhang die Frauen, die die Hälfte der Bevölkerung unseres Landes ausmachen, als riesige Arbeitsarmee, bzw. gewaltige Armee von Werktätigen, die es zu mobilisieren galt.

In der „Großen Sowjetischen Enzyklopädie" (*Bol'saja Sovetskaja Enciklopedija*) (1932: 168) wird unter dem Stichwort „Frauenarbeit" (*Zenskij trud*) bestätigt, dass „Frauen häufiger als Männer die Pläne überfüllen". Auserwählte Arbeitsheldinnen wurden dann wie Popstars gefeiert: Ihre Fotos waren in jeder Zeitung abgebildet oder die Kinder sollten in den Schulen einen Eid ablegen, so heldenhaft wie z.B. Pascha Angelina (Traktoristin) zu lernen und zu arbeiten. Über solche Personen wurden hagiographische Lebensläufe

---

8 Für mehr Informationen über die Dekabristinnen vgl. z.B. Sutherland (1988).

angefertigt, die dann von der Propaganda mit dem Ziel, die Aktivität der Werktätigen zu steigern, in Umlauf gesetzt wurden (vgl. Clark 1981: 119f.).

Das Problem, wie ein Ausgleich zwischen der Rolle der Frau in der Produktion und in der Reproduktion erreicht werden kann, wurde in der kommunistischen Rhetorik nie ernsthaft diskutiert. Für fünffache Mutterschaft wurden Frauen mit dem Orden „Mutter-Heldin" dekoriert, für die besten Arbeitsleistungen wurden sie mit dem höchsten sowjetischen Orden „Der Held der sozialistischen Arbeit" ausgezeichnet. Den Frauen, die sich im Zweiten Weltkrieg in der Armee profiliert haben, stand der Orden „Der Held der Sowjetunion" zu. Das Wort „Held" hat zwar auf Russisch auch eine weibliche Form, die aber im Kontext der staatlichen Auszeichnungen nicht verwendet wurde. Die einzige Ausnahme ist die Bezeichnung für die „Mutter Heldin" (*Mat′ geroinia*).

Neben der heldenhaften Arbeit wurde

> die Aufgabe der Frauen hauptsächlich darin gesehen, Helden zu gebären, sie zu erziehen und in ihrer Opferung für die große Sache zu unterstützen [...] Aus der Perspektive eines technizistischen Weltbildes wurden die Tätigkeiten und traditionelle Aufgaben von Frauen in der Familie und in Beziehungen als Re-Produktionsarbeiten analog zur Arbeit in der Produktion interpretiert. (Ritter 1999: 11)

Die weiblichen Heldinnen der stalinistischen Zeit und solche der Stagnationszeit (Mitte 1960er bis zum Machtantritt Michail Grobatschows im Jahre 1985) haben ein diametral konträres Identifikationsverhältnis zum kommunistischen System. In der Stalinzeit galt als Kriterium des Heldentums die Treue gegenüber dem kommunistischen Regime, in der Stagnationszeit war es, umgekehrt, öffentliche Kritik an demselben Regime. Im Stalinismus sollten die Frauen auf ihre Väter und auf ihre Ehemänner, die in Schauprozessen verurteilt wurden, öffentlich verzichten und deren Namen ablegen. In Zeitungen aus den 1930er Jahren gibt es eine Unmenge derartiger Anzeigen. Seit dem 1960er Jahren, v.a. seit dem Schauprozess gegen die beiden Schriftsteller Andrej Sinjawskij und Julij Daniel, hat sich der Spieß umgedreht: Von da an galt als weiblicher Heroismus die Bereitschaft der Ehefrauen, ihren verurteilten Männern nach Sibirien zu folgen und sie offen in ihrem Kampf gegen das System zu unterstützen. Das Kulturklischee der treuen Frau an der Seite des heldenhaften Dissidenten kann als Wiederbelebung des alten Idealtyps einer Dekabristin gesehen werden, das in der russischen Geschichte von außergewöhnlicher Bedeutung ist. Musterhafte „Dekabristinnen" der Stagnationszeit sind Jelena Bonner und Larissa Bogoraz, die Ehefrauen der beiden prominenten Dissidenten Andreij Sacharow und Julij Daniel. In der Dissidentenbewegung wurde offensichtlich nicht an ein westliches, feministisches oder zumindest geschlechtsbewusstes Ziel der weiblichen Emanzipation angeknüpft, sondern an ein russisches Klischee der weiblichen Selbstaufopferung aus dem 19. Jahrhundert.[9] Als Emanzipation wurden in dieser Zeit die Befreiung der Frauen von der öffentlichen (Zwangs-)Arbeit und die Möglichkeit sich der Familie zu widmen verstanden.

5. Prostituierte

Weiblichkeitsentwürfe werden an Frauen durch kulturelle Traditionen, die Familie und das gesellschaftliche Umfeld weitergeleitet. Dazu kommen noch die Erfahrungen am Arbeitsplatz. Es liegt auf der Hand anzunehmen, dass von der Kulturtradition und der Familie die konservativen, hergebrachten Einflüsse ausgehen, während durch die Arbeitswelt eher modernisierende und emanzipatorische Einwirkungen zu Stande kommen. Die Tatsache, dass die vollständige Einbeziehung der Frauen in die gesellschaftliche Arbeit ein Erfolg in der ansonsten eher ruhmlosen Geschichte des sowjetischen Sozialismus war, wurde von Niemandem infrage gestellt.

Auch ich werde dieses Statement hier nicht infrage stellen. Es lohnt sich allerdings zu fragen, inwieweit und auf welche Art und Weise die Frauen im Rahmen einer sonderbaren Konstruktion, bekannt als „sowjetische Arbeitswelt“, wirklich emanzipiert waren. Was hat das sowjetische Emanzipationsmodell mit dem westlichen gemeinsam und wo liegt der Unterschied? Es ist klar, dass der Begriff „Emanzipation“ auch einen Konstrukt darstellt, der nur aus dem jeweiligen Kontext heraus interpretiert werden kann. Die Beteiligung an der öffentlichen Sphäre der Arbeit bedeutete für die sowjetischen Frauen ein Stück Emanzipation, weil sie dadurch zum einen ihre finanzielle Selbständigkeit, zum anderen die Erweiterung ihres geistigen und bürgerlichen Horizonts erreicht haben. Zugleich wurden sie aber dadurch – und das ist die andere Seite der Medaille – in die totalitäre Kultur miteinbezogen und allen negativen, deformierenden Einwirkungen des Sowjetregimes ausgesetzt. Am besten kann anhand eines spektakulären Beispiels demonstriert werden, als wie widersprüchlich sich die Erfahrung der Frauen mit der Arbeitswelt des Sozialismus erwiesen hat:

Entsprechend einer Meinungsumfrage, die Anfang der 1990er Jahre in Moskau durchgeführt wurde, waren überraschend viele russische Mädchen in den Abschlussklassen bereit, Prostituierte zu werden. Doch keine von ihnen mochte Feministin sein. Die jungen Frauen verabscheuten es, täglich zur Arbeit zu gehen und zogen es vor, zu Hause zu bleiben oder an Schönheitswettbewerben teilzunehmen.

In diesen Ergebnissen spiegelte sich eine neue Mythologie wider, die sich in dieser Übergangszeit herausgebildet hatte, nämlich, dass die Prostitu-

9 Dem Thema des Kulturkonfliktes zwischen dem Feminismus und der Bewegung der Menschenrechtler (Dissidenten) in den 70er Jahren in der Sowjetunion ist ein ganzes Kapitel im Buch von Masha Gessen gewidmet (Gessen 1998: 111 – 130).

ierten eigentlich die ersten freien Unternehmerinnen sind. Für ihre marktwirtschaftliche Tätigkeit brauchen sie keine gesellschaftliche oder wirtschaftliche Infrastruktur. Sie haben als Erste den „Eisernen Vorhang" durchbrochen und direkte Kontakte zu westlichen Männern hergestellt. Von der Gesellschaft wurde in dieser kurzen Zeit der Beruf einer Prostituierten und sogar diese soziale Rolle – man kann das so bezeichnen – als eine „körperliche" Brücke von der im Sterben liegenden kommunistischen zu einer prosperierenden westlichen Gesellschaft, oder als lange ersehnte „mystische Ehe zwischen dem rationalen Westen und dem emotionalen Russland" betrachtet. Da die Prostitution in der Umbruchsphase als Emanzipation erschien, gab es verständlicherweise einen riesigen Triumph für diesen Beruf in der Öffentlichkeit, die mit diesem sozialen Phänomen zum ersten Mal offen konfrontiert wurde und über keine Kriterien für seine einigermaßen adäquate Einschätzung verfügte.

Inzwischen aber hat die Öffentlichkeit ihre Erfahrungen damit gemacht und ihre Einstellung ist wieder nüchterner geworden. Der exotische Beruf entwickelte sich zum Massenphänomen und tausende von Prostituierten füllen abends die Straßen von Moskau. Es gibt weder soziale Netze, die sie beim Ausstieg auffangen können, noch Aufklärung der Gesellschaft, die kein Interesse am Schicksal dieser Frauen zeigt. In der Zeit nach der Wende hat sich Russland zu einem Lieferanten von Tausenden von Frauen in die westlichen Bordelle profiliert, eine Tatsache, die trotz haarsträubender Berichte im Lande kaum zur Kenntnis genommen wird. Die wichtigste Frage in diesem Zusammenhang ist die danach, wie es überhaupt dazu kommen konnte. Warum war die spätsowjetische Gesellschaft bereit, so ein falsches „Ideal" zu bewundern?

Sicherlich spielte dabei die negative Erfahrung mit der Arbeit im Sozialismus eine wichtige Rolle. Im gesellschaftlichen Diskurs erscheint die Prostituierte als eine Kombination aus Dekabristin und einer Arbeitsheldin. Semantische Merkmale der Ersten sind: Aufopferungsbereitschaft und hohe moralische Aufwertung, der Zweiten: hohe ökonomische Leistungen, die als logische Fortsetzung informeller Wirtschaftsaktivitäten interpretiert wurden. Früher hatten Frauen ihre Nebeneinkommen durch Einkochen und Konservieren, durch Tippen von Manuskripten und häusliche Änderungs- und Näharbeiten erwirtschaftet. In der Umbruchszeit gingen sie nahtlos zu anderen informellen Wirtschaftsaktivitäten über, da ihr Arbeitsbegriff viel breiter als der des Mannes konzipiert war.

Andererseits verbirgt sich dahinter auch eine alte russische Kulturtradition, eine Prostituierte gleichzeitig als ein Opfer, eine Erlöserin und einen Schutzengel darzustellen. Solche Frauengestalten sind für die klassische, russische Literatur sehr typisch. Am bekanntesten sind die Prostituierten aus den Romanen von Dostojewskij und Tolstoj, die in einer Person die Kluft zwischen Gottesmutter und Hure überbrücken. Dies trifft beispielsweise auf die Gestalten von Sonja Marmeladowa in „Brüder Karamazows“ von Dostojewskij und Katja Maslowa in „Wiederauferstehung" von Leo Tolstoi zu. Während die idealen Frauen in der russischen Literatur als Gottesmütter, als die Marias konzipiert sind, sind die idealisierten Prostituierten als weibliches Äquivalent zu Christus dargestellt: Sie sind gleichzeitig Opfer und Erlöserinnen, sie sind auf dem männlichen Körper gekreuzigt und finden dort symbolisch ihren Tod und ihre Auferstehung.[10] Diese Kulturtradition hängt auf der einen Seite mit dem nationalen russischen philosophischen Diskurs über Sophia zusammen und auf der andere Seite mit den westlichen modernistischen Diskursen über die Befreiung der Sexualität und über die Befreiung der Wirtschaft.

All dies auseinander zu halten und zu systematisieren – dazu sind postsowjetische Gesellschaft, die Intellektuellen und die betroffenen Frauen selbst offensichtlich bisher noch nicht imstande. Die russische Gesellschaft hat es schwer, die eigene heterogene Vergangenheit in irgendeiner Art und Weise auf einen gemeinsamer Nenner zu bringen und zugleich erfolgreiche Strategien für die Gegenwart zu entwerfen. Die Identitätskrise ist tief greifend und allumfassend. Die Scheinemanzipation der Sowjetzeit kann dabei nur in einem sehr begrenzten Umfang nützlich sein. Im Endeffekt ist das Modell „Sowjetfrau“ an beiden Fronten gescheitert, sowohl im Privaten als auch in der Arbeitswelt.

Zugehörigkeit Russlands zur europäischen Tradition?

Nach diesem kurzen Exkurs in den Bereich von Identitätsentwürfen der heutigen Frauen in Russland stellt sich erneut die Frage nach der Zugehörigkeit solcher Denk- und Verhaltensmuster zur europäischen Tradition. Mehr noch, es stellt sich die Frage nach der Möglichkeit einer adäquaten Interpretation oder einer adäquaten interkulturellen Kommunikation. Die russischen Kulturcodes sind für den Westen genauso rätselhaft und esoterisch, wie für Russland eine positive Identität einer westlichen Feministin unverständlich und esoterisch ist. Im Westen gibt es weder Dekabristinnen noch weibliche „Genossen“ und selbst als Mutter versteht sich die Frau im Westen anders als in Russland. Nur im Diskurs über Prostituierte kann man einen gewissen Konsens zwischen Russland und Europa feststellen, denn eigentlich werden Prostituierte im Westen ähnlich wie in Russland sowohl in der humanistischen und christlichen Denktradition als auch im Rahmen des linken politischen Diskurses als Opfer dargestellt. Im heutigen öffentlichen Diskurs über die Wirtschaftskrise im Westen wird die ganze Branche sexueller Dienstleistungen nicht ohne Schadenfreude als beinahe einzige erfolgreich funktionierende dargestellt, hier sind die Pfeile der Aktienkurse immer nach oben gerichtet,

10 Verheiratet zu sein, heißt im russischen Volksmund: „Mein Kreuz zu tragen".

was die Börsenanalytiker auf dem Bildschirm gerne als Anlass zum Schmunzeln und Händereiben nehmen. Darin unterscheiden sie sich kaum von ihren russischen KollegInnen.

Das Russische Modell beinhaltet eine sonderbare Kombination aus Diskriminierung und Emanzipation und erweist sich als äußerst resistent gegen jede fremde Einwirkung. Das abgerundete Geflecht von Sinngebungen, die sich im Rahmen dieses historisch gewachsenen Modells formierten, ermöglicht es Frauen, ihre soziale Diskriminierung erfolgreich zu verdrängen und sie mit einem gewissen inneren Komfort zu ertragen. Die Online Diskussion über den Cyberfeminismus hat gezeigt, dass die muffigen, längst überholten Rollenzuschreibungen sich mit der modernsten Terminologie präsentieren lassen und sich nahtlos in die verschiedensten Kontexte einfügen (vgl. Hapke/ Korb 2001). Die beeindruckenden Aktivitäten einer kleinen Gruppe russischer Frauen, die sich beruflich mit Genderforschung beschäftigen und bei den internationalen Veranstaltungen überall präsent sind, dürfen nicht darüber hinwegtäuschen, dass das Bewusstsein der Frauen en masse ein vormodernes, oft antimodernes bleibt. Diese Situation lässt an das alte Paradigma denken: In Russland entwickeln sich nur die Eliten, die Bevölkerung bleibt seit der Leibeigenschaft unverändert.

In der Zusammenarbeit mit russischen Frauen bemühen sich die westlichen Partnerinnen um ideellen Austausch und materielle Unterstützung der emanzipatorischen Bestrebungen in Russland. Allerdings machen sie dies auf westliche Art und Weise: Das Know-how werden durch die Universitäten und von den im Westen gebildeten Multiplikatoren weitergeleitet, nicht durch die russischen Medien. Diese Taktik funktioniert unter russischen Bedingungen nicht. Die Eliten sind hier etwa seit dem 18. Jahrhundert ohnehin westlich orientiert und aufgeklärt, aber der Bogen zur Aufklärung der Bevölkerung wurde nie gespannt. Auch heute bleibt Russland eine Gesellschaft mit zwei kulturellen Standards: zum einen eine überwiegend bäuerliche, zum wesentlichen Teil in vorchristlichem Aberglauben steckende Bevölkerung und andererseits aufgeklärte, säkulare, prowestliche Eliten. Auf der institutionellen Ebene stiftet diese Situation ideologische und politische Verwirrung: es bestehen keine adäquaten Ideenangebote, demokratische Institutionen werden ausgehöhlt und von den einflussreichen Lobbies vereinnahmt, Interessen der Bevölkerung werden von niemandem vertreten, führende Intellektuelle und Kirchen stehen meistens auf der falschen Seite, alle fortschrittlichen Reformen werden vom Präsidenten angeboten und von der *Duma* blockiert. Der Ist-Zustand in Russland lässt sich damit als Demokratie ohne bürgerliche Gesellschaft definieren.

Nichtsdestotrotz soll diese Zwischenbilanz nicht als pessimistisch gesehen werden. Vor zehn Jahren noch war die Ausgangslage sehr viel hoffnungsloser als die heutige Situation. Die Freiräume für Frauen sind in den letzten Jahren größer geworden. Der Eiserne Vorhang ist verschwunden und

Europa und die Welt sind sich somit (wieder) näher gekommen. Das sprudelnde Leben innerhalb der kleinen Nische der Genderforschung kann durchaus Hoffnung stiften. Nur mit Illusionen sollten diese Hoffnungen nicht verwechselt werden.

Literatur

Aiwazowa, Swetlana (1996): Familie als Bereich des Privaten: Neue Funktionen und Aufgaben. In: Russischer Alltag und die politische Kultur: Möglichkeiten, Probleme und Grenzen des Transformationsprozesses. Moskau, 1996. S. 61-78. [Semja kak prostranstwo častnoi zhizni: nowye funkzii i zadači. – Rossijskaya powsednewnoct' i političeskaya kultura: wozmozhnosti, problemy i predely transformazii. Moskwa]

Clark, Katerina (1981): The Soviet Novel. History as Ritual. Chicago/ London.

Courtois, Stéphane u.a. (1998): Schwarzbuch des Kommunismus. Unterdrückung, Verbrechen und Terror. München.

Draculič, Slavenka (1993): Women and the New Democracy in the Former Yugoslavia. In: Funk, Nanette; Mueller, Magda (Hg.) Gender Politics and Post-Communism. Reflections from Eastern Europe and the Former Soviet Union. New York, S. 123-130.

Dölling, Irene (2001): Ten Years after: Gender Relations in a Changed World – New Challenges for Women's and Gender Studies. In: Jähnert, Gabriele u.a. (Hg.): Gender in Transition in Eastern and Central Europe Proceedings. Berlin, S. 57-65.

Gessen, Masha (1998): Auf den Erfolg unserer hoffnungslosen Mission. Die russische Intelligenzija. München.

Godel, Brigitta (2002): Auf dem Weg zur Zivilgesellschaft. Frauenbewegung und Wertewandel. Frankfurt a.M.

Gordon, Leonid/ Klopow, Eduard (1989): Was war das? Reflexionen über die Voraussetzungen dessen, was mit uns in den 30-40 Jahren geschehen war. Politizdat, Moskau. (Čto eto bylo? Razmyshleniya o predposylkach togo, čto slučilos s nami w 30-40 gody. «Politizdat»).

Hapke, Andrea/ Korb, Andrea Jana (2001): Russische cyberfeministische Strategien zwischen Realität, Virtualität und Fiktion. Was hat Cyberfeminismus mit (den) Frauen in Russland zu tun? Magisterarbeit am Osteuropa Institut der Freien Universität Berlin und am Institut für Kulturwissenschaften der Humboldt-Universität Berlin. Manuskript.

Jerofejew, Viktor (1991): Der russische Riss. In: Kursbuch Nr. 103, „Russland verstehen", S. 45-49.

Köbberling Anna (1997): Das Klischee der Sowjetfrau. Stereotyp und Selbstverständnis Moskauer Frauen zwischen Stalinära und Perestroika. Frankfurt a.M.

Lipovskaya, Olga (2001): Institutionalization of Gender/Women's Studies in Russia/ St. Petersburg. In: Jähnert, Gabriele u.a. (Hg.): Gender in Transition in Eastern and Central Europe Proceedings. Berlin, S. 350-355.

Lissjutkina, Larissa (1999): Mütter-Monster? Auseinandersetzung mit der Vergangenheit in Texten jüngerer russischer Autorinnen. In: Feministische Studien, (17)1, S. 35-48.

Lissjutkina, Larissa (1998): Matriarchat ohne Feminismus. Ein Essay zu den Rahmenbedingungen der Frauenbewegung im postkommunistischen Russland. In: Berliner Debatte INITIAL 9(2/3), S. 180-188.

Lissjutkina, Larissa (1993): Soviet Women at the Crossroads of Perestroika. In: Funk, Nanette; Mueller, Magda (Hg.): Gender Politics and Post-Communism. Reflections from Eastern Europe and the Former Soviet Union. New York, S. 274-286.

Perewedenzev, Viktor. (1995) Bevölkerungsdynamik in der UdSSR und in Russland in der Nachkriegszeit. (Russisch: Poslevoennaja dinamika naselenija SSSR i Rossii) – In: POLIS, Nr. 2, 1995, S. 25.

Ritter, Martina (1999): Kulturelle Modernisierung und Identitätskonzeptionen im sowjetischen und postsowjetischen Russland. In: Feministische Studien, (17)1, S. 8-22.

Šmejkalová, Jiřina (2001): Gender as an Analytical Category of Post-Communist Studies. In: Jähnert, Gabriele u.a. (Hg.): Gender in Transition in Eastern and Central Europe Proceedings. Berlin, S. 49-56.

Sutherland, Christine (1988): Die Prinzessin von Sibirien. Maria Wolkonskaja und ihre Zeit. Frankfurt.

Watson, Peggy (2001): Gender and Politics in Post Communism. In: Jähnert, Gabriele u.a. (Hg.): Gender in Transition in Eastern and Central Europe Proceedings. Berlin, S. 37-48.

Zdravomyslova, Elena (1999): Die Konstruktion der „arbeitender Mutter" und die Krise der Männlichkeit. Zur Unterscheidung von Öffentlichkeit und Privatheit im Kontext der Geschlechterkonstruktion im spätsowjetischen Russland. In: Feministische Studien, (17)1, S. 23-34.

Große Sowjetische Enzyklopädie (Bol'saja Sovetskaja Enciklopedija) (1932): Bd. 25. Moskau.

POLIS (1994) Heft 5 (auf Russisch)

Die feministische Frauenbewegung in der Türkei und die Europäische Union[1]

Gül Aldıkaçtı Marshall

Türkische Frauen sind seit langem in der Öffentlichkeit politisch aktiv, sie publizieren in Zeitungen und Zeitschriften, organisieren Kampagnen und Proteste und beteiligen sich in Organisationen, um den Status von Frauen in der türkischen Gesellschaft zu verbessern. Die Geschichte der türkischen feministischen Frauenbewegung beginnt in der zweiten Hälfte des 19. Jahrhunderts, in der Spätphase des Ottomanischen Reiches.[2] Zu dieser Zeit begannen einige gebildete Frauen aus der Oberschicht, zumeist nahe Angehörige hochrangiger Beamter und über die sich in Europa und den Vereinigten Staaten entwickelnden Frauenbewegungen informiert, zu diskutieren, wie sie die Situation von Frauen in der ottomanischen Gesellschaft verändern könnten. In zahlreichen Frauenzeitschriften fokussierten ottomanische Frauen auf Probleme, die vom Kampf für Bildung und die Beteiligung am Arbeitsmarkt bis zur Abschaffung der Polygynie (der Ehe eines Mannes mit mehreren Frauen) und *peçe* (eine islamische Gesichtsbedeckung) reichten (Cakir 1994; Tekeli 1998). Die Zeitschrift *Kadınlar Dünyası* (Welt der Frauen) ist besonders wichtig, weil sie aufzeigte, dass die Forderungen von Frauen nach Veränderung ihrer Rollen eine Veränderung der islamischen Struktur des Ottomanischen Reiches erfordern würde (Cakier 1994).[3]

Innerhalb der ottomanischen Gesellschaft, die dem *Şeriat* (dem islamischen kanonischen Gesetz) unterlag, hatten Frauen *peçe* und *çarşaf* (ein weites loses Gewand, das den Körper von Kopf bis Fuß verhüllte) zu tragen. Sie hatten kein Recht auf Bildung. Männer konnten mehrere Frauen heiraten. Die meiste Zeit waren Frauen und Männer sozial separiert. ottomanische Feministinnen, deren Beiträge in *Kadınlar Dünyası* erschienen, kritisierten das Tragen von *peçe,* weil sie dies erniedrigend fanden, als ob Frauen etwas

---

1 Mein Beitrag konzentriert sich hauptsächlich auf den säkular orientierten Mainstream-Feminismus in der Türkei, da diese Gruppe Feministinnen die größte und politisch einflussreichste Gruppe in der Frauenbewegung ist. Die Reaktionen der islamischen und kurdischen Frauen (feministisch oder nicht) auf die Euopäische Union und die Mitgliedschaft der Türkei in der EU erfordern die Behandlung in eigenständigen Beiträgen.

2 Das Ottomanische Reich begann sich im 13. Jahrhundert in Sogut, einer Gegend im Nordwesten der Türkei auszubreiten. Die Anführer dieses Reiches waren ursprünglich aus Mittelasien eingewandert. Das Reich hatte seine Blütezeit insbesondere im 16. Jahrhundert. In dieser Zeit reichten seine Grenzen von Wien im Norden, dem Kaspischen Meer im Osten, Algerien im Westen bis zu Teilen Saudiarabiens im Süden. Der Niedergang des Reiches begann Ende des 17. Jahrhunderts. Nach sechshundert Jahren Regierungszeit trat 1923 die Türkische Republik an seine Stelle.

3 Die Zeitschrift erschien zwischen 1913 und 1921.

Schreckliches zu verstecken hätten (Cakir 1994: 180). Sie forderten die Abschaffung der Polygynie, waren gegen die Verheiratung minderjähriger Mädchen und traten für die Ehe auf Grundlage von Liebe anstelle der arrangierten Ehe ein (Cakir 1994).

Kadınlar Dünyası enthielt Artikel von Frauen, die den Mangel an formaler Bildung als einen Grund für den zweitklassigen Status von Frauen in der ottomanischen Gesellschaft ansahen. Sie klagten Männer an, insbesondere Väter, die Ausbildung von Frauen einzuschränken (Cakir 1994: 226). Die meisten Frauen glaubten, dass das Allgemeinwohl auf dem Grad beruhte, in dem Frauen aktive Mitglieder der Gesellschaft waren. Sie fanden die Entwicklungen in den westlichen Ländern positiv und traten dafür ein, der westlichen Zivilisation zu folgen, um die Gesellschaft und damit auch den Status von Frauen zu verbessern (Cakir 1994: 257). Zusätzlich zur Bildung reflektierte die Zeitschrift die Forderungen von Frauen nach Erwerbsbeteiligung und dem Erreichen finanzieller Unabhängigkeit. In späteren Jahren traten Frauen für politische Rechte (aktives und passives Wahlrecht) ein. 1921 wurde diese letztgenannte Forderung in das Parteiprogramm der Feministischen Assoziation, der die Zeitschrift gehörte, aufgenommen und wurde der zentrale Punkt, um den sich Feministinnen in den frühen Jahren der Türkischen Republik organisierten (Cakir 1994).

Die politischen Aktivitäten der ottomanischen Feministinnen trafen mit weitreichenden Reformen zusammen, die von den ottomanischen Gouverneuren nach 1839 durchgeführt wurden. Um die Rückschritte unter denen das Reich litt zu eliminieren, entschieden hohe staatliche Entscheidungsträger, den Westen als ein Modell für Veränderungen im sozialen, militärischen, politischen und ökonomischen Bereich zu nehmen. Reformen, die dazu beitrugen, den Status von Frauen zu verbessern, waren die Gründung einer Realschule im Jahr 1859, eines Gymnasiums im Jahr 1913 und einer Universität für Frauen im Jahr 1915. Frauen wurden seit 1842 zu Hebammen und seit 1876 zu Lehrerinnen ausgebildet (Kadinin Statusu ve Sorunlari Genel Mudurlugu: 1999).

Das Ottomanische Reich ging trotz der westlich beeinflussten Maßnahmen der Gouverneure unter. Doch die Reformen bezüglich des Status von Frauen blieben nach der Errichtung der Türkischen Republik im Jahre 1923 bestehen.[4] 1926 wurde das Schweizerische Zivilrecht eingeführt.[5] Polygynie

4 Die Türkische Republik wurde am 29. Oktober 1923 gegründet. Der Gründer der Republik, Mustafa Kemal Ataturk, und seine Verbündeten schafften das Sultanat im Jahr 1922 und das Islamische Kalifat im Jahr 1924 ab. In den ersten Jahren wurde die Republik von einer Einheitspartei regiert (die Republikanische Volkspartei). Der Übergang zum Mehrparteiensystem fand 1946 statt. Seitdem gab es zwei Militärputsche. Der Putsch von 1960 entfernte die rechtsgerichtete Demokratische Partei aus dem Amt. Der 1980er Putsch ereignete sich nach einer gewaltätigen Periode zwischen rechten und linken Gruppen. Das Land kehrte nach den Wahlen von 1983 zur Normalität zurück.

wurde gesetzlich verboten. Frauen erhielten die gleichen Scheidungs- und Erbrechte wie Männer. Sie erhielten das aktive und passive Wahlrecht in den Kommunalwahlen von 1930 und den nationalen Wahlen im Jahr 1934. Obwohl *çarşaf*, *peçe* und Kopftücher nie verboten wurden, wurde ihr Tragen vom Staat abgelehnt (Fleischmann 1999). Einige Studien der Frauenbewegungen in der Türkei haben darauf hingewiesen, dass Frauen in den frühen Jahren der Republik aus strategischen Gründen Rechte erhielten, um einen strukturellen Wandel in Bereichen, in denen das islamische Recht vorher dominant war, zu erzielen. Die Veränderung des Status und des Ansehens von Frauen wurde als notwendig für die Modernisierung und für die Überwindung der *public governance* durch den Islam erachtet (Kirkpinar 1998; Tekeli 1986). Dennoch bedeuteten diese Veränderungen von oben nicht, dass die ottomanischen Feministinnen mit der Errichtung der Republik ihre Aktivitäten einstellten. Bevor sie das aktive und passive Wahlrecht erhielten, gründeten einige Mitglieder der ottomanischen Frauenbewegung eine Frauenpartei. Nachdem diese Partei nicht von der Regierung anerkannt wurde, wandelte sie sich in eine Organisation namens *Kadınlar Birliği* (Die Frauenunion) um und forderte politische Rechte für Frauen. Nachdem Frauen politische Rechte erhalten hatten, löste sich die Organisation im Jahr 1935 auf unter Anerkennung der Idee, dass das säkulare moderne Regime Frauen umfassende Rechte gab und es keinen Bedarf für weiteren Frauenaktivismus gab. Obwohl sich die Organisation im Jahr 1949 wieder gründete, war sie nun anders. Sie wurde eine von vielen Frauenorganisationen, die dafür arbeiteten, das neue System zu schützen und die Erziehung von Frauen zu unterstützen, die als Mütter der nächsten Generation betrachtet wurden (Kilic 1998).

Mitte der 1960er Jahre wurden Frauen wieder in sozialen Bewegungen politisch aktiv, diesmal zumeist in den linksgerichteten Organisationen innerhalb der weiteren Linken Bewegung.[6] Allerdings fokussierten diese politischen Aktivistinnen zumeist auf Probleme sozialer Ungleichheit (Klasse). Sie initiierten keine kollektive Aktivität, um Rolle und Status von Frauen infrage

---

5 Der Zweck der Adoption eines westlichen Gesetzeswerkes bestand darin, das Familienrecht in einer modernen Weise neu zu entwerfen und das *Şeriat* (islamische Recht) abzuschaffen. Wie Gole betont, war das bisherige Familienrecht der Bereich, der sich der Verwestlichung am meisten widersetzte (Gole 1996: S.74). Es war notwendig, die islamischen Vorschriften, die die Familienbeziehungen regelten, durch westliche Gesetze zu ersetzen, um die Herrschaft des islamischen Rechts abzuschaffen. Warum das schweizerische und kein anderes Zivilrecht gewählt wurde, mag mit dem Hintergrund des Justizministers zu tun haben, der das Komittee leitete, das das neue Gesetz vorbereitete. Mahmut Esat Bey erhielt seinen juristischen Hochschulabschluss in der Schweiz (Gole 1996:76).

6 Diese Organisationen umfassten die Frauenabteilungen der Linken Organisationen wie die Demokratische Frauenunion, die Arbeiterinnen-Union und die revolutionäre Frauenvereinigung.

zu stellen, bis die feministische Bewegung in den frühen 1980ern entstand (Tekeli 1995).[7]

Die Entwicklung einer feministischen Bewegung in den 1980ern

1980 markiert einen wichtigen Wendepunkt in der türkischen Geschichte. Der Militärputsch von 1980[8] unterdrückte linke und rechte Bewegungen der vorangegangenen Dekade. Organisationen, politische Parteien und deren Angliederungen wurden aufgelöst. Die feministische Bewegung entstand in dieser Atmosphäre. Die feministische Forscherin Tekeli (1986) vertritt die These, dass die Unterdrückung der männlich dominierten Bewegungen in dieser Zeit die Herausbildung der feministischen Bewegung erlaubte, weil Frauen nun einen Raum hatten, in dem sie auf die Frauenfrage fokussieren konnten ohne kooptiert zu werden. Meine Forschung zur zeitgenössischen feministischen Bewegung in der Türkei zeigt, dass einige der von der Unterdrückung der Linken enttäuschten Frauen einen Zufluchtsort im Feminismus fanden (Aldikaçtı 2001). Eine Feministin mit einem linken Hintergrund wies darauf hin, dass in der Abwesenheit einer linken Bewegung „der Feminismus eine Leerstelle" für sie und viele andere linksgerichtete Frauen füllte (Aksu Bora, Interview 1999). Wie die Bemerkung dieser Feministin impliziert, waren die meisten Feministinnen, die besonders aktiv in dieser Bewegung waren, vorher in der linken Bewegung aktiv. Diese Frauen erinnern sich an die Jahre der Aktivität in der linken Bewegung als eine wesentliche Erfahrung, die später ihr Leben und ihren Feminismus prägte. Sie weisen darauf hin, dass sie das Selbstbewusstsein und die organisatorischen Erfahrungen, die sie in der linken Bewegung Jahre später entwickelten, in den feministischen Organisationen nutzen konnten (Aldikaçtı 2001).

In den 1980er Jahren wurde der Feminismus in der Türkei durch Treffen von Selbsterfahrungs-Gruppen, die Publikation feministischer Zeitschriften, Straßenproteste und auf einzelne Probleme gerichtete Kampagnen geprägt.

7 Während der 1960er und 1970er betrachteten linke Organisationen Frauenfragen von einem fast orthodoxen Standpunkt und beurteilten jegliches Interesse von Frauen an Feminismus als eine ‚bourgeoise Abweichung' und deswegen als eine zukünftige Gefahr für die „Klassensolidarität" und ihre politischen Kräfte. Wenn diese weiblichen Mitglieder angegliederte Organisationen gründeten, um Frauen zu mobilisieren, bemühten sie sich, das traditionelle Image der sich aufopfernden ‚Mutter / Ehefrau / Schwester' zu bewahren, anstatt ihnen die Möglichkeit zu geben, sich der Unterdrückung, die aus diesen Rollen der Frauen in der türkischen Gesellschaft hervorging, bewusst zu werden (Tekeli 1986: 195).

8 Der Militärputsch von 1980 war ein Resultat des Aufruhrs, der vom Kampf zwischen linken und rechten Gruppen in der Türkei verursacht wurde. Er hatte großen Einfluss auf die Regierung und das politische Leben. Die Verfassung wurde geändert. Die Militärregierung löste die politischen Parteien auf und schloss ihre Führung von der Politik aus. Gewerkschaften, Vereinigungen sowie die Frauen- und Jugendabteilungen der Parteien wurden ebenfalls aufgelöst.

Selbsterfahrungs-Gruppen waren die grundlegende Organisationsform in dieser Periode. Diese kleinen Gruppen trafen sich zunächst in Privathäusern. Später mieteten sie Wohnungen an oder trafen sich in den Räumen anderer öffentlicher Organisationen (Timisi and Gevrek 2002; Tekeli 1986; Arat 1994). Unter den zentralen Diskussionsthemen waren geschlechtsspezifische Arbeitsteilung, die Bedeutung heterosexueller Liebe, Gewalt gegen Frauen und diskriminierende Gesetze. Feministinnen gaben Zeitschriften heraus, u.a. die radikal-feministische Zeitschrift *Feminist* und die sozialistisch-feministisch orientierte Zeitschrift *Kaktus*. Beide Zeitschriften sind gute Quellen für ForscherInnen, die sich für die Geschichte des Feminismus in den 1980ern interessieren.

Eine der zentralen Kampagnen fand 1986 statt und hatte das Ziel, den Staat unter Druck zu setzen, die „Eliminierung aller Formen der Diskriminierung gegen Frauen" (CEDAW) zu implementieren, eine Maßnahme, die der Staat 1985 bei der UN Frauenkonferenz in Nairobi unterzeichnet hatte. Feministinnen lancierten diese Kampagne sowie Straßenproteste gegen Gewalt gegen Frauen im Jahr 1987 (Arat 1994; Kilic 1998). Diese Kampagne wurde aus zwei Gründen wichtig: Erstens brachte sie die Probleme häuslicher Gewalt und sexueller Belästigung, die normalerweise als Privatangelegenheiten betrachtet wurden, in die öffentliche Arena. Zweitens machte sie türkische Feministinnen auf die Bedeutung von Gewalt gegen Frauen aufmerksam. Während der Kampagne und in den späteren Jahren blieb Gewalt gegen Frauen ein wichtiges Thema der feministischen Bewegung (Aldikaçtı 2001). Im Jahr 1989 lancierte eine feministische Gruppe eine Kampagne gegen sexuelle Belästigung. Die Nationalversammlung von 1989 markiert den Kampf und den Erfolg der Feministinnen, sich von der Linken zu separieren. Dieser Erfolg mag der Grund dafür sein, dass Feministinnen nicht vom Staat unterdrückt wurden. Sie wurden nicht als Teil der Linken gesehen, daher waren sie keine wesentliche Bedrohung für das staatliche Establishment.

Viele Feministinnen stimmen darin überein, dass der Feminismus in der Türkei in den 1990ern in eine neue Phase eintrat. Diese Phase kann als Institutionalisierung beschrieben werden. Feministinnen verlagerten sich von Straßenprotesten und Kampagnen, die zumeist in kleineren Treffen geplant und organisiert wurden, in die Universitäten und gemeinnützige Vereinigungen. Das erste Frauenstudienprogramm wurde 1993 an der Universität von Istanbul eingerichtet und verbreitete sich später an den großen Universitäten in anderen Metropolen. Seit den frühen 1990ern konnte man in den Frauenstudienprogrammen Grund- und Hauptstudiumsabschlüsse machen.[9] Ge-

9 Obwohl die Anzahl der privaten Schulen schnell gewachsen ist, besteht das Bildungssystem in der Türkei überwiegend aus öffentlichen Bildungseinrichtungen. Die Schulpflicht umfasst acht Jahre. Die Schulpflicht betrug vor 1997 fünf Jahre. Nach dem Abitur unterziehen sich die Schüler einem nationalen Universitäts-Eingangstest. Diejenigen, die den Test bestehen, können ihre Ausbildung an der Universität fortsetzen.

schlechtsbezogene Kurse wurden in verschiedenen Programmen und Instituten angeboten. Heute scheinen die Universitäten eine wesentliche Rekrutierungsquelle für die feministische Bewegung zu sein (Aldikaçtı 2001). Obwohl in den 1990ern und frühen 2000ern feministische Organisationen in anderen als den drei zentralen Städten Ankara, Istanbul und Ismir gegründet wurden (Kardam/ Ecevit 2002), scheinen der Rekrutierungstrend der Bewegung und die Charakteristika der Bewegungsmitglieder (Mittelschicht, gebildet, in der Stadt lebend) keinem wesentlichen Wandel zu unterliegen. Diese Charakteristika schränkten die Bewegung und deren Auswirkungen auf Frauen, die der Unterschicht angehören, wenig gebildet sind oder auf dem Land leben, ein.

Andere wesentliche Organisationen, die die Institutionalisierung des Feminismus in der Türkei in den 1990ern verdeutlichen, waren eine Frauenbibliothek, die 1990 in Istanbul gegründet wurde, *Ucan Supurge* (Fliegender Besen), eine Netzwerkfirma, die 1996 gegründet wurde und KA.DER (Organisation für die Unterstützung weiblicher Kandidaten) im Jahr 1997. KA.DER unterstützt Frauen, die sich politisch beteiligen und in Wahlen kandidieren wollen. Zusätzlich zu diesen Organisationen wurden neue Frauenzeitschriften veröffentlicht wie *Martı* (Die Möwe), *Minerva* und *Pazartesi* (Montag). *Martı* und *Minerva* erschienen sporadisch. *Pazartesi*, die seit 1995 herausgegeben wird, erscheint bis heute regelmäßig.

Die 1990er waren auch die Jahre, in denen feministische Gruppen institutionell in Maßnahmen gegen Gewalt gegen Frauen involviert waren. Mit Ausnahme einer Kampagne im Jahr 1990 zogen es Feministinnen vor, mit diesem Problem durch die Eröffnung von Beratungsstellen und Zufluchtshäusern umzugehen. *Mor Cati* (Lila Dach) wurde 1990 in Istanbul eröffnet. Das *Altindag* Frauenberatungszentrum wurde 1991 in Ankara eröffnet. Bei der Gründung stellte die kommunale Regierung ein öffentliches Gebäude zur Nutzung zur Verfügung. Aber nachdem die Regierung wechselte, verlor das Zentrum dieses Gebäude. Zurzeit werden die meisten Frauenhäuser wegen fehlender Mittel geschlossen. Dennoch gelang es feministischen Aktivistinnen gegen Gewalt, sich bis zum Jahr 2001 in vier Vollversammlungen zu treffen (Isik 2002).

Die Situation der Frauenhäuser hinsichtlich des Finanzierungsproblems reflektiert eine generelle Charakteristik der feministischen Bewegung in der Türkei. Wie viele andere feministische Organisationen erhielten diese Frauenhäuser keine Unterstützung vom Staat. Feministische Aktivistinnen wiesen darauf hin, dass sie, selbst wenn der Staat ihnen Unterstützung anbieten würde, diese nicht annehmen würden, da sie befürchteten, dass der Staat bei ihrem Ansatz, mit den Problemen von Frauen umzugehen, intervenieren würde. Da es sich in den 1980ern bei dem meistverbreiteten Typ von Frauengruppen um *consciousness raising* Gruppen gehandelt hatte, war die Finanzierung feministischer Organisationen nicht so problematisch wie in den

1990ern. Um Finanzierungen zu finden, begannen Feministinnen in den 1990ern mit internationalen Organisationen und Botschaften westlicher Länder Kontakt aufzunehmen. Organisationen wie *Ucan Supurge* und *Pazartesi* wurden gegründet und blieben über die Jahre mit der Unterstützung, die sie von internationalen Organisationen erhielten, aktiv. Um Geld zu erhalten, wurde ein Projektantrag an eine internationale Organisation gestellt. Frauenstudiengänge erhielten für ihre Projekte ebenfalls Unterstützung von der UN. Feministinnen nannten die Organisationen der 1990er und 2000er „Projektorganisationen" (Yildiz Temurturkan, Interview 7. Juli 1999).[10]

Seit Mitte der 1990er Jahre stellen sich Feministinnen angesichts der Tätigkeit in Institutionen und der Involviertheit in Projekten anstelle der Organisation von Straßenprotesten und Kampagnen die Frage, ob sich die feministische Bewegung auflöst. Trotz dieser Diskussionen setzen sich Feministinnen weiterhin dafür ein, einen Unterschied zwischen ihren eigenen (feministischen) Positionen und dem Leben anderer Frauen zu machen.[11]

Der gegenwärtige Status türkischer Frauen

Feministischer Aktivismus, der vehement in feministisch orientierten Organisationen existiert, ist ein konkretes Beispiel für die politische Involviertheit von Frauen in der heutigen Türkei. Nichtsdestotrotz spiegelt sich diese politische Beteiligung nicht in den verschiedenen Ebenen der Partei und dem Parlament wider. Türkische Frauen sind nicht voll in diesen politischen Körpern repräsentiert. Zurzeit sind nur 24 Frauen im Parlament (weniger als 5%). In den frühen Jahren der Republik waren es 18 Frauen. Über die ganze Geschichte der Republik hinweg waren Frauen nie entsprechend ihrem Anteil an der Bevölkerung im Parlament repräsentiert.

Es gab einige positive Entwicklungen hinsichtlich der politischen Partizipation von Frauen. Entgegen häufiger Vorurteile tendieren Frauen in der Türkei dazu, für Parteien und Kandidaten zu stimmen, die sie bevorzugen, und nicht für die, die ihre Ehemänner und andere enge männliche Verwandte

10 Zitiert in Kocali (2002: 74): Gulnur Savran, eine feministische Aktivistin, bezeichnet die Zeit nach 1990 als die Zeit der „Institutionalisierung und Projektfeminismus."

11 Während der späten 1980er und 1990er Jahre entstanden neue Frauengruppen, die sich als feministisch auswiesen. Diese Frauen waren auch in islamischen und kurdischen Bewegungen aktiv. Eine Handvoll islamischer Frauen bezeichnete sich als Feministinnen. Sie waren in der Türkei als *Islamci feministler* (islamische Feministinnen) bekannt. Diese Frauen publizierten in Magazinen wie *Sena* und *Kadin Kimligi*. Obwohl es immer kurdische Frauen unter den Feministinnen gab, enstanden eigenständige Aktivitäten kurdischer Feministinnen erst in den 1990ern. Diese Frauen bemühten sich seit Mitte der 1990er, sich von der größeren kurdischen Linken zu trennen. Kurdische Feministinnen gaben zwei wesentliche Magazine heraus: *Rosa* und *Jujin*. *Rosa* war das erste kurdische feministische Magazin, es wurde seit 1996 publiziert. Beide Magazine erscheinen inzwischen nicht mehr (Acik 2002).

favorisieren. Darüber hinaus begannen Frauen seit der Aufhebung des Verbots von Frauen- und Jugendabteilungen in Parteien im Jahr 1995, was eine Folge des Militärputsches von 1980 war, in den Frauenabteilungen der politischen Parteien aktiv zu werden (Gunes-Ayata 1995). Dennoch sind diese positiven Trends von der niedrigen Anzahl an Frauen in Führungspositionen in politischen Parteien und dem Parlament überschattet. Da feministische Gruppen diese Unterrepräsentanz stark kritisieren, haben sie sich kürzlich darum bemüht, diese Situation zu ändern. Sie gründeten KA.DER in der Absicht, Frauen zu unterstützen, als Kandidatinnen in Wahlen anzutreten.

Heutzutage ist die Türkei von Urbanisierung gekennzeichnet und es leben mehr Frauen in der Stadt als auf dem Land. Im Jahr 1990 lebten ca. 16 Millionen Frauen in Städten, während 11,5 Millionen Frauen in ländlichen Gegenden lebten (Staatliches Institut für Statistik: 1995). Allerdings ist die Erwerbsbeteiligung nicht in gleichem Maße angestiegen wie die Urbanisierung. Nach statistischen Angaben waren im Jahr 2000 nur 23% Frauen erwerbstätig. Frauen machen 16% der Arbeitskräfte in Städten und 35% in ländlichen Gebieten aus. Die Mehrheit der Frauen ist in der Landwirtschaft tätig. Diese Statistiken weisen auf einen Rückgang der weiblichen Erwerbsbeteiligung seit 1955 hin (Kadinin Statusu ve Sorunlari Genel Mudurlugu 2002). 1955 waren es 43 % (Staatliches Institut für Statistik 1995).

Dennoch kann der Rückgang der Anzahl der erwerbstätigen Frauen irreführend sein, da Statistiken die Frauen im reproduktiven Bereich übersehen, besonders in Städten sind sie in Tätigkeiten wie Putzen oder Babysitten zu finden. Leider gibt es keine zuverlässigen statistischen Informationen über die Anzahl von Frauen im reproduktiven Bereich. Mit Blick auf die ökonomischen Probleme des Landes in den letzten Jahren, die sich in der Situation der Individuen widerspiegelt, erwarten einige Forscher, dass die Anzahl von Frauen im reproduktiven Bereich angestiegen ist (Ecevit 1998). Tatsächlich bedeutet im reproduktiven Bereich zu arbeiten, keine Krankenversicherung und andere Sozialleistungen zu haben zusätzlich zu mangelnder Jobsicherheit. Weiterhin gab es einen Anstieg in der Anzahl von Hausfrauen im städtischen Bereich. Der Statistik zufolge stieg die Anzahl von 8 Millionen im Jahr 1985 auf 11 Millionen im Jahr 1994 (Staatliches Institut für Statistik 1995). Die Mehrheit der Frauen, die von ländlichen Gegenden in die Stadt ziehen, werden Hausfrauen, anstatt sich am Arbeitsmarkt zu beteiligen (Ilkkaracan 1998).

Die Erwerbsbeteiligung von Frauen steigt mit dem Bildungsniveau. Die Statistik von 1999 zeigt, dass 70% der Frauen mit Hochschulabschluss erwerbstätig sind. Diese Frauen konzentrieren sich in Fachberufen. Laut der Daten von 1990 sind 50% der Pharmazeuten und Computerprogrammierer Frauen. Frauen stellen 30% der Architekten, 29% der Arzte, 32% der Zahnärzte und 26% der Juristen (Kadinin Statusu ve Sorunlari Genel Mudurlugu 2002). Die Beziehung zwischen Ausbildungsniveau und Erwerbsbeteiligung von Frauen ist ermutigend, da sie zeigt, dass Frauen mit höherer Bildung Erwerbstätigkeit bevorzugen.

Obwohl die Urbanisierung weiter anhält, bleibt der ökonomische Graben zwischen urbanen und ländlichen Gegenden und denjenigen Personen, die in der Stadt leben und denen, die auf dem Land leben, ein Problem. Die meisten Frauen mit einer hohen Ausbildung und Berufsausbildung leben in Städten, wo es mehr und bessere öffentliche Schulen und Universitäten gibt. Frauen in Städten tendieren dazu, länger in Bildungsinstitutionen zu bleiben als Frauen in ländlichen Gebieten (Zeytinoglu 1998). Viele Frauen in den östlichen und südöstlichen Bereichen der Türkei kennen ihre Rechte nicht. Traditionelle religiöse Werte und Normen regieren ihr Leben. Dort gibt es Kinderehen (unter 15 Jahren), die zwar nicht legal sind, aber von den Dorfbewohnern anerkannt werden, wenn sie in einer religiösen Zeremonie geschlossen werden.[12] Obwohl dies durch die Einführung des Zivilgesetzes von 1926 illegal wurde, existiert die Polygynie immer noch in diesen Gebieten. In den östlichen Gebieten der Türkei ist jede zehnte Frau eine von mehreren Ehefrauen. Arrangierte Ehen sind immer noch üblich (Ilkkaracan 1998).

Die Statistik zeigt, dass immer noch viel getan werden muss, um die Frauenerwerbstätigkeit zu heben. Die Anzahl der Frauen in Führungspositionen, sowohl im politischen als auch im Erwerbsbereich, muss gesteigert werden. Der Zugang von Frauen zu höherer Bildung trägt zur Verbesserung ihrer Lebensqualität bei, aber Frauen leiden unter einem Mangel an Möglichkeiten. Es gibt immer noch Frauen, die Analphabetinnen sind. Regionale Unterschiede tragen zu weiteren Hindernissen für Frauen bei, die sich als Probleme wie Ehrenmord, Kinderehen und Polygynie in östlichen und südöstlichen Gebieten darstellen. Die Ausbildung von Frauen und die Eliminierung von Problemen, die aus regionalen Unterschieden hervorgehen, sind zentral für die Ermächtigung (*Empowerment*) von Frauen.

Trägt die Europäische Union dazu bei, den Status von Frauen in der Türkei zu verbessern?

Seit der offiziellen Bewerbung der Türkei um volle Mitgliedschaft in der Europäischen Union (EU) am 14. April 1987 spielt die EU eine zunehmend wichtige Rolle als Mechanismus, der den türkischen Staat dazu veranlasst, rechtliche und ökonomische Veränderungen der Lebenssituation der Frauen vorzunehmen. Nach der ersten Beitrittsbewerbung knüpfte der Gipfel von

---

12 In einem Forschungsprojekt, das in der östlichen und südostlichen Türkei durchgeführt wurde, gaben 56% der verheirateten Frauen Kurdisch als ihre Muttersprache an. Der Anteil von Frauen, die Türkisch als Mutterspache hatten, war 30%. Der Rest der Frauen identifizierten ihre Muttersprache als Zaza (7%), Azeri-Türkish (3%) und Arabisch (4%). Insgesamt wurden 599 Frauen befragt (Ikkaraca 1998: 174).

Kopenhagen die volle Mitgliedschaft der Türkei an die Erfüllung einer Reihe politischer Kriterien, die drastische Veränderungen in der Türkei zur Folge hätten. Im Dezember 1995 bewilligte das Europäische Parlament die Zollunion zwischen der EU und der Türkei. Auf dem Gipfel von Helsinki, der im Dezember 1999 stattfand, erkannte die EU die Türkei offiziell als Kandidaten an (Karluk 2003). Auf dem Gipfel in Kopenhagen im Dezember 2002 erklärte die Europäische Kommission (EC), dass im Mai 2004 zehn weitere Länder und im Jahr 2007 zwei weitere Länder zur EU zugelassen werden. Für die Türkei wurde kein Datum für den Beginn der Beitrittsverhandlungen gesetzt. Der Kommission zufolge war der Hauptgrund hierfür, dass obwohl die Türkei wesentliche Fortschritte darin gemacht hat, die Anforderungen der Europäischen Kommission zu erfüllen, sie die politischen Kriterien von Kopenhagen noch nicht voll erfüllt hat. Auf der offiziellen Internetseite des türkischen Außenministeriums drückten Entscheidungsträger ihre Enttäuschung über die Ergebnisse des Gipfels aus.

> Die Entscheidungen auf dem Kopenhagener Europäischen Konzil bezüglich der Türkei haben unsere Erwartungen nicht erfüllt. Nichtsdestotrotz werden sie als eine Grundlage für eine neue Phase der Beziehungen zwischen der Türkei und der EU betrachtet. (Türkisches Außenministerium 2003)[13]

Um den Beitrittsprozess zu beschleunigen und um der EU zu zeigen, dass es ihnen hinsichtlich der Mitgliedschaft ernst ist, haben türkische Entscheidungsträger in den letzten Jahren einige Änderungen der Verfassung, des Zivil- und des Strafrechts vorgenommen. Im Rahmen dieses Beitrags fokussiere ich auf einige zentrale Veränderungen, die die Lebenssituation von Frauen in der Türkei direkt betreffen. Unter Einhaltung der Forderung der Europäischen Kommission, dass die Mitglieds- und Beitrittsländer für Geschlechtergleichheit sorgen müssen, nahm die Türkei das neue Zivilrecht von 2002 an. Das neue Zivilrecht führte wesentliche Veränderungen für die Verbesserung des Status der Frauen ein. Im neuen Recht wird auf die Formulierung des „Haushaltsvorstand" verzichtet. Dem alten Zivilrecht zufolge wurde der Ehemann als Haushaltsvorstand betrachtet. Im neuen Zivilrecht können Ehemann und Ehefrau beide Entscheidungen darüber treffen, wo das Ehepaar

---

13 Die Beziehung zwischen der EU und der Türkei intensiviert sich weiterhin. Im Bericht von 2002 über die Fortschritte der Türkei hinsichtlich des Beitritts stellte die Kommission fest, dass „die Beteiligung an EU-Programmen und -Einrichtungen zugenommen hat. Ein Rahmenabkommen zwischen der Republik der Türkei und der Europäischen Union wurde im Juni vom türkischen Parlament unterzeichnet. Es erlaubt der Türkei, sich an allen Programmen und Einrichtungen zu beteiligen, die den Kandidatenländern offen stehen. Gegenwärtig beteiligt sich die Türkei in der Europäischen Umweltbehörde, dem Europäischen Beobachtungszentrum für Drogen und Drogenabhängigkeit, IDA (*Interchange of Data Between Administrations*), Gesundheit, Bekämpfung von Diskriminierung, Geschlechtergleichheit, Bekämpfung von sozialem Ausschluss und intensiven Maßnahmen in Erwerbstätigkeit, sowie wie Zoll 2007" (Kommission der Europäischen Gemeinschaft 2003).

lebt und welche Schulen die Kinder besuchen. Das alte Recht betrachtete den Ehemann als den Hauptentscheidungsträger in diesen Angelegenheiten. Eine der wichtigsten Veränderungen im neuen Zivilrecht betrifft die Scheidung. Frauen haben nun ein Anrecht auf die Hälfte des Vermögens, das während der Ehe erzielt wurde. Diese Veränderung betrifft das Vermögen, das seit dem 1. Januar 2003 erzielt wurde. Frauengruppen in der Türkei kritisieren diese Zeitbegrenzung, weil sie viele Frauen, insbesondere Hausfrauen, die vor diesem Zeitpunkt geheiratet haben und kein eigenes Vermögen haben, benachteiligt.[14] Das neue Recht hebt das legale Heiratsalter für beide Geschlechter auf 18 Jahre an. Im alten Gesetz durften Mädchen mit 15 und Jungen im Alter von 17 Jahren heiraten. Weiterhin senkt das neue Zivilrecht das Alter, in dem man Kinder adoptieren kann, von 35 auf 30 (Staatliches Institut für Statistik 2003).

Die wesentliche Entwicklung im Umgang mit Gewalt gegen Frauen war der Erlass des Familienschutzgesetzes im Jahr 1998. Dieses Gesetz verlangt Maßnahmen wie die Entfernung des Angreifers vom Haushalt und Haftstrafen von drei bis sechs Monaten, falls sich der Angreifer nicht an die gesetzlichen Auflagen hält. Das Strafrecht wurde auch in mehrfacher Hinsicht revidiert. Ehebruch wird nicht länger als Straftat betrachtet. Vorherige Gesetzesabschnitte den Ehebruch betreffend hatten mehr Auswirkungen auf Frauen als auf Männer und diskriminierten daher Frauen. Im gegenwärtigen Kontext kann Ehebruch ein Scheidungsgrund sein (Staatliches Institut für Statistik 2003).

Lange vor den Änderungen des Zivil- und Strafrechts traten türkische Feministinnen für die oben beschriebenen Veränderungen ein. Sie kritisierten das alte Recht wegen der Diskriminierung von Frauen und forderten härtere Maßnahmen gegen die Person, die eine Gewalttat verübt. Ihr Engagement gegen das alte Zivil- und Strafrecht sorgte dafür, dass die diskriminierenden Gesetze im öffentlichen Diskurs blieben. Monate vor den Revisionen im Zivilrecht organisierte das Generaldirektorat für den Status und die Probleme von Frauen einen Protestmarsch mit anderen Frauengruppen und forderte Gesetzesänderungen.[15] Ähnlich den Aktivitäten zur Veränderung des Zivilrechts stellten feministische Gruppen öffentlich das Strafrecht infrage, da es Männer beim Ehebruch begünstigte. Sie forderten auch härtere Maßnahmen gegen Gewalt gegen Frauen.

---

14 Feministische Gruppen haben gerade eine Kampagne mit dem Nahmen „wir wollen [die Früchte] unserer Erwerbsarbeit“ (*ekonomik emegimizi istiyoruz*), um das Zeitlimit abzuschaffen.

15 Das Generaldirektorat für den Status und die Probleme der Frauen wurde 1990 geschaffen. Die Einrichtung des Direktorats auf der staatlichen Ebene zeigte, dass der Staat die Frauenfrage anerkannte und bereit war, sich dafür einzusetzen, die Probleme von Frauen zu lösen (Kardam/ Ecevit 2002: 91).

Die Rolle der feministischen Gruppen bei den Veränderungen dieser Gesetze kann nicht geleugnet werden. Sie hatten immer dafür gearbeitet, eine öffentliche Debatte zu Frauenfragen herzustellen und haben nach den Veränderungen nicht gezögert, eventuell vorhandene Mängel der neuen Gesetze und Regelungen zu kritisieren. Dennoch wurden viele Frauen betreffende gesetzliche Änderungen in erster Linie realisiert, weil der türkische Staat einen bestimmten internationalen Ruf aufbauen will. Zum Beispiel waren die Veränderungen im Zivilrecht hauptsächlich das Resultat der Ambitionen der Türkei, ein Teil der EU zu werden. Durch die Veränderungen des Zivilrechts erfüllte die Türkei nicht nur eine Forderung der EU, sondern auch eine Forderung der UN. Im Bericht der Türkei an die UN, der 1994 verfasst wurde, um bei der UN-Frauenkonferenz in Peking 1995 vorgestellt zu werden, wurden mehrere Abschnitte des alten Zivilrechts dafür kritisiert, dass sie die UN-CEDAW-Vereinbarung verletzten (Turkish National Report 1994).

Seit UN- und EU-Forderungen zur Entwicklung des Status von Frauen parallele Entwicklungen zeigen, verbessert die Türkei, indem sie die Forderung eines Staatenbundes erfüllt, ihr internationales Ansehen in beiden Vereinigungen. Am 30. Juli 2002 ratifizierte die Türkei das Zusatzprotokoll der UN-Konvention für die Eliminierung der Diskriminierung von Frauen (UN-CEDAW). Dieses Protokoll erlaubt, die Beschwerden von Individuen, die behaupten, wegen ihres Geschlechts in einem unterzeichneten Staat diskriminiert worden zu sein, von einem UN-Komitee zu überwachen. Zusätzlich zur Reform des Zivilrechts hat die Türkei durch die Unterzeichnung des Protokolls einen wesentlichen Schritt gemacht, indem sie im internationalen Kontext sichtbar machte, dass der Staat Verantwortung für die Implementierung des CEDAW Abkommens übernimmt. Durch die Unterzeichnung dieses Protokolls hat die Türkei auch ihre Chancen für die Mitgliedschaft in der EU erhöht, weil sie eine weitere signifikante Bewegung in Richtung auf die Eliminierung der Diskriminierung von Frauen gemacht hat (Kommission der Europäischen Gemeinschaft 2003).

All diese Veränderungen des Zivil- und Strafrechts in Übereinstimmung mit den internationalen Abkommen sind von den feministischen Gruppen in der Türkei gewünschte Reformen. In diesem Sinn trugen die Vorbereitungen des türkischen Staates zum EU-Beitritt zu konkreten Erfolgen hinsichtlich seit langem bestehender Forderungen von Feministinnen bei. Dennoch scheinen sich türkische Feministinnen darum zu sorgen, in welchem Ausmaß Frauen von den gegenwärtigen gesetzlichen Veränderungen profitieren werden. In einem Interview (20. Mai 2003) betonte Ilknur Ustun, ein Komitee-Mitglied von KA.DER:

> Wir müssen wissen, wie die politischen Maßnahmen, die die Gleichheit von Männern und Frauen betreffen, unser Leben beeinflussen und welche Veränderungen sie mit sich bringen. Ob sie positiv oder negativ sind. Solange wir nicht wissen, was diese neue Politik befördert, können wir keinen Standpunkt beziehen. [...] Die populäre

Frage ist Zypern. Es wird viel Lärm darum gemacht, aber es gibt nicht genügend Stimmen hinsichtlich der politischen Maßnahmen die Frauenfragen betreffen. Ich denke, das liegt daran, dass die Leute nicht genügend wissen.

Die positive Chemie zwischen den feministischen Frauengruppen und der EU beschränkt sich nicht darauf, ähnliche Ziele zu haben und die Gesetze dahingehend zu verändern, dass sie mehr Geschlechtergleicheit bereitstellen. Über die Jahre haben die türkischen Frauenorganisationen finanzielle Unterstützung von der Europäischen Kommission erhalten in Zusammenhang mit den Maßnahmen der Kommission, Menschenrechte und Zivilgesellschaften in den Mitglieds- und Kandidatenländern zu fördern. D.h. seit 1995 hat die Europäische Kommission den folgenden Frauengruppen in der Türkei finanzielle Projektunterstützung gewährt: Frauensolidaritätsstiftung (Beratung für Frauen, die Opfer häuslicher Gewalt sind), das Frauenschutzhaus „Lila Dach", Organisation für die Unterstützung weiblicher Kandidatinnen und die Stiftung für die Unterstützung von Frauenarbeit. Zusätzlich zu diesen bewilligte die EU Organisationen, die nicht notwendigerweise Frauenorganisationen sind, aber deren Projekte Frauen zugute kommen, finanzielle Mittel. Zum Beispiel erhielt die Föderation türkischer Handwerker und Vertreter finanzielle Mittel von der Europäischen Kommission, um weibliche Unternehmerinnen auszubilden und zu unterstützen. Die Türkische Entwicklungsstiftung erhielt finanzielle Mittel von der EU, um Frauen in den Städten Van und Diyarbakir auszubilden (EC Representation to Turkey 2001).

Diese Tatsachen deuten darauf hin, dass das steigende Niveau der Beziehungen türkischer Frauengruppen zur EU mit der allgemeinen Verbesserung der Beziehungen zwischen der Türkei und der EU einhergeht. In großem Ausmaß haben feministische Gruppen die rechtlichen Veränderungen hinsichtlich des Status von Frauen begrüßt. Diese Veränderungen wurden als Ergebnis der internationalen Verpflichtungen der Türkei gegenüber der Europäischen Union aufgefasst. Die Politik der Europäischen Kommission hinsichtlich des Status von Frauen entspricht der Agenda der Türkischen Frauengruppen, wie man die Lebenssituation von Frauen in diesem Land verbessern solle. Die Abschaffung von Gesetzen, die Frauen diskriminieren, und die Förderung von Geschlechtergleichheit auf der rechtlichen Ebene, die Eliminierung von Gewalt gegen Frauen, die Ausbildung von Frauen wie auch die Unterstützung von Frauen darin, sich am Arbeitsmarkt und in der Politik zu beteiligen, sind gemeinsame Ziele der Europäischen Kommission und der feministischen Gruppen in der Türkei. Die Mitglieder der feministischen Bewegung haben von Anfang an ihre Bewegung dafür gelobt, zur Entwicklung der Zivilgesellschaft in der Türkei beizutragen (Arat 1994; Tekeli 1986). Sie glauben, dass sich Frauenorganisationen als autonome zivilgesellschaftliche Einheiten an der Verbesserung der sozioökonomischen, kulturellen und politischen Bedingungen von Frauen engagieren sollten. Die Unterstützung der EU für gemeinnützige Organisationen (NGOs) bei der Repräsentation verschiedener Gruppen und Meinungen und in der Politikentwicklung begünstigt die feministischen Organisationen weiterhin.

Nichtsdestotrotz erheben sich von Zeit zu Zeit kritische Stimmen unter den feministischen Aktivistinnen, was die Rolle der EU und anderer internationaler Körperschaften im Umgang mit Geschlechterfragen in der Türkei angeht. Eine Akademikerin an der Marmara Universität, die in Frauenprojekten aktiv ist, vertritt einen erwähnenswerten Standpunkt: Sie stellt die Motivation hinter der finanziellen Unterstützung internationaler Körper, inklusive der EU, für Frauenorganisationen in der Türkei infrage:

> Das Thema, das von der Europäischen Kommission für 2001 beschlossen wurde war ‚Menschenrechte und Demokratie' [...] Zeigt die Unterstützung der Europäischen Kommission für Menschenrechte und Demokratie, dass Europa denkt, dass es den anderen Ländern immer noch eine oder mehrere Lektionen erteilen muss? Der Westen erzog seine Kolonien dazu, in der Kolonialzeit zivilisiert zu sein und nun nutzt er andere Erziehungsmethoden für Entwicklungsländer, die durch Krisen, Rückschritte und Stagnation gehen. Die Kommission, die Frauen auffallender Weise in den Status des ‚Opfers' platziert und dann beschließt, was für sie getan werden muss, steht nun hinter den verschiedenen großen Projekten der Türkei. (Kumbetoglu 2002: 165)

Das oben genannte Beispiel offenbart, dass Kritik von der Unzufriedenheit mit dem historischen und ideologischen Erbe des Kolonialismus herrührt. SkeptikerInnen sind besonders besorgt, dass die Europäische Kommission und andere westliche internationale Organisationen, die Projekte in der Türkei unterstützen, die Angelegenheit der Ermächtigung von Frauen nutzen, um die Überlegenheit des Westens zu betonen und die Weltsicht der westlichen Länder in anderen Ländern wie der Türkei zu verbreiten. Mit anderen Worten, die koloniale Haltung existiert immer noch und wird mit der Art und Weise, wie Angelegenheiten wie Geschlechtergleichheit, Menschenrechte und Demokratie gehandhabt werden, perpetuiert.

Schlussfolgerungen

Ende des Ottomanischen Reiches und dann in den frühen Jahren der Türkischen Republik trugen sich wesentliche Veränderungen der gesetzlichen Rechte und des Status von Frauen zu. Die nächste Phase von Veränderungen fand überwiegend nach 1980, in den 1990ern und 2000ern statt. In der Tat, dieser Zeitpunkt war kein Zufall. Die Existenz einer feministischen Bewegung auf der selben Linie wie Frauenbewegungen in Europa und den USA spielte eine wichtige Rolle für die Organisierung von Frauen, für das in die Öffentlichkeit bringen von Frauenangelegenheiten und für die Forderung nach Geschlechtergerechtigkeit in den sozialen, kulturellen, politischen, und ökonomischen Bereichen. Allerdings scheint die primär treibende Kraft hinter den drastischen rechtlichen Veränderungen die Europäische Union zu sein. Die Möglichkeit, ein Mitglied der Europäischen Union zu werden, hat den türkischen Staat dazu veranlasst, wesentliche Veränderungen in der Verfassung, dem Zivilrecht und dem Strafrecht vorzunehmen. Die Türkei beteiligt sich auch an internationalen Abkommen der Vereinten Nationen zum Status der Frau, wobei die EU-Mitgliedschaft ein signifikanter motivierender Faktor ist.

Gemäß ihrer Politik hinsichtlich der Rechte von Frauen hat die EU türkische Frauengruppen mit finanziellen Mitteln für Projekte, die Frauen zu Gute kommen, unterstützt. Allerdings hätte eine größere Anzahl an Frauengruppen die monetäre Unterstützung genutzt um Frauen zu helfen, wenn sie von den Mitteln und den Projekten, für die sie gegeben werden, gewusst hätten. Wie Ilknur Ustun von KA.DER betont hat, haben sich die Informationen über die von der Europäischen Kommission unterstützten Projekte nicht adäquat zu den Frauenorganisationen in den verschiedenen Teilen der Türkei verbreitet.

> Dies ist eine wesentliche Schwierigkeit. Frauen sind nicht über die EU-Projekte und viele andere Projekte informiert. [...] Ich vermute es gibt einige sehr gut informierte Organisationen, denen es gelingt, von der Unterstützung zu profitieren, aber viele Frauenorganisationen haben ökonomische Schwierigkeiten, welche das, was sie tun können, einschränkt.

Selbst wenn einige Kritik gegen die Motivation der EU feststellbar ist, scheinen die meisten feministischen Gruppen froh über den Druck der europäischen Union auf die Türkei für rechtliche Veränderungen und über die finanzielle Unterstützung der EU zu sein. Sie heißen auch die Unterschrift der Türkei unter internationale Vereinbarungen, die schließlich die Lebenssituation von Frauen in der Türkei verbessern sollen, willkommen. Nichtsdestotrotz betonen sie, dass Frauen besser über diese rechtlichen Veränderungen und ihre Auswirkungen auf sie informiert sein sollten.

Die EU hat sich als eine wertvolle Ressource für die türkischen Frauenaktivistinnen erwiesen und verspricht es in der nahen Zukunft zu sein. Doch ungeachtet der Anstrengungen der EU und der Frauengruppen in der Türkei muss es sich zeigen, wie lange es dauern wird, einige der rechtlichen Veränderungen zu implementieren und in welchem Ausmaß die Projekte, die von der EU unterstützt werden, Frauen, insbesondere denen in ländlichen Gebieten und denen mit wenig oder überhaupt keinen Ressourcen, helfen werden.

Übersetzung aus dem Englischen von Silke Roth

Literatur

Acik, Necla (2002): Ulusal Mucadele, Kadin Mitosu ve Kadinlarin Harekete Gecirilmesi. In: Bora, Aksu/ Gunal, Asena (Hg.): 90'larda Turkiye'de Feminizm. Istanbul, S. 279-306.

Aldikaçtı, Gul (2001): Framing, Culture, and Social Movements: A Comparison of Feminist and Islamist Women's Movements in Turkey. Ph.D. diss., University of Pennsylvania.

Arat, Yesim (1994): Toward a Democratic Society: The Women's Movement in Turkey in the 1980s. In: Women's Studies International Forum 17(2/3), S. 241-248.

Cakir, Serpil (1994): Osmanli Kadin Hareketi. Istanbul.

Commission of the European Communities (2003): 2002 Regular Report on Turkey's Progress Towards Accession {COM (2002) 700 final}. In: http://europa.eu.int/-comm/enlargement/report2002/ (Zugriff am 13.05.2003).

EC Representation to Turkey (2001): Civil Society (in Turkish)-Booklet. In: http://-www.deltur.cec.eu.int/sivil.rtf (Zugriff am 06.05.2003).

Ecevit, Yildiz (1998): Turkiye'de Ucretli Kadin Emegi'nin Toplumsal Cinsiyet Temelinde Analizi. In: Ayse Berktay Hacimirzaoglu (Hg.): 75 Yilda Kadinlar ve Erkekler. Istanbul, S. 267-284.

Fleischmann, Ellen (1999): The Other "Awakening." In: Meriwether, Margaret/ Tucker, Judith (Hg.): Women and Gender in the Modern Middle East. Boulder, S. 89-139.

Gole, Nilufer (1996): The Forbidden Modern. Ann Arbor.

Gunes-Ayata, Ayse (1998): Laiklik, Guc ve Katilim Ucgeninde Turkiye'de Kadin ve Siyaset. In: Hacimirzaoglu, Ayse Berktay (Hg.): 75 Yilda Kadinlar ve Erkekler. Istanbul, S. 237-248.

Ilkkaracan, Ipek (1998): Kentli Kadinlar ve Calisma Yasami. In: Hacimirzaoglu, Ayse Berktay (ed.): 75 Yilda Kadinlar ve Erkekler. Istanbul, S. 285-302.

Ilkkaracan, Pinar (1998): Dogu Anadolu'da Kadin ve Aile. In: Hacimirzaoglu, Ayse Berktay (Hg.): 75 Yilda Kadinlar ve Erkekler. Istanbul, S. 173-192.

Isik, Nazik (2002): 1990'larda Kadina Yonelik Aile Ici Siddetle Mucadele Hareketi Icinde Olusmus Bazi Gozlem ve Dusunceler. In: Bora, Aksu/ Gunal, Asena (Hg.): 90'larda Turkiye'de Feminizm. Istanbul, S. 41-72.

Kadinin Statusu ve Sorunlari Genel Mudurlugu (Directorate General on The Status and Problems of Women) (1999): Turkiye'de Kadin. Ankara.

Kadinin Statusu ve Sorunlari Genel Mudurlugu (Directorate General on The Status and Problems of Women) (2002): Avrupa Toplulugunun Calisma Yasaminda Kadin-Erkek Esitligine Dair Duzenlemeleri ve Turkiye. Ankara.

Kardam, Filiz/ Ecevit, Yildiz (2002): 1990'larin Sonunda Bir Kadin Iletisim Kurulusu: Ucan Spurge. In: Bora, Aksu/ Gunal, Asena (Hg.): 90'larda Turkiye'de Feminizm. Istanbul, S. 87-108.

Karluk, Ridvan (2003): Avrupa Birligi ve Turkiye. Istanbul.

Kilic, Zulal (1998): Cumhuriyet Turkiyesi'nde Kadin Hareketine Genel Bir Bakis. In: Hacimirzaoglu, Ayse Berktay (Hg.): 75 Yilda Kadinlar ve Erkekler. Istanbul, S. 347-360.

Kirkpinar, Leyla (1998): Turkiye'de Toplumsal Degisme Surecinde Kadin. In: Hacimirzaoglu, Ayse Berktay (Hg.): 75 Yilda Kadinlar ve Erkekler. Istanbul, S. 13-28.

Kocali, Filiz (2002): Kadinlara Mahsus Gazete Pazartesi. In: Bora, Aksu/ Gunal, Asena (Hg.): 90'larda Turkiye'de Feminizm. Istanbul, S. 73-85.

Kumbetoglu, Belkis (2002): Kadinlara Iliskin Projeler. In: Bora, Aksu/ Gunal, Asena (Hg.): 90'larda Turkiye'de Feminizm. Istanbul, S. 159-181.

State Institute of Statistics (2003): "Women Rights in Turkey." Women Information Network in Turkey. In: www.die.gov.tr/tkba/English_TKBA/kadin_haklari.htm (Zugriff am 06.05.2003).

State Institute of Statistics (1995): Statistical Yearbook of Turkey. Ankara.

Tekeli, Sirin (1998): Birinci ve Ikinci Dalga Feminist Hareketlerin Karsilastirmali Incelemesi Uzerine Bir Deneme. In: Hacimirzaoglu, Ayse Berktay (Hg.): 75 Yil-da Kadinlar ve Erkekler. Istanbul, S. 337-346.

Tekeli, Sirin (1995): Introduction: Women in Turkey in the 1980s. In: Tekeli, Sirin (Hg.): Women in Modern Turkish Society. London, S. 1-21.

Tekeli, Sirin (1986): The Rise and Change of the New Women's Movement. In: Dahlerup, Drude (Hg.): The New Women's Movement: Feminism and Political Power in Europe and U.S.A. Newbury Park, S. 179-199.

Timisi, Nilufer/ Gevrek, Meltem (2002): 1980'ler Turkiyesi'nde Feminist Hareket. In: Bora, Aksu/ Gunal, Asena (Hg.): 90'larda Turkiye'de Feminizm. Istanbul, S. 13-39.

Turkish Ministry of Foreign Affairs (2003): Accession Partnership, The National Program and Recent Progress Towards Accession: www.mfa.gov.tr/grupa/ad/-adc/latest.htm (Zugriff am 13.05.2003).

Turkish National Report to the Fourth World Conference on Women (1994). In: www.die.gov.tr/CIN/women/status-women.htm (Zugriff am 08.05.2003).

Zeytinoglu, Isik Urla (1998): Constructed Images as Employement Restrictions: Determinants of Female Labor in Turkey. In: Zehra Arat (Hg.): Deconstructing Images of "the Turkish Women". New York, S. 183-197.

Nationale und internationale Einflüsse – Ein Vergleich europäischer Frauenbewegungen[1]

Silke Roth

Wie die in diesem Band vorliegenden Beiträge zeigen, wird die Herausbildung und Entwicklung von Frauenbewegungen einerseits vom regionalen und nationalen Kontext, andererseits von internationalen Entwicklungen geprägt.[2] Es wird auch deutlich, dass eine einfache, polare Gegenüberstellung von „Ost" und „West" wenig fruchtbar ist. Stattdessen müssen Einflüsse von Diktatur und Demokratie, Religion, wirtschaftlicher Entwicklung und sozialer Ungleichheit sowie das Verhältnis verschiedener sozialer Bewegungen zueinander berücksichtigt werden. Insofern werden in diesem abschließenden Vergleich Ähnlichkeiten und Unterschiede von Frauenbewegungen in EU-Mitgliedsländern, Beitrittsländern sowie Ländern, die die Grenzen Europas und der EU infrage stellen, herausgearbeitet. Im Folgenden werden anhand ausgewählter Dimensionen das Verhältnis verschiedener Strömungen innerhalb von Frauenbewegungen zueinander wie auch zwischen Frauenbewegungen und anderen sozialen Bewegungen herausgearbeitet. Dabei handelt es sich um das Verhältnis zwischen Frauenbewegungen und nationalen sowie nationalistischen Bewegungen bzw. Nationenbildung, um die Spannungen zwischen bürgerlichen und proletarischen Frauenbewegungen sowie um das Verhältnis von autonomen Frauenbewegungen und Staatsfeminismus bzw. Staatsfeministinnen. Weiterhin diskutiere ich die Rahmenbedingungen von Frauenbewegungen in Demokratie und Diktatur sowie das Verhältnis verschiedener Forderungen (Chancengleichheit in Bildung und Beruf, Sexualität und Körperpolitik). Abschließend behandele ich die Bedeutung transnationaler Organisationen für die Entwicklung von Frauenbewegungen und Feminismus.

Imagined Communities – Frauenbewegungen und Nationenbildung

Wie Marlene LeGates (2001) zeigt, hat es schon seit Jahrhunderten vereinzelt frauenpolitisches Engagement gegeben, aber erst seit der Aufklärung kam es zur Ausbildung von Frauenbewegungen. Die Herausbildung und Transformation von frauenpolitischen Aktivitäten und Frauenbewegungen ist stark von der Nationenbildung und nationalen Entwicklungen (z.B. Regimewechsel, Krieg) geprägt und mit nationalen Bewegungen verbunden. Im 18. und 19. Jahrhundert lassen sich drei Formen der Mobilisierung von Frauen aus-

1 Für hilfreiche Kommentare danke ich Ingrid Miethe und Claudia Neusüß.
2 Natürlich trifft dies auch auf andere soziale Bewegungen zu.

machen: Erstens gibt es die Aktivitäten von einzelnen Frauen im Rahmen nationaler Bewegungen (z.B. Frankreich, Polen) oder Kriegen (Russland). Dass die Beteiligung an nationalen Bewegungen nicht durch politische Rechte belohnt wird, zeigt das Beispiel Frankreichs. Hier bedeutete die Nationenbildung den Ausschluss von politischen Rechten, die Frauen erst eineinhalb Jahrhunderte später erhielten. Zweitens begannen Frauen der Oberschicht Forderungen für die Verbesserung der Rolle der Frau zu stellen (z.B. Ungarn, Ottomanisches Reich). Drittens waren Frauen gleichermaßen wie Männer in sozialen Bewegungen aktiv. So beruhte in Finnland die politische Beteiligung von Frauen auf den Gleichstellungsvorstellungen der agrarisch geprägten finnischen Gesellschaft; hier gehörten Männer und Frauen denselben sozialen Bewegungen (Temperenz-, Frauen-, Arbeiterbewegungen) an.

Ungeachtet dieser Unterschiede besteht in jedem dieser Fälle ein enger Zusammenhang zwischen Nationenbildung und Frauenbewegung. Dies betrifft insbesondere die rechtliche Entwicklung, wie beispielsweise das aktive und passive Wahlrecht und die Regelung reproduktiver Rechte und das Familienrecht (vgl. dazu Gerhard in diesem Band). Wie Gail und Kligman (2000) argumentieren, wird durch die rechtliche Regelung der Reproduktion in mehrfacher Hinsicht das Verhältnis zwischen Gesetzgeber und Untertanen konstituiert. Sie kann die Definition, wer der Nation angehört, betreffen (Blutsrecht), bevölkerungspolitische Ziele verfolgen sowie die Selbstbestimmung der Frau einschränken. Im Fall der Türkei war die Reform des islamischen Familienrechts Anfang des 20. Jahrhunderts ein Kernstück der Modernisierung von Staat und Gesellschaft. Das islamische Recht wurde als Hindernis für die Modernisierung und Verwestlichung der türkischen Republik wahrgenommen. Die türkische Frauenbewegung profitierte also von dem Ziel der Modernisierung des Staates. Das Geschlechterverhältnis wird allerdings nicht nur durch das Familienrecht, sondern durch alle rechtlichen Regelungen institutionalisiert.

Die Beispiele Ungarn und Deutschland zeigen, dass bürgerliche Frauenbewegungen sowie Frauenorganisationen der Aristokratie und Oberschicht davon profitierten, Teil nationalistischer Bewegungen zu sein. Durch diese Verbindung erhielten sie gesellschaftliche Anerkennung. Bildung und Wohltätigkeit standen im Mittelpunkt dieser Frauenorganisationen. Diese Frauenvereine der Oberschicht hatten eine Vorbildfunktion für Frauen niedriger sozialer Schichten, die ebenfalls begannen, Frauenorganisationen zu gründen. Frauen forderten die Anerkennung als Mütter und Fürsorgerinnen der „nationalen Familie", die die (männliche) Elite erzogen. Die Forderungen nach Frauenbildung wurden also mit dem Allgemeinwohl verbunden. Diese Verschränkung von Bildung und sozialer Mütterlichkeit war jedoch unterschiedlich ausgeprägt. In den skandinavischen Ländern war sie mit der weitgehend gleichberechtigten Partizipation von Frauen und Männern in sozialen Bewegungen und in der Politik verbunden. Andererseits war die Kombination von Patriarchat und Patriotismus in Ländern wie Polen und Russland kein Grund, die gleichberechtigte politische Teilhabe von Frauen zu fordern. So war in Polen das Bild der „Mutter Polin“ ein zentrales Symbol, das in verschiedenen Regimen und von verschiedenen Seiten beansprucht wurde, sei es in den nationalen Kämpfen, von Seiten der Dissidenten oder von der kommunistischen Führung. Wie in Russland wurde im Symbol der „Mutter Polin“ die Frau aufgewertet und zum Opfer für das Land, die Dissidentenbewegung oder den Kommunismus verpflichtet. Die Verbindung zwischen Nationalismus und Frauenengagement ist bis heute zu beobachten. So engagieren sich beispielsweise in Ungarn viele Frauen in der nationalistischen Bewegung.

Die Herausbildung von Frauenbewegungen wurde jedoch nicht nur von der Nationenbildung, sondern auch von der ökonomischen Entwicklung und der Rolle der Religion in einem Land geprägt. Es wurde schon erwähnt, dass das islamische Recht als Hindernis für die Modernisierung betrachtet wurde und dessen Abschaffung ein Fortschritt für die Frauenbewegung bedeutete. In Polen und Spanien unterdrückte der Katholizismus die Herausbildung von Frauenbewegungen. In diesen beiden Ländern setzte die Industrialisierung erst spät ein, dadurch gab es nur eine kleine Mittelschicht, aus der sich die bürgerliche Frauenbewegung rekrutierte.

Während Frauenbewegungen und politische Rechte von Frauen untrennbar mit nationalen Bewegungen verbunden sind, sind Frauen nicht nur in nationalistischen, sondern auch in (internationalen) Friedensbewegungen aktiv. Rupp und Taylor (2001) beschreiben eindrucksvoll die Herausbildung mehrerer internationaler Frauenorganisationen, die Ende des 19. und in der ersten Hälfte des 20. Jahrhunderts Solidarität und Freundschaften zwischen Frauen und Frauenbewegungen verfeindeter und miteinander Krieg führender Nationen stifteten. Wie im Fall der nationalen und nationalistischen Bewegungen wurde auch im Fall der internationalen Friedensbewegung mit der Mütterlichkeit und der Natur der Frau argumentiert, also ein essentialistisches, die Differenz betonendes Geschlechterkonzept verfolgt.

Diktatur, Dissidenz, Demokratie

Natürlich hat nicht nur die Nationenbildung, sondern auch die Form des Regimes einen wesentlichen Einfluss auf die Entwicklung der Frauenbewegung eines Landes. Dabei können Diktaturen wie auch Demokratien sich jeweils unterschiedlich auf die Ausbildung feministischen Bewusstseins und feministischer Organisationen auswirken. Wie die Beiträge in diesem Band zeigen, beteiligten sich Frauen im Untergrund an der Seite von Männern (Spanien, Polen, Russland, Ungarn). Sie übernahmen einerseits „weibliche Rollen“, wie es beispielsweise im Bild der „Mutter Polin“ deutlich wird, kämpften aber auch Seite an Seite von Männern. In einigen Ländern bildeten sich angesichts des Kampfes gegen Faschismus oder Kommunismus innerhalb antifaschistischer und kommunistischer Gruppen (Spanien) oder in Dissidentenbewegungen (Polen, Ungarn) zunächst keine eigenständigen Organisationen der Frauenbewegung heraus. Es gab aber auch ein anderes Muster: In der DDR, der Türkei und in Spanien bildeten sich in der Zeit der Diktatur eigenständige Frauengruppen heraus. In der DDR gingen aus der allgemeinen Friedensbewegung Gruppen wie „Frauen für den Frieden" hervor. In der Türkei bot der Militärputsch von 1980, im Zuge dessen alle linken Gruppierungen verboten wurden, Frauen, die zuvor in kommunistischen oder marxistischen Gruppen aktiv gewesen waren, die Möglichkeit, eigenständige feministische Gruppierungen zu bilden. D.h. die Distanzierung von den linken Gruppen trug hier zur Herausbildung einer autonomen feministischen Bewegung bei.

Oft unterminierte die Beteiligung von Frauen an linksproletarischen Bewegungen die Herausbildung von Frauenbewegungen, wie beispielsweise in Spanien. Unterschiedlich stark ausgeprägte Spannungen zwischen den jeweils vorhandenen bürgerlichen und proletarischen Flügeln der Frauenbewegungen sind in allen Ländern zu verzeichnen. Dabei setzte sich die bürgerliche Frauenbewegung in der Regel für die Abschaffung diskriminierender Gesetze in Bildung, Beruf und Rechtsprechung sowie für das Frauenwahlrecht ein. Im Gegensatz dazu betonte die proletarische oder sozialistische Frauenbewegung, dass die Verbesserung der Stellung der Arbeiterin von der Lösung der sozialen Frage abhing. Sozialistische und sozialdemokratische Frauen konnten sich demnach auch eher mit Männern der gleichen Schicht identifizieren als mit bürgerlichen Frauen. Die Zweitrangigkeit der Frauenfrage in der Arbeiterbewegung verhinderte oder verzögerte aber die Herausbildung eines feministischen Bewusstseins. Als sich in den 1960ern und 1970ern die neue Frauenbewegung (*second wave* oder zweite Welle) herausbildete, war dies in einigen Fällen mit einem Rückzug aus gemischtgeschlechtlichen Organisationen verbunden.

Öffentliches und Privates

Die Forderungen von Frauenbewegungen reichen von Chancengleichheit in Ausbildung, Beruf und Politik bis zu Fragen geschlechtsspezifischer Arbeitsteilung, Reproduktion und Sexualität – der sogenannten „Körperpolitik". D.h. traditionelle politische Fragen und solche, die lange dem Privatbereich zugeordnet wurden, bilden also ein weiteres Spannungsfeld innerhalb von Frauenbewegungen. Während Fragen der rechtlichen Gleichstellung, z.B. am Arbeitsplatz, zunächst im Vordergrund standen, spielt in den westeuropäischen Ländern ab den 1970er Jahren die Körperpolitik eine zunehmende

Rolle. Aufgrund anderer rechtlicher Rahmenbedingungen in den ehemals sozialistischen Ländern stehen Probleme wie z.B. die Regelung der Abtreibung erst in den 1990ern auf der Agenda.

Der europäische Vergleich zeigt, dass eine hohe Erwerbsbeteiligung nicht notwendigerweise mit einer hohen politischen Beteiligung von Frauen verbunden sein muss. In der Regel schlägt sich eine gute Ausbildung von Frauen in einer höheren Erwerbsbeteiligung nieder. Unabhängig vom Ausmaß der Erwerbsbeteiligung ist überall eine geschlechtsspezifische Segregation auf dem Arbeitsmarkt zu finden. Unterschiede gibt es hinsichtlich der Erwerbsbeteiligung verheirateter und unverheirateter Frauen. Dabei schlagen sich z.B. die sozialen Normen, die die Mutterschaft betreffen, und das damit verbundene Angebot öffentlicher Kinderbetreuung nieder. In den ehemals sozialistischen Ländern, in denen öffentliche Kinderbetreuung gewährleistet war, war die Erwerbsbeteiligung hoch. Dies trifft auch für „westliche“ Länder wie Frankreich und Finnland zu. Allerdings ist die politische Beteiligung von Frauen in Finnland traditionell hoch, während sie in Frankreich – wo Frauen das Wahlrecht erst wesentlich später erhielten – lange niedrig war. In mehreren Ländern – u.a. in den postsozialistischen Ländern, in denen die politische Beteiligung von Frauen im Verlauf der Transformationsprozesse stark absank, aber auch in Frankreich – wurde in den letzten Jahren der Frauenanteil in der Politik erfolgreich durch Initiativen gestärkt.

Zwar wurden Fragen von Sexualität und Abtreibung schon in der alten Frauenbewegung (z.B. in Deutschland) thematisiert, Körperpolitik spielte jedoch zunächst lediglich in den autonomen Frauenbewegungen eine Rolle, die sich ab den 1970ern in vielen westeuropäischen Ländern herausbildeten. Eine zentrale Rolle spielte dabei der Kampf für die Liberalisierung der Abtreibung (z.B. Frankreich, Deutschland) und die Gründung von Frauenhäusern, die Schutz vor Gewalt in der Familie boten. Die autonome Frauenbewegung griff „private“ Fragen (Sexualität, Reproduktion) auf, die in den traditionellen politischen Arenen (Parteien, Parlamente) lange übersehen wurden. Erst Ende der 1990er Jahre bzw. Anfang des 21. Jahrhunderts wurden – beispielsweise in Frankreich, Deutschland, und der Türkei – Gesetze erlassen, die sich mit sexueller Belästigung, Gewalt in der Familie, Prostitution und gleichgeschlechtlichen Partnerschaften befassen. Dies ist einerseits auf eine steigende Beteiligung von (frauenbewegten) Frauen in Parteien, Parlamenten und Regierungen zurückzuführen, andererseits auf die Etablierung internationaler Normen (siehe unten).

Dabei zeigt der Vergleich, dass auch eine relativ hohe politische Beteiligung von Frauen nicht notwendigerweise eine Verankerung „privater“ Fragen im öffentlichen Diskurs bedeutet. In Ländern wie Finnland und den ehemals sozialistischen Ländern, die jeweils von einer starken politischen Partizipation von Frauen gekennzeichnet waren, kam es erst angesichts der Einschränkung von Abtreibungsregelungen zu einer Mobilisierung von Frauen.

Der EU-Beitritt bzw. der Beitrittsprozess führte in diesen Ländern dazu, dass sexuelle Belästigung am Arbeitsplatz und Gewalt in der Familie zu öffentlichen Themen wurden. In den postsozialistischen Ländern nahmen angesichts der steigenden Arbeitslosigkeit insbesondere unter Frauen Prostitution sowie Frauen- und Kinderhandel drastisch zu.

Feminismus ist in Russland und den mittel- und osteuropäischen Ländern in der Bevölkerung, in den Medien und von Seiten der Regierung verpönt.[3] Allerdings gibt es schon seit Anfang der 1990er Jahre Austausch mit westlichen Organisationen, Gender-Forschung und Frauenorganisationen. Nach wie vor wächst der NGO-Sektor und umfasst zivile, halbzivile, religiöse, lokale, internationale, wohltätige und Berufsorganisationen. Es bildeten sich Umweltgruppen sowie Organisationen, die auf Rassismus und die Diskriminierung von Minderheiten (z.B. Roma in Ungarn) reagieren. Die feministische Bewegung wird in erster Linie von Intellektuellen getragen und ist in Universitätszentren und in der Frauenforschung angesiedelt.

(Der Marsch durch) die Institutionen: Autonomie und Staatsfeminismus

Staatsfeminismus umfasst sämtliche Formen staatlicher Bemühungen um die Gleichstellung der Geschlechter, d.h. sowohl Gesetze zur Gleichstellung von Männern und Frauen als auch die Einrichtung von Kommissionen, Frauenbeauftragten, Ministerien oder anderen Einheiten, die sich um die Umsetzung der Gesetze bemühen (Stetson/ Mazur 1995). Angesichts des Staatsfeminismus sowie des Mangels einer Zivilgesellschaft setzte die Entwicklung der autonomen Frauenbewegung in den früher sozialistischen Gesellschaften im Großen und Ganzen erst nach 1990 ein. Im Gegensatz zu anderen postsozialistischen Ländern bildete sich allerdings in der DDR schon in den 1980er Jahren eine Frauenbewegung heraus (vgl. dazu Miethe 1999; Hampele 2000; sowie Gerhard in diesem Band).

Das Verhältnis zwischen autonomem und Staatsfeminismus kann sich also durchaus unterschiedlich gestalten: Einerseits kann die gleichberechtigte Beteiligung in gemischtgeschlechtlichen Organisationen und die Berücksichtigung von Fraueninteressen in der Gesetzgebung der Herausbildung einer autonomen und radikalen Frauenbewegung vorgelagert sein, wie es in Finnland und den sozialistischen Ländern der Fall war. Andererseits kann die autonome Mobilisierung von Frauen der Beteiligung von Frauen in den traditionellen Bereichen der Politik vorausgehen und die Position von Frauen in gemischtgeschlechtlichen Organisationen stärken, wie es in vielen westeuropäischen Ländern der Fall war. Staatsfeminismus und autonom-radikale

---

3 Dies trifft aber durchaus auch auf westliche Länder zu.

Selbsterfahrungsgruppen und Frauenprojekte unterscheiden sich hinsichtlich ihrer Loyalität oder Verpflichtung sowie der Organisationsstruktur. Von femokratischen oder staatsfeministischen Organisationen, d.h. Frauenministerien, Frauenbeauftragten, Frauenkommissionen etc., wird Loyalität zu den Regierungen, Parteien oder anderen Organisationen, deren Teil sie sind, erwartet (Roth 2003). Diese Organisationen sind somit weniger unabhängig, andererseits haben sie aber Zugang zu Ressourcen und repräsentieren die Anerkennung feministischer Anliegen auf offizieller Ebene (Regierung, Parteien, Gewerkschaften etc.). Im Gegensatz dazu zeichnen sich Selbsterfahrungsgruppen und Frauenprojekte durch einen bewusst gewünschten Mangel an formalen Strukturen, flache Hierarchien und Netzwerke aus.[4] Die Organisationen der autonomen Frauenbewegung spielen in den einzelnen europäischen Ländern eine unterschiedlich große Rolle; in jedem Fall bieten sie aber einen Raum, in dem private und persönliche Anliegen besprochen werden können.

Ferree (1987) erklärt die Herausbildung der autonomen Frauenbewegung in Westdeutschland mit einer Abgrenzung gegenüber der bürgerlichen Frauenbewegung, die sich vom Nationalsozialismus vereinnahmen ließ, sowie der proletarischen Frauenbewegung, die die Frauenfrage der Klassenfrage unterordnete (vgl. dazu Gerhard in diesem Band). Sobald Frauenprojekte jedoch Geld vom Staat („Staatsknete") erhalten, stellt sich die Frage nach dem Ausmaß bzw. den Grenzen der Autonomie. Während die finnischen Frauenhäuser überwiegend staatlich finanziert werden, erhalten die türkischen Frauenprojekte kein Geld von Staat – und wollen dies auch nicht, um die Autonomie zu bewahren. Dieser Wunsch nach Unabhängigkeit spricht jedoch nicht gegen die Beantragung von EU-Mitteln bzw. von Unterstützung durch internationale Organisationen.

Institutionen und Normen der internationalen Frauenbewegung

Internationale Organisationen wie die Europäische Union oder die UN mit ihren Konferenzen sowie Internationale Nicht-Regierungsorganisationen (INGOs) haben zur Herausbildung einer internationalen Moralgemeinschaft (Berkovitch 1999) beigetragen, die zu ähnlichen politischen und rechtlichen Entwicklungen geführt hat.[5] Die Konsolidierung einer weltweiten politischen Gemeinschaft beruht auf diesen internationalen Körperschaften und einer zunehmenden Verbundenheit. Dies führte u.a. zu einer generellen Zunahme der Bedeutung von Frauenfragen, wobei sich im Laufe der Zeit die Vorstel-

4 Zur Variationsbreite feministischer Organisationen siehe Ferree und Martin (1995) sowie Martin (1990). Selbstverständlich gibt es auch formal strukturierte autonome feministische Organisationen.

5 Zur internationalen Frauenbewegungen siehe auch Lenz u.a. (2000).

lungen von Weiblichkeit und Frauenrechten veränderten (Berkovitch 1999). So betrafen die ersten Kampagnen, die seit dem 19. Jahrhundert zum Entstehen einer neuen weltweiten Agenda beitrugen, das Wahlrecht, die Bekämpfung von Frauenhandel und die Herausbildung von Arbeitsschutzregelungen. Dabei waren internationale Abkommen und Organisationen wie der Völkerbund und die *International Labor Organization* (ILO) von zentraler Bedeutung. Die internationale Frauenfriedensbewegung, die sich im Laufe des ersten Weltkrieges herausbildete (Rupp und Taylor 2001) trug zu neuen Allianzen bei. In dieser frühen Phase der internationalen Frauenbewegung wurde die Gechlechterdifferenz betont, d.h. Frauen wurden als (potenzielle) Mütter gesehen. Dies betraf sowohl die Frauenfriedensbewegung, die von einer pazifistischen Natur von Frauen ausging, als auch die Arbeitsschutzgesetzgebung, die von besonderen Befürfnissen und Interessen von Frauen ausging. Nach dem zweiten Weltkrieg wurden neue internationale Organisationen (UN, NATO, EU, OECD) gegründet. Zusätzlich zu den supranationalen Organisationen ließ sich ein dramatischer Anstieg von INGOs verzeichnen (Keck/ Sikkink 1998; Boli/ Thomas 1999; Berkovitch 1999). Diese verschiedenen Organisationen arbeiteten zunehmend zusammen; so gewährten die Vereinten Nationen NGOs konsultativen Status. In diesem internationalen Kontext bildete sich ein moralischer Diskurs, u.a. Menschen- und Frauenrechte betreffend, heraus, der auch auf nationaler Ebene relevant wurde. Schon nach dem ersten Weltkrieg gingen Frauenorganisationen davon aus, dass internationale Gesetzgebung in Form von internationalen Abkommen effektiver sei als eine schrittweise Verbesserung der Gesetzgebung auf nationaler Ebene (Berkovitch 1999). Keck und Sikkink (1998) sprechen hier von einem Bumerang-Effekt: Eine soziale Bewegung, die auf nationaler Ebene geringe politische Chancen hat, wendet sich an eine internationale Organisation wie die Europäische Union, die dann Druck auf die nationale Regierung ausübt. Durch die zunehmende Herausbildung transnationaler Organisationen bilden sich somit auch transnationale politische Gelegenheitsstrukturen (Passy 1999) heraus, die von sozialen Bewegungen in Mehrebenen-Aktionen genutzt werden (Helfferich/ Kolb 2001). Ein gutes Beispiel dafür ist die Verankerung von Gender-Mainstreaming in der EU (vgl. Roth in diesem Band). Wobbe (2001) beschreibt die Institutionalisierung von Gleichberechtigungsnormen im supranationalen Kontext am Beispiel der EU-Geschlechterpolitik.

Wie Berkovitch (1999) feststellt, ist in Hinblick auf die rechtliche, politische und soziale Stellung von Frauen eine Angleichung zu verzeichnen, die auf diese transnationalen Organisationen, Diskurse und Abkommen zurückzuführen sind. Transnationale Organisationen trugen zur Herausbildung einer internationalen Frauenbewegung sowie eines internationalen feministischen Diskurses bei, die Einfluss auf nationale Frauenbewegungen und Frauenpolitik haben. So ist zwischen 1840 und 1914 ein steiler Anstieg der Einführung von Mutterschafts- und anderen Arbeitsschutzregelungen zu verzeichnen, erhielten Frauen in den neuen, unabhängigen postkolonialen Staaten nach dem zweiten Weltkrieg gleichzeitig mit den Männern das Wahlrecht. Weiterhin führten zwischen 1960 und 1985 fast alle Staaten Gesetze hinsichtlich der gleichen Entlohnung von Männern und Frauen ein. Ungeachtet der ähnlichen rechtlichen Lage sah und sieht es in verschiedenen Ländern in Hinblick auf die Lage der Frauen durchaus unterschiedlich aus. Die Frauenbewegungen finden auf nationaler Ebene unterschiedliche politische Gelegenheitsstrukturen vor.[6] Die EU-Mitgliedschaft hat vor dem Hintergrund dieser nationalen Unterschiede auch eine unterschiedliche Bedeutung.

Wie der Vergleich der Beiträge zeigt, haben sowohl die internationalen UN-Frauenkonferenzen (1975, 1980, 1985, 1995) als auch die EU und der EU-Erweiterungsprozess auf nationaler Ebene zur Herausbildung und Stärkung von Fraueninitiativen, zur Durchsetzung frauenpolitischer Forderungen und zur Einführung von Gleichstellungsgesetzgebungen geführt. Allerdings ist zwischen der Einführung von Programmen und Gesetzen und deren Implementation zu unterscheiden. Dabei sind aber auch wieder unterschiedliche Muster zu beobachten: Einerseits kann es zur Einführung von Frauenrechten kommen, da ein Land darum bemüht ist, sein internationales Image zu verbessern. Dies ist insbesondere bei der Türkei, in geringerem Masse auch in den anderen Ländern der Fall, deren EU-Beitritt von der Anpassung der Rechtslage abhängt. Gleichzeitig wird aber auch die „Kolonialisierung", die mit der Anpassung an die EU-Normen verbunden ist, kritisiert. Weitere Kritikpunkte an der EU-Gesetzgebung drehen sich darum, inwiefern diese wirklich die Gleichstellung von Männern und Frauen fördert, oder ob sie zwar die Anpassung von Frauen an männliche Muster verlangt, jedoch nicht gleichermaßen die Integration der Männer in den Reproduktionsbereich. Weitere Fragen betreffen das Verhältnis von Geschlechtsdiskriminierung zu anderen Formen sozialer Ungleichheit.

Generell scheint die EU im feministischen Diskurs eine geringe Rolle zu spielen, während durchaus Frauenprojekte EU-Gelder beantragen oder die EU-Ebene überspringen, während sie auf globaler Ebene aktiv sind. In Hinblick auf die Finanzierung feministischer Projekte deutet dies auf ein prag-

---

6 Auf der Grundlage des Vergleichs von Frauenbewegungen in Chile, Brasilien, der DDR und Polen argumentiert Baldez (2003), dass die Mobilisierung von Frauen für frauenpolitische Belange auf drei Voraussetzungen beruht: formellen oder informellen Netzwerken, in denen sich Frauen beteiligen (z.B. Gewerkschaften), direkter Kontakt zur internationalen feministischen Gemeinschaft sowie der systematische Ausschluss von Frauen aus politischen und administrativen Entscheidungsprozessen. Während Frauen in allen vier Ländern in unterschiedlichen Organisationskontexten aktiv und im Transformationsprozess von politischen und administrativen Entscheidungen ausgeschlossen waren, mangelte es nur in Polen an Kontakt zu Feministinnen in anderen Ländern. In Polen waren also nur zwei der drei Voraussetzungen erfüllt, die polnischen Frauen organisierten sich demzufolge zu diesem Zeitpunkt nicht als Frauen.

matisches Verhältnis zur EU hin. Die marginale Stellung im feministischen Diskurs könnte hingegen im Kontext der ambivalenten Haltung von Frauenbewegung zum Staat – und damit auch überstaatlichen Körpern – interpretiert werden. Beispielsweise war in den skandinavischen Ländern ein *Gender Gap*, was den Beitritt zur EU betraf, zu verzeichnen. Die skandinavischen Frauen (insbesondere in Dänemark) befürchteten angesichts der erreichten Gleichstellung eine Verschlechterung. Am Beispiel Finnlands zeigt sich jedoch, dass selbst diese hinsichtlich des Geschlechterverhältnisses progressiven Länder noch Nachholbedarf in Hinblick auf Sexualität und andere körperpolitische Fragen haben. So mahnte die UN an, dass in Finnland die Vergewaltigung in der Ehe kriminalisiert wird. Weiterhin wurde sexuelle Belästigung erst nach dem EU-Beitritt thematisierbar. Finnland beteiligt sich in transeuropäischen Netzwerken und profitiert von der Finanzierung von Frauenprojekten durch die EU. Schließlich könnte es daran liegen, dass die Erwartungen an die Einflussmöglichkeiten der EU auf die nationale Situation enttäuscht worden sind (vgl. Choluj in diesem Band).

Schlussfolgerungen

Wie der dieses Buch abschließende Vergleich zeigt, ist eine einfache, polare Zuordnung „Ost-West", „Nord-Süd", altes oder neues EU-Mitgliedsland, Beitrittskandidat oder nicht, wenig fruchtbar. Stattdessen muss mehr Aufmerksamkeit auf die Ähnlichkeiten und Unterschiede zwischen europäischen Frauenbewegungen gerichtet werden. Während internationale Organisationen zur Verbreitung von Diskursen beitragen und transnationale Gelegenheitsstrukturen bieten, die auf nationaler Ebene relevant sind, ist es wichtig, die nationale Entwicklung im Blick zu behalten. Die Kenntnis der Gemeinsamkeiten und Unterschiede sind eine Voraussetzung für eine produktive Zusammenarbeit und Solidarität von Frauen in allen Ländern Europas wie auch weltweit. Dies wird insbesondere anhand der Beispiele der Türkei und Russlands deutlich, die geographisch am Rand Europas liegen und deren Mitgliedschaft in der EU (bisher jedenfalls) noch nicht absehbar ist.

In Hinblick auf die EU-Mitgliedschaft zeigen die Beiträge erstens, dass die EU nicht die einzig relevante supranationale Organisation ist, sondern dass die UN mindestens ebenso wichtig ist. Zweitens hat die EU Auswirkungen sowohl auf Länder, die in Hinblick auf die Gleichstellung der Geschlechter weit fortgeschritten sind (wie auf Finnland hinsichtlich Körperpolitik), als auch auf Länder, in denen die geschlechtsspezifische Ungleichheit in Öffentlichkeit und Privatheit stärker ausgeprägt ist (z.B. Deutschland). Schließlich hat die EU sogar Auswirkungen auf Länder, die ihr garnicht angehören (z.B. die Türkei). Drittens spielt die EU, obwohl Frauenprojekte durchaus EU-

Mittel nutzen (z.B. Frankreich, Spanien), nicht unbedingt eine Rolle im Diskurs der Frauenbewegung.

Literatur

Baldez, Lisa (2003): Women's Movements and Democratic Transition in Chile, Brazil, East Germany, and Poland. In: Comparative Politics, 35(3), S. 253-272

Berkovitch, Nitza (1999): From Motherhood to Citizenship. Women's Rights and International Organizations. Baltimore.

Boli, John, and George M. Thomas (1999): INGOs and the Organization of World Culture. In: Boli, John/ Thomas, George M. (Hg.): Constructing World Culture. International Nongovernmental Organization since 1875. Stanford, S. 13-49.

Ferree, Myra Marx (1987): Equality and Autonomy. Feminist Politics in the United States and West Germany. In: Katzenstein, Mary/ Mueller, Carol (Hg.): The Women's Movements of Western Europe and the United States. Philadelphia.

Gal, Susan/ Kligman, Gail (2000): The Politics of Gender after Socialism. Princeton.

Hampele-Ulrich, Anne (2000): Der unabhängige Frauenverband. Ein frauenpolitisches Experiment im deutschen Vereinigungsprozess. Berlin.

Helfferich, Barbara/ Kolb, Felix (2001): Multilevel Action Coordination in European Contentious Politics: The Case of the European Women's Lobby. In: Imig, Doug/ Tarrow, Sidney (Hg.): Contentious Europeans. Protest and Politics in an Emerging Polity. Lanhan, S. 143-161.

Keck, Margaret E./ Sikkink, Kathryn (1998): Activists beyond Borders: Advocacy Networks in International Politics. Ithaca.

LeGates, Marlene (2001): In Their Time: A History of Feminism in Western Society. New York.

Lenz, Ilse/ Mae, Michiko/ Klose, Karin (Hg.) (2000): Frauenbewegungen weltweit. Aufbrüche, Kontinuitäten, Veränderungen. Opladen.

Miethe, Ingrid (1999): Frauen in der DDR-Opposition. Lebens- und kollektivgeschichtliche Verläufe in einer Frauenfriedensgruppe. Opladen.

Passy, Florence (1999): Supranational Political Opportunities as a Channel of Globalization of Political Conflicts: The Case of the Rights of Indigenous Peoples. In: della Porta, Donatella/ Kriesi, Hans Peter/ Rucht, Dieter (Hg.): Social Movements in a Globalizing World. London, S. 148-169.

Roth, Silke (2003). Building Movement Bridges. The Coalition of Labor Union Women. Westport, CT.

Rupp, Leila J./ Taylor, Verta (2001): 'Liebende Gemeinschaft'. Die Gefühlskultur der internationalen Frauenbewegung, 1888-1945. Forschungsjournal Neue Soziale Bewegungen. 14(2), S. 54-64.

Stetson, Dorothy McBride/Mazur, Amy G. (1995) (Hg.): Comparative State Feminism. Thousand Oaks.

Wobbe, Theresa (2002): Institutionalisierung von Gleichberechtigungsnormen im Supranationalen Kontext: Die EU-Geschlechterpolitik. In: Heintz, Bettina (Hg.) Geschlechtersoziologie. Sonderheft der Kölner Zeitschrift für Soziologie und Sozialpsychologie, S. 332-355.

Abkürzungsverzeichnis

ADF	Allgemeiner Deutscher Frauenverein
APE	Allocation parentale d'éducation (französiches Erziehungsgeld)
ASM	Asamblea de Mujeres de Córdoba
BDF	Bund Deutscher Frauenvereine
BGB	Bürgerliches Gesetzbuch
BRD	Bundesrepublik Deutschland
CADAC	Coordination des Associations pour le Droit à l'avortement et à la Contraception (Koordinierung der Vereine für das Recht auf Abtreibung und Verhütung)
CDA	Christlich-demokratische Arbeitnehmerschaft
CEDAW	Convention on the Elimination of all Forms of Discrimination Against Women
CELEM	Coordinadora Española del Lobby Europeo de Mujeres
CND	Campaign for Nuclear Disarmement (England)
CPNT	Chasse Pêche Nature Traditions (Frankreich)
DAPHNE	EU-Maßnahme gegen Gewalt gegen Kinder, Jugendliche, Frauen
DEF	Deutsch Evangelischer Frauenbund
DFD	Demokratischer Frauenbund
DDR	Deutsche Demokratische Republik
EC	European Commission
EG	Europäische Gemeinschaft (bis 1994)
END	Campaign for European Nuclear Disarmement
EWG	Europäische Wirtschaftsgemeinschaft
EU	Europäische Union (seit 1994)
EuGH	Europäischer Gerichtshof
EP	Europäisches Parlament
EQUAL	EU-Maßnahme zur Gleichstellung
EWL	European Women's Lobby
HUF	Ungarische Währung (Forint)
IAW	International Alliance of Women
ICW	International Council of Women (Internationaler Frauenrat)
IDA	Interchange of Data between Administrations
ILO	International Labour Organization
INGO	International Non Governmental Organization
KP	Kommunistische Partei
KPdSU	Kommunistische Partei der Sowjetunion
KPRF	Kommunistische Partei der Russischen Föderation
KA.DER	Organisation für die Unterstützung weiblicher Kandidaten (Türkei)
LCR	Ligue Communiste Révolutionnaire (trotzkistische Partei, Frankreich)
LEI	Local Employment Initiative for Women

LO	Lutte Ouvrière (trotzkistische Partei, Frankreich)
MOE-Staaten	Mittel- und osteuropäische Staaten
MDM	Movieminto Democrático de Mujeres
MLF	Mouvement de Libération des Femmes (Dachverband feministischer Organisationen in Frankreich)
MNDSZ	Magyar Nők Demokratikus Szövetsége (Demokratische Allianz ungarischer Frauen)
MKP	Magyar Kommunista Párt (Ungarische Kommunistische Partei)
NATO	North Atlantic Treaty Organization
NEWW	Network of East-West Women
NGO	Non Governmental Organization (Nichtregierungsorganisation)
NOW	New Opportunities for Women
NYTKIS	Naisjärjestöt Yhteistyössä Kvinnoorganisationer I Samarbete (Frauennetzwerk, Norwegen)
OECD	Organization for Economic Cooperation and Development
OSK.a	Ośrodek Informacji Środowisk Kobiecych (Fraueninformationszentrum, Polen)
OSZE	Organisation für Sicherheit und Zusammenarbeit in Europa
OWEN	Ost-West-Europäisches FrauenNetzwerk
PHARE	EU-Maßnahme für die Infrastruktur Mittel- und osteuropäischer EU-Beitrittsländer
PCF	Parti Communiste Français (Französische Kommunistische Partei)
PP	Konservative spanische Partei
Psych-et-Po	Psychologie und Politik (Frankreich)
PSOE	Partido Socialista Obrero Español
SED	Sozialistische Einheitspartei Deutschlands
SDS	Sozialistischer Studentenbund
UdSSR	Union der Sozialistischen Sowjetrepubliken
UFV	Unabhängiger Frauenverband
UDF	Union pour la Démocratie Française (französische Partei)
UMP	Union pour la Majorité Présidentielle (französiche Partei)
UN	United Nations (Vereinte Nationen)
UNEF-ID	Union Nationale des Étudiants de France (französische studentische Gewerkschaft)
UNO	siehe UN
UN-CEDAW	siehe CEDAW
USA	United States of America
WIDE	Network Women in Development Europe
WRON	Wojskowa Rada Ocalenia Narodowego (Militärrat zur Nationalen Errettung, Polen)

Autorinnen und Herausgeberinnen:

Gül Aldikaçti Marshall, Ph.D., ist Assistant Professor für Soziologie am Department of Sociology der Universität Kirikkale, Türkei. Promotion 2001 an der University of Pennsylvania. Forschung über den Vergleich säkularer feministischer Gruppen mit islamischen Frauengruppen in der Türkei, Ziele, Mobilisierung und ihre gegenseitige und eigene Darstellung. Gegenwärtige Forschungsinteressen sind die Auswirkungen internationaler Übereinkommen auf Frauenaktivitäten in der Türkei und die Entwicklung der feministischen Bewegungen in verschiedenen muslimischen Ländern aus einer vergleichenden Perspektive.

Solveig Bergman, Ph.D., hat an der Åbo Akademi Universität in Finnland und an der Johann Wolfgang Goethe-Universität in Frankfurt am Main studiert. 1991 bis 1995 war sie Koordinatorin für Frauenforschung für die nordischen Länder (Nordischer Ministerrat). 1995 bis 2003 lehrte und forschte sie an der *Åbo Akademi* Universität (Soziologie, Frauenstudien). Promotion über die autonomen Frauenbewegungen in Finnland und Westdeutschland. Ab November 2003 ist sie Institutsleiterin des NIKK – Nordisches Institut für Frauen- und Geschlechterforschung in Oslo. Forschungsinteressen: Frauenbewegungen, Frauen und Politik, Geschlecht und Wohlfahrtsstaat.

Bożena Chołuj, Prof. Dr., lehrt Neuere Deutsche Literatur und Gender Studies in Warschau sowie vergleichende Mitteleuropastudien an der Europa-Universität Viadrina in Frankfurt (Oder). Studium der Germanistik in Warschau (Humboldt-Stipendiatin). Zahlreiche Publikationen in den genannten Forschungsbereichen. Buchpublikationen zur deutschen Literatur im 19. Jahrhundert sowie zu deutschen Schriftstellern in der Novemberrevolution 1918. Mitherausgeberin der Vierteljahreszeitschrift „Katedra Gender Studies UW“ und der Reihe „Ost-West-Diskurse“.

Béatrice Durand, Dr., (geb. 1960) ist Absolventin der Ecole Normale Supérieure (Paris). Lehrtätigkeiten an verschiedenen amerikanischen und deutschen Universitäten (Brown, State University of New York, Potsdam, Chemnitz, Halle). Forschung im Bereich der französischen und vergleichenden Literatur- und Kulturwissenschaft.

Barbara Einhorn, Dr., unterrichtet Gender Studies und ist Direktorin für „Graduate Studies“ an der School of Social Sciences and Cultural Studies an der University of Sussex, UK. Sie ist Mitherausgeberin des „European Journal of Women's Studies“ und gehört zu den Herausgeberinnen des „International Feminist Journal of Politics“ und des „Asian Journal of Women's Studies“. Sie war als Consultant für Geschlechterfragen für die UN (UNIFEM), für die International Labour Organisation (ILO) und für die Weltbank tätig. Forschungsschwerpunkte: Geschlecht und Bürgerschaft; Geschlecht, Nation und Identität in Narrationen von Exil und Rückkehr.

Ute Gerhard, Prof. Dr. phil., ist seit 1987 Professorin für Soziologie mit dem Schwerpunkt Frauen- und Geschlechterforschung am Fachbereich Gesellschaftswissenschaften der Johann Wolfgang Goethe-Universität Frankfurt am Main. Sie ist geschäftsführende Direktorin des Cornelia Goethe Centrums für Frauenstudien und die Erforschung der Geschlechterverhältnisse an der Universität Frankfurt am Main. Mitbegründerin der Feministischen Studien und Mitherausgeberin von „L'Homme. Zeitschrift für feministische Geschichtswissenschaft“. Arbeitsschwerpunkte: Geschichte und Theorie des Feminismus, Sozialpolitik, Frauen und Recht, Rechtsgeschichte, Rechtssoziologie.

Larissa Lissjutkina, Dr., ist freiberufliche Journalistin und Übersetzerin mit Wohnsitz in Köln/Frechen. Sie stammt ursprünglich aus Russland, promovierte an der MGU (Moskauer Staatliche Universität) im Fachbereich Neueste Deutsche Geschichte über ideologische Konflikte in Weimar und in Soziologie über Religionssoziologie von Max Weber. Anschließend 22 Jahre Tätigkeit bei der Akademie der Wissenschaften der UdSSR am Institut für vergleichende Politologie bis sie 1996 in die Bundesrepublik Deutschland auswanderte. In Deutschland unterrichtete sie an den Universitäten Bielefeld, Eichstätt und Münster. Forschungsschwerpunkte: Politik als Kulturphänomen, der deutsche Terrorismus der 1970er Jahre, Utopie, Politik und die Suche nach neuen Lebensstilen, Genderforschung bezogen auf Russland.

Ingrid Miethe, Prof. Dr. phil., ist Professorin für Allgemeine Pädagogik an der Evangelischen Fachhochschule in Darmstadt. Sie studierte Erziehungswissenschaft, Soziologie und Politikwissenschaft an der TU Berlin und promovierte in Politikwissenschaft an der FU Berlin. 1999-2002 wissenschaftliche Mitarbeiterin am Institut für Erziehungswissenschaften und Vorstand des Interdisziplinären Zentrums für Frauen- und Geschlechterstudien (IZFG) der Universität Greifswald. Laufendes Forschungsprojekt zur Geschichte der Arbeiter-und-Bauern-Fakultäten (ABF) der DDR.

Natàlia Cantó Milá, Dr., (geb. 1975 in Barcelona) war von 1999 bis 2003 wissenschaftliche Mitarbeiterin an der Universität Bielefeld. Seitdem ist sie als wissenschaftliche Mitarbeiterin an der Universität Leipzig tätig. Ihre Arbeitsgebiete sind die soziologische Theorie, die Geschichte der Soziologie, die Identitätsforschung sowie die Sozialpolitik. Promotion zu Georg Simmel. Zurzeit arbeitet sie über das Phänomen des sozialen Vergessens, über transstaatliche und suprastaatliche Institutionen sowie über die Probleme des Sozialstaates unter globalen Wirtschaftsverhältnissen.

Andrea Pető, Ph.D. ist Associate Professor an der Universität von Miskolc (Ungarn) und Gastprofessorin an der ELTE Universität in Budapest. Zahlreiche Artikel (in vielen europäischen Sprachen) zur Frauengeschichte nach dem Zweiten Weltkrieg, zu theoretischen Fragen der Geschlechterbeziehungen, zu Oral History, zur Transformation ehemals sozialistischer Länder, zur Europäischen Union und zur Geschichte des Kommunismus. Buchveröffentlichungen u.a. zu Frauen in der ungarischen Politik nach 1945. Mitherausgeberin von „Feminist Europe. The Review of Books".

Silke Roth, Ph.D. Studium der Soziologie an der FU Berlin und an der University of Connecticut. Von 1997-1999 wissenschaftliche Mitarbeiterin an der Bauhaus-Universität Weimar. Seit 2000 DAAD Visiting Assistant Professor an der University of Pennsylvania. Lehre und Forschung: Geschlechtersoziologie, Soziale Bewegungen, Stadt- und Kultursoziologie, Mediensoziologie. Veröffentlichungen zu feministischen Organisationen, zum Verhältnis von Frauenbewegung und Gewerkschaften, Weimar/Kulturstadt Europas 1999 sowie Gender-Mainstreaming und EU-Erweiterung.